普通高等学校"十四五"规划旅游管理类课程思政版精品教材

总主编◎邓爱民

# 现代旅游发展导论

（课程思政版）

XIANDAI LÜYOU FAZHAN DAOLUN
( KECHENG SIZHENGBAN )

主　编◎邓爱民
副主编◎任　斐　卢俊阳　李　鹏
　　　　孙　琳　潘冬南

华中科技大学出版社
http://www.hustp.com
中国·武汉

## 内 容 提 要

本书在系统分析现代管理理论基础上,充分结合现代旅游业发展和管理实践,向读者全面介绍了现代旅游业发展的历程和经典案例,通过不同类别的旅游业发展实践,建立起现代旅游发展的科学知识体系。全书共十二个章节,内容包括现代旅游概述、全域旅游、研学旅游、乡村旅游、文化旅游、休闲度假旅游、生态旅游、康养旅游、工业旅游、红色旅游、房车自驾游和邮轮旅游。本书从选题策划到成稿出版,从编写团队到出版团队,从知识更新到内容创新,均展示出用心。本书融合了不同主题的旅游并配套典型案例,以多元化、趣味性吸引学生主动学习,同时辅以形式多样、内容丰富的案例作为支持。编写团队成员均是旅游学界具有代表性的权威学者,出版团队为华中科技大学出版社专门建立的旅游项目精英团队。编写内容结合了新时代的发展特征,不断更新现有理论与知识,以期为读者提供更好的阅读体验。本书不仅适合高等院校、旅游研究机构、自学考试人员作为教材,而且对旅游行业的服务和管理及旅游职业培训都具有一定的实用性和参考价值。

**图书在版编目(CIP)数据**

现代旅游发展导论:课程思政版/邓爱民主编. —武汉:华中科技大学出版社,2022.2(2024.8重印)
ISBN 978-7-5680-7784-2

Ⅰ.①现… Ⅱ.①邓… Ⅲ.①旅游业发展-教材 Ⅳ.①F590.3

中国版本图书馆 CIP 数据核字(2022)第 015464 号

**现代旅游发展导论(课程思政版)** 邓爱民 主编
Xiandai Lüyou Fazhan Daolun(Kecheng Sizheng Ban)

策划编辑:李 欢 王 乾
责任编辑:陈 然
封面设计:原色设计
责任校对:刘 竣
责任监印:周治超
出版发行:华中科技大学出版社(中国·武汉) 电话:(027)81321913
　　　　　武汉市东湖新技术开发区华工科技园 邮编:430223
录　　排:华中科技大学惠友文印中心
印　　刷:武汉科源印刷设计有限公司
开　　本:787mm×1092mm　1/16
印　　张:17.5
字　　数:407千字
版　　次:2024年8月第1版第2次印刷
定　　价:49.80元

本书若有印装质量问题,请向出版社营销中心调换
全国免费服务热线:400-6679-118　竭诚为您服务
版权所有　侵权必究

# 总序
## Introduction

2014年5月,习近平总书记在北京大学师生座谈会上的讲话中指出,全国高等院校要走在教育改革前列,紧紧围绕立德树人的根本任务,加快构建充满活力、富有效率、更加开放、有利于学校科学发展的体制机制,当好教育改革排头兵。为了实现立德树人的根本任务,中央和国家有关部门出台了多项文件政策。2019年,中共中央办公厅、国务院办公厅印发了《关于深化新时代学校思想政治理论课改革创新的若干意见》,强调要整体推进高校课程思政建设,使各类课程与思政课同向同行,形成协同效应。2020年,教育部印发《高等学校课程思政建设指导纲要》,强调课程思政是高校落实立德树人根本任务的战略举措。因此,高校落实立德树人根本任务,不仅要突出思政课程的地位,更要强化专业课程的思政建设,共同构筑良好的育人课程体系,引导学生塑造正确的世界观、人生观、价值观。

教材建设是课程思政建设的重要内容,对于落实立德树人的根本任务具有重要意义。以往的教材编写,主要侧重于专业知识的讲解,忽略了思政育人作用。即使有较好的育人素材,也没有进行很好的挖掘。基于此,为落实立德树人根本任务,进一步强化国家级一流本科专业(旅游管理)建设,中南财经政法大学旅游管理系筹划了旅游管理专业课程思政系列教材的编写。本系列教材由教育部高等学校旅游管理类专业教学指导委员会委员、湖北名师邓爱民教授担任总主编和总策划。本系列教材从结构到内容,均实现了较大的创新和突破,具有以下特点。

一、突出课程思政主题

本系列教材在编写过程中注重将习近平新时代中国特色社会主义思想"基因式"地融入,推进专业教育和思政教育的有机结合,用"双轮驱动"打破思政教育与专业教育相互隔绝的"孤岛效应",将价值塑造、知识传授和能力培养三者融为一体,培养学生的家国情怀、职业责任和科学精神。

二、结构新颖

为落实立德树人根本任务,突出课程思政教材的主题,本系列教材在结构安排上实现了创新。例如,《现代旅游发展导论》在每个章节前面列出了本章的"思政元素",在章节正文部分,无论是案例引用,还是内容介绍,都有机融入了课程思政元素。在每章结束部分,单列了"本章思政总结",对本章涉及的思政元素进行总结、提炼和升华,强化对学生的思政教育。

三、配套全面

本系列教材案例丰富,内容翔实,不仅有利于教师授课,也方便学生自主学习。为适应新时代高校教育模式改革,本系列教材将不断丰富配套资源,建设网络资源平台,方便旅游管理课程思政教学与经验交流。

在编写和出版过程中,本系列教材得到了华中科技大学出版社的大力支持,得到了全国旅游学界和旅游业界的大力帮助,在此一并表示感谢。希望本系列教材能够丰富课程思政教材建设,促进高素质旅游人才培养。

总主编　邓爱民<br>2021 年 9 月 3 日

# 前言
Preface

2004年以来，中央先后出台关于进一步加强和改进未成年人思想道德建设和大学生思想政治教育工作的文件，上海市率先响应中央的号召开启了学校思想政治教育（德育）课程改革的探索之路。经历了十年的探索，上海市委、市政府于2014年首次提出了"课程思政"的理念，推出了"大国方略"等一批"中国系列"课程，选取部分高校进行试点，发掘专业课程思想政治教育资源。课程思政是以构建全员、全程、全课程育人格局的形式使各类其他课程与思想政治理论课同向同行，形成协同效应，把"立德树人"作为教育的根本任务的一种综合教育理念。2019年3月18日，习近平总书记主持召开学校思想政治理论课教师座谈会并发表重要讲话，肯定了新时代学校思想政治理论课建设的重要意义，并对办好思政课提出了新的要求——"办好思想政治理论课，最根本的是要全面贯彻党的教育方针，解决好培养什么人、怎样培养人、为谁培养人这个根本问题"。由此，我们也意识到，加强高校思想政治教育工作，必须从高等教育"育人"本质要求出发，从国家意识形态战略高度出发，不能就"思政课"谈"思政课"建设，而应抓住课程改革核心环节，充分发掘专业课程思想政治教育资源，将思政教育和专业教育有机融合，落实于课堂教学的主渠道之中，贯穿于学校教育教学的全过程。因此，为了能够更好地推动高校旅游管理专业课程思政建设，我们组织了一批优秀的高校教师，精心编写了一套适用于高校旅游管理专业学生的课程思政系列教材。

"现代旅游发展导论"这门课是高校旅游管理专业的核心课程之一，课程开设的目的是帮助学生了解现代旅游产生发展的历程和现存的前沿旅游形式及理论。本教材的编写紧跟时代，紧跟国家政策与旅游发展的大趋势，以专题的形式，系统讲授了全域旅游、研学旅游、乡村旅游、文化旅游、休闲度假旅游、生态旅游、康养旅游、工业旅游、红色旅游、房车自驾游、邮轮旅游等新兴的旅游方式。教材每章以案例的形式引入，将国家的政策方针、新时代社会主义核心价值观以及对十九大报告的解读有机融入课程内容和专业知识中，每个章节的开头和结尾还设置了思政要点的提炼和总结，以期更好地指导学生站在国家意识形态的战略高度理解和运用专业知识。本教材在章节安排和结构设计上逻辑清晰、循序渐进，既突出了思政教育的特点又考虑到教师授课和学生学习的进程。每个章节前设计有"学习目标""思政元素"和"章前引例"，章节内容结束以后设有"复习思考题""案例分析"和"本章思政总结",结构上更有利于学生系统地掌握各章节的内容和知识点,也可以让教师在备课时更精准地把握思政元素和要点,教材中选取的案例紧跟国家政策与思政要点,方便教师在授课过程中自然流畅地将思政教育融入专业教育中,有效实现"育德""育人"的目标。

本教材由中南财经政法大学邓爱民教授担任主编,由郑州大学旅游管理学院教师任斐、江西师范大学历史文化与旅游学院教师卢俊阳、平顶山学院副教授李鹏、桂林旅游学院副教授孙琳以及广西民族师范学院副教授潘冬南共同担任副主编。各章分工如下:

第一章、第五章、第九章:邓爱民、任斐;

第二章、第三章、第四章:邓爱民、卢俊阳;

第六章、第十一章:邓爱民、李鹏;

第七章、第十章:邓爱民、潘冬南;

第八章、第十二章:邓爱民、孙琳;

统稿与校对:任斐、卢俊阳。

本教材的编写凝结了团队成员共同的心血,他们既是我的博士,也是长年奋斗在教育教学一线的优秀教师,他们将自己教书育人的心得与对学生的责任心、对教书育人的使命感融入了教材的编写中,在此感谢所有为本教材付出努力的教师们,同时也感谢为本教材的编写、修订提供文献参考和其他各种帮助的专家学者以及华中科技大学出版社的工作人员。

本教材是湖北省教学研究重点项目"旅游管理专业课程思政'多维融合'教学模式创新与实践"阶段性成果。作为教学和理论研究的阶段性成果,本教材难免有不足和不当之处,欢迎广大专家学者和读者批评指正。

邓爱民<br>2021 年 9 月

# 目录
Contents

## 第一章　现代旅游概述　/1

### 第一节　现代旅游的发展　/4
一、现代旅游发展历程　/4
二、现代旅游的基本要素　/7

### 第二节　现代旅游的特征　/10
一、现代旅游的结构　/10
二、现代旅游的特征　/11

### 第三节　现代旅游的功能与地位　/12
一、现代旅游的经济功能　/12
二、现代旅游的社会文化功能　/13
三、现代旅游的政治外交功能　/16
四、现代旅游的生态功能　/17
五、改造人与完善人的功能　/18

## 第二章　全域旅游　/22

### 第一节　全域旅游的概念、特征及发展历程　/23
一、全域旅游的概念　/23
二、全域旅游的特征　/24
三、全域旅游的发展历程　/26

### 第二节　全域旅游的需求和意义　/27
一、全域旅游的需求　/27
二、全域旅游的意义　/31

第三节　全域旅游的类型和案例　/31
　　一、龙头景区带动型全域旅游模式及案例　/31
　　二、城市全域辐射型全域旅游模式及案例　/34
　　三、全域景区发展型全域旅游模式及案例　/35
　　四、特色资源驱动型全域旅游模式及案例　/37
　　五、产业深度融合型全域旅游模式及案例　/41

## 第三章　研学旅游　/47

第一节　研学旅游的概念、特征及发展历程　/50
　　一、研学旅游的概念　/50
　　二、研学旅游的特征和意义　/51
　　三、研学旅游的发展历程　/52

第二节　研学旅游的现状和发展趋势　/53
　　一、研学旅游发展现状　/53
　　二、研学旅游的发展趋势　/54

第三节　研学旅游的类型和案例　/56
　　一、"研学旅游＋工业科技"：科技研学旅游目的地　/56
　　二、"研学旅游＋农业"：农旅研学旅游目的地　/57
　　三、"研学旅游＋文化"：文化研学旅游目的地　/59
　　四、"研学旅游＋拓展"：营地研学旅游目的地　/62

## 第四章　乡村旅游　/66

第一节　乡村旅游的概念、特征及发展历程　/67
　　一、乡村旅游的概念和分类　/67
　　二、乡村旅游的特征　/69
　　三、乡村旅游的发展历程　/70

第二节　发展乡村旅游的意义　/72
　　一、乡村旅游的需求特点　/72
　　二、发展乡村旅游的意义　/73

第三节　乡村旅游的类型和案例　/75
　　一、大城市近郊的"农家乐"　/75
　　二、高科技农业观光园　/76
　　三、农业新村　/77
　　四、古村落　/78
　　五、农业的绝景和胜景　/80

第四节　乡村旅游扶贫的主要模式　/83
　　一、景区依托型　/83
　　二、产业依托型　/84
　　三、历史文化依托型　/85
　　四、民俗依托型　/87
　　五、投资创业型　/88

## 第五章　文化旅游　/90

第一节　文化旅游的概念与特征　/92
　　一、文化、旅游及文化旅游的概念　/92
　　二、文化旅游的构成要素　/94
　　三、文化旅游的特征　/96
　　四、文化旅游的四个层面　/98
第二节　文化旅游产业的发展历程及地位　/98
　　一、文化旅游产业的概念　/98
　　二、我国现代文化旅游发展的历程　/99
第三节　典型案例：主题公园——
　　　　清明上河园　/101
　　一、《清明上河图》的文化内涵及开发　/101
　　二、开封清明上河园概况　/105
　　三、开封清明上河园的文化表达　/105
　　四、开封清明上河园文化项目开发　/106
　　五、开封清明上河园成功经验总结　/107

## 第六章　休闲度假旅游　/112

第一节　休闲度假旅游的概念、特征及发展
　　　　历程　/113
　　一、休闲度假旅游的概念　/113
　　二、休闲度假旅游的发展历程　/117
　　三、休闲度假旅游的特征　/119
　　四、我国休闲旅游发展的趋势　/122
第二节　休闲度假旅游的需求和意义　/123
　　一、我国发展休闲度假旅游的需求　/123
　　二、休闲度假旅游的意义　/124
第三节　休闲度假旅游的类型和案例　/126
　　一、温泉疗养型　/126

二、高山雪原型 /127
三、山地避暑型 /127
四、内陆湖泊山水型 /127
五、冬季避寒型 /128
六、主题娱乐型 /128
七、古镇休闲型 /129
八、乡村田园型 /129
九、海滨海岛型 /129

## 第七章 生态旅游 /133

### 第一节 生态旅游概念、特征及发展历程 /135
一、生态旅游的概念 /135
二、生态旅游的特征 /139
三、生态旅游的发展历程 /140

### 第二节 生态旅游的需求和意义 /144
一、生态旅游的需求 /144
二、生态旅游的意义 /145

### 第三节 生态旅游的类型和案例 /147
一、生态旅游的类型 /147
二、生态旅游案例 /150

## 第八章 康养旅游 /158

### 第一节 康养旅游的概念、特征及发展历程 /161
一、康养旅游的概念 /161
二、康养旅游的特征 /161
三、康养旅游的发展历程 /162

### 第二节 康养旅游的需求和意义 /164
一、康养旅游的需求 /164
二、康养旅游的意义 /166

### 第三节 康养旅游的类型和案例 /166
一、康养旅游的类型 /166
二、康养旅游案例 /168

## 第九章 工业旅游 /176

### 第一节 工业旅游的概念、特征及发展历程 /178
一、工业旅游的概念及特征 /178

二、工业旅游的发展历程　　　　　　　　　　/180
第二节　发展工业旅游的作用和意义　　　　　/183
　　一、工业旅游的功能　　　　　　　　　　/183
　　二、发展工业旅游的意义　　　　　　　　/184
第三节　工业旅游的类型和案例　　　　　　　/185
　　一、国外工业旅游的类型划分　　　　　　/185
　　二、国内工业旅游的类型划分　　　　　　/187
　　三、工业旅游案例　　　　　　　　　　　/187

## 第十章　红色旅游　　　　　　　　　　　　/195

第一节　红色旅游的概念、特征及发展历程　　/196
　　一、红色旅游的概念　　　　　　　　　　/196
　　二、红色旅游的特征　　　　　　　　　　/199
　　三、红色旅游的发展历程　　　　　　　　/201
第二节　红色旅游的需求和意义　　　　　　　/203
　　一、红色旅游的需求　　　　　　　　　　/203
　　二、红色旅游的重要意义　　　　　　　　/205
第三节　红色旅游的类型和案例　　　　　　　/208
　　一、红色旅游的类型　　　　　　　　　　/208
　　二、红色旅游案例　　　　　　　　　　　/210

## 第十一章　房车自驾游　　　　　　　　　　/222

第一节　房车自驾游的概念、特征及发展
　　　　现状　　　　　　　　　　　　　　　/224
　　一、房车自驾游的概念　　　　　　　　　/224
　　二、房车自驾游的特征　　　　　　　　　/225
　　三、房车自驾游发展现状　　　　　　　　/225
第二节　房车自驾游的发展机遇与困境　　　　/226
　　一、我国发展房车自驾游的机遇　　　　　/226
　　二、我国房车自驾游的发展困境　　　　　/228
第三节　房车露营地　　　　　　　　　　　　/228
　　一、国外房车露营地的发展　　　　　　　/229
　　二、我国房车露营地的发展　　　　　　　/229
　　三、房车露营地盈利模式　　　　　　　　/230
　　四、我国房车露营地发展中的问题与反思　/230
　　五、房车露营地流行趋势　　　　　　　　/232

六、房车露营地的类型及案例　　/234

## 第十二章　邮轮旅游　　/239

### 第一节　邮轮旅游的概念、特征及发展历程　/241
一、邮轮旅游的概念　　/241
二、邮轮旅游的特征　　/242
三、邮轮旅游的发展历程　　/243

### 第二节　邮轮旅游的需求和意义　/246
一、邮轮旅游的需求　　/246
二、邮轮旅游的意义　　/248

### 第三节　邮轮旅游的类型和案例　/250
一、邮轮旅游的类型　　/250
二、邮轮旅游的案例　　/251

## 参考文献　　/259

# 第一章
# 现代旅游概述

**学习目标**

1. 了解现代旅游的发展历程；
2. 掌握现代旅游的特征和功能；
3. 深刻理解现代旅游的社会作用和意义。

**思政元素**

1. 使学生了解我国社会矛盾的变化与现代旅游业发展之间的内在关系，深刻认识到现代旅游业的责任与担当，增强学生自身的社会责任感；
2. 现代旅游发展中如何贯彻和体现绿色、文明的科学发展观。

**章前引例**

## 2021年旅游经济运行分析与2022年发展预测

2021年，受局地多点散发疫情影响，我国全年旅游经济复苏进程在下半年出现明显波动，必要出行之外的旅游消费意愿和企业家信心同步收缩，全年旅游经济处于"弱景气"区间，企业纾困解难压力进一步加大。2022年，疫情仍将是影响旅游复苏的最大的不确定因素，宏观经济的需求收缩、供给冲击、预期转弱在旅游领域都会有更明显的体现，但是复苏向上的进程不会停止，创新发展的势头不会减弱，优质文化产品和旅游服务供给力度将会进一步加大。报告主要观点如下：

一、低于预期的2021年旅游经济

新冠肺炎疫情已经持续了将近两年的时间，在国内外多极新格局和风险挑战增多的复杂局面下，我国旅游业经历了严峻的挑战和漫长的恢复。随着科学研判、分类指导、动态调整、精准防控的机制越来越成熟，2021年旅游经济总体上呈现阶梯形复苏的态势。全年全国旅游经济运行综合指数（CTA-TEP）同比上升了25.28点，跨过荣枯线，进入102.38点的"弱景气"区间。值得关注的是，企业家信心指数尚未恢复到临界值水平，旅游经济复苏的新通道尚未完全打开。

1. 旅游消费：入出境旅游市场全面停滞，刚性出行需求基本面不变，弹性旅游消费收缩

城乡居民出游潜力低于市场预期，假日市场对旅游经济基本面的支撑作用显著。受宏观经济下行和疫情的叠加影响，2021年第三季度国内旅游总人次同比下降18.3%，消费面和产业面信心减弱，预计全年国内旅游出游人数为34.31亿人次，旅游收入3.02万亿元，同比增长19%和35%，分别恢复至2019年同期水平57%和53%。从节假日来看，2021年春节、五一、国庆长假，国内旅游客流分别恢复至疫情同期的75.3%、103.2%、70.1%，收入恢复58.6%、77.0%、59.9%，分别高于各季度的国内旅游增长，假日市场有效支撑着全年旅游经济。

中远程旅游市场复苏缓慢，近程和本地旅游的市场托底效应明显。在过去的一年中，必要出行外的公务差旅和商务出行外，中远程观光、休闲和度假旅游规模和消费能力尚无回升迹象。国庆节假日期间，游客平均出游半径141.3千米，比去年缩减71.7千米，减少33.66%。目的地平均游憩半径13.1千米，比去年缩减1.1千米，减少7.75%。以都市休闲、近郊游为主的"本地人游本地"特征明显。

出境回流需求释放有限，下沉市场的消费支撑作用不足。从市场数据来看，除海南岛免税购物和一线城市周边的高端度假酒店外，留在境内的1.2亿人次出境旅游者并没有对国内旅游市场形成明显的拉动效应，旅游消费热点不足，离岛免税业务对目的地产业创新和全国旅游经济带动尚不明显。农村居民参与旅游的比例明显提升，旅游市场继续保持"价低量升"的态势。前三季度，农村居民旅游人数和收入分别为7.55亿人次和0.45万亿元，同比分别增长41.1%和67%。

2. 旅游产业：供给冲击明显，产业规模收缩，企业家信心不稳，投资预期偏弱

头部旅游企业韧性有待提升，中小企业持续洗牌。以旅游集团和上市公司为代表的头部旅游企业，在过去的两年中有效应对疫情的冲击，稳步了阵脚，也积累了经验。多数企业仍然通过资产变卖、人员裁减、业务调整等方式艰难维持，盘整、创新升级的阻力巨大，中小企业尤其是旅行社遭受了严峻冲击并面临着生存危机。文化和旅游部统计数据显示，第三季度全国旅行社国内旅游组织1655.37万人次、4621.12万人天，仅恢复至2019年同期的33%和29%。

都市休闲、乡村度假、文化消费需求上升，但是旅游供给的产品创新和项目研发不足。近程游拉动了都市休闲、文化娱乐和乡村旅游消费，城市周边民宿与高端酒店、博物馆、美术馆、图书馆等公共文化场馆、历史文化街区、休闲游憩步道为本地游客提供深度体验空间，脱口秀、书店、轰趴、桌游、密室为近程休闲消费解锁更多城市新玩法。旅行服务领域去旅行社化、旅游住宿领域去星级酒店化、旅游休闲领域去景区化趋势进一步加速，然而旅游企业适应新需求的新产品和新业态尚未形成基础支撑的商业力量。

客源地的旅游经济复苏进程快于目的地，"南密北疏""东多西少"的非均衡结构进一步显化。受疫情防控影响，多个省市倡导"无必要不出行"，很多游客将远程出游计划转向近程和本地，出游需求在局部区域集中释放。北京、上海、广州、深圳等一线城市、浙江、江苏、河南、湖南、湖北、重庆、成都等人口密集地区的景区恢复程度要好于西南地区。

3.产业政策：统筹疫情防控、安全生产和复工复业，多措并举助力纾困解难，但是市场主体获得感相对不足

文化和旅游部在指导企业用好普惠性政策的同时，推出一系列针对性纾困政策举措。将旅游景区、乡村旅游等纳入增值税减免、专项债券、稳定就业、促进消费、创业创新等政策支持范围。还出台了系列政策有效引导文化、旅游与体育、教育、商贸等行业的跨界融合发展，加速了5G、大数据、人工智能等新技术在文化和旅游场景中创新应用。如何将既有政策红利和基建投资有效转化为现实的消费场景和产品业态，在政策宣讲、执行落实、支撑配套和综合绩效方面还有很多工作可做。

二、谨慎乐观的2022年旅游经济

当前，新冠肺炎疫情对行业冲击仍在持续，宏观经济的需求收缩、供给冲击、预期转弱在旅游业表现得更为明显，旅游业资金、就业等系统性风险仍在累积，必要出行之外的旅游消费意愿和企业家信心同步收缩。2022年全年旅游经济预期下调为谨慎乐观，我们要对困难、问题和风险做好更充分的准备。综合考虑宏观经济、疫情影响和市场因素，预计2022年国内旅游人数39.80亿人次，国内旅游收入3.81万亿元，同比分别增长16%和27%，分别约恢复至2019年同期水平的70%。预计出入境旅游人数同比增长达20%，恢复至2019年的20%—30%。

旅游消费和休闲度假等弹性需求将会进一步释放。中国旅游研究院出游意愿专项调查数据显示，2022年第一季度居民旅游意愿为85.32%，同比增长3.15%。这意味着旅游需求的基本面还在，并稳步恢复至疫前水平。受流动性管控政策影响，近程与本地游需求进一步增长。从搜索量、预订量、关注度等先行指标来看，高品质的微旅行、宅度假和文化消费需求将得到进一步释放，高频低价仍是主流需求。近程、散客、休闲、体验成为主体，研学、自驾、旅游专列、宿营等产品需求旺盛。

旅游产业的变革、创新与高质量发展的意识进一步显化。以中旅集团、首旅集团、华侨城集团等国有旅游集团作为承载国家和区域发展战略重要旅游资源整合平台，主动作为，积极变革，成为疫后复苏发展的中坚力量。携程、春秋、开元、美团等社会资本和民营资本为主体的旅游企业，深耕国内市场，针对游客个性化、碎片化的需求，挖掘周边旅游资源，及时切入短途游、定制游，成为旅游市场的新亮点。冬奥会的举办推动冰雪旅游成为冬季旅游的新潮流，数字化、智慧化、冰雪等相关领域融资增长显著。

各级党委和政府推进旅游业复苏振兴和高质量发展的措施将会更加务实。党的十九届系列全会，以及《文化和旅游业"十四五"规划》等重要文件的密集出台，为投资拉动和创新驱动的旅游经济增长注入强大动能。贯彻落实2022年全国宣传部长会议、文化和旅游厅局长会议要求，紧紧围绕迎接、宣传、贯彻党的二十大这条主线，提供更多优秀文化产品和优质旅游产品，满足人民文化需求和增强人民精神力量，为旅游业带来更加宏大的发展格局的发展信心。围绕世界级旅游城市、世界级旅游景区和度假区、国家级旅游城市和街区、冬奥旅游、乡村旅游、红色旅游，以及长城、长征、大运河、黄河和京张体育文化旅游带建设，各级党委政府积极制定规划和行动计划、明确重点领域、分解指标任务等。

国际旅游交流合作会将更加频繁。2022年出入境旅游市场恢复的可能性和路

线图更可期待,粤港澳大湾区、"一带一路"沿线国家和地区、东亚、东南亚将是优先恢复的方向和政策着力点。意大利、希腊、中东欧等双多边旅游交流活动以及古巴、多米尼加等加勒比地区,还有非洲都在蓄势待发,中国也会在 RCEP、APEC、金砖、上合等多边框架内和主场外交中发出更多的声音。专业化旅游推广机构也在酝酿探索,行业组织、市场主体将会有更多参与的积极性。

资料来源　中国旅游研究院

## 第一节　现代旅游的发展

### 一、现代旅游发展历程

现代旅游起源于 19 世纪中期。产业革命为社会带来了广泛而深刻的变化,人们的工作方式、休假制度、收入水平和交通技术都对旅游产生了巨大的影响,其中交通技术的进步对旅游的发展产生的影响最为深刻。产业革命之前,人们的旅行方式主要是徒步、骑马、乘船或者乘坐马车,这些方式中除了乘船需要借助风力和水流,其他的方式都要依靠道路。19 世纪道路交通的改善,以及铁路和蒸汽轮船的出现,使人们迎来了大众旅游时代。交通工具的速度和安全性的大幅提升直接促进了旅游业的繁荣。

在某些方面,中国的旅游发展是独特的,但另一方面,它也有与世界其他地方相似的发展状况。中国现代旅游的发展也受到社会经济和交通技术发展的制约。

#### (一)中国早期旅游活动(1923—1949 年)

鸦片战争后,西方列强用枪炮打开了中国的大门,外国的商人、传教士、官员、学者等纷纷来到中国。之后的洋务运动也促使一些中国人到国外考察、留学、经商,而且人数不断增加。在这种情况下,西方的旅游企业、公司随后也踏上中国这块土地。

中国旅游业诞生在上海。上海被开辟为通商口岸之后,与国际联系较密切,加上交通发达,民族资本相对集中,逐渐具备发展现代旅游业的条件。20 世纪初,英国的通济隆旅行社、美国的运通旅游公司、日本的国际观光局等先后在中国沿海若干大城市,如上海、天津和广州建立旅游经营机构,总揽了中国旅游业务。同时,欧美的航运公司、邮轮也相继承揽旅游业务,主要为来华的外国人和中国的出境人员提供服务,其中多数人旅游的目的并不是游览,旅游活动在中国居民中也并不普遍。

1923 年 8 月 15 日,在上海商业储蓄银行任经理的陈光甫,在该银行中附设了"旅行部",其业务范围是代办国内外车票、轮船票和飞机票,分行设立旅行部柜台。

1924 年 1 月,旅行部脱离银行国外部,独立对外开展业务。当年春天,旅行部组织了第一批国内旅游团,由铁路局开专列,从上海赴杭州游览,不久又组成第一个赴日本旅游的"观樱团"。

从 1923 年 8 月起的 5 年内,上海商业储蓄银行在 11 家外埠分行开设了旅行部分部,其间还先后与 20 家中外铁路公司、23 家中外航运公司建立业务关系。上海商业储蓄银行旅行部开创了中国旅游发展史上四个第一:创办第一艘旅美学生专轮,组织国内第一个游览团,组织第一个国外游览团,发行中国第一张旅行支票。

1927 年 6 月 1 日,旅行部从上海商业储蓄银行独立出来,正式成立中国旅行社,这是中国第一家旅行社。

中国旅行社最初的业务是代办车船票,后扩展到托运行李、接送旅客、组织个人和团体的旅游活动。此外,还办理留学生出国手续,设立避暑区服务站,组织短程的团体游览,组织境外旅游。

1928 年至 1938 年是中国旅行社大发展的十年。中国旅行社在苏州、无锡、镇江、杭州、蚌埠、徐州、济南、青岛、天津、北京、沈阳、西安、武汉、广州、南昌等 58 个城市设立分社和支社,另外在纽约、伦敦、新加坡、加尔各答、河内、仰光、马尼拉等地设了"中国旅行社"或办事机构,承办外国人来华旅游业务。

除中国旅行社外,当时还出现了"铁路游历经理处""公路旅游服务社""浙江名胜导游车团""中国汽车旅行社""国际旅游协会""友声旅行团""精武体育会旅行部""萍踪旅行团""现代旅行社"等一批旅游组织和旅行社。

在这个时期,旅馆、饭店等有了迅速的发展。20 世纪 20 年代至 30 年代,上海、北京、天津等大城市,宁波、汕头、青岛、大连等商业港口城市,长沙、郑州、南京、张家口等交通枢纽城市,掀起了一股建造饭店的热潮。仅上海就有中西旅社、饭店等 300 多家,如维多利亚饭店、圣乔治饭店、远东饭店、爵禄饭店、金门饭店、大中华旅馆、东亚旅社等,加上各地的交通旅馆,全国共有 1057 家旅馆、饭店。

20 世纪 30 年代,上海在中国沿海航运业枢纽的地位和中国海运中心、东亚交通中心的地位已经确立。1930—1937 年,全国新建铁路 2400 多千米,在建的有 1000 千米,国道从 1927 年的 129170 千米增长到 1936 年的 974000 千米。同期,民用航空已有中国航空公司、欧亚航空公司、西南航空公司三家,开辟了 10 条航线。远洋航运企业有轮船招商局、中国邮轮公司、中华航业公司等,它们的轮船远航于欧洲、美洲、亚洲、大洋洲之间,通信设施也有显著发展。

(二)中国旅游业的初创期(1949—1965 年)

中华人民共和国成立初期,国民经济迅速恢复和发展,国际威望也与日俱增,不仅有许多外国人想来华访问,广大海外侨胞也想回国探亲访友,因此,创办旅行社、开展旅行业务很快就被提到国家对外事务的议事日程上来。

1954 年 4 月 15 日,根据周恩来总理的提议,经政务院批准,中国国际旅行社在北京宣告成立,同时在上海、杭州、南京、武汉、广州、天津等 14 个城市建立分社,这是中华人民共和国经营国际旅游业务的第一家全国性旅行社。

1949 年 10 月 17 日,以接待海外华侨为主旨的厦门华侨服务社成立,这是中华人民共和国第一家旅行社。

之后,泉州、福州、深圳、汕头、拱北、广州等地也设立了华侨服务社,中国旅行社的框架体系开始形成。1957 年 4 月 22 日,中国华侨旅行服务总社成立,统一领导和协调全国华侨和港澳同胞探亲旅游接待服务。1974年1月3日,中国旅行社成立,与华侨旅行总社(1973年由华侨旅行服务总社改名)联合经营。

为了加强对全国旅游工作的统一领导,1964年中国旅行游览事业管理局成立。发展旅游事业的方针政策是"扩大对外政治影响""为国家吸取自由外汇",中国旅游业开始发展。1965年,全国接待外国旅游者达12877人次,创历史最高纪录。

(三)中国旅游业的停滞期(1967—1977年)

1967—1977年,受大环境影响,中国旅游业处于停滞甚至倒退阶段。一方面,旅游接待成为不计成本、不讲效益的政治性任务;另一方面,国务院对接待外国旅游者的数量规模有所控制,1966年接待国际旅游者约7590人,至1974年全国接待国际旅游者4.49万人,综合服务外汇收入370万美元。

在这个阶段,旅游以外事接待为主,是为政治服务的,在配合外交工作、宣传中国的建设成就、加强国际友好往来方面发挥了作用,但并没有发挥真正意义上的经济功能,不完全属于产业范畴。

(四)中国旅游业的发育期(1978—1991年)

中国**现代旅游业是改革开放的产物**。1978年党的十一届三中全会前后,邓小平同志就加快发展旅游业先后发表了5次专门讲话。在旅游业对国家政治经济的积极作用,以及在旅游管理、旅游开发、旅游促销等一系列与旅游业相关的基本认识、基本规律上做了明确指示,加快了我国旅游业发展的步伐。

1979年,全国旅游工作会议提出,旅游工作要从"政治接待型"转变为"经济经营型"。但是,国内旅游方面仍实行不宣传、不提倡、不组织的"三不"方针。

1982年,中国旅行游览事业管理总局与中国国际旅行社分开,中国旅行游览事业管理总局正式更名为国家旅游局,加快了旅游业向经济产业转变的步伐。

1984年,中央提出了加快旅游基础设施建设,要采取国家、地方、部门、集体和个人一起上,以及自力更生和利用外资一起上的方针。

1985年,国家从只抓入境旅游,转变为入境旅游、国内旅游一起抓,相互促进。国务院决定把旅游事业发展规划列入国家的"七五"计划,并在"七五"计划中明确指出,"要大力发展旅游业,增加外汇收入,促进各国人民之间的友好往来"。旅游的产业地位首次得到明确。

1991年入境游客人数达到334.98万人次,是1978年的12倍多,旅游外汇收入28.45亿美元,是1978年的10倍多。

1991年,国内游客首次达到3亿人次,国内旅游收入达到200亿人民币。

到1991年,中国已有旅游涉外饭店2130家,拥有客房32116间,床位6794583张,客房出租率达61%,营业收入139亿元;拥有各类旅行社1561个,营业收入59亿元。

(五)中国旅游业的成长期(1992—2000年)

在此阶段,中国旅游业进入了在市场经济中求发展的成长期。

中共中央、国务院进一步明确旅游业是第三产业的重点,各级政府相继把旅游业列入国民经济和社会发展计划,国务院和国家旅游局(今文化和旅游部)通过制定一系列条例、规定、标准,把旅游业作为一个产业来管理。

1993年,国务院提出倡导、引导国内自费旅游的方针,并颁布了机关、事业单位的带薪休假制度,体现了政府对国内旅游和大众旅游的重视。

1996年开始,中国推出以主题促销为主的海外宣传活动,成绩卓著。如1996年"度假休闲游"、1997年"中国旅游年"、1998年"华夏城乡游"、1999年"生态环境游"、2000年"神州世纪游"。2000年,国家旅游局(今文化和旅游部)重点推出"中国的世界遗产——21世纪的世界级旅游景点"的主题产品,并将全国60多项国际性文化、体育盛事组合包装,形成一批全新的旅游产品推向海外市场。

1997年《中国公民自费出国旅游管理暂行办法》实施,到2000年,出境旅游者人数平均每年以30%的速度递增。

1998年12月召开中央经济工作会议,旅游业被确定为国民经济新的增长点。

2000年,中国首次将旅游列入国债投资计划,投资13亿元加强旅游基础设施建设,支持项目遍及全国30个省、市、自治区的114个重点旅游区。

1992年邓小平同志南方谈话之后,中国经济进入了发展的快车道,国内旅游发展势头强劲,出境旅游冲破了多年的政策局限,形成了入境旅游、国内旅游和出境旅游三大市场全面发展的局面。

(六)中国旅游业的发展期(2001年至今)

"十五"期间,中国旅游业一举跨越了"起飞"阶段,实现了从旅游资源大国向世界旅游大国的历史性跨越。

"十一五"时期,中国旅游业进入持续快速增长阶段。《中华人民共和国国民经济和社会发展第十一个五年规划纲要》提出了"全面发展国内旅游,积极发展入境旅游,规范发展出境旅游"的发展战略,在旅游规模进一步高速扩张的同时,旅游产业结构和旅游产品结构、产业质量及旅游体制逐步完善,旅游业作为国民经济的重要产业将发挥更大的作用,从而实现从世界旅游大国向世界旅游强国的跨越。

"十二五"时期,我国继续深化改革,通过大力推动市场化改革,构建起新的可持续增长模式。中国旅游也应围绕小康社会决胜阶段战略目标,以改革为手段,夯实"旅游+"的理论基础和制度基础,做好供给侧结构性改革,通过综合创新和集成创新,实现旅游的"产业升级""提质增效"和公共产品的"补齐短板",实现旅游发展方式从投入驱动向效率驱动转变,旅游发展格局从"单点突进"向"全面提升"转变,旅游治理体系从行政主导向社会治理转变。

## 二、现代旅游的基本要素

对旅游要素的不同概括,反映了旅游业发展的不同阶段、层次和人们对旅游业发展规律认识的水平。旅游业发展的阶段越早、层次越低,对旅游业发展规律的认识水平越低,把握能力越弱,人们所概括的旅游要素势必越粗浅。随着实践的发展,人们对旅游要素的认识会不断深化。

## (一)旅游"六要素"的发展历程

一说到旅游,人们就会提及旅游"六要素"——吃、住、行、游、购、娱,旅游"六要素"的形成经历了一个过程。为说明其演化历程,我们结合现有相关研究及旅游产业实践发展,对演化阶段进行了划分与阐述。

**1. 第一阶段(1978—1984年):旅游"三要素"提出阶段**

在我国旅游业发展初期,国内先后有学者在其著作或译著中对旅游的要素进行了归纳与总结,提出了旅游"三要素",将其归纳为饭店、交通和服务,或归纳为旅行社、交通、饭店。包括当时的一些外国旅游著述中也论及交通、饭店、餐饮、娱乐等旅游要素。

旅游"三要素"的提出,有其独特的形成背景。1949—1978年,中国旅游业作为外交事业的延伸与补充,承担的主要是外事接待职能。1978年,以党的十一届三中全会的胜利召开为标志,中国开启了改革开放的伟大时代。邓小平同志发出了"旅游事业大有文章可做,要突出地搞、加快地搞"的号召,自此吹响了我国旅游产业发展的号角。

1949—1977年,全国入境游客接待量合计不到70万人次。改革开放以来,仅1978年当年中国接待入境过夜游客就达71.6万人次,创汇2.63亿美元。旅游业从外交事业到经济产业,其性质在不断变化,人们对旅游的认识逐步深化,旅游的基本要素也在不断丰富。面对中国旅游市场的快速发展,业界首先考虑的就是如何满足快速增长的游客需求。由此,饭店、交通、服务、旅行社等与旅游活动息息相关的基本要素开始进入人们的视野。

**2. 第二阶段(1985—1990年):旅游"五要素"提出阶段**

随着改革开放初期中国旅游业的迅猛发展,党中央、国务院高度重视旅游产业的发展与壮大,将旅游事业定位为一项综合性的经济事业,是国民经济的一个重要组成部分。到1987年,全国接待入境过夜游客突破1000万人次大关。之后,入境旅游接待游客每增加1000万人次的时间逐渐缩短。1980年,中国国际旅游接待人数开始进入世界前20名。当时的旅游业是我国重要的创汇产业,国家发展旅游业的重点是尽快补充外汇短缺。在此阶段,由旅游活动衍生出来的游客商品购买行为开始进入业界的视野。于是有学者提出了旅游"五要素"的概念,将游客购买行为添加到了旅游要素之中,即吃、住、行、游、购。

**3. 第三阶段(1991—2014年):旅游"六要素"提出和普遍使用阶段**

除改革开放以来的入境旅游市场迅速壮大以外,随着我国综合国力的提升,居民收入显著提高,我国积极发展国内旅游业,国内旅游市场也逐步形成,并出现"井喷"现象,显示出独特而强劲的内生性消费需求。除游览观光、增长见识外,现代旅游的主要目的就是娱乐,人们在旅游过程中寻找精神愉悦和身心放松,由此一系列以"娱"为核心的旅游产品应运而生,深受广大游客的青睐,并迅速占据一定的市场。

1991年《中国旅游经济发展战略研究报告》提出吃、住、行、游、购、娱六要素概念,并得到业界的普遍认同。旅游"六要素"既反映出旅游者的需求与消费的基本结构,又刻画出旅游供给与旅游业的主体结构,既简单又通俗,符合人们对旅游现象的表面感知。自此一直沿用,我国出版的大量旅游专业教科书都把旅游"六要素"摆在基础理论的位置。近年来,随着旅游产业不断发展,也有专家学者结合实际,对旅游构成要素展开了一些新探索与新归纳,一定程度上丰富了我国旅游要素的理论探讨。2015年国家旅游局(今文化和旅游部)召开全国旅游工作会议,基于我国旅游业现阶段的实践总结,对传统旅游"六要素"进行了丰富与拓展,并提出新的旅游"六要素",即商、养、学、闲、情、奇。

(二)现代旅游的发展要素

旅游要素是人类社会、经济和旅游活动发展到一定时期的产物。随着旅游市场需求的持续升级和旅游产业融合的不断演进,吃、住、行、游、购、娱的旅游"六要素"已经逐渐演变为旅游者最低的旅游需求,成为现代旅游要素中的基础要素。

旅游基础要素是应对旅游市场与活动的根本要素,是旅游者最低、最原始的旅游需求;旅游发展要素是应对旅游产业新需求与新常态的拓展新要素,是旅游者在满足较低层次和较原始的旅游需求以后,提出的更高层次的旅游需求。本书结合产业实际,总结旅游业近些年的发展,将旅游基础要素归纳为"吃、厕、住、行、游、购、娱",将旅游发展要素归纳为"文、商、养、学、闲、情、奇",共十四大旅游要素。

在旅游发展"七要素"中,将"文"作为一个旅游发展要素,并置于旅游发展"七要素"之首,是由于文化是旅游魅力之所在,旅游的各个环节都应具有文化内涵。此外,"文"也指文化旅游,如以鉴赏异国异地传统文化、追寻文化名人遗踪或参加当地举办的各种文化活动为目的的旅游等。

"商"是指商务旅游,包括商务旅游、会议会展、奖励旅游等旅游新需求、新要素。随着国内外经济社会发展及密切交往不断增强,商务往来和商务活动越发频繁,商务旅游已经发展成为旅游业的一个重要细分市场。北京、上海、天津、广州、三亚等基础设施较为完备的城市已经成为商务旅游、会议会展的优选地,中国正向全球第一大商务旅游市场全力冲刺。

"养"是指养生旅游,包括养生、养老、养心、体育健身等健康旅游新需求、新要素。随着我国人均可支配收入不断提高和人口老龄化、亚健康现象日渐普遍,人们对健康养生的需求充分释放,养生旅游作为康养与旅游融合产生的新业态应运而生,深受游客青睐,迎来重大发展机遇。数据显示,未来5年,养生旅游的市场规模将呈快速增长态势,年复合增长率有望达到20%,2020年市场规模在100亿元左右。当前,我国正结合市场需求着力推动养生旅游发展,如计划建成一批国家中医药健康旅游示范区、示范基地与示范项目,研究制定《关于促进老年旅游健康发展的指导意见》等。

"学"是指研学旅游,包括修学旅游、科考、培训、拓展训练、摄影、采风、各种夏令营、冬令营等活动。习近平总书记指出,旅游是修身养性之道,中华民族自古就把旅游和读书结合在一起,崇尚"读万卷书,行万里路"。研学旅游就是人们,尤其是学生,增长知识、丰富阅历、拓宽眼界的良好方式。当前,研学旅游不仅受到学生及家长的广泛关注,许多职场青年也逐渐加入此行列中提高自身综合素养。研学旅游目的地已经从国内走向世界各地,研学旅游内容也从最初的观光游发展到社会调查、寄宿家庭等多种体验。

"闲"是指休闲度假,包括乡村休闲、都市休闲、度假等各类休闲旅游新产品和新要素,是未来旅游发展的方向和主体。经过30多年的快速发展,我国旅游已从少数人的奢侈品发展成为人民群众大众化的消费品,成为人民群众日常生活的重要内容。我国已进入"大众旅游"时代,度假休闲、放松身心日益成为广大游客的重要需求,例如以农家乐、渔家乐、牧家乐、洋家乐、生态农园等为代表的一系列休闲度假产品就受到人们的追捧。由此，也促进了旅游业与农业的深度融合，使乡村由传统的农业生产场所升级为休闲度假的重要场所，使乡村地区由传统的种植经济转向服务经济，并成为农民脱贫致富的重要途径。

"情"是指情感旅游，包括婚庆、婚恋、纪念日旅游、宗教朝觐等各类精神和情感的旅游新业态、新要素。旅游业是幸福导向、快乐导向的产业，位列"五大幸福产业"之首，情感旅游也是让广大游客获得主观幸福感的直接方式之一。当前，随着人们消费水平的提高和思想意识、价值观念的转变，以情感为主题、以追求幸福为主要目标的旅游产品，受到许多游客的喜爱。据了解，当前我国新婚蜜月旅游市场规模每年约1.2万亿人民币。数据显示，2016年，仅海南三亚市就接待婚纱摄影客人约32万对，同比增长8%；举办婚礼2200余场，同比增长10%；蜜月度假客人超20万对，同比增长15%；涉及婚庆旅游产业业务的企业约有922家，营业收入超过80亿元，占旅游总收入的24.8%。可以说，情感旅游在未来还具备很大的发展空间。

"奇"是指探奇，包括探索、探险、探秘、游乐、新奇体验等探索性的旅游新产品、新要素。在大众旅游时代，随着游客出游频度、广度、深度不断增加和出游经验逐渐丰富，部分旅游爱好者已经不满足于普通形式的旅游活动，徒步、登山、骑行、攀岩、探秘等深度体验类的旅行方式渐受青睐。目前，市场上此类旅游产品种类繁多，如高山徒步、森林探险、沙漠跋涉、洞穴探秘、极地体验等，均具有一定游客规模。

拓展出的"文、商、养、学、闲、情、奇"旅游发展"七要素"，只是基于现阶段旅游产业实践的概括。这种概括只能是宏观的、大略的，不可能那么具体精细。现在的概括只是反映现阶段旅游发展实践。今后，随着旅游的不断发展，人们对旅游要素必然有新的概括。这是历史发展的必然。

对于旅游产业而言，旅游要素作为解释和反映旅游活动及旅游现象的重要载体，是由一系列旅游生产要素聚积、优化、组合而成的。然而，在经济活动中，产业要素是根据市场需求的不同而变化的。因此，不同旅游发展阶段的旅游要素是随着人们对旅游需求及旅游活动形态的不断发展而发生动态变化的，在旅游活动的不同发展阶段，旅游发展要素必然有所不同。毋庸置疑，旅游要素的扩充与发展应符合不断增长的旅游市场需求。应随着旅游产业的不断发展而逐步丰富促进旅游产业发展的相关要素。随着旅游需求不断升级、旅游业态不断创新，今后还会拓展出更新、更多的旅游要素。这是旅游业蓬勃发展的大趋势。

## 第二节　现代旅游的特征

### 一、现代旅游的结构

构成现代旅游应具备以下条件：首先，必须有旅游的人存在，即进行旅游的主体，通常叫游客。其次,要有必要的能唤起旅游者欲望的旅游对象。旅游对象一般分为两个方面,即那些作为素材的旅游资源和直接服务于旅游者的旅游设施(包括服务)。因此,旅游可以看作是旅游者,即旅游主体与旅游资源、旅游设施相结合的一种行动、一种现象。当旅游主体的旅游意愿很强时,自然就会加强它与旅游对象的联系,而当旅游对象的魅力很大时,旅游主体的意愿也容易被调动起来,而这种促成其结合的机能叫旅游媒介,它包括旅游移动手段和情报,没有媒介就很难使旅游具体化。移动手段的现代化和通信手段的发达,是促成旅游大众化的一个条件。旅游对象是唤起旅游欲望或能够使其欲望得到满足的目的物,所以它应具有魅力,乃至吸引力。旅游对象还包括旅游资源和旅游设施两个方面。旅游资源是旅游对象的所谓素材,旅游设施使旅游资源发挥作用,或其本身具有吸引力,二者是不可分的。优美的旅游资源如果没有相应的住宿设施,旅游者就不能舒舒服服地停留。而二者哪个更能起主导作用,要看具体情况,有的旅游资源的价值很高,设施只起辅助作用,也有的旅游资源并不是很有魅力,人为建造的设施,举办的活动等,使旅游对象发挥作用。现代旅游目的多样化,尤其是各种体育运动的增加,使旅游设施在旅游对象中发挥了更大的作用。

旅游资源要经过开发才能被利用,如天山天池具有优美的高山湖泊自然风光,碧绿的湖水镶嵌在崇山峻岭之中,映照着蓝天白云,近岸高高的塔形杉树,远处白雪皑皑的博格达峰,无比壮丽、静谧,像一幅浓墨重彩的油画。然而只有在修建了直通山上的汽车道路和住宿等设施之后,媒介的机能才起作用,才让游人知晓它的美丽,成为许多人的旅游对象。

## 二、现代旅游的特征

### (一)大众性

现代旅游不同于历史上任何时代的旅游,首先表现为它的大众化,即旅游者的范围已经扩展到普通的大众,旅游活动在世界各地各个阶层普遍开展起来。旅游度假已经不再只是上层阶级独享,它已成为普通大众人人都可享有的权利。而且参加旅游的人数越来越多,旅游去处越来越远。它还具有群体性、规范性。现代旅游突破了历史上一直以个体为单位的旅游消费者形式,变成结伴同行,以团体包价的群体性旅游为代表的规范化旅游形式,使旅游者在旅游组织的安排下,借助各类旅游企业提供的旅游产品和服务,按照预定的时间、线路和活动内容,有计划地完成全程旅游活动。

### (二)广泛性

旅游的发展有赖于社会生产力水平的提高。现代旅游首先在西方经济发达国家兴起。20世纪60年代以后,大多数欧美国家致力于国际旅游事业的投资,形成旅游业在世界范围广泛分布的特点,至今欧美国家在世界旅游市场中仍占据主导地位。目前,发展中国家的旅游业也普遍发展起来,形成一个很有活力和前途的产业。

此外,现代旅游还具有地理的集中性、旅游的季节性等特点。

## 第三节 现代旅游的功能与地位

### 一、现代旅游的经济功能

#### (一) 对经济发展的促进功能

促进经济发展是旅游产业的最基本功能,现代旅游产业也必须首先具有这一基本功能。旅游对经济增长的直接作用,可从促进国内消费、形成有效投资、构成国际贸易(即通过服务贸易出口创造外汇收入)三方面加以阐释。

从促进国内消费的角度来看,消费是社会再生产环节的根本归宿和新的起点,没有足够的消费需求,特别是最终消费,社会生产就不可能持续。旅游消费是最终消费需求,在国家经济中扮演重要角色,尤其是随着居民消费结构的升级和转型,旅游及相关消费在经济中的地位越来越高。

从形成有效投资的角度来看,旅游项目开发投资、旅游基础设施投资、旅游景区开发投资、娱乐设施和服务的投资是支撑旅游发展的重要因素。围绕人们的旅游需求的各个环节,都必须投入资金。以中国为例,近年来旅游投资保持较快增长速度,2020 年旅游直接投资突破 2 万亿元。

从服务贸易组成部分来看,国际旅游是全球国际贸易的重要来源,是服务贸易的最大组成部分。因 2020 年受新冠肺炎疫情的影响,故本教材选取 2019 年的数据进行说明。相关统计资料显示,中国全年进出口总额 31.54 万亿人民币,增长 3.4%。其中,出口 17.23 万亿元,增长 5.0%,进口 14.31 万亿元,增长 1.6%,进出口规模均创历史新高。需要指出的是,中国出口占国际市场份额稳步提升,根据世贸组织统计,2019 年前三季度,我国出口增速较全球高出 2.8 个百分点,国际市场份额较 2018 年提高 0.3 个百分点,达到 13.1%。其中,与旅游业相关的服务贸易发挥了重要作用。

通过发展入境旅游和服务贸易出口创汇,中国的国际旅游长期保持顺差地位,对改善国际贸易,特别是国际服务贸易的进出口结构,增加外汇储备,起着重要作用。2014 年以后,入境旅游市场摆脱了 2008 年世界金融危机以来的低迷态势,进入恢复性增长阶段。旅游在平衡国际服务贸易、扩大外汇储备方面发挥了重要作用。

除以上三个方面外,旅游对经济发展的促进功能还表现在安排劳动就业上。利用旅游产业链长、关联度大、就业率高的特点,旅游目的地通过发展旅游产业来安排劳动者就业,增加居民收入。此外,凡是产业都有创造价值的功能,而旅游产业是利润率较高的产业,发展旅游产业可以为企业创造利润,为国家上缴税收,增加政府财政收入。

#### (二) 对国民经济的综合贡献

旅游产业的关联性决定其在产业结构调整中占有重要地位。作为现代服务业,旅游业能够通过自身发展促进其他产业进步,是国民经济产业结构升级的重要力量。从国民经济系统中主要产业带动力系数看,旅游业带动力系数比农业和多数第三产业高。

旅游产业的融合性也能够促进产业结构调整。旅游业兼具消费性服务业和生产性服务业的双重属性,能通过宽领域的融合发展推动产业升级。从旅游产业融合的机制来看,技术创新、观念创新和市场需求发挥着重要的推动作用。旅游业与第三产业的融合,表现为旅游业与其他服务业相互渗透和交叉。旅游业与第一、第二产业的融合,表现为旅游产业边界延展。

### (三)促进区域经济平衡发展

旅游发展能够促进旅游消费和投资从经济发达地区流向落后地区,实现财富在经济发达地区和落后地区之间的转移,从而促进区域平衡发展。

从全球范围来看,旅游可以促进不同地区间的平衡发展。不同区域的交通、通信和能源等基础设施有效地联结,形成新的旅游基础设施网络,促进跨国、跨区域间的联通和交流,进一步促进国际区域间的发展平衡。从国家或经济体内部来看,旅游促进不同发达程度的区域间的平衡发展。中国的经济发展一直表现出明显的板块化特征,区域经济一体化发展格外受重视,旅游合作是区域经济合作中共识最多的领域。在区域一体化发展这盘大棋中,旅游有着"一子落而满盘活"的战略性带动作用。随着"一带一路"倡议、京津冀协同发展战略、长江经济带发展规划的出台,不同地区间正形成区域互动、优势互补、相互促进、共同发展的旅游新格局。从城乡关系来看,旅游已经成为推动城镇化发展的重要力量,是推动经济转型、社会变迁、文化重构的重要力量。伴随着城市旅游功能的不断完善和增强,城市规模正不断扩大,城镇化水平和质量也在不断提升。

随着旅游实践的发展和理论研究的深化,旅游业对社会经济发展的影响日益凸显,在高度关注其积极经济贡献的同时,也不可忽视旅游可能带来的负面经济影响。如果没有很好地规划、管理和控制,旅游发展可能会产生不同程度的"资源诅咒"效应、"投资挤出"效应、"福利漏损"效应,以及"反向排斥"效应。特别是对于规模较小的经济体而言,要警惕旅游发展可能出现的"荷兰病",即区域经济发展高度依赖某种自然资源而形成的资源经济依赖现象。旅游发展中的"荷兰病"表现为区域内旅游发展带来了巨大的经济效益,导致区域经济发展高度依赖旅游产业,从而使其他产业发展相对滞后,或者旅游产业的波动或衰退会对该区域国民经济发展带来较大影响。"荷兰病"的传导机制表现在:政府对旅游开发利润的预期过高,导致对其他产业的扶持力度不足;旅游业的大量投资,引起土地和其他资源要素价格的上升;对目的地而言,旅游产业的快速扩张固然会提高旅游目的地社会福利水平,但如果管理不当,"荷兰病"则会在一定程度上降低其社会福利水平。这些问题虽然还没有成为全球性问题,但是未雨绸缪,做好反向调控的政策储备还是有必要的。

## 二、现代旅游的社会文化功能

### (一)旅游提升生活质量

旅游已成为国民日常生活的重要组成部分,旅游在改善居民社会福利状况、提升民众生活质量和幸福指数方面发挥着重要作用。这种作用可从游客生活质量的提升和社区居民生活质量的改善两个方面加以考察。

就旅游对社区居民生活质量的影响而言,西方学者给予了更多关注。诸多学者深入研究了旅游如何促进当地社区物质财富积累、健康和安全感提升、社区福利增加,并使居民在情感上获益。

就旅游对游客生活质量的影响而言,根据英国诺丁汉大学 Scott McCabe 等人对英国 365 位受访者的调查发现,73%的人声称由于旅游度假而感受到更高的生活质量,80%的受访者认为自己休假后比休假前幸福感更强了,68.9%的人表示旅游后对生活更加乐观。另据世界旅游城市联合会发布的《2015 年度中国公民出境(城市)旅游消费市场调查报告》显示,超过三分之一的中国游客认为旅游在生活中与恋爱婚姻、家庭财富、事业发展、学习教育、健康保障、子女成长,具有同等重要的地位,是提升生活质量和幸福指数的重要方式。

### (二)消除贫困

贫困是困扰人类发展的重要问题。自 20 世纪 90 年代末英国国际发展部提出 PPT (Pro-Poor Tourism,国内有学者将 PPT 翻译为"扶贫旅游",实际上,其名称和内涵更接近于"消除贫困的旅游"的概念,研究者、决策者高度重视旅游发展与消除贫困的关系。作为有利于贫困人口脱贫的旅游业,PPT 强调让贫困人口从旅游中获取净利益,包括经济、社会、文化等方面的利益。PPT 既不是一种特殊的旅游产品,也不是旅游业的一个组成部分,而是发展旅游的一种方式和途径,核心是使贫困人口获得更多的发展机会和净利益。

进入 21 世纪以来,诸多组织、机构和学者对 PPT,以及旅游在消除贫困过程中的作用、机制、障碍等方面进行了系统研究。研究者特别关注如何设计 PPT 项目的类型,提高贫困地区人口的经济和非经济收益。

总体来看,大部分研究表明,旅游能够为贫困人口创造就业机会,促进小型商业经营,从而提高贫困人口的生活水平。当然也有研究指出,贫困地区经济基础差,外来资本占据主导地位,因此要特别注意防范旅游漏损问题;要及时解决旅游发展过程中的贫困问题,否则贫困地区快速的旅游发展和商品化可能会带来更多社会问题;要特别关注贫困人口的参与程度、参与方式,尽可能地通过各种方式消除其参与旅游决策、经营、受益的各种障碍。

在国际层面,联合国开发署(UNEP)、美国国际开发署(USAID)、英国国际发展部(DFID)等机构一直致力于通过发展旅游来消除贫困。例如,英国国际发展部提出 PPT 的概念,并设立旅游发展基金,资助国际旅游减贫实验项目。早在 2000 年,189 个国家领导人在联合国首脑会议上签署《联合国千年宣言》,提出千年发展目标,其中包括 2015 年之前将全球贫困人口比例在 1990 年的基础上减半。可持续旅游消除贫困计划正是实现千年目标的重要计划之一。2001 年,在布鲁塞尔举行的联合国最不发达国家问题会议上,《最不发达国家旅游业的加那利群岛宣言》重申旅游发展应作为所有不发达国家增加与参与国际经济、减少贫困和取得社会经济发展的途径。从那之后,世界旅游组织越发强调消除贫困在实现旅游可持续发展中的重要性,并开始在世界范围内倡导 PPT。

中国在 20 世纪 90 年代初提出了旅游扶贫计划。2009 年出台的国务院 41 号文件明确提出要"加强乡村旅游精准扶贫"。2014 年国务院出台的《关于促进旅游业改革发展的若干意见》指出"加快旅游业改革发展……推动中西部发展和贫困地区脱贫致富"。同年,国家发展改革委员会、国家旅游局(今文化和旅游部)等六部门下发《关于实施乡村旅游富民工程推进旅游扶贫工作的通知》,提出"到 2015 年,扶持约 2000 个贫困村开展乡村旅游,到 2020 年,扶持约 600 个贫困村开展乡村旅游,带动农村劳动力就业。每年通过乡村旅游,直接拉动 10 万贫困人口脱贫致富,间接拉动 50 万贫困人口脱贫致富"的目标。在 2016 年召开的首届世界旅游发展大会上,国务院总理李克强在题为《让旅游成为世界和平发展之舟》的致辞中指出,"旅游业是实现扶贫脱贫的重要支柱。农村贫困人口脱贫是中国全面建成小康社会最艰巨的任务,也是必须实现的目标"。近年来,按照政府引导、社会参与、贫困户受益的原则,国家旅游局(今文化和旅游部)先后通过发展"旅游扶贫试验区""乡村旅游富民工程"等方式,引导各级政府将旅游发展与精准扶贫相结合。

### (三)旅游促进社会融合

社会融合(也称"社会凝聚力",Social Cohesion)是一个内涵丰富且备受关注的概念。根据 Rajulton 等人(2007)的解释,社会融合包含经济、社会文化和政治三个领域。他们还建立了包容、平等、承认、归属、合法、参与等在内的指标,对社会融合加以衡量和测度。诸多案例证明,旅游在促进社会融合方面具有重要作用。当然,这种作用的发挥还有赖于好的治理体系和政策、公平的环境、社区参与,以及社会包容。总体来看,旅游能够通过上述三个维度提升社会融合度,有效地促进社会和谐、稳定。

除积极的社会影响外,在发展旅游过程中,也需要特别关注防范旅游的负面社会影响,尤其是其中的社会分化和旅游殖民主义问题。社会分化是社会结构系统不断分解成新的社会要素,各种社关系分割重组最终形成新结构的过程。旅游在促进当地经济社会发展的同时,要避免出现繁荣遮盖下的社会分化。例如,在一些欠发达地区,旅游开发加速了其产业结构分化进程,农村的产业结构依托旅游业逐渐从单一农业转向以家庭宾馆、旅游餐饮、旅游交通、文化演艺、旅游产品销售、旅游金融等服务业为主;过去以种田为主的农民群体,分化为种田农民、旅游个体经营者、私营旅游企业主、旅游企业管理人员、旅游企业员工等多种职业角色。旅游不可避免地会带来社会分化,要警惕差序格局带来的稳定社会关系的瓦解。除社会分化外,旅游殖民主义也是旅游可能会带来的负面社会影响。旅游殖民主义是指发达国家(地区)通过旅游实现对落后国家(地区)的经济控制、政治影响和文化渗透。随着旅游业的发展,要警惕旅游地的文化传统在外来强势文化的冲击下消失的现象,避免在地理封闭性打破后,旅游目的地文化的独特性受到严重冲击。

### (四)旅游的文化功能

旅游益于文化保护。旅游作为一种社会文化活动,在促进社会经济发展的同时,也肩负着如何使传统文化得以保护、传承的重任。鉴于文化具有消减性、传承性、变异性等属性,对于不能适应时代发展需求的文化因素,应该予以静态保护。对于那些能适应时代发展的文化因素则应进行动态保护。旅游业对文物古迹、非物质文化遗产的保护有着难以替代的作用。将旅游开发与文物古迹、非物质文化遗产相结合,为旅游业创造了良好的生存和发展环境,赋予文物古迹和非物质文化遗产鲜明的地域特色和文化内涵,从而使传统文化得以保护和传承。

旅游促进文化发展。旅游促进文化发展首先表现在旅游促进欠发达地区的文化教育发展。一般而言,旅游活动是在满足了基本的物质生活需求的基础上,对精神需求的追求。这就要求旅游者有足够多的可供支配的收入,大多数旅游者来自经济发达地区,而经济发达地区往往又是文化发达地区。不少旅游目的地处于欠发达地区,当地群众文化教育等方面相对落后,旅游者的进入,带来了相对先进开放的文化,以及相对新颖的观念,这必然会对相对落后的地区文化造成冲击。从某种程度上来说,当地群众主动或被动地接触到较先进的文化,能促进该地区文化的提升。

旅游促进文化发展还表现在旅游能推动科技文化的创新发展。现代科技的出现改善了旅游业的基础设施条件。随着旅游者科学文化素养的提高,各种旅游产品通过技术手段革新表现形式的诉求变得愈发迫切。科技创新在促进旅游业发展的同时,给科技文化的发展提供了基础保障与创新动力。

旅游增进文化交流。旅游是一种文化交流的途径和方式,旅游在将游客及游客文化"迎进来"的同时,也将民族文化"传出去"。随着出境旅游的发展,世界各国的出境游客走出国门,有利于推动外部世界通过出境认识本国,也可加速一国民族文化走出地域、走向全球。旅游为各国之间的人文交流提供了广阔的平台,同时也有利于提升一国文化影响力,将其优秀文化及和谐发展、和平共处等理念传播出去,使不同文化背景、不同宗教信仰的各国、各地区、各民族人民增进理解、沟通、尊重。

旅游活动在传播文化的同时,也存在使本土文化受到过度冲击的可能。这种过度的冲击有可能会冲淡地方的文化,造成同化现象,甚至存在使某种本土文化消失的可能。此外,部分旅游区拥有丰富的文化资源,但过分依赖资源性开发,造成创意性文化旅游品牌较少,旅游产品层次较低,缺乏市场竞争力,这些都是值得关注的问题。

## 三、现代旅游的政治外交功能

### (一)促进世界和平

"旅游可以成为世界和平的关键力量,并能为国际理解和相互依赖提供道义和理智的基础",这是 1980 年世界旅游组织发布的《马尼拉世界旅游宣言》中所提出的,该宣言进一步指出,"不论旅游的经济效益多么现实、重要,都不会也不可能是各国做出鼓励发展旅游之决策的唯一标准"。正如世界旅游组织所倡导的那样,旅游发展所追求的最重要的目标就是"旅游者的自由流动使寰宇为一家""旅游让世界受益"。

从旅游与世界和平的关系来看,和平是国际旅游发展最重要的前提条件。在过去半个多世纪的时间里,全世界旅游能够快速发展(每年国际旅游者超 10 亿人次,旅游消费超万亿美元),与没有发生世界性大战有直接关系。而一些地区性、国家间的局部战争及恐怖活动,使相关地区的旅游发展受到很大打击,也从侧面反映出和平环境对旅游发展的重要作用。旅游也是促进世界和平的动力。在国际旅游活动中,人们走出国门,走向世界,通过人际间的接触与交往,相互加深了解,实现对异域人群和文化的理解和欣赏,促进不同文化之间相互渗透和包容,促进不同政治制度和意识形态之间的沟通与理解,从而创造世界和平的氛围。旅游可以成为世界和平的关键力量,并能为国际间相互理解和相互依赖提供道义和理智层面的基础。

(二)塑造国家形象,增进国家认同

在全球化、市场化和现代化背景下,国家认同受到各种因素的冲击和影响。旅游业是当前世界上较重要的产业,能够极大地提升国家旅游竞争力。旅游业也是强化国家认同的有力工具,各国都充分利用旅游业的这一重要功能,增强国家和国民身份的认同感。建筑遗存、历史纪念地、文化景观乃至非物质文化遗产等作为历史记忆和集体归属感的载体,旅游业利用这些载体开展旅游活动,有利于强化国民的国家认同,而国家认同的增强又会促进旅游业的发展。

旅游发展离不开国家形象,也为国家形象的塑造提供新的动力。国家形象是一个国家的外部公众和内部公众对国家本身、国家行为、国家的各项活动及其成果给予的总体评价和认定,是国家力量和民族精神的表现和象征,是一个国家重要的无形资产。在全球化和信息化的时代,国家形象作为软实力资源更加直接、有力地影响着国家的发展。

国家之间的竞争已从以往硬实力的竞争,发展到文化、形象等软实力的竞争。在这种背景下,旅游以其巨大的人流、物流和文化流,越来越多地成为展示国家形象,提高本地知名度和综合竞争力的重要舞台。

国之交在民相亲,民相亲在人往来。旅游是人与人最直接、最自然的交流方式,是开放的窗口、友谊的纽带、和平的使者。从旅游业在国际关系中扮演的角色来看,当两国关系面临困难时,旅游可以作为打破僵局的途径,充当国家关系的"润滑剂",改善国家之间的关系。当两国关系正常良好时,旅游可以拓宽交流渠道、深化相互了解,强化合作。旅游能有效打破意识形态壁垒、经济贸易壁垒、行政壁垒、产业壁垒等,通过人流带动物流、信息流、资金流等,推进文化交融,实现民心相通。近年来,中国与印度、韩国、日本、澳大利亚、美国等举办的旅游年活动就是很好的例证。

## 四、现代旅游的生态功能

现代旅游具有促进生态文明建设的功能。生态文明与旅游发展存在协调关系,旅游在促进生态文明城市的美化、生态系统的恢复与重建等方面具有积极作用。与其他传统产业相比,旅游产业具有资源节约和环境友好的特点。旅游环境是旅游生存之本,其本身就是一种旅游资源,旅游可以倒逼生态文明建设:旅游业可以通过开发低耗、集约式旅游项目,与农业、工业紧密结合,产生双重效益(产品出售和旅游收入),实现精细化增长。

随着人们的收入和生活水平的提高,人们对环境质量的要求也越来越高。近年来,由于城市环境问题的恶化,环境质量高的旅游目的地备受青睐。在外出旅游的过程中,游客对旅游目的地的环境状况通常会有较高的期待。对于景区,尤其是对于那些自然风景区来说,拥有良好的生态环境,也就拥有了强大的市场竞争力。旅游业的发展,既在利用这些旅游资源,事实上也在对其进行保护。一个地区建成旅游景区后,其范围内的旅游资源及其依托的生态环境能得到重视和保护。同时,旅游作为一种时尚的精神消费品,本身蕴含着一些价值理念,也在无形之中影响着人们的思想观念。低碳旅游、生态旅游、绿色旅游、自然旅游等一些环保内涵突出的旅游方式受到市场的关注和认同,这些旅游产品的普及也在无形之中培育和强化着国民的生态和环保意识,有助于促进生态保护。

旅游开发必须注意开发容量,不能超过当地的生态承载力。尤其是在生态敏感地区进行的旅游活动,要特别注意旅游接待极限、景区基础设施、垃圾污染处理能力等。国内外诸多实例证明,在生态敏感地区,尤其是在自然保护区进行的旅游开发,如不加以科学规划、严格管理、合理控制,就可能将本来完整的生态区域分割,使生态环境遭到人为改造(如兴建宾馆、停车场等),进而导致大面积地表植被被破坏。同时,游客涌入带来新物种入侵,土壤有机层受到严重冲击后导致化学成分、生物因子发生变化等一系列问题,都值得关注。

## 五、改造人与完善人的功能

现代旅游能够推动人的全面发展。一是改善人的体质。体育旅游通过健身运动,能够帮助人塑造健康的体魄。二是有助于完善人的知识体系。通过旅游者之间、旅游者与导游之间、旅游者与旅游目的地接待者之间的相互交流及游客对历史文化景点的参观,人们能够了解历史文化与自然地理情况,增加知识,提高文化素质。三是提高人的生存能力。旅游者通过参与、体验旅游项目,能够增加实践经验,提高操作技能,增强生存能力。四是提升个人的境界。旅游者在旅游中学习,在学习中转变观念,能够提高自己的素质与境界,从而使自身认识问题更有深度、高度与广度。五是自我调节。游客能够在与大自然的亲密接触中调整心态,获得心理健康。六是培育毅力。旅游者能够在旅游中锻炼吃苦耐劳的精神,磨炼意志。

**本章思考题**

1. 现代旅游的特点有哪些?
2. 现代旅游的功能有哪些,为什么会有这些功能?
3. 试述旅游要素拓展的时代背景与必要性。

案例
分析

### 深化文旅融合　谱写改革开放华彩新篇章

在庆祝改革开放40周年大会上,习近平总书记号召全党、全国各族人民要更加紧密地团结在党中央周围,高举中国特色社会主义伟大旗帜,不忘初心、牢记使命,将改革开放进行到底,不断实现人民对美好生活的向往,在新时代创造中华民族新的更大奇迹！创造让世界刮目相看的新的更大奇迹！

从1978年到2018年，中国改革开放走过了波澜壮阔的40年，旅游业实现了日新月异的迅猛发展。一方面，受益于改革开放，旅游业实现了跨越式发展；另一方面，作为改革开放的前沿和全面深化改革的重要组成部分，旅游业为实现第一个百年奋斗目标做出了积极贡献。

40年间，旅游从少数人的消费发展成为人民群众的日常消费，并担负起满足人民美好生活需要的历史使命。我国国内旅游统计数据始于1984年，当年国内游客量为2亿人次，2017年则达到50亿人次；出境游客量从1992年的298.87万人次增长到2017年的1.31亿人次；国民人均出游次数从1995年的0.524次增长到2017的3.7次。国民旅游从"有没有"向"好不好"转变，从城市居民向农村居民普及，从发达地区向欠发达地区延伸，从国内出行向境外旅游跨越，从走马观花向深度体验转变。

40年间，旅游从早期的"外交事业"、出口创汇产业到后来的国民经济新的增长点，逐步发展成为国民经济战略性支柱产业和五大幸福产业之首。旅游在国民经济和社会发展中的战略地位不断提升。根据中国旅游数据中心的测算，2017年我国旅游业综合贡献8.77万亿元，对国民经济的综合贡献达11.04%，旅游综合最终消费占同期国民经济最终消费总额的比重超过14%，旅游综合资本形成占同期国民经济资本形成总额的比重约6%，旅游综合出口占国民经济出口总额的比重约6%，旅游对社会就业综合贡献达10.28%。

40年间，旅游业的功能不断扩大。早期发展旅游以赚取外汇为主，而后逐渐转变到扩大国内消费、带动经济增长、转变经济结构上来。党的十八大以后，随着"五大发展理念""五位一体"总体布局和"四个全面"战略布局等一系列新思想、新理念、新战略的提出，旅游已经超越经济功能，在满足民生需求、实现社会和谐、促进文化发展、平衡区域发展、保护生态环境、提升国家形象等方面发挥了更大作用。

40年间，我国旅游业增长速度明显高于国民经济增长速度，也明显高于全球旅游平均增速。目前我国旅游业正在从高速增长向优质发展转变，从强调规模、速度的外延式、粗放型发展向追求品质、效益的内涵式、集约型发展转变，从资源、要素驱动向创新、效率驱动转变。产品创新、业态创新、技术创新、主体创新、制度创新、服务创新全面变革并集成发展。

40年间，我国旅游市场主体不断发育，从以政府和外资投资为主，到国家、地方、部门、集体、个人"五个一起上"，再到今天形成了以民营为主、国有企业和政府投资共同参与的多元主体投资格局。由中国旅游集团、首都旅游、华侨城等大型国有旅游集团，携程、凯撒等新型旅游市场主体，以及各种类型的旅游创业企业构成的旅游市场群体多元发展、齐头并进。

40年间，我国旅游发展主体从政府主导转向全社会参与，各类主体积极参与旅游发展，共享旅游发展成果。私人资本、外国资本等社会投资在旅游发展中的比重日益提高，当地社区、民间组织等社会组织在旅游管理中的地位不断提升，各类智库、大众媒体等社会力量在旅游决策中的作用受到重视。

40年间，我国旅游管理体制从部门管理向现代治理体系转变，旅游综合协调职能显著增强,旅游法律法规制度全面优化,旅游业现代治理体系初建成效、治理能力显著提升。政府机构、社会组织、行业协会、社会大众、旅游者等主体共建、共治、共享,法律、行政、经济、社会等各种手段相互配合、综合使用,一个立体、高效的旅游治理体系,以及与之相配套的组织体系、制度体系、运行体系、评价体系和保障体系正在构建之中。

40年间,我国旅游业对外开放水平不断提升,从改革开放初期的对外开放窗口向全方位开放转变,从被动跟从国际规则向积极主动的旅游国际合作和旅游外交转变,从以接待入境游客为主到现在成为全球第一的出境客源国。越来越多的中国游客、中国旅游企业走向世界,越来越多中国发起成立的国际旅游组织聚合力量,中国正逐渐深度融入世界旅游分工体系,成为推动全球旅游发展的重要力量。

40年间,我国旅游发展实现了从以景点、饭店、旅行社等为主的散点式旅游向全域旅游转变,并将按照"宜融则融,能融尽融,以文促旅,以旅彰文"的原则实现文化与旅游的融合发展。目前,各地以文化和旅游融合发展为主线,加快推进机构改革,统一规划布局,优化公共服务,促进产业融合,加强综合管理。各级政府和广大企业正着力提升旅游的文化内涵和文化品位,同时通过现代手段,将更多文化资源和文化要素转化为深受旅游者喜爱的旅游产品,不断拓展文化和旅游融合发展的方式、广度和深度。

习近平总书记指出,我们要加强文化领域制度建设,举旗帜、聚民心、育新人、兴文化、展形象,积极培育和践行社会主义核心价值观,推动中华优秀传统文化创造性转化、创新性发展,传承革命文化、发展先进文化,努力创造光耀时代、光耀世界的中华文化。

从漫长的人类历史来看,40年不过短暂一瞬,然而对于13亿中国人来说,过去的40年带来的是翻天覆地的变化。站在新的历史起点上,旅游业将以满足人民日益增长的美好生活需要、提高国家文化软实力和中华文化影响力为目标,通过文旅融合发展,谱写中国改革开放的华彩新篇章。

**资料来源** 宋瑞《深化文旅融合 谱写改革开放华彩新篇章》

**案例思考题:**

改革开放以来,我国旅游业发展发生了哪些变化?未来,旅游业将有哪些社会责任?

**本章思政总结**

习近平总书记在十九大报告中指出:"中国特色社会主义进入新时代,我国社会主要矛盾已经转化为人民日益增长的美好生活需要和不平衡不充分的发展之间的矛盾。"这一重要论断反映了我国社会发展的巨大进步,反映了发展的阶段性特征,对党和国家工作提出了新要求。随着经济的发展和人民生活水平的不断提高,我国社会正逐步从温饱型向小康型转变、从数量型向质量型转变,人民不再满足于低层次的"吃饱""穿暖",而更追求"吃好""穿美"。在文化需要上不再满足于简单的"视觉享受",而更追求"心灵感受",不仅追求知识技能方面的教育传授,而且追求思想、精神方面的教育熏陶；不仅追求身体愉悦方面的文化娱乐，而且追求心智愉悦方面的文化娱乐。发展现代旅游，能够很好地满足人们对美好生活的需求，能够帮助我们在一定程度上解决人民日益增长的美好生活需要和不平衡不充分的发展之间的矛盾。

  《中华人民共和国国民经济和社会发展第十二个五年规划纲要》指出，要推动科学发展，必须加快转变经济发展方式，提高发展的全面性、协调性、可持续性。着力加快旅游发展方式转变，提升旅游产业现代化水平。要大力发展旅游业，深入实施旅游业提质增效工程……支持发展生态旅游、文化旅游、休闲旅游、山地旅游等。2021年3月发布的《中华人民共和国国民经济和社会发展第十四个五年规划和2035年远景目标纲要（草案）》提出："扩大优质文化产品供给，推动文化和旅游融合发展，深化文化体制改革。"现代旅游的发展应该是高质量的发展，兼顾多样性和可持续性，坚持科学发展观、绿色发展观。

# 第二章
# 全 域 旅 游

**学习目标**

通过课堂教学、经典案例讲解及课后练习,使学生达到:
1. 了解全域旅游的提出过程、概念及发展理念;
2. 深刻理解全域旅游给贫困地区带来的减贫作用;
3. 领会全域旅游在全面建成小康社会中的地位与重要作用。

**思政元素**

本章与国家的脱贫攻坚政策及"美丽中国"理念相结合,重点是帮助学生理解"旅游+扶贫"的旅游发展趋势。通过本节课的学习,旨在加强旅游管理专业学生对旅游产业发展趋势的理解,提升对国家社会经济建设的热情和参与感,激发学生强烈的爱国情怀和责任感。

**章前引例**

意六利五渔村是意大利面积最小的国家公园,地处里维埃拉海岸,是典型的特色资源驱动型全域乡村旅游的典范。该公园主要由五个村庄组成,村庄之间由栈道和铁路相连,这里是高山、陆地和大海的交汇处,也是人类和自然共同创造的独特风景,深深地震撼着世界各地的来访者。其全域特点主要体现在以下四个方面。

1. 全交通生态覆盖

村内外交通方式主要有火车、轮渡和步行栈道三种,最有特色的莫过于其全域化的火车体系和步行栈道网络。火车联通内部五个乡村和临近的两个城镇,是最便捷的交通方式,沿途海景和乡村风貌则成为这段被誉为"西海岸最美火车道"的生态标签。这里还有被誉为"世界最美的登山步道"的步行栈道,分为两条路线,1号线线路长、难度大、野趣足;2号线分为4段,每段都有自己的主题。步行栈道在设计上做到了与海景的互联,让游客仿佛置身于无边框的徒步道之中。

2. 全空间文化串联

1997年五渔村被联合国教科文组织列为世界遗产。11世纪的托斯卡纳人赶走在此统治两个多世纪的阿拉伯人,村民们回到海岸重建房屋,筑石墙,改造梯田,种植葡萄、橄榄、柠檬。经过长时间积淀,悬崖边的建筑样式、梯田、以"五渔村"命名的葡萄酒逐渐成为当地的文化烙印。这种文化浸透陪伴游客全域旅程的每一站。

3. 全业态标识渗透

五渔村标识已经渗透到全域公共服务和商业服务中。每个村庄的火车站附近都竖立着标有"Cinque Terre Point"的绿色标牌。在商品领域,这一独特标识也得到了广泛应用,在咖啡店、商店和纪念品店随处可见,即使是在最深处的乡村,都能买到精心设计的印有"Cinque Terre"标识的纪念衫、挂盘、冰箱贴等。对游客来说,人为标识(logo)总比不上生动的自然标识(如独特的动物)。五渔村选用当地特有的,在火车站、山洞旁、步道边随处可见的又不怕生人的海鸥作为当地的形象标识,使当地的形象标识生动易记又深入人心。

4. 全年度节庆营造

五渔村以耶稣诞生的场景为背景,形成了绝美的大地景观;每个乡村结合自身的农产特色,打造一系列具有乡土气息的特色节庆。比如在蒙特罗索村举办的柠檬节、9月的凤尾鱼节和橄榄节,游客还有机会参观采用灯光捕鱼技术的渔船。节庆活动实现主客共享,五渔村全年度的节庆体系对当地村民来说是一种民俗仪式和文化宣传,而对游客来说则是一种很好的深度体验、文化融合和吸收。

## 第一节 全域旅游的概念、特征及发展历程

### 一、全域旅游的概念

全域旅游是一种全新的旅游形式,是全景化的旅游,是一种与传统旅游供给模式差异明显的旅游模式。它是在一定区域内,以旅游业为优势产业,通过对区域内经济社会资源,尤其是旅游资源、相关产业、生态环境、公共服务、体制机制、政策法规、文明素质等进行全方位、系统化的优化提升,实现区域资源有机整合、产业融合发展、社会共建共享,以旅游业带动和促进经济社会协调发展的一种新的区域协调发展理念和模式。

"全域旅游"是空间全景化的系统旅游,是跳出传统旅游谋划现代旅游,跳出小旅游谋划大旅游。全域旅游强调把整个区域作为旅游区进行打造,把全域作为旅游发展的载体和平台,使旅游成为常态化生活方式;从全要素、全行业、全过程、全方位、全时空等角度推进旅游产业发展,实现旅游景观全域优化、旅游服务全域配套、旅游治理全域覆盖、旅游产业全域联动和旅游成果全民共享。

全域旅游目的地指的是一个旅游相关要素配置完备,能够全面满足游客体验需求的综合性、开放式的旅游目的地,是能够在资源上全面动员、在产品上全面创新,能够全面满足游客多元化需求的旅游目的地。

全域旅游是对当前景区景点旅游方式的重要变革，赋予了旅游新的内涵，标志着旅游业发展进入了崭新阶段。但各地在发展全域旅游的过程中，仍需深化几点认识，把握好关键点。

第一，全域旅游不是到处搞旅游开发，到处建设景区景点。全域旅游强调的是公共服务体系建设，突出合理布局和保护性开发。要认识到全域旅游到处都是风景而非到处是景区景点，到处都有接待服务而非到处都是宾馆饭店，真正做到该保护的地方保护得更好，可开发的地方开发得更好。

第二，全域旅游不是同一模式发展，没有条件的不可盲目大干。文化和旅游部提出了全域旅游示范区的一系列标准，这是示范区要达到的基本要求，但并不是说全域旅游要按照一个模子建设。全域旅游的发展有多种模式和路径，各地应在把握中央和地方要求的基础上，根据自身特色积极探索。

第三，全域旅游不是全面同步建设。全域旅游注重区域协调、统筹建设，要求协调好旅游与社会经济其他部门，旅游区与生态区、文化区等的关系，使区域内的建设有空间层次和时间序列，形成差异化发展，避免恶性竞争。

第四，全域旅游不是包罗万象的。全域旅游建设要围绕旅游业切实进行改革创新，更好地发挥旅游业的综合优势和带动作用，不能不加选择地搞"旅游＋"，必须结合实际、认真规划、细致部署，否则就会适得其反。

## 二、全域旅游的特征

全域旅游发展要着眼于市场要素的配置，有的放矢，破"全"、立"逻辑"、找"抓手"、达"目标"。全域旅游的发展架构被总结为"三网、两＋、五层次"。"三网"是指旅游交通、旅游公共服务、智慧旅游三个网络的发展，构成了景区全域化发展的一层结构；全域旅游是融合区域水利、农业、工业、文化等资源优势，在创意设计与优势资源整合基础上，利用"互联网＋"与"旅游＋"的概念提升休闲游憩交互体验，形成自主旅游生态圈，进而促进旅游发展结构的变革，用"旅游＋"包装旅游项目，用互联网刺激和提升旅游项目；"五层次"是指景区景点、乡村、综合体、小镇、城市，景区景点要结合乡村、结合综合体、结合小镇、结合城市，形成全域旅游的发展架构。

综合来说，全域旅游的特征可以概括如下。

### （一）全域旅游的全局性

全域旅游具有全局性的特征，"全"即"全局性"。首先，全局性体现在旅游发展视角的全局性。在新的历史时期，旅游业不再只是简单意义上的单个产业，因其具有关联性大、综合性强的天然特性，旅游业已经关系到区域经济社会的整体发展，已经成为"调结构、惠民生、稳增长"的优势产业。因此，全域旅游发展是站在区域经济社会发展全局的高度，通过发挥产业优势，对区域内经济社会资源，尤其是旅游资源、相关产业、生态环境、公共服务、体制机制、政策法规、文明素质等进行全方位、系统化的优化提升。其次，全局性也体现为旅游发展要素视角的全局性。落实到旅游经济社会发展层面，全域旅游提出，要打破以单一景区景点建设为核心，由以观光旅游要素为主的景点旅游发展传统观念，向"吃、住、行、游、购、娱"传统六要素和"商、养、学、闲、情、奇"新六要素并行发展的综合目的地统筹发展的全局性观念转变;由旅游业一个部门单打独斗式的散兵发展向全社会多个部门有机合作式的全局发展转变。最后,全局性还体现在旅游发展管理视角的全局性,全域旅游是对旅游发展的资源配置、产业发展、市场结构、组织运作、制度安排、体制机制、基础设施、公共服务、保障措施等多个方面的全盘统筹考虑,是建立适合旅游业发展特点的复杂管理系统,以满足旅游业发展的复杂性特征。

### (二)全域旅游的空间性

全域旅游具有空间性特征。"域"即空间性,是指在一定区域范围内系统发展旅游业,这与旅游活动的异地性和移动性本质特征紧密关联。一方面,我们应该深刻地认识到传统的"点式"旅游发展空间模式使旅游活动在空间上呈现出"飞地"困境,导致旅游的空间流畅性和贯穿性受阻,狭窄的"点式"空间范围束缚了旅游活动、旅游产业、旅游管理的发展,亟须在区域范围将旅游做"面式"扩展,让旅游要素建设渗透到区域的全部空间范围,让旅游产业扩展到区域的全部空间范围,让旅游基础设施辐射区域的全部空间范围,让旅游管理覆盖区域的全部空间范围,保障旅游空间的移动性;另一方面,我们应该明白,全域旅游并非在我国全部地理空间范围内发展旅游,不是旅游发展的空间大跃进,不是旅游发展的空间全覆盖。缪尔达尔"地理二元经济结构"理论告诉我们,空间均衡发展不符合区域经济发展的实际情况,均衡和非均衡是区域经济发展的内在动力。全域旅游的空间性界定了发展的区域空间边界,这就保证了旅游业发展不会突破区域经济发展的地理范围,避免了盲目追求空间绝对均衡化而导致区域经济增长无效的后果。

### (三)全域旅游的带动性

全域旅游具有带动性特征。"带动性"即旅游产业对经济社会协调发展的促进作用。这是旅游产业发展到我国经济新常态阶段的产物,也是旅游业的产业优势和综合实力的集中体现。旅游业是最具创造活力的产业形态,是最容易实施创新发展理念的产业领域,是贯彻落实我国社会经济"创新、协调、绿色、开发、共享"新发展理念的重要体现。以旅游业作为区域发展的优势产业和核心动力,并引领和带动整个区域经济社会的改革创新、转型升级发展,促进区域经济社会的协调发展,这种带动性不仅体现在产业经济的带动性,还体现在社会文化的带动性;不仅体现在单个产业发展的带动性,还体现在多个产业融合发展、多种事业多元发展的带动性;不仅体现在绿色增长方式的带动性,还体现在社会治理方式的带动性;不仅体现在优化调整的带动性,还体现在改革创新的带动性。

### (四)全域旅游的整合性

全域旅游具有整合性特征。"整合性"即旅游发展对社会经济各类资源的整合运用。全域旅游发展,一是需要整合区域的生产要素资源,发挥市场在资源配置中的决定性作用,整合资本、劳力、土地、技术、信息等现代生产要素资源,提高生产效率;二是需要整合区域的产业资源,发挥产业自身在发展过程中的融合性作用,整合旅游业与第一、第二、第三产业的资源,促进产业融合发展;三是需要整合区域的社会管理要素资源,发挥政府在社会管理中的引导作用,整合部门职能、体制机制、政策法规、公共服务、社会参与等社会管理要素资源,提高公共管理效率。

### (五)全域旅游的共享性

全域旅游具有共享性特征。"共享性"即旅游发展成果要惠及广大人民群众,这是全域旅游发展的重要特征。旅游发展起源于人的旅游需求,最终要回归以人为本的价值原点。经过 40 多年的发展,我国旅游经济总量得到了巨大增长,2019 年旅游经济总量突破 4 万亿元,接待国内游客超 60.06 亿人次。近年来,我国在世界旅游业的地位得到了实质性的提升和巩固。然而,我国旅游业发展还处在以资本投资回报为主、企业利润最大化的阶段,旅游发展的红利只被涉旅企业以及部分群体享用,尚未惠及更多社会主体,这是旅游发展共享性不够的重要反映。全域旅游发展就是要致力于实现全社会共建共享,通过全域旅游推动和助力我国扶贫战略目标的实现,让广大群众在旅游发展中真正受益,这是对我国旅游业现阶段发展不足的深刻反思,是实现旅游发展社会效益最大化的必然要求,也是共享性的深刻体现。

总体来说,全域旅游是一种区域旅游发展理念,更是一种旅游发展价值追求。要把质量价值目标、治理价值目标和共享价值目标作为我国全域旅游发展的价值追求,以提升我国旅游业的可持续发展能力。

## 三、全域旅游的发展历程

从我国全域旅游的发展历程来看,主要包括三个阶段。

### (一)概念提出阶段(2008—2012 年)

2008 年浙江省绍兴市政府首次提出"全域旅游"发展战略,并启动全域旅游区总体规划招标;2009 年江苏《昆山市旅游业发展总体规划修编》提出"全域旅游,全景昆山"。此后四川、杭州、山东、湖南等地纷纷提出发展全域旅游的战略。

### (二)地方试点探索阶段(2013—2014 年)

各地提出全域旅游概念后,又纷纷对其进行了试点探索,如山东将五莲县、临沂市、莱芜区、滕州市、沂水县列为全域化旅游试点城市;浙江将桐庐县列为全域旅游专项改革试点县。

### (三)国家示范推进阶段(2015 年至今)

在各省市积极探索全域旅游模式的情况下,2015 年国家下发了《关于开展"国家全域旅游示范区"创建工作的通知》,提出在 2000 多个县中,每年以 10% 的规模来创建全域旅游,即每年 200 个县实现全域旅游;国家全域旅游示范区创建工作 2015 年 9 月启动,旨在推动旅游业由"景区旅游"向"全域旅游"转变,构建新型旅游发展格局。文化和旅游部制定了《国家全域旅游示范区验收、认定和管理实施办法(试行)》《国家全域旅游示范区验收标准(试行)》等文件,从体制机制、政策保障、公共服务、供给体系、秩序与安全、资源与环境、品牌影响、创新示范 8 个方面,验收、认定国家全域旅游示范区。

2016 年国家旅游局(今文化和旅游部)公布 262 个市县成为首批国家全域旅游示范区创建单位。全域旅游正式在全国大规模推广。

2018 年 3 月,国务院办公厅印发《关于促进全域旅游发展的指导意见》,就加快推

动旅游业转型升级、提质增效,全面优化旅游发展环境,走全域旅游发展的新路子做出部署。主要内容如下:

一是推进融合发展,创新产品供给。做好"旅游+",推动旅游与城镇化、工业化,以及与商贸、农业、林业、水利等融合发展。

二是加强旅游服务,提升游客满意指数。以标准化提升服务品质,以品牌化提升满意度,推进服务智能化。

三是加强基础配套,提升公共服务。扎实推进"厕所革命",构建畅达、便捷的交通网络。

四是加强环境保护,推进共建共享。推进全域环境整治,大力推进旅游扶贫和旅游富民。

五是实施系统营销,塑造品牌形象。把营销工作纳入全域旅游发展大局,坚持以需求为导向,实施品牌战略。

六是加强规划工作,实施科学发展。将旅游发展作为重要内容纳入经济社会发展规划和城乡建设等相关规划中,完善旅游规划体系。

七是创新体制机制,完善治理体系。推进旅游管理体制改革,加强旅游综合执法,创新旅游协调参与机制。

八是强化政策支持,认真组织实施。进一步加强财政金融、用海用地、人才保障和专业支持,优化全域旅游发展政策环境。

截至 2019 年 3 月,我国分两批确定全国 500 个全域旅游示范区创建单位,包括海南、宁夏两省(区),91 个市(州),407 个县(市),覆盖全国 31 个省(区、市)和新疆生产建设兵团。从空间上来看,主要集中分布在东部沿海地区、中部地区和西部的四川、云南、新疆等地区,与我国旅游热点区域基本相吻合。其中,东部地区 132 家,平均每省约 13 家,总面积 19.4 万平方千米,总人口 9341 万;中部地区 142 家,平均每省约 12 家,总面积 27.6 万平方千米,总人口 7727 万;西部地区 170 家,平均每省约 14 家,总面积 107 万平方千米,总人口 7082 万;东北地区 56 家,平均每省约 9 家,总面积 30 万平方千米,总人口 2708 万。2019 年 9 月 4 日,文化和旅游部公示了首批国家全域旅游示范区名单,入选的示范区遍布全国 31 个省(区、市)及新疆生产建设兵团,共 71 家。2020 年 12 月 17 日,文化和旅游部公布第二批共 97 家国家全域旅游示范区名单,意在不断深化改革,加快创新驱动,持续推进全域旅游向纵深发展。

## 第二节 全域旅游的需求和意义

### 一、全域旅游的需求

随着中国特色社会主义进入新阶段,人民日益增长的美好生活需要和不平衡不充分的发展之间的矛盾成为新时代社会的主要矛盾。与之前相比,新需求对人的全面发展和社会全面进步提出了更高的要求。新的社会需求秉承了"以民为本"和"以人民为中心"的思想,它既包含人民对物质文明的需求,更包含了人民对精神文明的需求,本质上是一种"成为人""回归人"和"回归自然"的需求。这就要求新时代要有新的供给响应人们对美好生活的需求。而全域旅游本质上是我国人民的一种新的旅居生活方式,是满足和缓解新时代新矛盾的重要手段,而新时代社会的主要矛盾也将对全域旅游的发展产生重要的影响。

### (一)新时代社会主要矛盾在全域旅游中的表现

#### 1. 全域旅游发展的不充分性

从全域旅游发展的要求来看,我国旅游业仍然存在内部发展不充分的问题,存在诸多短板。

(1)全域旅游服务能力还未形成。

当前旅游景点主要还是依赖资源和资产的收益,旅游服务对旅游业的贡献度偏低。全域旅游不仅要求旅游从业人员提供高水平的服务,同时也需要游客接待地区及其他利益相关者树立旅游服务意识,还需要政府针对自助旅游者提供良好的公共服务。因此,我国旅游业面临提高景点旅游服务能力和形成全域旅游服务能力的双重任务。

(2)旅游公共设施覆盖率偏低。

景点旅游的公共设施配置主要是线性供给,而全域旅游主要满足大众化、散客化的旅游新需求,旅游基础设施和旅游公共服务需要网络化供给。网络化的旅游设施更易提高设施覆盖率,更能有效服务散客。因此,发展全域旅游的核心工作是大量增加公共性和公益性旅游设施及旅游产品,形成网络化的供给体系,来满足以散客化和自助化为特征的大众旅游新需求。

(3)旅游投资与运营的专业化水平有待提高。

产业融合是全域旅游的本质需求,当前跨业和混业投资旅游产业的企业主体占投资主体的80%以上。但这些企业主体对旅游行业的熟悉程度较低,旅游投资与运营存在盲目性,在一定程度上会导致旅游投资盲区和旅游过度投资两种倾向,从而造成低水平重复建设和旅游资产闲置的后果。因此,发展全域旅游需要大力发展生产性旅游服务,以服务跨业和混业经营的旅游企业,从而降低旅游产业经营风险,提高旅游产业发展质量。

#### 2. 全域旅游发展的不平衡性

与景点旅游相比,全域旅游在空间上得到了极大的拓展,而其内部发展的不平衡性和不协调性也更为突出。

(1)体制和机制滞后于全域旅游发展水平。

我国旅游业现有的管理体制和机制主要是基于景点旅游构建的,已经不适应全域旅游发展的需求。具体表现为,首先,现行旅游管理体制与"两个综合"(综合产业和综合执法)不适应;其次,旅行社、导游管理体系与全域旅游新业态不适应,全域旅游更依赖线上旅行商,更需要熟悉自驾车、户外和研学等专业化旅游产品的导游;最后,旅游管理体制、运行机制与国际规则不适应。这些不适应、不协调问题,是新时代下社会主要矛盾在旅游领域中的具体表现,需要进行改革创新,构建全域旅游管理体制与机制,以适应全域化的旅游实践活动。

(2)全域旅游的"两个不协调"。

从政府的角度来看,由于部门利益的存在,旅游部门与其他部门之间在工作协调上存在客观困难,其他部门参与旅游或合作的意愿不强。从市场的角度来看,旅游业与有些产业只能部分相融,与有些产业不能兼容,产业之间融合发展存在一定的困难,需要借助一定的政府力量。因此,发展全域旅游亟待通过"多规合一"引领和跨部门管理机构的协调,促进部门协作和产业协同,形成一个以旅游业为主导的现代旅游产业体系,提高全要素生产率,充分发挥全域旅游的规模效应。

(3)全域旅游的"三个不平衡"。

全域旅游的三个不平衡,第一是景点(景区)内外不平衡,主要表现为景区景点对周边村镇的带动效应较差,造成景区内外"两重天"现象。而全域旅游发展则有望实现景区景点内外一体化发展,消除旅游发展的"孤岛效应"。第二是区域之间发展不平衡,主要指我国旅游业"东强西弱,南强北弱"的发展现象,具体到某一个省(市、县)内部同样存在不均衡现象。第三是国际国内的不平衡,主要指我国目前三大旅游市场(入境旅游、国内旅游、出境旅游)的结构不平衡,表现为国内旅游占比过大,入境旅游还有很大的提升空间,我国旅游企业跨境经营能力有待进一步提升。发展全域旅游,需要从仅是景点(景区)接待国际游客和狭窄的国际合作向全域接待国际游客,全方位、多层次的国际交流合作转变。

(二)发展全域旅游对缓解新时代主要矛盾的作用

1. 全域旅游满足人民对美好旅居生活的需求

旅游具有"生产与生活"的二重性,旅游除了是一种经济形态之外,还是一种现代的旅居生活方式。全域旅游意味着旅游已经从少数人的奢侈品,发展成为大众化的消费品。2019年,我国接待游客60.06亿人次;2020年国庆长假,全国共接待游客6.37亿人次。全域旅游向社会大众提供美好的旅居生活,并且由于全域旅游更注重公共服务设施全域化供给和主客共享,发展全域旅游不但可以为游客提供美好的旅居生活,而且客观上也极大地改善了本地居民的生活条件。

2. 全域旅游对我国发展"不充分"领域的填补和催化效应

(1)全域旅游增强经济发展动力,稳定经济运行。

我国经济进入新常态后,物质生产出现了相对过剩,国内传统消费趋稳,投资、出口和消费的"三驾马车"动力不足。发展全域旅游能够极大带动国内投资,吸引入境客源和释放国内旅游消费,对我国经济运行起到了良好的稳定作用。特别是在国内消费总体不足的背景下,全域旅游及时融入国民经济大循环,弥补了家电、汽车等传统消费的下滑,很好地修复了经济循环。因此,全域旅游是新时代我国经济发展的重要动力,对稳定我国经济运行和提高经济发展质量具有重要作用。

(2)全域旅游助推其他产业的供给侧改革,推动我国产业优化、升级或转型发展。

发展全域旅游的核心是推动产业融合发展,通过"旅游+"和"+旅游",与农业、林业、工业等产业融合发展,消化、替代或更新旧的产能,形成各行各业的新产能,并引导新需求,这既扩大了我国需求总量,又调整了产业结构。因此,全域旅游成为我国其他产业供给侧改革的重要动力,并提供了良好的实现途径。比如"旅游+信息"将旅游业培育为信息化最活跃的前沿产业,极大地拓展了信息产业的应用领域;"旅游+交通"推动了交通服务设施的升级并开拓了旅游公路建设新领域。

(3)全域旅游对传统产业具有"整合和改造"作用,能够推动我国其他产业深度发展。

全域旅游与互联网等技术产业不同,技术产业主要是为其他经济形态"提供服务",具有较强的"工具性",所形成经济体的独立性较差。而全域旅游则兼具"实体性和独立性",它不仅服务于其他产业形态,而且融合其他产业形态并使之变为自己的产业内容。全域旅游对国民经济的最大贡献在于对传统产业的"整合和改造",并且这种整合和改造不是"工具性的"而是"融合性的":第一,全域旅游把其他产业直接变成旅游的对象和内容;第二,为其他产业带来就地消费市场;第三,为其他产业提供营销平台和提升社会形象;第四,打通相关产业或部门的经济联系,实现多产业的一体化发展。因此,全域旅游通过与其他产业的互动、带动、耦合或融合,可推动其他产业深度发展,这对缓解我国其他产业发展不充分的问题具有巨大实践价值。

3.全域旅游对解决我国发展"不平衡"问题具有统筹协调作用

(1)"东客西送"缓解东西部地区发展不平衡的问题。

在我国总体旅游市场格局中,东、中、西三大区域客源地在潜在出游力上呈现7∶2∶1的三级递减式的分布特点。虽然东部与西部地区互为目的地,但总体上东部客源流出量是西部的7倍,东部对西部长期保持客流逆差,极大地支援了西部地区经济发展。这种支援是通过旅游市场的力量,而不是政府的财政转移支付来实现的,所以客观上旅游消费对西部地区起到了类似财政转移支付的效应。因此,"东客西送"是东部地区对西部地区的旅游援助方式,也可以成为一种重要的生态补偿手段。

(2)"共建共享"缓解群体和城乡不平衡的问题。

全域旅游在空间上由景区内向景区外拓展,旅游内容更趋向于生活化和社会化,旅游产业的广度和深度急剧扩大。因此,与景点旅游相比,全域旅游产业的空间覆盖面大幅提高,居民旅游参与率也大幅提高。全域旅游更能在物质和精神上消弭不同人群之间的不平衡关系,提升社会发展的公平正义度。全域旅游消费更能推动我国居民财富在广泛的人群中再次分配,对缓解我国贫富差距具有重要的意义。2016年的数据显示,我国城市居民的人均旅游次数是农村居民人均旅游次数的3倍多(5.7∶1.5),城乡居民的人均消费水平是农村居民人均消费水平的将近2倍(1007.8∶572.6);2019年年末至今,新冠肺炎疫情对旅游业的影响巨大,到2021年一季度,我国城乡居民人均消费水平比值为74.9∶40.3。由此可见,我国高净值人群保持较高的出游率,客观上对乡村地区和城市贫困地区具有旅游扶贫效应;而城市对乡村长期保持旅游客流逆差,对消除城乡二元结构起到了直接作用。

总之,旅游业是集美丽产业、快乐产业和幸福产业特征于一身的民生产业,是"旅游、体育、文化、教育、健康"五大幸福产业的首位产业。对社会来说,全域旅游业是人类的和平幸福产业;对政府来说,全域旅游业是传统产业替代和整合的平台;对企业来说,全域旅游业是资本投资的价值洼地。因此,全域旅游是老百姓过上美好生活的综合表现,将有助于缓解我国新时代的社会主要矛盾,推动我国社会主义事业不断迈上新台阶。

## 二、全域旅游的意义

发展全域旅游旨在不断提升旅游业现代化、集约化、品质化、国际化水平,更好满足旅游市场消费需求,满足人民日益增长的美好生活需要。对区域而言,就是全方位提升、打造全域旅游目的地。从实践的角度看,以城市(镇)为全域旅游目的地的空间尺度最为适宜。

全域旅游的发展需要准确把握全域旅游内涵特征与发展架构,这是有效落实全域旅游战略目标的基本前提。深入剖析全域旅游的概念内涵,其本质特征主要体现在全局性、空间性、带动性、整合性和共享性五个方面。全域旅游是一种区域旅游发展理念,更是一种旅游发展价值追求。要把质量价值目标、治理价值目标和共享价值目标作为我国全域旅游发展的价值追求,以增强我国旅游业的可持续发展能力。

发展全域旅游具有重要意义。

其一,全域旅游是推进旅游业转型升级的重要途径。当前,我国旅游业发展面临从旅游资源开发到经营管理、市场环境等一系列挑战,新的发展形势要求旅游业必须改变传统的发展模式,更好地适应市场需求。通过发展全域旅游,可以有效推进旅游业转型升级。

其二,全域旅游是加速旅游管理体制改革的必要手段。从旅游业发展现实来看,旅游活动已经远远超越旅游管理的范畴,旅游管理从单一部门行为转变为由政府机构统筹管理是必然选择。通过发展全域旅游,可以加速旅游管理体制的转变。

其三,全域旅游是解决旅游供给不足问题的有力抓手。随着大众旅游时代的到来和交通通信技术的发展,人们的旅游方式发生了很大变化,只有从全域整体优化旅游供给才能有效满足游客需求。

## 第三节 全域旅游的类型和案例

### 一、龙头景区带动型全域旅游模式及案例

依托龙头景区作为吸引核和动力源,按照发展全域旅游的要求,围绕龙头景区部署基础设施和公共服务设施,配置旅游产品和景区,调整各部门服务旅游、优化环境的职责,形成"综合产业综合抓"的工作机制,推进"景城一体化发展"。以龙头景区带动地方旅游业一体化发展,以龙头景区推动旅游业与相关产业融合,以龙头景区带动地方经济社会发展。

龙头景区带动型旅游城市,其全域旅游的发展主要依托本地域范围内的龙头景区。该模式下的全域旅游建设首要任务是将龙头景区打造成为吸引核和动力源,切实发挥其在城市形象塑造、空间结构优化、游客集散中心建设等方面的引导作用,再以全域旅游发展的基本要求为指导,围绕龙头景区配置旅游产品,规划景点布局,部署完善公共

服务体系及旅游基础设施建设,努力服务全域旅游,美化城乡生态环境等,形成"综合产业综合抓"的工作机制,推进"景城一体化发展"。依托龙头景区的辐射带动作用,推动区域旅游产业一体化发展,促进旅游产业与关联产业融合发展,实现区域社会与经济协同发展。该模式典型的代表有四川都江堰、湖南张家界等。

### (一)龙头景区带动全域旅游之都江堰案例

截至 2020 年,都江堰市率先对全市文旅资源进行全面梳理,形成"2+2+2+X"普查工作模式并在全省推广。依托文旅资源普查成果,都江堰市建立了旅游资源信息数据库和文旅项目地块资源库,分类策划包装涉旅项目 69 个,累计引进"六类 500 强"企业 24 家,2019 年文旅项目完成投资 88.3 亿元,旅游产业的吸附力和区域竞争力持续提升,文旅产业能级持续增强。发挥区域优势,突出"李冰文化创意旅游产业功能区主消费、都江堰精华灌区康养旅游产业功能区主延伸、青城山旅游装备产业功能区主配套"的产业格局,实现旅游在市县级的全要素融合、全链条协同、全地域覆盖。

在项目实施方面,都江堰市围绕"一干多支、五区协同"发展战略,以水利工程、世界遗产、大熊猫等为主题纽带积极推动跨区域深度协同合作,以成都融创文旅城、田园青城文旅综合体、绿地国际康养特色小镇等重大文旅项目建成投运和港中旅国际文旅度假区、"地球仓"生态旅居制造基地、环球融创青城溪村等精品旅游项目落地建设为引擎,实现了旅游经济快速增长,产业规模持续扩大,"三遗"品牌价值不断彰显,促进了全域旅游区的建设。都江堰市深入贯彻全域旅游发展理念主导经济社会发展,不断做大做强"天府旅游名县"的金字招牌,旅游经济实现快速增长,旅游品牌价值不断彰显。都江堰目前开放的全球最大的室内滑雪场——成都融创文旅城雪世界,通过 1200 米的雪道、21 度的坡度、60 米的落差设计,为游客提供"速度与激情"的高峰体验。这一项目有效填补了都江堰体验式娱乐项目的空白,自 2020 年 6 月 30 日试营业以来,融创文旅城的雪世界、水世界已接待游客超过 50 万人次。这一项目的试运营,带动了都江堰市及其周边旅游业的兴旺,同年 7 月都江堰市接待各地游客达 326 万人次。

以融创文旅城为代表,都江堰市在"全域旅游"发展理念的统领下,通过深入挖掘"山、水、道、熊猫"等世界级文化旅游资源,文旅新业态和新产品不断涌现,成为都江堰市文旅经济快速增长的重要保障。截至目前,无论是青城山、都江堰、灌县古城,还是夜啤酒长廊、虹口漂流,又或是近年来开放运营的安缇缦度假区、融创文旅城,以及遍布全市的特色旅游小镇、川西林盘、网红街区,日益丰富多元化的旅游产品深深地吸引了各地游客。

围绕全域旅游发展思路,都江堰政府树立"产城一体"理念,优化调整全市三大产业功能区空间布局和产业定位,坚持瞄准"高端产业、产业高端",深化重大项目招引、促建、包干,推进工作责任制,立足文旅资源优势,全力招引五粮液集团、蓝城集团等知名企业入驻,落地普罗奥特莱斯购物公园、灵岩山国际禅文化旅游区等重大文旅项目,总投资金额近千亿元。都江堰市坚决贯彻落实"西控"战略,坚持以控增绿、以控促优、以控提质,让绿色发展成为文旅产业发展的内生动力,深化落实"绿水青山就是金山银山"的发展理念,科学编制《都江堰市全域旅游发展规划》《都江堰市国际生态旅游名城产业规划》,划定"85%的自然生态环境区、15%的生态经济区",从空间、形态、产业三个维度确立了1208平方千米的全域旅游版图。印发《都江堰市加快现代服务业高质量发展的政策意见》,对新引进投资在10亿元及以上或特别重大文旅产业化项目、世界知名酒店品牌等企业给予一定奖励。

在成渝地区双城经济圈建设中,在旅游层面,都江堰市与重庆南川区开展了双城互动自驾游活动,达成了旅游商品互售协议,青城山—都江堰景区与重庆金佛山景区建立了精品景区合作机制,共塑成渝"双城"极核效应。此外,都江堰市还不断深化与重庆的区县的合作,形成合力,在传承巴蜀历史文脉、培育文旅消费市场、搞好对外文化贸易、深化文化交流合作等方面协同发力,共同建好巴蜀文化旅游走廊,推动成渝地区双城经济圈建设。培育一批主业突出、具有核心竞争力的骨干文化创意企业,提升文化产业科技支撑水平,开发巴蜀文创产品,发展新文旅业态。加强5G、物联网、人工智能、区块链等科技与文化旅游相结合,扩大成渝两地文旅消费市场。主动打造云上旅游、智慧景区、云博物馆等项目,让广大游客享受高品质、个性化、科技感强的巴蜀文化旅游,助推文化旅游科技全产业链发展。充分发挥成渝两地市场机制作用,加强信息整合,做到资源共享,构建统一开放、要素集聚、竞争有序、诚信守法的现代文化市场体系,为共建巴蜀文化旅游走廊创造良好环境。

2019年,都江堰市旅游业增加值达91.69亿元,增长13.5%,占GDP比重达21.6%,旅游综合收入达308.14亿元,增长19.28%,入选"中国县域旅游竞争力百强县市"。

### (二)龙头景区带动全域旅游之张家界案例

湖南张家界是世界地质公园、我国首批世界自然遗产、世界"张家界地貌"命名地、首批国家5A级旅游景区、我国第一个国家森林公园、全国文明风景旅游区,其全域旅游的发展是典型的龙头景区带动模式。

张家界是一个新型旅游城市,拥有独特的旅游资源,旅游业也是张家界的支柱产业。湖南省委提出了将其打造为龙头景区的构想,以"点、线、面"逐步立体实施全域旅游发展理念。基于此,当地对标旅游强市战略,计划将张家界建设成为国内外知名的旅游胜地,通过不断完善旅游产品体系、旅游产业体系、旅游市场体系、旅游交通体系、旅游服务体系,全空间布局、全链条完善、全产业带动、全行程服务、全过程监管、全社会参与,打造高品质旅游目的地。具体地,以武陵源中心景区作为全域旅游发展核心,构建"东线、西线、南线"三线发展的全域旅游新格局,以武陵源核心景区为抓手,重点抓提质升级,加快推进生态停车场、游客服务中心、景区基础设施等建设。同时,按照建设武陵山片区游客集散中心城市、国际旅游服务型城市、区域性旅游交通枢纽城市、国际休闲度假城市"四个城市"目标,推进园区、景区、城区共同发展。在政府管理体制机制层面,以公安、检察、巡回法庭、工商为基础,构建市级、县级、乡镇级三级联动的产业管理体系,形成全行业监管机制,促进全域旅游综合管理体制改革创新。

不断丰富旅游产品供给,创新现有业态,大力发展休闲类旅游产品,包括服务性的业态,也包括景区景点性的业态,如汽车旅店、自驾车营地、特色的民俗客栈等服务性业态,以及低空旅游、乡村旅游、红色旅游等景区景点业态,通过创新产品供给更好地满足游客日益增长的不同层次的需要。武陵源核心景区是世界自然遗产所在地,东部是大峡谷景区,南部是天门山景区,因为当年俄罗斯空军飞行大队穿越天门洞,产生了较大的国际影响;西部主要是茅岩河、九天洞、洪家关景区,洪家关景区现在已经对外营业,九天洞和茅岩河景区正在建设中。

除了核心景区,张家界还通过规划乡村旅游线路,通过重点景区、重点线路来带动全市全域旅游的发展。通过一系列的旅游跨界融合,推动旅游业和文化、体育、工业、农业、服务业的深度融合,延伸旅游产业链,提升旅游价值链,提高旅游业效益。另外,张家界还在全国率先设立了旅游统计研究院,较早实现了"1+3+N"的旅游监管机制,依托覆盖全域的智慧旅游系统,加强对全市全域旅游的监管和服务;张家界还率先开展了全域旅游立法,通过进一步规范管理,促进旅游管理的标准化、规范化、精细化、信息化。

## 二、城市全域辐射型全域旅游模式及案例

城市全域辐射型模式主要是以城市旅游目的地为主体,发挥都市旅游辐射带动作用,逐步推进区域整体的全域旅游发展,以知名旅游城市品牌效应为基础,依托高质量的旅游产品、完备的配套服务、发达的旅游交通系统,促进城乡旅游产业相关联,实现互联互通、一体化发展,形成城市乡村优势互补、相辅相成的旅游大市场。其典型的代表有福建厦门、辽宁大连等。

### (一)城市全域辐射型全域旅游之厦门案例

"一城春色半城花,万顷波涛拥海来"。厦门一步一景,吸引世界各地越来越多的游客前来旅游度假。厦门作为中国较热门的旅游目的地,近年来旅游收入、旅游人数持续上涨,假日旅游人气指数和游客满意度长期位居全国前列。厦门入境旅游一直名列全国重点旅游城市前10位,连续10年入境游客人数占游客总人数的5%以上。厦门先后荣获中国优秀旅游城市、中国旅游休闲示范城市、国内最佳旅游目的地、全球最佳休闲旅游浪漫地等称号。

厦门以全域旅游为抓手,进一步打造厦门的"高颜值",不断提升旅游产业发展的"高素质"。厦门围绕全域旅游进行了顶层设计的迭代升级,发挥厦门生态自然环境优美的优势,将厦门全境作为一个国家5A级旅游景区来建设推进。厦门厚植主客共享理念,凝聚各方共识,共同推进全域旅游示范区建设。2017年,金砖国家领导人在厦门的会晤进一步改善了厦门的城市环境、公共服务设施和交通,为方便游客,厦门开通了景区直通车,设立了旅游大巴接驳点,地铁线路基本覆盖全市各大景区,不仅便利了居民,也让游客感觉更加舒适,获得感更强。此外,厦门还建立健全了城旅一体、行业互通融合的发展机制,将旅游发展作为城市发展的硬实力,通过联动挖潜、空间融合、业态互动,着力推动"旅游+会展""旅游+邮轮""旅游+乡村""旅游+工业""旅游+商贸""旅游+文创""旅游+康体"等多个"旅游+"项目,实现旅游产业与其他产业共融共赢,使相关行业的资源转化为旅游资源和产品,形成新的增长极。

同安区丽田园景区的公共厕所不仅配置了悦耳的音乐、清新的壁画、翠绿的吊兰及干净的置物架,还设计了能满足带小孩游客需求的儿童坐便器、挂衣钩、安全座椅等,点点滴滴细节无不让游客感到温馨。厦门持续掀起的旅游"厕所革命",取得了显著的成绩。厦门的景区公共厕所践行"高效节水、低碳排放、生态循环"的理念受到社会一致点赞。

"厦门全域旅游"App将公共厕所纳入定位系统,汇集全市900个公共厕所,让游客"搜得到、找得到"。

厦门还围绕打造国际知名旅游会展城市的目标,一手抓软环境,强化旅游市场秩序;一手抓硬环境,强化景区景点管理,做大做强旅游要素,提升旅游效益,继续走在全域旅游优质发展的前列,起示范作用,探索形成更多可复制、可推广的"厦门样本"。

### (二)城市全域辐射型全域旅游之大连案例

作为我国首批优秀旅游城市,大连市拥有得天独厚的海滨旅游资源,近代人文历史旅游资源更为丰富。目前,大连市A级旅游景区有50多个,其中5A级旅游景区有2个,分别为金石滩国家旅游度假区和大连老虎滩海洋公园,约占A级旅游景区总数的4%;4A级景区20多个,约占总数的38.5%;3A级景区20个左右,约占总数的38.5%;2A级景区10个左右,约占总数的19%。众多优质的旅游资源为大连市的全域旅游发展奠定了坚实的基础,高效便捷的海陆空立体交通网络为游人提供了优质的交通服务。大连市的旅游产业发展十分迅速,其全域旅游的发展模式为城市全域辐射型。

在区域旅游发展方面,大连市将市域范围作为整体,打破行政分割,发挥旅游业融合力、辐射力强的产业特性,通过"促城、造镇、兴村"形成由1个旅游度假群岛、10个旅游经济区、28个旅游镇、120个旅游村组成的旅游空间结构体系,加强城乡沟通,形成旅游产业发展的全域覆盖,逐步推进大连市城乡一体化、新型城镇化发展进程。目前,从大连旅游景区分布及旅游景区全域化效果来看,以瓦房店和旅顺口为例,瓦房店旅游产业全域化成果已经初步显现,在"吃、住、行、游、购、娱"六个方面已经逐步与当地第一、第二产业相衔接;旅顺口计划用三至五年时间创建国家全域旅游示范区,同时对白玉山、东鸡冠山等五个景区正在进行全域化整合升级,准备申报国家5A级旅游景区。从整体上看,大连全域化旅游发展已经初见成效,为将来以旅游推动产业结构升级和优化转型做好了前期铺垫。

为进一步规范产业(创业)投资引导基金管理,提升市场化、专业化水平,更好地发挥财政资金的引领和带动作用,2019年11月辽宁省办公厅印发了《辽宁省产业(创业)投资引导基金管理暂行办法》,引导社会资本投向全省产业发展重点领域和薄弱环节,支持相关产业和领域实现跨越发展。政府拟通过财政预算市场化的方式方法盘活资金链,合理将财政公共服务预算分化下放,减轻财政压力,推进多空间平衡配置与发展。在后期可推动财政与民营资本的深化合作,将景区的基础设施建设规划权下放,实现真正的政府实施顶层设计的宏观调控,以及风险控制和安全与质量的监督与引导工作。

## 三、全域景区发展型全域旅游模式及案例

全域景区发展模式是将地区作为一个整体或者大景区进行规划、建设、管理和营销,以全地域覆盖、全领域互动、全资源整合、全社会参与为原则,深入开展全域旅游建设,推进旅游城镇、旅游村落、风景庭院、风景园区、风景厂矿、风景观光道等建设,实现"处处是景、时时见景"的城乡旅游风貌。其典型的代表有河南栾川、浙江桐庐、宁夏中卫等。

### (一)全域景区发展型全域旅游模式之栾川模式

作为中国旅游百强县和国家级旅游业改革创新先行区,"十三五"以来,河南省栾川县深入贯彻习近平生态文明思想,坚持绿色发展,打造生态栾川,举全县之力发展生态旅游、生态农业等生态产业,基本实现了"产业生态化、生态产业化"的目标。以国家级全域旅游示范区创建为抓手,持续推进经济社会转型发展。

近年来,该县全域旅游发展理念深入人心,发展成果逐渐显现,2019年共接待游客1638.1万人次,实现旅游综合收入96.3亿元,旅游业占GDP比重达到45.8%,直接带动1.3万余名贫困群众脱贫致富。

为提升旅游内涵和品质,栾川县以国家5A级旅游景区标准打造宜居宜游县城,实施伊河水系项目、街心游园等113项城市提升工程。按照景区带动、休闲康养、特色产业、文旅融合等类型,先后打造45个旅游专业村、5家A级乡村旅游景区,建成23个多业态主题庄园。新建竹海野生动物园、伏牛山居温泉等项目,连续两年举办"老家河南,栾川过年"、迎新马拉松等系列活动,有效填补冬季旅游空白。

在丰富旅游业态的基础上,栾川县也在旅游规划、旅游金融、用地政策、管理方式等方面强化构建全域旅游发展保障体系。高标准编制《全域旅游发展规划》《旅游重点村发展规划》等31项旅游专项规划;相继出台《金融支持栾川全域旅游发展实施意见》《生态旅游与环境保护衔接工作方案》等政策;成立国内首个县级旅游警察大队,组建旅游联合执法大队,挂牌成立旅游巡回法庭、旅游市场监管分局,形成独特的旅游治理模式。

与此同时,为激活栾川旅游经济,创新"旅游交通扶贫"模式,连续举办三届旅游高速免费活动,接待游客395.04万人次,实现旅游综合收入26.33亿元,直接、间接带动13万人参与旅游经营服务。实施伊河水系、高速下站口、县城主要街道及山体亮化工程,在重点景区搭建乡村大舞台,建设星空露营地,推出演艺节目等,打造"夜游栾川"项目。

### (二)全域景区发展型全域旅游模式之桐庐模式

安徽省桐庐县依靠其独特的资源禀赋、历史人文积淀,将整个县域11个乡镇、183个行政村作为一个大景区来规划,每个镇村按景点要求建设,形成"县城—中心镇—特色镇—中心村—特色村"空间结构。整个大景区从全地域覆盖、全产业融合、全景化打造、全方位保障、全社会参与五个方面进行构建,依托美丽乡村精品村和风情小镇建设,打造产业风情带、诗画山水带、古风民俗带、生态养生带、运动休闲带五条风情带。通过美丽乡村建设,风情村镇与富春山水巧妙结合,田园风光与历史人文底蕴融合穿插,将桐庐县打造为处处有风景、时时见风景的县域大景区。

### (三)全域景区发展型全域旅游模式之中卫模式

中卫市是全国首批全域旅游示范市创建单位,旅游业连续8年保持两位数快速增长。2019年,全市共接待游客超853万人次,实现旅游总收入70亿元,航空、旅游业对全市GDP的贡献率达10%。中卫沙坡头机场自2008年开航以来,已开通航线8条,直飞省会城市9个,通达航点10个,旅客吞吐量逐年攀升。

中卫市加速实施全域旅游的建设路线，逐步进行区域资源全局性整合，研究产业之间的协调性发展及社会空间的初步共享，以旅游业带动促进本地的经济发展，进而达到全区域的整体规划布局、综合统筹管理、一体化营销推广；以此实现旅游业全区域、全要素、全产业链发展，形成旅游业全域共建、全域共融、全域共享的发展模式；使中卫市成为中国一流的旅游度假目的地，并辐射银川等周边地区，带动大区域的全域联动发展。

## 四、特色资源驱动型全域旅游模式及案例

特色资源驱动型的旅游目的地，通常区域内普遍存在的高品质自然及人文旅游资源，以及特色鲜明的民族、民俗文化，并以此为基础开展综合性的旅游开发，加强自然资源与民族文化融合，增强大众文化、健康、科技、体育等产业关联度，创新发展一批"旅游+"产业，引领区域旅游产业发展，建设特色旅游目的地。推动自然资源与民族文化资源相结合，与大众健康、文化、科技、体育等相关产业共生共荣，谋划一批健康养生、避暑休闲、度假疗养、山地体育、汽车露营等旅游新业态，带动区域旅游业发展，形成特色旅游目的地。其典型的代表有云南抚仙湖、重庆武隆、贵州花溪等。

### （一）特色资源驱动型全域旅游模式之抚仙湖模式

抚仙湖烟波浩渺、平静湛蓝；"一城五镇多村"全域建设热火朝天，美好蓝图初显；公路加速成网，交通蓬勃发展；百亩湿地流水潺潺，生机盎然……这一幅幅动静交织的冬日画卷，体现出了澄江县推进生态建设、全力创建全域旅游示范区的坚实步伐。

绿水青山就是金山银山。近年来，澄江县抢抓云南旅游"二次创业"、抚仙湖—星云湖生态建设与旅游改革发展综合试验区建设和国家级全域旅游示范县创建等重大机遇，注重"世界深蓝湖区、地球生命起源、古滇文化印迹"三张名片的打造，着力实施旅游兴县战略。依托抚仙湖、帽天山等丰富的旅游资源，构建县城、环抚仙湖流域"处处是旅游环境"的全域旅游格局。

1."一城五镇多村"打造全景式旅游大景区

为加大抚仙湖保护治理工作力度，澄江县提出了"一城五镇多村"的生态移民、旅游发展和村镇建设布局及思路。"一城"是指澄江县城，"五镇"包括广龙旅游小镇、寒武纪小镇、立昌旅游小镇、仙湖古镇及路居旅游小镇，"多村"涵盖沿湖的明星、小凹、海关等多个村庄。其中，支撑抚仙湖沿湖周边生态移民搬迁的广龙旅游小镇建设项目，规划面积约3500亩（约23.3万平方米），建设内容包括广龙棚户区改造、安置房建设、新环湖路以下生产性湿地、商业片区建设四大部分。另外，寒武纪小镇也初显风貌。小镇建设依托帽天山世界自然遗产资源，与周边化石博物馆、海洋馆、湿地公园等项目进行有机衔接，将打造成集教育普及、科学研究、休闲体验于一体的国内、国际知名的地质科研基地、最适宜休闲旅游的5A级旅游景区和国家级特色小镇。

抚仙湖发展全域旅游的思路是以抚仙湖径流区统一托管为契机，深入推动沿环湖路下的生态移民工作，统筹抚仙湖径流区区域范围内城乡规划建设，实行多规合一的规划引导与管控。通过县城扩容升级、五大休闲旅游小镇的形成，以及各具特色的"多村"建设，提升城市承载能力，将整个县城及抚仙湖径流区打造成一体式、全景式旅游景区。

推进全域旅游的关键在于将一个区域整体作为功能完整的旅游目的地来建设、运

作，实现景点景区内外一体化。为此，澄江县不断完善基础设施，筑牢旅游产业发展基石，以"五网"建设为契机，不断完善路网建设，融入滇中"1小时经济圈"。实施骨干路网"三纵三横"提级改造和农村公路通畅工程，逐步形成以4条二级公路为主骨架，县乡道、农村公路、景区道路为支线，四通八达、方便快捷的公路交通网络。开通了13条公交线路、11条客运班线，开行出租车60辆，引入共享单车并逐步完成投放。对一些关键节点的公路，如对梁王河公路进行改扩建，促进了呈澄高速公路和澄川线之间的互联互通。

在建设大交通的同时，澄江县也提升了服务能力，加大了景区建设力度。陆续投入资金完善禄充、西浦公园、凤山公园等A级旅游景区基础设施建设，完成了28千米的时光栈道建设；完成海口湖滨旅游基础设施项目建设；完成抚澄河、明星鱼洞等景点9个旅游厕所建设；完成澄江化石地游客接待中心建设并投入使用；推进海口仙湖湾、帽天山国家地质公园、碧云寺、明星鱼洞创建A级旅游景区工作。

随着明星鱼洞景区、明星碧云寺公园和仙湖古镇·仙湖湾等被批准为国家3A级旅游景区。目前，全县共有世界遗产1个、A级旅游景区6个、全国传统古村落1个，省级旅游小镇2个、省级旅游特色村5个、省级休闲农业与乡村旅游示范企业2个，还有国际度假型酒店2家、星级饭店10家、乡村旅游星级接待单位40家。澄江县还采取多项措施鼓励社会资本参与旅游发展规划、旅游基础设施建设与运营，全面实施以游客接待中心、生态停车场、观光栈道、景区慢行系统、旅游公厕和景区绿化亮化美化为重点的旅游基础设施建设。

2. 多产业融合发展推进旅游新业态开发

念好"山水经"，打好"生态牌"，生态优先是澄江县发展旅游产业过程中始终坚持的原则。在保护好抚仙湖的前提下，建立健全旅游开发与生态环境保护的良性互动运行机制，促进旅游与生态建设相融合，建设集生态保护及景观、观光功能于一体的综合性湿地631亩、生态调蓄带2.8千米、仙湖时光栈道28千米，启动了"增色添绿·点亮澄江"行动计划。

推进旅游业与农业产业建设相融合。重点围绕蓝莓、荷藕、大樱桃、景观苗木、核桃种植等打造农耕文化，形成观光农业、体验农业、生态农业等新型旅游产业形态，建成11个农业庄园，其中国家级旅游生态示范区1个、省级精品农业庄园3个。澄江县还以庄园经济为抓手，打造农业观光体验、健康养生、商务会议、运动休闲4类庄园品牌，不断提升高原特色农业产业链和附加值。

推进旅游业与文化产业建设相融合。编制《一字一城一湖》《澄江县非物质文化遗产专辑》《文化玉溪·澄江卷》，成功创建为全国楹联文化县。研发以澄江化石为主题的文化创意产品并积极向市场推广，正加紧推进帽天山化石元素的5D电影制作。

推进旅游业与体育产业建设相融合。抚仙湖畔先后举办国际超级马拉松、铁人三项赛、环湖自行车赛等国际国内重大体育赛事活动。以体育赛事为载体，多渠道、全方位宣传和推介澄江旅游，提高澄江的知名度。

与此同时，澄江县以旅游文化商品开发为特色，加快旅游新业态开发。充分发挥项目带动作用，先后引进了太阳山、寒武纪乐园等15个有吸引力和影响力的重大文化旅游项目。丰富抚仙湖周边旅游产品业态，积极推广仙湖飞鹰航空露营地等亲近自然、体验户外、感受竞技、享受技能的户外体验营地。充分挖掘澄江本土饮食文化,深入发掘本土特色菜品,满足游客多样化的餐饮需求。加快现有宾馆酒店的升级改造,着力打造更高档次和水平的庭院旅游产品。继续做大澄江藕粉、有机蔬菜、蓝莓等特色旅游食品产业,开发一批以澄江化石、抚仙湖生态文化和生态农特产品为主的特色旅游商品。

### (二)特色资源驱动型全域旅游模式之武隆模式

重庆武隆是国家 5A 级旅游景区、国家级旅游度假区、世界自然遗产。作为我国著名的旅游目的地,武隆全域旅游的发展模式为特色资源驱动型模式,武隆区依托"一心一带、四区一网"的空间布局,成为一个整体景区。其自然资源得天独厚,拥有独特罕见的喀斯特地貌,被誉为"世界喀斯特自然博物馆"。武隆虽以汉族为主,但区域内混居着苗族、仡佬族、土家族等少数民族,各民族间杂居通婚、相互交融,形成绚丽多彩的民俗文化。武隆推出"印象武隆""仙女恋歌"等文旅结合项目,以农业生产和旅游扶贫示范村为载体,大力发展乡村旅游,构建夜宴仙女山,建设以仙女天街为首的多条特色购物街,在文化、农业、商贸等多种产业在旅游业的引领下,相互促进,融合发展,逐渐形成由特色资源驱动的"旅游+"产业发展格局。

### (三)特色资源驱动型全域旅游模式之花溪模式

一直以来,风景秀丽的花溪区吸引着众人的目光。从 2011 年 9 月西南首个国家城市湿地公园"花溪国家城市湿地公园"的正式开放,到 2016 年花溪区成为贵阳市唯一的"国家全域旅游示范区"创建单位;从 2017 年花溪区位列中国全域旅游魅力指数排行榜区县级榜单第一名,再到 2019 年 9 月被国家文化和旅游部列入首批国家全域旅游示范区,一路走来,花溪区在实现从"城市公园"向"公园城市"华丽转身的过程中,探索出了"景城一体、产城互动、文旅融合、休闲度假"的发展路径。花溪区通过持续完善旅游休闲设施,丰富旅游休闲功能,壮大旅游休闲产业,提供旅游休闲个性化服务等措施,打造了近郊旅游休闲功能区的"花溪模式"。

2017 年,花溪区青岩古镇成功升级为国家 5A 级旅游景区,填补了贵州省文化类 5A 级旅游景区的空白,也带动了花溪区旅游产业实现井喷增长。2019 年上半年,花溪区旅游总收入达 249.34 亿元,同比增长 34.5%;接待旅游总人数 2365.49 万人次,同比增长 26.5%。

自 2000 年以来,青岩古镇在经历了景区启动开发、设施升级发展、管理服务提升三个阶段后,原本破旧脏乱的古镇摇身变成了古朴与现代交相辉映的魅力景区。青岩古镇的景区面积从原来的 0.8 平方千米扩大到了现在的 4.8 平方千米,旅游人次和旅游总收入年年都在攀升。

近年来,与时俱进的花溪区抢抓创建国家全域旅游示范区的机遇,以青岩古镇为龙头景区,围绕全域文化旅游创新区的目标,加快了打造全域旅游先行示范区的步伐,对青岩古镇周边景区实施了一系列高标准、高质量的规划建设,在旅游景区景点建设、旅游公共服务体系建设、旅游基础设施项目建设等方面不断取得重大突破。不仅如此,花溪区还举全区之力、集全区之智,深入推进旅游与农业、林业、体育、茶叶、服务、养生、大数据等产业的深度融合,打造国家城市生态湿地公园休闲度假区、青岩国际特色旅游小城镇、天河潭喀斯特地貌休闲度假养生地、高坡国际山地运动基地、恒大"童世界"儿童主题乐园"五大旅游综合体"。

为更好发挥省会城市旅游核心区的示范带头作用，当好贵阳市乃至贵州省旅游业发展的"火车头"和"发动机"，目前，花溪区又围绕"高标准要求、高水平开放、高质量发展"的目标进行了深入分析，并按照旅游产品国际化、旅游发展全域化、旅游供给品质化、旅游治理规范化、旅游效益最大化的高质量发展思路，继续做强长板，补齐短板，凝心聚力推动旅游业发展，并通过旅游产业带动群众增收致富，实现由景点旅游向全域旅游的新跨越。

此外，花溪区全纬度发展交通，形成"内畅外联"的交通体系。

旅游要发展，交通需先行。近年来，伴随着旅游业的高速发展，花溪区围绕全域旅游创建的要求，逐步完善了交通路网建设，充分发挥交通助推旅游产业发展作用。随着花冠路、田园路、孟溪路、花石路、天河潭大道、青黔高沿线、贵阳南环高速、花安高速、甲秀南路等道路的建成，打破了仅有一条花溪大道的格局，形成了道路串联景区、纵横有序的交通路网，助推了花溪区旅游业的发展。目前，花溪区以机场、高铁、高速公路等对外路网为依托，使游客可通过公交、旅游专线、机场专线、自驾等多种交通运输方式进入当地各景区景点，进一步加强外部连接交通运输方式，同时建立与游客旅游需求相适应的旅客集散中心，实现多种交通方式合理接驳、换乘或转运。

为进一步落实全域旅游发展工作，促进旅游行业的发展，花溪区在不断完善旅游交通运输线路及类型的同时，投资约52亿元，打出了一系列加快交通基础设施建设的"组合拳"，区域内新增高速公路出口4个，新建高速公路17千米，新建青惠路、金马大道等跨地区联络线46.1千米，新建市政道路21.3千米。尤其是环城高速花溪互通立交工程的建设，将甲秀南路与环城高速公路连接在一起，花溪主城区与环城高速西南环线的距离由原来的10千米缩短到2千米，实现了与沪昆高速等外部公路的高效对接。

目前，花溪区的公路网已经形成了以国道、高等级公路、省道、市政干道为主骨架，以黔陶—青岩—马铃—燕楼—花溪、花溪—石板—久安—麦坪、花溪—孟关—黔陶—高坡等公路为环线的网络体系，并借力脱贫攻坚，优化全域交通"毛细血管"。

为了让交通体系全纬度发展，花溪区还运用大数据手段建成"客安邦"智慧客运安全运营平台，对车辆进行实时智能管控。为保证"畅、洁、绿、优"的交通环境，开展了"绿色交通"工程，对城区20千米范围内农村班线进行公交化改造，对所有新增和更换的公交车、出租车、教练车全部使用清洁能源及新能源车辆。

花溪区围绕省、市高质量发展的要求，按照"把现代城市坐落在公园里，特色小镇镶嵌在环线上，富美乡村安放在景区里"进行布局。该环线建成后，将串联起青岩古镇、天河潭、花溪恒大儿童世界等景区景点，辐射带动孟关乡、青岩镇、高坡乡、黔陶乡等乡镇沿线的18个景区、10个特色小镇、15个田园综合体、21个富美乡村的经济发展，带动乡村振兴，实现农村环境更加优美、农民生活更加富足的目标。

如今的花溪区环境优美、社会和谐、生活便利、生态宜居。这个具有可持续发展能力的公园城区正以它崭新的姿态，按照高水平开放、高质量发展的要求，深耕生态经济沃土，迈向新的征程，一步一个脚印地实现着"百姓富，生态美"的有机统一，创造着更加辉煌的明天。

## 五、产业深度融合型全域旅游模式及案例

产业深度融合型全域旅游通常借助"旅游＋"和"＋旅游"的发展途径，大力推进旅游产业与第一、第二、第三产业的深度融合，加强旅游产业和科研、宗教、教育、商贸、养生、体育、文化等领域的深度融合，开创出一系列文化休闲、商务会展、生态观光、乡村旅游、休闲度假等跨界产品，促进全域旅游相关产业要素的规划整合，使区域旅游产业的整体竞争力进一步增强。其典型的代表有北京昌平区、南京江宁区、山西杏花村镇等。

### （一）产业深度融合型全域旅游模式之昌平案例

北京昌平区全域旅游发展模式可以概括为精准聚焦，优化产业融合，突出特色。

**1."旅游＋文化"融合**

昌平区在编制"三个文化带"保护建设行动规划时，将全域旅游发展作为重要内容纳入其中。深入推进历史文化地标工程，加快建设大运河源头——白浮泉遗址公园；抓好古迹修复、文物修缮和古村落保护，坚决守护好、传承好宝贵的历史文化遗产。以中共昌宛县委县政府旧址、南口抗战遗址公园、和平寺等为主要地标，设计打造红色文化和民俗及宗教文化游览线路。早在2016年，区政府与华侨城集团公司、光大证券股份有限公司签订了《北京市昌平区十三陵门户区文化旅游综合项目意向合作协议》，对十三陵门户区实施整体开发建设。

**2."旅游＋农业"融合**

昌平区充分发挥旅游业在美丽乡村建设中的拉动作用，结合全域旅游示范区创建，因地制宜、因村施策，制定特色化、差异化的旅游发展规划，全力促进美丽乡村建设和全域旅游联动发展。通过农业嘉年华、苹果文化节等大型节庆活动带动旅游和农业融合发展，农业嘉年华活动的举办，带动了周边草莓采摘园的发展，也有效带动了延寿、兴寿、小汤山等6个镇民俗旅游业发展。

**3."旅游＋体育"融合**

昌平区还结合"小微双创示范城市"建设，推动"旅游＋体育"融合发展，借助区域创新创业资源，与运动家体娱加速器等双创企业合作，制定体育旅游规划，引进善行者、"玄铁"系列铁人三项赛、北京悦节拍音乐半程马拉松、"一带一路"搏击对抗赛等体育旅游赛事项目，实现旅游和体育融合发展。北京康比特体育运动城有限公司承办"全域旅游运动会"，相继推出乐活骑游系列赛、儿童滑步车挑战赛、"青春悦跑"等一系列体育旅游主题活动，打造昌平体育旅游IP。

**4."旅游＋商贸"融合**

昌平区发挥乐多港假日广场、八达岭奥莱等大型商业项目的优势，通过举办"京彩嘉年华"等系列品牌活动逐步扩大影响力。乐多港项目累计投资40多亿元，元旦、春节、国庆等重要假日收入可占全区旅游收入的三分之一，先后获得全国优选旅游项目、北京十大文化消费地标、京津冀影响力品牌等荣誉，龙头带动作用明显。八达岭奥莱作为北京最大、最年轻的奥特莱斯，占地近6万平方米，引进了300余个国际国内高端品牌、时尚精品和特色餐饮，吸引了大批游客和消费者。

5."旅游+康养"融合

昌平区出台了《昌平区中医药健康旅游基地基本要求》和《昌平区中医药健康旅游评定细则》，建设一批特点鲜明、优势明显、具有示范辐射作用和一定影响力的中医药健康旅游基地，目前已确定北京太申祥和山庄等7家单位为首批中医药健康旅游示范基地；北京光明骨伤医院等7家单位为首批中医药健康旅游建设基地。打造小汤山温泉文化节活动品牌，初步形成以"中国温泉之乡"——小汤山为中心，以九华山庄、龙脉温泉、温都水城、金隅凤山温泉度假村等为代表的集康养、旅游、休闲、娱乐于一体的温泉旅游会展集群。

昌平区还积极优化全域旅游发展环境，对区域硬件条件进行优化，如旅游基础设施完善、旅游路网体系建设以及标识体系的完善；软实力方面，昌平区通过推进旅游标准化服务、健全旅游咨询服务体系、完善智慧旅游和组建志愿者服务队等来提升旅游品牌形象；综合治理方面，平昌区通过加强秩序监管、建立和完善综合执法机制，以及完善诚信体系来不断完善服务供给，不断提升游客及当地居民的幸福感和获得感。另外，昌平区还实施清洁空气行动计划、污水治理三年行动计划，将生态环境优势转化为旅游发展优势。

昌平区还注重把发展旅游业作为低收入村增收的重要手段，开发大岭沟猕猴桃谷风景区，有效解决农户就业，拉动农村经济效益，提高农民生活水平。他们还紧密开展对口帮扶工作，与阿鲁科尔沁旗、太仆寺旗签订了对口支援帮扶协议，组织"昌平尚义旅游协作交流会"，举办太仆寺旗旅游管理人员高级培训班，为曲麻莱县规划设计旅游项目推广与宣传方案，为栾川县举办乡村旅游餐饮技能培训班，增强精准帮扶工作效果。并以发展旅游促进创业就业。建设"昌平区全域旅游人才培养基地"，多次组织开展特色餐饮开发培训、"营改增"专题讲座等旅游创业就业培训活动，为旅游创新创业提供人才保障。发挥区内文体旅创新孵化平台——北京昌科科技孵化器有限公司作用，集聚文体旅产业方面创业项目超过500个，涵盖赛事运营、户外旅游、运动健康等领域。

### （二）产业深度融合型全域旅游模式之江宁案例

全域旅游，必须着眼全域规划，确立全域理念。关于全域旅游示范区的创建，江宁走出了一条全业融合、城乡共建、主客共享的新路径。刚启动全域旅游创建时，江宁牛首山刚刚开园，美丽乡村建设有待加强，交通、导览等旅游体系仍存短板。入选国家首批创建名单后，江宁谋定后动，以全域旅游规划为龙头，推动旅游与文化、体育、健康、养老、工业、农业、生态、科技等产业的深度融合和创新发展。通过产业深度融合，推动"景点游"迈向"全域游"，探索出城乡统筹、产业深度融合型全域旅游发展模式。

产业融合，融出了一个又一个全域旅游新景点：通过"旅游+交通"，江宁出现了高颜值的"小川藏线"、绚丽迷人的小龙湾桥灯光秀；通过"旅游+文化"，牛首山影响力从省内走向省外，从国内走向国外；通过"旅游+工业"，禄口皮草小镇发展成特色景点；通过"旅游+商业"，百家湖商圈的建设得以推动；通过"旅游+生态"，昔日凋敝的汤山矿坑也变成了"网红打卡点"。

全业深度融合推动全域旅游，江宁走出了一条可借鉴的发展道路。2019年9月19日，受文化和旅游部邀请，江宁区主要领导在贵州六盘水举办的全国首次全域旅游培训班上为全国与会代表介绍了"城乡统筹、产业深度融合发展全域旅游"的江宁经验和江宁做法。

1. 城乡共建可持续

在中国国家博物馆"复兴之路展"新时代部分,左手进门处可以看到一张江宁区横溪街道石塘村的村景照片:青山绿水间大片苍翠,山脚下白墙黛瓦的村居星星点点,宛如仙境,静谧美好。照片上还注解了如下文字:"农村建设水平不断提高。我国自2013年开展美丽宜居村庄示范创建,截至2017年6月,已指导建设田园美、村庄美、生活美的宜居村庄565个。图片为江苏省南京市江宁区石塘村。"

石塘村四面环山,生态环境极佳,但在改造前,只是一个"空巢村"。结合石塘村得天独厚的自然资源,当地规划新建了环村道路,通过"前皖后苏"建筑风格改造,目前已成为远近闻名的休闲旅游村。村民们纷纷返乡创业开办农家乐,人均收入由十年前的9000元左右增加到现在的5万多元。

石塘村作为全国美丽乡村代表入选"复兴之路展",是江宁区建设美丽乡村成效的集中体现,也是全域旅游带动乡村振兴的缩影。江宁区文旅局相关负责人介绍,创建全域旅游示范区,江宁紧扣城乡共建,塑造了多元城市旅游产品和遍地开花的美丽乡村景点,旅游成为协调城乡共进的重要抓手。

近4年来,江宁通过发展全域旅游,大力带动全域美丽乡村建设,3年完成休闲旅游投资超700亿元,成立区属旅游产业集团,专注美丽乡村建设运营,推动城乡平衡、协调、可持续发展。

2019年,江宁美丽乡村覆盖率已达76%,其中20个乡村被评为中国最美乡村,33个村被评为江苏省省级美丽乡村,5个村被评为江苏省特色田园试点村,116个村被评为南京市美丽乡村。美丽乡村百花齐放,成为江宁最闪亮的一张新名片。

同时,江宁建成百家湖商圈和秦淮河景观带,推动传统工业向休闲旅游产业转型;建成牛首山文化旅游区、银杏湖等综合景区和一批旅游小镇,启动江苏园艺博览园和金陵小镇等旗舰项目,创成1个国家级旅游度假区,3个国家4A级旅游景区,国家级景区达11个。

城区有城区的特色,乡村有乡村的模样,江宁吸引越来越多游客,旅游接待人数和旅游收入逐年攀升。

2. 主客共享绘"样本"

位于胜太路的江宁全域旅游服务中心,有一长约6米、宽约4米的沙盘,上面密密麻麻的景点呈东、中、西三个方向一字排开,宁马高速、宁丹大道、将军大道、机场高速、宁杭高速、G104、S122及绕城公路等"米字形"交通路网纵横穿越,串起了全域旅游景点。

四通八达的交通路网,既为江宁全域旅游迎来了源源不断的客流,更为江宁人铺起了一条流金淌银的致富路。

进入秋季,有"南京最美17公里"美誉的江宁西部旅游环线,又迎来了一波接一波的客流。这条精致美丽的乡村公路,沿着江宁西部丘陵地形曲折起伏,打通了西部乡村的交通瓶颈,串联起了大塘金薰衣草园、乡伴苏家、龙乡双范、黄龙岘、朱门人家等乡村旅游景点,吸引了大批城市居民自驾前来,赏秋色、品美食。旺盛的人气,吸引当地村民纷纷回流，在家门口就业、创业，黄龙岘村民户均收入从每年 18000 元直线攀升到 81000 元。

"最美 17 公里"成为全域旅游主客共享的范本之一。创建全域旅游示范区 3 年来，江宁持续强化配套要素供给，全力完善"畅心旅游"体系，让外地游客游得舒心，本地居民住得惬意。全区旅游厕所、旅游指引标识、导游导览、安全救援等功能进行统一标配式改造升级，累计改造和新建达标旅游厕所 246 座，占全市旅游厕所的 40%，创新打造出一批"驿站式""书吧式""邮亭式""汽车式"等多功能景点型旅游厕所，江宁"牛首八厕"被国际建筑设计网评为"全球最美公厕"；打通山水腹地，高品质建设 163 千米旅游风景廊道和 80 千米骑行道，展现出"小桥流水、古道西风、林深景幽"的独特风貌；对城市骨干路网进行风景化改造，对背街小巷进行文创式创新，全城路网散发出更加浓郁的旅游气息；全区公交线路进行"补短、优化、调整"，新增旅游公交线路 24 条，开通了"乡村旅游直通车、全域旅游专线、青年返乡创业号"等一批免费旅游巴士；承接江苏省文旅厅全域旅游道路交通标识牌示范区建设课题，累计新修建 218 个旅游停车场……

连接汤山和东山的一条 8.5 千米长的农村公路两侧景色秀丽，其中 2.8 千米的盘山公路有 38 个连续弯道，刚开通就吸引众多网友前来"打卡"，被网友亲切地称为"南京的小川藏线"；位于江宁杨家圩的小龙湾桥，在进行灯光秀表演时，桥身两侧数十道喷泉同时开启，一道道水柱宛如白练，忽而抛向天际，忽而跌入水中，形成一幅幅天然水幕。景观灯投射于水幕之上，变幻出紫、红、蓝、粉等多种色彩，炫目迷人，瞬间就在全国"爆红"。

一座桥、一条路一夜间成为"网红打卡点"，得益于江宁区创建全域旅游示范区推进的"旅游+"产业融合探索。站在全域旅游示范区的新起点，目前全区正进一步贯彻《江宁旅游 20 条》，从规划统筹、要素体系、公共服务等八大方面突破体制机制瓶颈制约，奋力谱写更加绚丽的全域旅游发展新篇章，力争为全省全国全域旅游发展打造更优秀的江宁样本。

### （三）产业深度融合型全域旅游模式之杏花村案例

山西省杏花村镇位于汾阳市境内东北部，境内旅游资源丰富，拥有汾酒博物馆、中国重点文物保护单位太符观、护国灵岩寺、药师七佛多宝塔、杏花村新石器遗址等知名景点。杏花村镇于 2016 年入选中国首批特色小镇，是全国特色景观旅游名镇、全国重点镇、全国最大的清香型白酒生产基地、山西省百镇建设示范镇、省级历史文化名镇、特色小镇，建制镇的规模和实力为特色小镇建设打下了良好的基础。在全域旅游理念下，各产业间的界限变得模糊，产业之间的相互延伸和补充，能够打破原有产业壁垒，进而实现产业之间的更快融合。

1."旅游+工业"融合

杏花村镇拥有全国特色景观旅游名镇、全国最大的清香型白酒生产基地两张名片。杏花村汾酒作坊是杏花村镇旅游产业与工业融合的有机载体，山西杏花村汾酒集团公司作为全国工业旅游示范点、全国最大的清香型白酒生产基地，通过开展一系列与汾酒生产线相关的工业旅游项目来推进旅游业与工业的融合。

2."旅游+其他产业"延伸

旅游产业向其他产业的延伸主要表现在赋予工业园区、生态农业区、文化创意区相应的旅游功能,达到发展旅游的目的。杏花村镇挖掘当地特色文化资源,将其融入乡村旅游,现在乡村旅游已成为当地一道靓丽的风景线;当地打造特色文化旅游品牌,结合做大做强白酒产业和特色小镇建设,推进旅游景区标准化创建工作,扩大杏花村的影响力,通过"聚集—扩散—再聚集"强化了地域内部文旅产业的升级;依托第20届比利时布鲁塞尔烈性酒大赛、第三届世界酒文化博览会等特色品牌活动开展旅游推介,创办戏曲周、网络摄影展、汾酒城马拉松(全程)等重大活动,采取"请进来、走出去"的方式,利用各类媒体在全省乃至全国范围内加大旅游营销力度。

**本章思考题**

1. 全域旅游的发展理念是什么?
2. 全域旅游如何减轻贫困地区的贫困?
3. 全域旅游建设在全面建成小康社会中的地位与作用是什么?

案例分析

### 银川市西夏区:产业串联,以点带面

"曾经有一份真挚的爱情摆在我的面前,我没有珍惜……"在《大话西游》主摄地"镇北堡西部影视城",这句经典台词被导游频频提及,无数红衣"紫霞"优雅地穿城而过,在至尊宝亲吻紫霞的城墙前,人们纷纷合影。《大话西游》成为一代人的记忆,却只是镇北堡西部影城的亮点之一,除了《大话西游》,电影《红高粱》《牧马人》,电视剧《新龙门客栈》等200余部影视片都在此拍摄。2018年,影城共接待《荒漠游侠》《狼王》等剧组15个,这里是集旅游观光、娱乐、餐饮、住宿、购物为一体的体验型旅游景区。

离影视城不远的昊苑村,民宿老板正在忙着招呼客人,即将于2019年7月开业的"茉莉花开"共有8间客房,虽然还没有正式开业,但已有不少游客慕名而来。老板张莉介绍,她本来在上海金融机构就职,听说家乡大力发展民宿业,就把家里的自有房屋改建成民宿,目前已投资400万元。她对未来充满希望,说:"我只是在朋友圈中发了几条消息,就有好多人来预定。"

2019年以来,西夏区出台了《促进旅游业发展扶持奖励办法》,鼓励和吸引各类市场主体参与西夏区旅游业发展,对新评定为国家3A级、4A级、5A级的旅游景区(点),分别一次性奖励10万元、20万元、30万元;对新评定为三星级、四星级、五星级的农家乐,分别一次性奖励3万元、5万元、8万元;旅行社组织旅游团队乘坐火车(含高铁)到西夏区旅游的按照相关标准进行奖励,提升西夏旅游发展质量。

此外,在民宿管理方面,西夏区创新性地提出"三统一、一管家"模式,结合时下流行的共享模式进行装修改造,统一制定建设标准,兴建生态旅游区、运动休闲区、特色文化体验区、设计交流专区、葡萄酒文化区及综合服务区民宿集群,统一集散民宿入

住游客，统一配送布草、易耗品、洗涤品、设备维修配件等民宿经营必需用品，集中管理各区民宿发展，打造形成以贺兰山文化为特色的新型民宿业态，为到访游客提供了更多更好的旅游体验。

除了以景区为核心的"以点带面"，强化城乡、景区间的内部交通也成为串起"珍珠"的丝线。贺兰山东麓葡萄酒旅游集散中心的工作人员介绍："要想实现全域旅游，先要从交通开始，交通捆绑一切资源。"

该集散中心由宁夏格莉其新能源旅游汽车有限公司成立运营。公司旗下业务单元有银川格莉其酒庄酒交易中心、宁夏六六新能源旅游汽车有限公司。集散中心目前已购置新能源城市观光铛铛车、6119 型 46 座旅游大巴、旅游房车等多种车型，公司以贺兰山东麓旅游经济带为平台，以贺兰山文化旅游资源为背景，以城市观光铛铛车为载体，将游客与景区、酒庄、民宿、购物等多个点串联在一起，将贺兰山做成一个大景区。"我们在做全国全域旅游的交通，宁夏是重点，主要解决人流的问题，把人疏导到各个景区，同时把当地的特产汇入到车里，以车代店，展示各地特产，我们也可以将游客带到各个酒庄。"工作人员说。

据悉，2017—2019 年，西夏区游客接待量和旅游总收入以年均 20% 以上的速度递增，游客接待量累计突破 1800 万人次，分别占银川市的 42% 和宁夏回族自治区的 21%，旅游总收入突破 148 亿元，占西夏区 GDP 的 15.2%。先后荣获西北地区"十大旅游潜力县""中国贺兰砚之乡""2018 中国最美县域"等荣誉称号。

**案例思考题：**

西夏区全域旅游成功的经验有哪些？其未来发展还有哪些短板？

> **本章思政总结**
> 
> 本章主要讨论了全域旅游的概念、特征、发展历程、需求，以及不同类型的全域旅游和代表性（全域旅游示范区）案例。各地全域旅游的成功，都得益于国家及地方政策、制度、资金的支持，为地区"旅游＋扶贫"发展做出了贡献。通过本章的学习，旨在加强旅游管理专业学生对旅游产业发展趋势的理解，提升他们对国家社会经济建设的热情和参与感，激发他们强烈的爱国情怀和责任感。

# 第三章 研学旅游

通过课堂教学、经典案例讲解及课后练习,使学生:
1. 了解研学旅游的概念内涵;
2. 理解发展研学旅游的重要作用;
3. 理解发展研学旅游的注意事项;
4. 明确"旅游+教育"的发展趋势,担当起中国教育改革的重要使命。

本章与国家的思政教育、爱国主义教育相结合,研学旅游课程是学校实践教育的重要组成部分,是落实生活教育理论、实现育人目标的重要途径。努力形成全员育人、全方位育人、全过程育人的强大合力。

### 中国研学旅行发展报告2021

2021年11月8日,由中国旅游研究院、浙江省文化和旅游厅、绍兴市政府和中国文化报四家联合主办的"'走读浙江'系列主题推广活动启动仪式暨中国研学旅行报告绍兴发布研讨活动",以北京和绍兴双会场视频连线的方式召开。中国旅游研究院产业所张杨博士代表课题组发布了《中国研学旅行发展报告2021》的核心观点和主要数据。

报告由源起、催化、碰撞、聚焦、投射、回答共六个部分组成,围绕研学旅行的思想起源与发展、产业发展的痛点与趋势、研学旅行目的地的建设等核心问题进行了层层剖析。主要内容和观点如下。

源起部分指出,研学旅行的思想自古有之,中外有之。从孔子周游列国、游说讲学到亚里士多德的自然教育,从杜甫、李白等诗人在游历大好河山中写下脍炙人口的传世诗篇到郦道元、徐霞客等地理学家用脚丈量山河,写下《水经注》《徐霞客游记》等专业著作,再到马可·波罗写下《马可·波罗游记》;从杜威先生提出"教育即生活"到他的弟子教育学家陶行知提出"知行合一""生活即教育、社会即学校",古今中外无不在强调教育与旅游的关系,或者说旅行本就是教育的一种形式,教育的内涵自然附于旅行之中。

正因如此,研学旅行不仅在思想层面上早已具有全球共识,更是一种广泛存在于全球范围内的普遍实践,在欧美国家,以及日本、韩国、新加坡、澳大利亚等国都有良好发展。

催化部分指出我国研学旅行的发展正处于"从自发走向自觉,从小众走向大众"的阶段,整体来看可以将2016年视为一个分水岭。2016年以前,行业发展更多是"自下而上"的散点式探索,从顶层设计出发的政策数量还比较有限,形式上以夏(冬)令营、海外游学、社会大课堂等为主要形态,是市场力量的自发尝试。2016年,教育部、国家旅游局(今文化和旅游部)等11部门印发了《关于推进中小学生研学旅行的意见》,将研学旅行纳入中小学教育教学计划。自此,"自上而下"的引导力量将研学旅行产业的发展带入了快车道,国家级政策密集出台,地方相关主管部门积极跟进,相关产业扶植政策、规范标准等文件陆续出台。

政策端的密集供给,同时加速了需求的释放和供给的跟进。仅从狭义的市场定义来看,全国在校中小学生规模近2亿,考虑到我国人均教文娱消费支出占全国居民人均消费支出的比重已接近10%,无疑研学旅行是一个需求庞大的市场。

在政策的引导和需求的牵引下,行业供给侧也持续发力。自2016年以来,每年新增的机构名称包含研学或业务范围涵盖研学旅行业务的市场主体数量激增,国家级和省市级研学基(营)地、实践教育基(营)地数量显著增长。2016年,国家旅游局(今文化和旅游部)公布首批"中国研学旅游目的地"和"全国研学旅游示范基地"。教育部官网数据显示,截至2019年,全国共有教育部批准的581家中小学生研学实践教育基地和40家中小学生研学实践教育营地。各类市场化运营的基地和营地数量也在快速增长,疫情期间仍然有很多基(营)地的建设仍然在推进。

聚焦部分从产业视角出发剖析了研学旅行行业的现存痛点和关注焦点。相较于传统旅游产品,研学旅行产品的供应链更短,供应商和服务商的类型更加丰富。目前,行业关注的焦点主要包括安全、经费、课程化、人才、基(营)地、数字化等问题。

安全是限制市场需求充分释放的重要因素之一,是学校、家长和研学旅行服务商的共同担忧所在,也是各方需要共同解决的重要议题。只有形成"政府—企业—学校—学生—家长"多主体共建的安全保障意识和规范,只有构建起"法规条例—标准体系—保险/预案/救援"等跨层级共治的安全保障制度与实施体系,才能为研学旅行筑起坚固的安全防线。旅游从业企业在多年发展中积淀的旅行服务管理经验与规范化流程,也已成为确保研学旅行活动安全的重要支撑与保障。

经费来源是制约研学旅行的另一个因素,目前国内研学旅行活动主要是家长付费为主要经费来源,在不同地区会有补贴或限价等财政政策,还有一些大型企业或景区也会以公益价格提供产品和服务。从全球的实践来看,未来我国还需探索建立政府、学校、社会、家庭共同承担的多元化经费筹措机制。

课程化是研学旅行产品区别于其他细分旅游市场和产品的关键特征,是目前行业内公认的方向,是全行业关注的焦点,也是企业间的竞争门槛所在。研学旅行课程实质上不单指具体的课程内容与设计，而是贯穿了理念设计、课程设计、行前引导、行中执行、行后评价，从方案到执行，从设计到落地，从参与到评价的完整链条。从这个意义上来说，虽然课程是可以被模仿的，但是贯穿于全链条的研发、服务和执行能力才是企业能够建立起的真正核心竞争力。

人才是制约行业发展的另一个瓶颈因素，不仅是业内最为短缺的研学指导师，而是研学旅行的理念构想、项目运营、产品设计、课程研发、营销推广、基（营）地运营管理等多个环节的专业人才的匮乏。从行业的创新实践来看，研学指导师批量培训及输出已经成为少数企业正在尝试的一项业务，这一模式正在向前发展。跨行业共享员工以解决研学旅行旺季人力资源不足问题的新型实践也在不断涌现和探索。

基（营）地是承载研学旅行活动的重要空间，近年来也受到了资本的青睐。从全国范围来看，还未见品牌优势明显的基（营）地及相关管理机构，课程化和管理水平参差不齐，但整体来看正在加速成长。大型营地与基地之间已形成以营地为中心，链接多家基地的生态网络，因此具有一定规模的住宿承载能力的营地的分布将会影响全国研学旅行的流向与动线。未来有竞争力的营地对于城市间和区域间对客源竞争的重要性，或许会如同欧洲各国的主要机场对于欧洲国家争夺首站入境欧洲的游客一样重要。此外，学校（需求端）与基（营）地的直连是正在发生并可能被强化的趋势，届时纯中间服务商的价值立足点将会面临再次考验，而目前能否实现直连会受到本地政策、营地前置运营能力、课程建设与执行能力等多种因素的影响。

数字化是全行业不可逆转的发展趋势，无论是行政主体还是市场主体都在加快数字化方面的建设。对于C端而言，更多的数字化工具与技术被用于增强产品和服务的体验，广泛存在于研学旅行的行前、行中和行后的各个环节。对于企业内部而言，如何实现业务流程的数字化管理、课程的数字化开发与呈现、模块化设计与组合都存在各种各样的尝试。对于行政主管部门而言，如何加强本地的信息化与数字化建设，如何建立数字监管与公共服务体系，如何将研学旅行的管理纳入智慧旅游管理的系统都是各地广泛关注的问题。目前来看，全国性的研学旅行平台还未建立，区域化的实践教育平台逐步涌现，以整合资源与需求为目标的平台化搭建也是很多头部企业想要尝试的构想。

投射部分从建构的角度剖析了打造研学旅行目的地的核心建设要素。通过对全国头部研学企业的访谈和调研分析，可以发现本地接待能力是影响研学旅行目的地建设的重要的因素，从全国主要目的地争夺全国主要客源市场的背景来看，如何培育本地企业是决定外地组团社能否将其作为稳定的合作伙伴，进而增强到访该目的地的关键因素。其次才是本地文化的独特性、丰富度以及与课本的关联程度。与之相关联的是，只有好的资源，如何将其转化为好的产品和课程是能否获得市场认可的重要环节。除此之外，政府的支持力度也表现出较强的影响，不管是货币性的鼓励还是非货币性的激励对于刺激企业积极性而言都有一定的作用。在全国基础交通设施越来越完备的情况下，交通能够带来的差异和优势仍然存在，但趋势正在减弱，因为水平正在趋同。

报告的最后一部分对于行业发展存在的疑问给出了尝试性的回答与探讨。

研学旅行市场是一个政策催化的市场，更是众多企业一点一滴拼出来的市场。正是千千万万的从事研学旅行服务的企业，使得存在于不同目的地的文化和旅游资源逐渐转变成为被市场日益接受的研学旅行产品。

研学旅行相关的政策红利仍然在持续释放,但未来的政策应靶向性解决细颗粒度痛点问题。

研学旅行是"教育＋旅游"的跨界产物,两者间的融合需要从"物理反应"走向"化学反应"。

研学旅行是对中国自古以来的传统教育理念的回归、传承与创新,是现代教育体制改革的增量试验田,是借由旅行而实现的无痕教育,其未来的发展终将指向人的全面发展。

资料来源 中国旅游研究院

# 第一节 研学旅游的概念、特征及发展历程

## 一、研学旅游的概念

### (一)研学旅游的定义

研学旅游,通常也被称为研学旅行,是由学校根据区域特色、学生年龄特点和各学科教学内容需要,组织学生通过集体旅行、集中食宿的方式走出校园,在与平常不同的生活中拓宽视野、丰富知识,加深与自然和文化的亲近感,增加对集体生活方式和社会公共道德的体验。研学旅游继承和发展了我国传统游学"读万卷书,行万里路"的教育理念和人文精神,成为素质教育的新内容和新方式,意在提升中小学生的自理能力、创新精神和实践能力。

现代研学旅游源于2014年4月19日教育部基础教育一司司长王定华在第十二届全国基础教育学校论坛上发表的题为《我国基础教育新形势与蒲公英行动计划》的主题演讲。会上他首先提出了研学旅行的定义,即研究性学习和旅行体验相结合,学生集体参加的有组织、有计划、有目的的校外参观体验实践活动。

### (二)研学旅游的范畴

王司长认为研学旅游要以年级为单位,以班为单位进行集体活动,同学们在老师或者辅导员的带领下,确定主题,以课程为目标,采用动手做、做中学的形式,共同体验,分组活动,相互研讨,书写研学日志,形成研学总结报告。他还界定了研学旅游"两不算,两才算"的范畴:

(1)校外课后的一些兴趣小组、俱乐部的活动,棋艺比赛、校园文化,不符合研学旅行的范畴。

(2)有意组织。就是有目的、有意识的,作用于学生身心变化的教育活动,如果周末

三三两两出去转一圈，那不叫研学旅行。

（3）集体活动。以年级为单位，以班为单位，乃至以学校为单位进行集体活动，同学们在老师或者辅导员的带领下一起活动、一起动手、共同体验、相互研讨，这才是研学旅行。如果孩子跟着家长到异地转一圈，那也只是旅游。

（4）亲身体验。动手做、做中学，学生必须要有体验，而不仅是看一看、转一转，要有动手的机会、动脑的机会、动口的机会、表达的机会，在一定情况下，应该有对抗演练、逃生的演练，应该出点力、流点汗，乃至经风雨、见世面。

## 二、研学旅游的特征和意义

### （一）研学旅游的特征

研学旅游是一门引导学生从实际生活中发现问题，注重知识和技能综合运用的综合实践课程，具有自主性、开放性、探究性和实践性特征。

1. 自主性

学生是研学旅行的主体，在研学旅游活动中具有自主性。首先，在研学旅游过程中，学生会自发地产生兴趣，把需要解决的问题置于核心地位，会在教师的指导下基于学校的实际和地区的资源进行自主选择与整合，进而确定活动主题。其次，学生是研学旅游组织过程中的管理者与承担者。学生会通过充分讨论来确定规则与纪律、分工与合作，解决问题。再者，学生是研学旅游过程的亲历者和体验者。当学生开始研学旅游后，他们会主动地去感觉和思考，这种别样的生活与体验能够让学生重新审视自我、塑造自我。

2. 开放性

研学旅游超越了校本教材、学校课堂的局限，向自然、生活和社会领域延伸，研学旅游密切了学生与自然、社会的联系。因此，研学旅游的内容必然具有开放性特征。一方面，由于研学旅游活动在不同的时间和空间里开展，即使同一研学内容也会呈现出丰富多彩的表现形式。随着活动的开展，学生与社会活动的碰撞，也会不时形成新的研学主题和目标，从而使研学旅游的广度拓宽、深度延伸。另一方面，在相同的研学旅游中，由于学生个体经验的差异而趋向各自感兴趣的认知场域，从而为学生的个性发展提供了开放的空间。因此，研学旅游使学生增长了见识，胸怀变得更加宽广。

3. 探究性

研学旅游为学生提供了许多探究和解决问题的机会。在确定研学旅游主题时，学生首先遇到的问题就是如何选题，这就要求学生善于思考，积极捕捉来自身边的问题并进行界定、筛选和整合。学生需要对研学旅游可利用的课程资源进行分析、比较与评估，以设定较为合理的探究、体验项目。研学旅游过程中遇到的许多问题，可能是学生预料不到的，故需要学生通过探究体验加以解决。同时，无论是通过"温故"而获得的还是通过探索发现的新知识，都需要在研学旅游中再次验证。最后，经学生自己验证的新知识，再用于解决类似问题的时候，就会产生举一反三的效果。

4. 实践性

在研学旅游中，学生想要探寻问题的答案，就需要提取日常学习中储备的理性知识，用于解决现实问题，同时改造并重构自身的知识结构，由此使理性知识与感性知识紧密联系起来。可见,研学旅游使得学生有机会在纷繁复杂的背景下重新审视在课堂上学到的理性知识与客观存在的关系,并通过观察、访谈、操作、验证和体悟等方法,检验真伪,对知识进行再次解读,直至获得"真知",从而达到思维与存在的统一。相较于课堂教学,研学旅游更注重培养学生解决实际问题的综合实践能力,在一定程度上可以匡正当前学校课程过于偏重书本知识、偏重课堂讲授、偏重让学生被动接受学习的弊端,弥补学生经验狭隘、理论脱离实际的缺陷。

### (二)发展研学旅游的意义

研学旅游是让学生们看到真实世界、体验真实生活最直观的方式。研学旅游不是游山玩水,而是课堂的延伸,是学校教育和校外教育衔接的创新方式。教师通过言传身教、活动设计使学生受到启发。学生参与研学旅游有诸多好处,如社会实践能力的提升、快乐学习、锻炼自主性、增强自信心、树立目标、学会感恩、磨炼意志、增进友谊、培养团队意识等。通过研学旅行的方式,学生变得更有爱心,乐于分享,集体意识更强。

研学旅游的开展不仅对学生有利,也是旅游业发展的重要方向。研学旅游是学校和企业合作共同进行的研究学习和特色旅游相结合的一种新型模式,因为它的创新性,以及作为我国教育界前所未有的新模式,研学旅游受到了社会的广泛关注。目前,我国的研学旅游在探索中快速发展,不同于他国,我国注重发展独具特色的研学旅游。当前,很多研学旅游内容已融入中小学基础教育课程体系,成为中小学综合实践活动课程的一大重要内容。研学旅游的兴起也为趋于平淡的旅游业带来新的发展方向。研学旅游的发展不仅能够促进教育和经济双向发展,还逐渐成为文化产业的新增长点。发展研学旅游具有重要意义。

(1)国家层面的意义。在经济方面,研学旅游带来的旅游业价值增长对于我国第三产业的发展有一定积极作用,有利于我国特色产业的发展;在文化方面,研学旅游有利于我国的传统文化的传播,助力我国文化产业发展和传承。

(2)学校层面的意义。研学旅游是深化我国教育改革的重要举措。首先,它有利于推进中小学生的素质教育,加强学生的"知行合一"教育,为培养国家人才做好充分准备。其次,研学旅游也加强了学校教育和校外多样教育的结合,减少传统教育的"背书式"体验,增强了教育教学趣味感,吸引了学生注意力。最后,研学旅游也有利于校内外合作,延伸教育教学基地,促进教学的多样化。

(3)行业层面的意义。研学旅游相对于普通旅游来说,更加注重旅游的文化意义,这也迎合了目前文旅融合发展的潮流,用品质旅游代替走马观花式的旅游,促进游客对于景点的综合性欣赏;在文化旅游融合背景下,研学旅游能够促进文化产品的兴起,促进旅游附带的文化产业的发展。

因此,研学旅游的快速发展,对促进教育、文化、旅游融合发展,以及推进我国传统文化与文化科技宣传大有裨益。

## 三、研学旅游的发展历程

### (一)研学旅游萌芽阶段

早在两千多年前,我国著名教育学家孔子就带领他的弟子用14年时间周游列国。

在游学过程中,让弟子体验"六艺"之学,感悟"仁义"之本。

明末清初教育家颜元继承了孔子"习"的教育传统,提出了"习行""习实"的教育思想。近代以来,著名教育家陶行知提出了"生活教育"的理念,认为"社会即学校""生活即教育"。

(二)现代研学旅行发展阶段

我国现代研学旅行经历了三个阶段:精英国培阶段、大众旅行阶段和研学旅游阶段。

1. 精英国培阶段

新中国成立之初,国家为了培养顶尖人才,开展具有奖励性质的公派游学,只有少数优秀大学生才能参加,属于精英国培型。

2. 大众旅游阶段

20世纪90年代,大众旅游时代到来,以学校为组织主体,全员参与型研学旅游活动开始兴起。这类研学旅游活动的目的地通常以区域内政府公建的自然、人文、历史景点为主,活动内容重观光、轻教育,以游览、讲解模式的单向教育为主。

3. 研学旅游阶段

21世纪以来,研学旅游进入快速发展时期,学校、旅行社、培训机构与留学中介之间开始实现跨界融合。双向、多向互动式教育模式兴起,这一模式更加注重学生的参与度。目的地的选择也呈现多样化特点,开发主体逐渐由政府主导转向企业主导,地产商、教育集团、文旅企业开始发挥重要作用,我国许多地区开始尝试把研学旅游作为推进素质教育的一个重要内容来开展。

尤其是在2013年2月2日,国务院办公厅印发《国民旅游休闲纲要(2013—2020年)》纲要中提出"逐步推行中小学生研学旅行"的设想,这是教育部首次提出"研学旅游"的概念。2016年11月,教育部等11部门印发《关于推进中小学生研学旅游的意见》,提出要将研学旅游纳入中小学教育教学计划。各中小学要结合当地实际,把研学旅游纳入学校教育教学计划,与综合实践活动课程统筹考虑,促进研学旅游和学校课程有机融合。这些政策的出台直接刺激了研学旅游的多元化、常态化发展。

经过几年的发展,研学旅游从小范围的试点到今天在各省市积极开展,并被纳入中小学课程体系。

# 第二节 研学旅游的现状和发展趋势

## 一、研学旅游发展现状

研学旅游作为一个新兴的素质教育模式和载体,被越来越多的年轻家长接受和推崇。国家围绕实施素质教育的根本宗旨,在教育消费升级的时代大背景下,特别重视思想道德教育、能力培养、个性发展、身体健康、心理健康的国民素质提升需求,与应试教

育相对应,从个人、社会、国家三个层面,立德树人,实践育人。目前研学旅游发展呈现以下状态:

### (一)各地研学旅游活动开展如火如荼

伴随着教育部研学旅游政策的出台,各省市也纷纷出台配套支持政策。对比来看,山东省是全国各省市中发展研学旅游较为积极的省份。2017年7月24日,山东省教育厅等12部门联合印发方案,规定各地中小学每学年安排集体研学旅游不少于两次;此外,山东省还推出了"行走齐鲁"项目。例如,济宁市将"东方圣地"文化旅游目的地品牌作为优势新业态来培育,开辟了旅游业新旧动能转换的重要路径,目前,济宁市研学旅游产业集群已成功入选山东省新旧动能转换首批现代优势产业集群。烟台市也确定蓬莱市、招远市为首批市级研学旅行试验区,全面开展试验;其他县市区各选择2—3所中小学开展试点工作。2018年10月后,全市各中小学研学旅游全部进入常态化实施阶段。2018年开始,青岛西海岸新区从幼儿园到小初高各阶段全面开展研学旅游活动,新区十万余名学子在各级学校安排下有计划地开展集中食宿、集体旅行的校外教育活动,在学习中体验,增强创新意识,提高实践能力。教育部在2017年评选了14家综合实践营地,204家研学示范基地。其中,14家综合实践营地山东省就占了2家。

### (二)少量企业盈利,大部分企业亏损

从研学旅游上市企业盈利状况来看,少量研学旅游企业已经实现盈利,大部分企业仍处于市场开拓前期,前期研发和市场投入增加,亏损较严重。

### (三)行业集中度低,格局分散

中国研学旅游与营地教育行业巨大的市场挖掘空间和资源整合度低的特点,决定了整个市场远未进入充分竞争的行业格局,或会在未来10年里长期处于市场参与主体共同摸索前行的一片蓝海中,这也导致整个行业的集中度极低,格局分散,头部优势机构(仅针对泛游学与营地教育业务部分)的市场占有率仅在1%—2%。所有市场参与主体预计能达到几千家,但其中营收规模在千万级以下的中小型机构仍占绝大多数。

## 二、研学旅游的发展趋势

在市场迅猛增长的需求驱动下,研学旅游行业内部出现了更为丰富的市场主体,研学开始与中小学课程体系结合,更多中小学生开始参加研学,研学旅游单团规模扩大。在消费多元化与升级提质需求的驱动下,研学旅游产品在丰富化、标准化、立体化、创新化等方面都存在极大的提升空间。研学旅游基地要提高客户群体的参与度,加强体验感,需要多开发双向互动式研学产品,呈现更有深度的目的地研学内容,需要把握以下几个层面:

### (一)开发"跨界融合"研学产品

随着未来市场规模的进一步扩大,学校、培训机构、旅行社,以及基地、营地单位、研

学旅游服务机构会逐步实现跨界融合,研学市场的分散度会再次降低,行业集中性会不断增强。所谓"高效文旅做认知",旅游基地开发研学产品的过程就是在市场上做新认知,利用创意引爆"跨界融合",打造知名研学产品品牌,抢占市场。

### (二)科学设计研学课程

2017年5月,经当时国家旅游局(今文化和旅游部)批准的《研学旅行服务规范》行业标准正式实施,标准提出在研学旅行产品设计过程中,要针对不同学段特点和教育目标开发系统性、知识性、科学性、趣味性的研学产品。这表明未来研学课程发展的方向在内容上会更加倾向于课题的开发和研究,不仅限于中小学生,还会延伸到全年龄段,实现市场的进一步细分。产品设计可以从源头上入手,契合用户认知,具体做法可以是联合教育、旅游相关部门和当地居民开展研学课程设计活动,根据地方特色和中小学各年级的学情特点,设计出不同主题、不同时长、针对性强、质量高、有特色的研学课程。

### (三)优化研学供给体系

当前研学旅游和营地教育机构的分布与当地的经济发展水平息息相关,66%的研学旅游和营地教育机构分布在经济发达、收入和消费水平高、人口稠密的一线和新一线城市。研学旅游和营地教育行业的投融资数量逐渐增加,该领域越来越受资本方关注。研学旅游活动是一个综合性较强的活动,需要加强自身配套设施的升级,确保在配套服务方面满足不同数量和不同群体的研学需要,也要加强自身网络宣传平台的搭建,与社会信息化发展需求接轨。

### (四)加强研学导师队伍建设

研学导师是教育和旅游行业融合所形成的产物,研学旅游基地必须把好导师关,研学导师的质量高低在一定程度上决定课程实施的质量。因此要加强对带队导师的资格考评和监督,有针对性地开展专业的导师培训活动,建设研学导师队伍,确保能够提供优质的研学服务。

### (五)注重品质学游兼顾

研学旅游要避免"只游不学"和"只学不游"的情况,要规范课程的教学,合理设计好学生动手体验和思考提升环节,真正做到旅和学的有机结合。学校或旅行社在组织旅游活动时一定要把握好"学"的严肃性和"游"的休闲性,达到学游兼得的效果。建议由教育管理部门和旅游管理部门联合完善研学旅游相关规范,以行业标准规范研学旅游的实施要点、操作流程、质量控制等事项,推动研学旅游的健康化、标准化发展。

### (六)建立科学评价标准和监管制度

研学旅游基地要通过建立自身科学的研学评价标准和搭建意见反馈平台来获悉研学用户的真实感受,通过强化监督和评价,确保研学旅游基地的水平和研学活动的质量。未来,研学产品的"跨界融合"是主流,科学研学课程是形成市场新认知的重中之重,研学供给体系完善是满足不同研学群体需求的必要因素,品质化研学导师队伍是保证研学质量的关键因素,品质化学游兼顾是研学旅游发展的必经之路,研学基地科学评价标准的建立是形成品牌认知的重要因素。

市场的扩大对监管提出了切实的需求,教育、旅游、文化、公安、交通、保险、食品药监等部门对研学旅游市场的监管力度将会明显加大,未来三四年,相关部门有可能联合探索出一套综合监管机制,在履行监管职能时也会参照由政府认可的行业组织、产业联盟等制定的行业标准,最终形成更权威的准入、退出、评价、动态监管体系。

## 第三节 研学旅游的类型和案例

古罗马哲学家奥古斯狄尼斯曾说:"世界是一本书,而不旅行的人只读了其中的一页。"如果说读书带来的是平面世界,那么旅行中的一切就是立体的。研学旅游将这两种方式完美结合,对学生来说,不仅是研学之旅,更是成长之旅。不同类型的研学旅游,向学生传递的是不同的信息,通过对不同类型研学旅游的分析,可为相关地区发展研学旅游带来启示。

## 一、"研学旅游+工业科技":科技研学旅游目的地

工业科技旅游具有很强的知识性,融生产、观光、参与、体验为一体。一些科技工业城、科技展览馆、高新科技园区等工业旅游区通过展示数字娱乐中心、食品制作工艺、产品生产线等,深受游客喜爱。除此之外,一些老工业厂区改造的景观公园、创意园区等也具有丰富的时代印记和艺术文化价值,升级为功能齐全的综合体具有很大的开发潜力。

**代表案例1:阿姆斯特丹微生物博物馆(Micropia Museum)**

Micropia微生物博物馆于2014年10月开业,地处阿姆斯特丹普兰塔区,耗资1000万欧元,是世界上第一个致力于微生物领域科普的互动式博物馆。

该微生物博物馆利用多种展示方式,呈现微生物的世界。

显微呈现:将显微镜连接显示器,观测真实的微生物世界;

视频动画:通过屏幕对微生物进行详解,即使语言不通,也可通过丰富详细的动画内容,探索微生物的奥秘;

模型标本:通过实体模型,还原微生物的真实形态;

器皿展示:在专用器皿中,展示微生物的丰富多彩。

博物馆内一排排光学显微镜、鼓泡玻璃容器、显示器、3D显微镜,让参观者如同置身于实验室,真正做到了在参观中体验、在体验中学习。除此之外,参观者还可以借助人体微生物扫描仪,了解自己身体内的微生物及位置。更大胆的参观者还可以尝试法式接吻,通过博物馆的专业设备,测量接吻时,相互传递的微生物数量。

**代表案例2:天津滨海航母主题公园**

天津滨海航母主题公园地处天津市滨海新区汉沽八卦滩,为国家4A级旅游景区,

总规划面积22万平方米，是以"基辅"号航母这一独特旅游资源为主体，集航母观光、武备展示、主题演出、会务会展、拓展训练、国防教育、娱乐休闲、影视拍摄八大板块于一体的大型军事主题公园。

国防军事主题是最适合在天津滨海航母主题公园开展的研学主题。"基辅"号航空母舰原本是苏联海军隶下的一艘航空母舰。这里有一片"108通道"的士兵生活区，游客可以参观士兵的宿舍、洗衣间、熨衣间等，了解士兵在航母上的日常生活。除航空母舰外，这里还有我国自行研制的第一代常规动力鱼雷攻击潜艇"长城"号潜艇。"重庆"号驱逐舰是我国自主设计建造的第一代驱逐舰（051型）。

依托"基辅"号航母，天津滨海航母主题公园还有航母发展史展览馆、航母科技馆等主题展馆。这为学生开展科技主题研学提供了良好的条件。学生在这里可以详尽地了解航母中运用到的种种科学技术，包括航空母舰的内部结构设计，航母如何执行反潜和制空、防空任务，各种舰载武器的作用原理等。强大的军事力量离不开科技的进步，在这里进行研学旅游可以让学生进一步了解科技的现实作用和魅力。

天津滨海航母主题公园的另一个特色之处是俄罗斯文化创意风情街，在这里开展研学活动可以体验异国风情魅力。

## 二、"研学旅游＋农业"：农旅研学旅游目的地

### （一）农业研究型

以参观游览、知识讲解为主要活动内容，通过直接观察现代农业的相关生产生活，进行农业知识科普教育。活动场所多以农业生产型基地为主，在生产种植的基础上，开展研学旅游。农业研究型研学旅游目的地的开发主要依赖于农业科研院所，大部分属于政府行为。

**代表案例：中国科学院西双版纳热带植物园**

中国科学院西双版纳热带植物园位于云南省西双版纳傣族自治州勐腊县勐仑镇，距离景洪市约60千米，占地面积约1125公顷，收集植物13000多种，建有38个植物专类区，保存有一片面积约250公顷的原始热带雨林，是我国面积较大、收集物种较丰富、植物专类园区较多的植物园，也是世界上户外保存植物种数和向公众展示的植物类群数较多的植物园。植物园建于20世纪50年代，中科院从各地抽调植物、动物、气象、土壤等专业的专家，组建西双版纳热带植物园和大勐龙生态群落站。自1959年建园以来，植物园的科学家在西双版纳发现热带雨林的代表树种望天树，开发了活血良药龙血竭，产生了山姜属花柱运动、世界首例雨媒传粉植物多花脆兰、世界首例无脊椎哺乳动物大蚁蛛、榕树和榕小蜂协同进化机制等一系列研究成果。

一直以来，西双版纳热带植物园持续开展热带雨林的保护和研究，在生物本底调查、监测、理论研究方面发挥关键作用。此外，还推动了纳版河流域国家级自然保护区、易武州级自然保护区、布龙州级自然保护区等的建立。这里有西双版纳热带植物园牵头建设的中国西南—中南半岛东经101°森林样带。东经101°森林样带汇聚全球三大生物多样性热点地区，拥有全球独一无二的沿水热环境梯度分布的连续完整森林区，覆盖全球热带雨林三大核心分布区之一，是热带亚洲成分的分化中心。西双版纳热带植物

园在中国云南、泰国、马来西亚位于东经101°附近的森林分布区中，建设了从寒温性针叶林到热带低地湿润雨林的13个永久固定的森林生物多样性大型（16—50公顷）动态监测样地。

中国科学院西双版纳热带植物园现在是一个集科学研究、物种保存和科普教育为一体的植物园，不仅拥有13000种珍稀濒危的奇花异木，还拥有享誉世界的科研工作者，了解他们经年累月的保育工作，是最生动的自然保护课程。

地处多民族地区的西双版纳热带植物园在中国最早开展少数民族植物学研究，成为中国民族植物学的摇篮，成长出裴盛基和许再富这样的民族植物学家，他们不仅对傣族、哈尼族、基诺族的植物文化和民族文化进行研究，还在此基础上建立了民族植物园、热带雨林与民族文化博物馆等科普教育场所，为少数民族的文化、热带雨林保护和科普旅游旅游的发展起到支撑作用。

西双版纳热带植物园通过不断探索科学传播新形式，从自然教育到研学旅游，从科学探索营到自然体验营，从青年科学节到观鸟节，举办讲座、拍摄科普视频、开设线上直播、主办科普展览，吸引更多普通受众关注自然、热爱自然。

开展研学活动的指导教师均为经验丰富的中科院科研老师，带领学生在神秘的大湄公河流域享受自然狂欢：老师带领学生认识热带、亚热带植物，了解有趣的动植物故事和自然现象，认识棕榈植物、木本植物的一些特征；探寻雨林奇观，了解植物的生存智慧，磨炼意志，感受野性自然；夜访植物园，用五感了解自然，感受夜晚的乐趣；调查野生蔬菜的种类、来源及食用方法，体验傣族的饮食文化；探索榕树与其传粉昆虫榕小蜂的科学秘密，了解榕属植物的特征，认识榕树与其传粉昆虫榕小蜂之间的奇妙关系和生态系统的整体性；通过体视镜来观察雌花期的榕果，以及榕小蜂的结构和行为等，通过一系列的雨林课堂，学生更深入地了解了与雨林相关的科学故事。

开展科学探究活动。在指导老师的带领下，活动参与者白天做科学小实验，学习如何发现科学问题，分析实验结果，晚上进行汇报。"大手拉小手"活动是中国科学院西双版纳热带植物园的招牌科普活动，该活动架起了科研人员与公众的桥梁，让活动参与者在活动期间用科学的眼光观察、用科学的方法实验、用科学的方式展示，为他们打开科学研究的大门，旨在培养活动参与者对科研，尤其是对热带生态学研究的兴趣。此活动一般由西双版纳热带植物园的硕士及博士研究生带领，活动期间，活动参与者会经历典型的自然科学研究过程：观察、提出科学问题及假说、采集数据、分析数据、结果讨论、制作幻灯片、进行答辩。这一过程需要对活动参与者进行分组，开展团队合作。

（二）田园体验型

田园体验型研学旅游目的地是将生态农业与休闲观光相结合，让青少年亲身参与农业生产活动，在实践中学习，在体验中游玩，在轻松愉快的氛围中完成农业知识科普教育。田园体验型研学旅游在载体功能上多以旅游活动为主，农业种植为辅，除农业种植板块外，还兼带农产品加工与交易、购物、游玩、手工、居住、餐饮、教育等功能。近些年，一些新型的旅游产品越发受到追捧，如中国台湾地区的生态农场，近年来一直是亲子旅行和青少年团队出游的热选地。

**代表案例:深圳农家乐九龙生态农业园**

深圳农家乐九龙生态农业园位于坪山区坑梓镇龙田街道花谷坪水库现代农业示范区,占地 3300 多亩,农庄是由深圳市海纳百川企业管理咨询有限公司投资建设,依托现有的资源,充分利用当地地理条件,把自然风光、休闲娱乐和时尚运动系统地结合起来,以山林为主体,根据景观建筑、娱乐项目、服务设施等优质条件,构建成为人们回归大自然、独具特色的生态休闲场所。园内道路畅通,交通便利。园内山峦起伏,树木葱茏,空气清新,实为一个难得的"天然氧吧"。

生态园内配备了适应不同需求人群的游乐设施与配套设施,设施大致可分为生态休闲类、生态美食类和团队活动类。针对研学旅游的项目也较为齐全,如百果园采摘,包括草莓、火龙果、圣女果和葡萄等;特色菜园可提供各类蔬菜采摘等活动;这里还提供专门的野炊和烧烤场地,可供开展研学旅游项目使用;园区还提供了团队拓展、趣味活动等各类特色休闲项目,如射箭、骑马、动物观赏、陶艺,还有吊床、拔河、露营军帐篷等多项拓展项目。

为提升游客的体验价值,园区提供极具特色的农家菜肴、野菜等,允许团队成员亲自到田地间随意采摘挑选,充分体验返璞归真的感觉,也可以亲自去抓农家走地鸡、水库鱼来烹调,美味更有趣,深受游客喜爱。

## 三、"研学旅游+文化":文化研学旅游目的地

### (一)传统文化型

传统文化类研学旅游基地充分挖掘本地有价值、有特色的传统文化,集中在语言、文学、历史、思想等领域,具有较强的地域属性。比如遗址遗迹、古代建筑、古代园林、古代仪式等,这些资源富有文化底蕴、科考价值和美学价值,是文化旅游产品中最为重要的一类。

历史传统文化研学游应注重当地历史文化和民俗文化的发掘与体验性开发,可针对历史文化旅游资源的不同特性,开发独特的研学旅行产品。一方面,由政府平台公司主导兴建,如曲阜孔庙、绍兴三味书屋等。另一方面,为近年来发展较热的,以企业开发为主导、以传统文化为核心的研学小镇,如光合文旅集团潜心打造的帕兰研学小镇。

**代表案例:安徽宣城市中国宣纸文化园**

宣纸文化园位于安徽省泾县,泾县是中国宣纸之乡,宣纸是中国传统的古典书画用纸,是汉族传统造纸工艺之一。宣纸起于唐代,历代相沿。宣纸用料与普通纸不一样,以青檀皮为主要原料,以沙田稻草为重要配料,并配以泾县独有的山涧泉水手工生产,工艺非常复杂,泾县生产的宣纸薄如蝉翼,润如青云,不仅具有质地绵韧、纯白细密、光而不滑、密而透光等特性,而且有不腐不蛀、润墨性强、耐老化的特点,宜书宜画,保存长久,有"纸寿千年"的美誉,深受书画家的喜爱。2006 年"宣纸制作技艺"已被国务院批准列入国家非物质文化遗产保护名录。

宣纸文化园总投资约 2500 万元,占地近 40000 平方米,中国宣纸文化园于 2007 年正式对外接待游客。为响应国家研学旅游发展政策,2015 年 3 月,宣城在全省率先建立了十个市级研学旅行基地,中国宣纸文化园等十家单位荣获首批"宣城市研学旅行基

地"称号。宣纸文化园主要由宣纸古作坊、文房四宝体验园、宣纸及世界纸博物馆、书画长廊(含书画家工作室)、文房四宝与书画市场、古籍印刷、江南民俗园七部分组成。宣纸文化园通过宣纸博物馆讲述宣纸知识,宣纸技艺体验园展示宣纸制作工艺,同时设有捞纸体验间、印刷体验间让游客进一步感受宣纸文化。在整个研学过程中,学生们可以在这里感受古人的勤劳与智慧,发掘丰富的历史记忆和文化遗存,见证宣纸深厚的历史文化底蕴,在这里汲取知识,在这里收获快乐。学生们不仅可以参观传承千余年的古法宣纸制作工艺,了解纸、墨、笔、砚、扇、纸帘等的制作工艺,而且可以亲身体验纸、墨、笔、砚、扇、纸帘的制作。宣城的研学旅行管理制度不断规范,研学旅行产品渐趋成熟,正逐渐成为全国研学旅行的热门目的地。

宣城市旅游发展委员会(现宣城市文化和旅游局)组织业内及教育专家编撰出版了《跟着课本游宣城·诗歌篇》,编制了"跟着课本游宣城"精品研学旅行线路,推出文房四宝研学、诗歌研学、徽文化研学、军事体育研学、科普研学、红色研学、地质生态研学、古道户外研学等主题研学旅行产品,接待多批来自上海、南京的国学研学团。联合新浪网邀请全国10个家庭组成"新浪安徽研学旅行首发团"游宣城。举办"游遍中国·自在宣城"宣城旅游自驾(助)游攻略大赛,"踏歌诗画宣城——中国文房四宝之乡、徽文化发祥地四天三夜自由行"自驾(助)研学游线路获得了一等奖。举办"跟着课本游宣城"研学夏令营活动。暑假期间,安徽大学、安徽师范大学、苏州大学、宁波大红鹰学院(现宁波财经学院)、河海大学等高校学生来宣城开展社会实践活动。在第七届文房四宝文化旅游节期间,这里举办了"行走山水诗乡,多彩研学之旅——跟着课本游宣城"研学旅行成果展,广受好评。2016年,中国宣纸文化园作为首批全国研学旅游示范基地掀起了研学旅游热潮。截至2019年,宣纸文化园单日接待学生量已经突破2000人,单团突破1000人。

### (二)红色文化型

红色研学旅行是国内研学不可或缺的重要组成部分。有着突出教育属性的红色旅游,作为爱国主义教育的重要载体,在青少年素质提升、传承红色精神方面具有不可替代的作用。我国红色文化教育基地多集中在革命老区,依托红色教育资源和综合实践基地等,建设了一批安全适宜的中小学生研学旅行基地,充分利用及整合丰富的红色教育资源,让更多的孩子走进红色教育基地,了解革命先烈们的英勇事迹,在革命传统教育中触摸那段可歌可泣的历史,培养孩子的爱国主义精神、民族自豪感和历史使命感。红色研学旅行基地主要属于公建类市政工程,由政府负责建设。

**代表案例:林州红旗渠风景区**

红旗渠风景区是国内著名的爱国主义教育示范基地。红旗渠风景区依托独有的石工建筑、精神价值和太行山优美的自然山水景观等资源优势,结合素质教育的规划要求,针对全国中小学生,致力于打造中国青少年红旗渠研学之旅精品研学旅行项目。

20世纪60年代,10万开山者历时10年,绝壁穿石,挖渠千里,把中华民族的一面精神之旗插在太行之巅。红旗渠的建成不但使林州的面貌发生了翻天覆地的变化,创造了巨大的物质财富,而且孕育了"自力更生、艰苦创业、团结协作、无私奉献"的红旗渠精神。红旗渠这一工程之艰巨、工程美学价值之高,堪称人间奇迹。2016年以来,红旗渠这座屹立在太行山的精神丰碑已然成为红色研学旅行的圣地。红旗渠风景区成为首批全国研学旅游示范基地。红旗渠研学之旅作为一种新的体验方式,在壁立千仞的太行山快速展开,成为对外研究和学习的范例。

"一渠绕群山,精神动天下"。红旗渠像一条蓝色的飘带缠绕在"北雄风光最胜处"的南太行。红旗渠研学旅游的主要内容是当一次红旗渠讲解员、看一场红旗渠电影、走一次红旗渠、推一把独轮车、抡一回开山锤、抬一次太行石、吃一次民工餐、看一场"凌空除险"表演、学唱一首红旗渠歌曲、开一次红旗渠主题班会。在青年洞前,学生们集体合唱《我们是共产主义接班人》,诵读《少年中国说》,更令他们激情澎湃,理想的花朵在心中绽放。绿色的风光、红色的课堂,仁山智水交织的神奇土地吸引着学生探索的目光,让他们在行走中阅读历史,在体验中感受精神,在快乐中完成教育。这些寓教于乐的研学旅行形式再现了那段艰苦卓绝的历史,让学生们了解当年林州的干旱历史和10万大军战太行的感人事迹,深切体会"自力更生、艰苦创业、团结协作、无私奉献"的红旗渠精神内涵。

作为中国研学旅行联盟的首个中国研学旅行基地,把红色资源利用好,推动中国研学旅行发展,红旗渠风景区责无旁贷。

红旗渠依托现代技术手段开展红旗渠故事实景演出、抖音大赛等活动,还有"红旗渠畔甲骨情""火车向着安阳跑""跟着课本游中国""广场舞大赛汇集红旗渠""千名铁姑娘打钎"等大型研学活动陆续精彩上演。中国人民大学画院、郑州大学、安徽师范大学等多所高校的学子及我国香港的多位大中小学校长云集红旗渠畔,共同体验红旗渠精神和中国传统文化的独特魅力。

一键购票,一键入园,一键呼救,游客游览红旗渠风景区畅行无阻。智慧旅游让红旗渠的故事变得鲜活立体,体验活动更加丰富,传播更加广泛。红旗渠研学旅行让红旗渠活了起来,让红色旅游流行起来,让红色基因传承下去,为红旗渠精神不断注入新的生命力。红旗渠风景区与中国研学旅行联盟城市携手共进,与各大院校深入对接,与旅游企业互利共赢,与各类资本共建项目,让这条被惊叹为世界第八大奇迹的"人工天河"成为研学旅行的典范。

### (三)民族文化型

我国少数民族众多,有着丰富的民族资源。能够开展多民族研学旅游教育的场所主要以大型园区为主,园区可开展研学教育,也是区域内地标性景区。园区内部一般包括民族博物馆、展览馆、少数民族村寨等,并且举办少数民族特色民俗与民间节日等节庆活动。

**代表案例:广西桂林市龙脊梯田景区**

龙脊梯田景区位于"世界梯田原乡"——广西壮族自治区桂林市龙胜各族自治县,由金坑梯田、平安梯田和古壮寨梯田等观景区和周边经典民族村寨构成,是人与自然和谐共生的知名风景名胜区,以梯田稻作农耕文化为主体,集自然景观与少数民族人文景观相结合,先后被评为中国重要农业文化遗产、国家湿地公园和中国研学旅游目的地。

龙脊梯田历史悠久,梯田始建于秦朝,成形于唐朝,完工于明朝,距今已有2200多年的历史。龙脊的壮族、瑶族先民世代耕种梯田,至今仍保留着"耦耕"等原始的耕作方式。梯田依山形地势而修,从水流湍急的河谷到云雾缭绕的山峦,凡有水、有地的地方,都开凿了梯田。这里形成了从山脚一直盘绕到山顶,千层天梯上云端的壮丽景观。龙脊梯田规模宏大,连片梯田面积 10734 亩;龙脊景区占地面积 70.1 平方千米。龙脊梯田一般分布在海拔 300—1200 米,最大高度差为 860 多米,坡度在 26—50 度之间,层级最多达 1100 多级。故有"千层天梯上龙脊"的美誉。

景区内共居住着 8000 多人,主要为壮族和瑶族群众。景区范围覆盖龙脊、平安、大寨、金江、小寨、中禄六个行政村。各村寨的梯田和民族风情各有特点,民俗节庆丰富多彩,以五月开耕节、六月梳秧节、七月"六月六"(农历)晒衣节、十月龙脊金秋梯田文化旅游节为代表,民俗风情浓郁,民族文化灿烂多姿。这里有被联合国教科文组织誉为"壮寨楷模"的金竹壮寨、全国生态博物馆示范点和中国旅游名村——龙脊古壮寨、被评为中国经典村落景观的大瑶寨、天下第一长发村——黄洛瑶寨、中国少数民族特色村寨——平安壮寨、千年尘封历史的水寨——小寨,原生态的民族村寨与龙脊梯田相得益彰,大山特色吊脚楼和各族群众共生共融,形成了人与自然和谐相处的经典景观。

龙脊梯田景区充分发挥其梯田稻作文化景观的主要特色,并辅以少数民族人文景观,是具有极高的景色观赏和文化研究价值的开放性景区,一直以来是国内外专家学者、大中专学生等研究、学习、考察、旅游的目的地。2014 年,中国民间文艺家协会稻作文化专业委员会在龙脊梯田建立了中国第一个稻作文化科学研究基地——中国稻作文化科学基地。龙脊梯田壮观的梯田景观、瑰丽的民族文化、和谐的自然生态对服务广大青少年研学旅游群体、开展研学旅游活动具有积极的意义。

## 四、"研学旅游+拓展":营地研学旅游目的地

青少年拓展教育是一种户外体验式学习,通过室外拓展训练等活动,达到磨炼意志、增强自信、完善人格、团队协作等教育目的。青少年拓展基地以专业化的户外拓展营地为主,营地多建立在远离市中心的自然环境中,营地内除餐厅、宿舍等基本生活设施外,还配备拓展场、竞技场等训练设施,以及医务室等辅助保障设施。

**代表案例 1:越南农场幼儿园**

幼儿园位于越南胡志明市郊区,建筑设计很独特,它有个连贯的绿色屋顶,两端向地面倾斜,而后逐渐升高到两层楼的高度,形成一个层次与梯度不同的螺旋结构。而幼儿园所有的室内活动空间和相关设施都设在屋顶下方。

屋顶上铺有草坪,种植农作物;三个环形又围成三个庭院,同样种有草和树木。幼儿园占地面积很大,达到 1.06 万平方米,可容纳 500 名学龄前儿童就读,儿童可在草坪上自在地奔跑、游戏,又能学习种植农作物。

规划亮点:可持续性学校设计方案

这个农场幼儿园采用可持续性学校设计方案,为孩子提供具有热带地区特色的教育环境,并让幼童学习栽种人类所需的食物,认识大自然运作及植物生长过程。

建筑采用环状设计、倾斜模式,既保护幼儿安全,又利于作物生长。建筑体透过连续的三重环形绿色屋顶,营造出三个内部操场,为幼儿提供安全舒适的环境。从地面到达屋顶非常容易,让孩童和教师到屋顶种植作物很轻松。这个设计让学校内部庭院成

为儿童安全的游戏空间。而屋顶则作为开放空间,让儿童去体验自然,探索植物,学习种粮。

越南地处热带气候环境,因此,这种螺旋绿色屋顶的设计可以保证作物常年保持葱郁的生长状态,孩子们学习如何种植粮食,可以从中体验大自然滋养万物的慷慨,从而奠定孩子爱护生态环境与慈悲对待万物的思想。

幼儿园利用当地材料,降低建筑成本。幼儿园建筑是专为低收入工人的子女设计的,施工预算是相当有限的。因此,当地的材料(如砖瓦)和低技术含量的施工方法结合应用,也有助于减少对环境的影响,以及促进地方产业发展。由于建筑采用简单的刚性框架与经济的材料,每平方米的建设成本仅为500美元,这个价格即使在越南市场也相当低。

该建筑由连续的狭长地带构成,两侧带有窗户,可以最大限度地交叉通风和自然采光。环形朝地面渐倾斜的设计,还有一大优势,就是一旦下雨,地表水流会汇入两个大型储水箱中,可用于循环灌溉,还能保持土壤干燥,不会因为积水而过于潮湿。

整座农场非常注意材料及废水的回收利用,工厂废水被回收,用于浇灌绿地和冲洗厕所。农场还采取太阳能供热和节能环保措施,让幼儿身临其境地感受节约能源的方法,幼儿园通过与农场结合,落实生态环保教育。

尽管位于热带气候环境中,幼儿园也无须在教室里使用空调。从竣工后10个月的使用记录来看,该建筑跟一般的建筑相比可以节省25%的能源、40%的新鲜水,大大降低了其运行成本。

**代表案例2:山东帕兰少儿齐文化研学基地**

山东帕兰少儿齐文化研学基地位于山东省淄博市临淄区东南部,占地116.59公顷,总投资约15.5亿元。整个基地是以齐文化研学教育为核心,以科技类、社会类、自然类研学教育为补充,以"素质教育、齐文化、影视文化"概念为创意,整合自然人文资源的青少年儿童研学基地。

少儿齐文化研学基地分为三期建设,一期建设期为2016年10月—2017年11月,占地面积585亩,围绕齐文化旅游开发主题打造齐城记忆、花舞世界、帕兰小镇、帕兰优品、探齐领地、自然学院和帕兰驿站七大片区;二期建设期为2017年3月—2018年7月,占地540亩,主要包括帕兰影视基地、帕兰湿地乐园、主题摄影基地三大部分;三期建设期为2018年3月—2019年6月,占地面积500亩,规划建设集购物、餐饮、娱乐、文化、休闲为一体的齐文化主题商业区。

研学基地将通过科技体验、户外休闲、亲子教育、文化娱乐、健康旅游等体验式活动,寓教于乐、寓学于乐,使游客在亲近自然、陶冶情操中增进感情、感受齐文化魅力;同时进一步丰富旅游产业业态,促进经济社会健康可持续发展。

**本章思考题**

1. 什么是研学旅游?研学旅游有哪些特征?
2. 当前研学旅游发展的现状如何?有哪些突出问题?
3. 国内外研学旅游的侧重点有何不同?

## 案例分析

### 研学旅行应学有所思游有所乐

浙江绍兴鲁迅故里景区占地50公顷，拥有全国爱国主义教育基地、全国重点文物保护单位、全国红色旅游经典景区、国家5A级旅游景区、全国中小学生研学实践教育基地、全国研学旅游示范基地等十余项国家级荣誉。

景区自2008年免费开放以来，吸引了大批来自全国各地的参观者，年均接待游客达200万人次，且呈逐年递增趋势。其中参加研学旅行的中小学生超50万人次，占总接待量的25%—30%，成为景区的基础观众群体。

近年来，鲁迅故里在动态提升中推出研学教育活动，以丰富的内容设计、优异的教学质量，促进景区长足发展。

"三味书屋·鲁迅故里"研学游是鲁迅故里因地制宜开设的课程，包含鲁迅作品展示课、历史文化体验课、三味早读情景课。

在鲁迅作品展示课，学生可以到百草园寻找文中提到的皂荚树、何首乌，也可以上公开课表演课本剧，让原本枯燥的课堂在百草园里充满欢笑；在历史文化体验课，学生能够在指导老师的带领下前往鲁迅笔下的风情园，感受绍兴非遗文化"水乡社戏"，了解鲁迅作品中关于社戏的描述，还能结合鲁迅小说《祝福》欣赏"绍俗祝福"，自己动手制作与鲁迅生活息息相关的乌篷船手工模型；在三味早读情景课中，学生可以和私塾先生一起读《三字经》、学对课、习大字、影描绣像、拓"早"字、做书签、猜风物，重温鲁迅儿时的求学场景。

三味书屋·鲁迅故里研学游教学现场

除此之外，鲁迅故里还将党建工作和业务工作、文化旅游结合起来，挖掘景点丰富的红色人文内涵。

2018年，在中国共产党建党97周年之际，在原有研学游活动的基础上，景区经过多次取经、试讲、修改，推出"红色记忆——鲁迅与共产党人"研学教育活动，与中小学生、党员干部一起重温红色经典。与此同时，推出《红色记忆·鲁迅与共产党人》专题展览，以鲁迅的生平事迹为轨迹，逐一呈现鲁迅与陈延年、瞿秋白、潘汉年、冯雪峰、陈赓、陈云等28位共产党人的交往与情谊，创新党建活动载体，开辟基层党建活动"第二空间"。

为进一步弘扬清廉文化，加快推进清廉建设，景区着力打造一堂流动的清廉研学"思政课"，组建了一支由优秀讲解员组成的清廉研学宣讲团，先后走进绍兴本地各大中小学、各市管企业开展清廉研学宣讲活动，用《防微杜渐大禹王》《鞠躬尽瘁周恩来》《知行合一王阳明》等8个故事将绍兴名士的清廉风骨娓娓道来，赢得了中小学生和各市管企业的好评。

2020年，为适应研学游深入发展，做大做强研学游品牌，鲁迅故里研学游再次升级，开辟研学游互动区，增添研学游历史文化体验课，比如通过拓印特色藏书票，让学生了解鲁迅笔下的人物、动植物以及鲁迅足迹，加深学生对鲁迅的认知。

鲁迅特色藏书票

鲁迅故里研学游在课程上进一步创新,利用百草园、三味书屋、风情园等实景,解读鲁迅作品,让学生更直观地了解鲁迅先生。升级后的研学游,让学生寓教于乐,参与性、体验感更强,整个鲁迅故里成为研学游的大校园。

可见,研学旅行依托目的地资源,找准定位,深入融合地区与文化内涵,并对标学校、家长、学生的素质教育要求,设计独特的研学体验和课程产品,能够使研学旅行特色更加鲜明。

《中国研学旅行发展白皮书2019》指出,相比欧美发达国家,我国研学旅行市场起步较晚,市场渗透率不到5%,可挖掘空间较大,未来研学旅行行业市场规模有望继续扩大。

因此,从长远发展来看,我国研学旅行市场前景广阔,但就当前疫情反复的情况,各地对跨省仍持谨慎态度。相对而言,周边研学旅行机会更多,特别是在周末交还给中小学生后,充满了令人期待的想象空间。

此前,去哪儿数据显示,疫情之前,7—10天的中长期夏令营研学产品较多,现在3—5天的中短期研学产品更受欢迎。

总之,"双减"政策不仅意味着研学旅行市场增量,预计未来会有更多有资本、有师资、有专业课程体系的教培机构涌入赛道,这将对研学旅行提出更高、更规范的产品和服务要求。

**资料来源** 根据搜狐网相关文章整理

**案例思考题:**

"双减"政策给研学旅行带来哪些机遇和挑战?

---

**本章思政总结**

本章的教学重点内容是带领学生了解当前我国研学旅游发展的情况,从相关政府政策出发,理清研学旅游的重要意义。此外,课堂内容结合国内外研学旅游的案例,指导学生掌握"行走的课堂"设计规划的要点及注意事项,关注市场的发展趋势,明确研学旅游应当成为广大中小学生爱国主义教育的重要途径。

# 第四章 乡村旅游

**学习目标**

通过课堂教学、经典案例讲解及课后练习,使学生:
1. 了解乡村旅游的概念、发展过程和趋势;
2. 理解并能把握乡村旅游和旅游扶贫的关系,达到较高的专业理论水平;
3. 形成正确的世界观、人生观和价值观,树立为祖国发展而奋力拼搏的理念。

**思政元素**

本章与国家的脱贫攻坚、美丽中国政策相结合,重点是帮助学生理解"旅游+扶贫"的乡村旅游发展趋势。本章的学习,不仅可以使学生增加专业知识,还可以培养学生高尚的职业素养和强烈的爱国情怀,并教育引导学生为实现乡村振兴提供专业支持,共同建设"美丽中国"。

**章前引例**

### 恩施州旅游扶贫入围"2020年旅游扶贫"典型案例

湖北省恩施土家族苗族自治州(以下简称"恩施州")是全国最年轻的少数民族自治州,是全域集中连片特困地区。近年来,恩施州认真贯彻落习近平新时代中国特色社会主义思想,切实找准旅游业发展与精准扶贫的突破口和结合点,以资源优势为依托,变生态优势为产业优势,变绿水青山为金山银山。旅游为恩施州与全国同步全面建成小康社会作出了贡献。2019年,全州累计接待游客7117万人次,同比增长14.5%,实现旅游综合收入520亿元,同比增长14.3%。2020年1—11月,累计接待游客3210.95万人次,实现旅游综合收入176.65亿元。旅游扶贫直接带动10万余人就业,间接带动相关行业40余万人吃上了"旅游饭"。

恩施州先后引进鄂旅投、省交投、省联投、北京中诚信、江西旅游集团等知名企业开发旅游资源,形成了2个国家5A级、18个国家4A级的高密度、高等级景区集群,吸纳村民在景区就业,设置商铺让村民销售农特产品,引导村民在景区周边修建农家乐、民宿等,持续释放旅游扶贫效应。恩施大峡谷景区吸纳周边村民近1500人就近就业,还带动周边300户民宿发展,拥有床位3000余张。

恩施州大力发展乡村旅游,建设湖北旅游名镇6个,湖北旅游名村16个,实现了"扮靓一批镇村,改善一方民生"的目标。规划将民居、民俗、茶叶、葡萄等打造成特色景观带和体验带,围绕乡村旅游配套发展星级农家乐,涌现出了恩施市枫香坡、宣恩县伍家台、咸丰县麻柳溪、来凤县杨梅古寨等一批乡村休闲旅游示范点,带动贫困村民在家门口吃上了"旅游饭",走上了致富路。

建始县店子坪村是湖北省当代红色教育基地、湖北省精准扶贫示范基地、红色旅游基地,当地把独特的红色文化旅游资源发展成为老百姓增收致富的支柱产业,逐渐发展成旅游名村。每年到店子坪培训基地参加培训的学员约2万人次,全村人均月收入从2010年的2000元增加到2018年的8800元,并于2017年年底脱贫。

恩施州还把民宿产业作为旅游供给侧结构性改革的重要抓手,直接带动群众脱贫致富,实现了"发展一批民宿,改变一地面貌"的目标。利川市组建了龙船调旅投公司专抓民宿发展,投入资金近1亿元,完善18个民宿旅游示范村基础设施及公共服务配套设施,发展民宿1180户,直接带动就业3000多人,间接带动就业12000多人。2019年,白鹊山龙船调·湖居民宿通过文旅部五星级旅游民宿评审,成为恩施州高星级民宿的经典之作。

恩施州充分利用高山独有的气候和良好的生态资源优势,大力发展避暑养生度假旅游业,带动村民致富增收。利川市苏马荡随着旅游度假区建设的深度推进,宾馆、酒店拔地而起,配套产业竞相发展,农民收入成倍增长,新增家庭餐馆、农家乐、酒店、水果蔬菜批发店、家具建材店90多家,宾馆服务、物业管理、导游等行业解决就业5000人以上,每年为当地居民直接增加现金收入2500万元以上,带动周边3万多村民脱贫致富。

# 第一节 乡村旅游的概念、特征及发展历程

## 一、乡村旅游的概念和分类

### (一)乡村旅游的概念

在时间维度上,西班牙学者Rosa(2001)将乡村旅游分为传统乡村旅游(Homecoming or Traditional Rural Tourism)和现代乡村旅游(Modern Rural Tourism)两种。传统的乡村旅游出现在工业革命以后,主要源于一些来自农村的城市居民,以"回老家"度假的形式出现。虽然传统的乡村旅游对当地会产生一些有价值的经济影响,并增加城乡交

流机会,但它与现代乡村旅游有很大的区别,主要体现在:传统乡村旅游活动主要在假日进行;没有有效地促进当地经济的发展;没有给当地增加就业机会和改善当地的金融环境。实际上,传统的乡村旅游在世界发达国家和发展中国家都广泛存在,在中国,常常把这种传统的乡村旅游归类于探亲旅游。

现代乡村旅游是在 20 世纪 80 年代出现在农村的一种新型的旅游模式,尤其是在 20 世纪 90 年代以后发展迅速,旅游者的旅游动机明显区别于回老家的传统旅游者,主要表现为:旅游的时间不局限于假期;现代乡村旅游者充分利用农村的优美景观、自然环境、建筑、文化等资源;现代乡村旅游对农村经济的贡献不仅表现在给当地增加了财政收入,还表现在给当地创造了就业机会,同时还给当地衰弱的传统经济注入新的活力。随着现代特色旅游者迅速增加,现代乡村旅游已成为发展农村经济的有效手段。因此,"回老家"旅游或者传统乡村旅游与现代乡村旅游具有明显区别。我们目前谈论的乡村旅游通常是指现代乡村旅游。

在地域维度上,乡村是指城市以外的广大地区,在中国一般是指县城以下的广大区域,既包括乡村居民点,也包括乡村的农田、森林、草原,是一个地域综合体,也被称为乡村地域系统。

综合以上内容,乡村旅游是指以乡村地区为活动场所,以乡村独特的自然环境、田园景观、生产经营形态、民俗文化风情、农耕文化、农舍村落等资源为旅游吸引物,以领略农村田野风光、体验农事生产劳作、了解风土民俗和回归自然为目的的旅游方式,以城市居民为主要服务对象,为其提供观光、休闲、体验、健身、娱乐、购物、度假的旅游经营活动。乡村旅游既包括乡村观光农业旅游,又包括乡村民俗文化风情旅游,还包括乡村休闲度假旅游和乡村自然生态旅游,是具有区域性和综合性的新型旅游业。

(二)乡村旅游的类型

乡村旅游类型多样,从旅游吸引物来看,乡村旅游的类型大致可分为以下四类:乡村农业观光旅游、乡村民俗文化旅游、乡村休闲度假旅游、乡村自然生态旅游。

乡村农业观光旅游,是以农业经营活动为基础,利用农业自然环境、田园景观、农业经营活动、农耕文化等资源,为城市游客提供观光、采摘、休闲、劳作等农业体验的旅游经营活动。它是农业和旅游业相结合、第一产业和第三产业相结合的新型产业,属于产业部门旅游业,是乡村旅游业的重要组成部分。

乡村民俗文化旅游,是利用乡村民俗文化、民族风俗、民俗生活、民间工艺、文物古迹、节庆活动等资源,为城市游客提供观光、欣赏、休闲、体验、增长知识的旅游经营活动。

乡村休闲度假旅游,是利用乡村优美的自然环境、新鲜的空气、丰富的绿色食品、舒适的居住条件、高质量的服务水平,为城市游客提供休闲、娱乐、食宿、度假的旅游经营活动。

乡村自然生态旅游,是利用乡村自然景观、自然资源、生态环境、山水特色、森林草地、冰雪资源等条件,为城市游客提供自然游、生态游,使游客走近自然、回归自然的旅游经营活动。

## 二、乡村旅游的特征

### (一)乡村旅游的特征

**1. 旅游资源的丰富性**

乡村旅游资源丰富多样,既有自然景观,又有人文景观;既有农业资源,又有文化资源。

**2. 旅游分布的地域性**

乡村既有南北乡村之分,又有山地、平原乡村之分,还有汉族和少数民族乡村之分。因此,乡村旅游具有明显的地域性。

**3. 旅游时间的季节性**

乡村农业生产活动有春、夏、秋、冬四季之分;夏季和秋季乡村旅游火爆,冬季和春季乡村旅游冷淡。因此,乡村旅游具有很强的季节性。

**4. 旅客行为的参与性**

乡村旅游具有很强的参与性。乡村旅游不仅有各类观光旅游活动,而且还包括劳作、垂钓、划船、喂养、采摘、加工等参与性活动。

**5. 旅游产品的文化性**

我国农业生产源远流长,乡村劳作形式繁多,有刀耕火种、水车灌溉、采药采茶等,还有乡村民风民俗、传统节日、民间文艺等,这些都充满了浓郁的乡土文化气息。

**6. 人与自然的和谐性**

乡村景观是人类长期以来适应和改造自然而创造的和谐的自然和文化景观。既保持着原来自然风貌,又有浓厚的乡土风情,乡村这种"古、始、真、土"的乡土特点,使乡村旅游具有贴近自然、返璞归真的特点。

**7. 旅游经营的低风险性**

乡村旅游是在原有农业生产条件和资源基础上,通过经营方式的调整,不破坏原有生产形态,而使其多功能化、生态化的过程。因此,开发难度小,见效较快,风险较小。

### (二)我国乡村旅游的独特性

我国乡村旅游有其独有的特征,如在地域上,我国地域广大辽阔,乡村种类多样,加上受工业化影响较小,多数地区仍保持自然风貌,具有风格各异的风土人情、乡风民俗。乡村旅游活动对象具有独特性特点,如古朴的村庄作坊、原始的劳作形态、真实的民风民俗及土生的农副产品。这种在特定地域所形成的"古、始、真、土",具有城镇无可比拟的贴近自然的优势,为游客回归自然、返璞归真提供了优越条件。

**1. 丰富多彩的乡村民俗风情**

我国民族众多,各地自然条件差异悬殊,各地乡村的生产活动、生活方式,民情风俗、宗教信仰、经济状况各不相同。就民族而言,我国有56个民族,如云南的傣乡、贵州的苗乡、广西的壮乡、湖南的瑶乡、海南的黎乡、新疆的维乡、浙江的畲乡、西藏的藏乡等都具有引人入胜的民俗风情景观。

#### 2. 各具特色的乡村自然风光

由于乡村所处地理位置及自然地理环境的不同,我国的乡村具有丰富多彩、各具特色的自然风光。

#### 3. 充满情趣的乡土文化艺术

我国的乡土文化艺术古老、朴实、神奇,深受中外游客的欢迎。例如,盛行于我国乡村的舞龙灯、舞狮子,陕北农村的大秧歌,东北的二人转,西南的芦笙盛会,广西的唱哈节,里下河水乡的"荡湖船"等。

#### 4. 风格迥异的乡村民居建筑

乡村民居建筑不但能给游人以奇趣,而且还可为游客提供憩息的场所。不同风格的民居,给游客以不同的精神感受。由于受地形、气候、建筑材料、历史、文化、社会、经济等诸多因素的影响,我国乡村民居可谓千姿百态,风格迥异。

#### 5. 富有特色的乡村传统劳作

乡村传统劳作是乡村人文景观中精彩的一笔,尤其是在边远偏僻的乡村,仍保留有古老的耕作、劳动方式,有些地区甚至还处于原始劳作阶段。正因为如此,它们会使受现代文明影响的旅游者产生新奇感,深深吸引他们。这些劳作诸如水车灌溉、驴马拉磨、老牛碾谷、木机织布、手推小车、石臼舂米、采新茶、采莲藕、做豆腐、捉螃蟹、赶鸭群、牧牛羊,等等,充满了生活气息,富有诗情画意,使人陶醉,流连忘返。

中国幅员辽阔,受季节和气候的影响较大,且十里不同俗,乡村旅游资源丰富。因此,乡村旅游时间的灵活性、地域的分散性,可以满足游客多方面的需求。乡村旅游不仅指单一的观光游览项目和活动,还包括观光、娱乐、康疗、民俗、科考、访祖等在内的多功能、复合型旅游活动。乡村旅游的复合型导致游客在主体行为上具有很大程度的参与性。乡村旅游能够让游客体验乡村民风民俗、农家生活和劳作形式,在劳动的欢快之余,购得满意的农副产品和民间工艺品。

乡村文化属于民间文化,我国乡村绚丽多彩的民间文化具有悠久历史和丰富内涵,使乡村旅游在文化层次上具有高品位的特点。乡村的各种民俗节庆、工艺美术、民间建筑、民间文艺、婚俗禁忌、趣事传说等,具有深厚的文化底蕴。由于乡村社区的这种"浓厚的区域本位主义和家乡观念特色的非规范性",使民间文化具有淳朴性和诡秘性的特点,对于城市游客来说,具有极大的诱惑力和吸引力。

由于现代乡村旅游融乡村自然意象、文化意象和现代科技于一体,其旅游发展与农业生产、城市旅游融为一体,因此,它是更可持续的旅游。

## 三、乡村旅游的发展历程

### (一)国外乡村旅游发展历史

国外乡村旅游萌芽于 19 世纪中叶的欧洲,1865 年意大利农业与旅游全国协会的成立标志着乡村旅游的诞生。

真正意义上的大众化乡村旅游起源于 20 世纪 60 年代的西班牙。工业化与城市进程的加快,以及市场经济的激烈竞争,导致城市居民开始向往和追求乡村宁静的田园生活和美好的自然环境,在市场需求的推动下,西班牙政府将废弃的贵族古堡改造成为简单的农舍,并把规模较大的农庄也列为供游客旅游参观的范围,接待乐意到乡村观光的旅游者,乡村旅游应运而生。由于这个时期的乡村旅游者人数较少,也没有真正意义上的为旅游者专门服务的乡村旅游设施,乡村旅游处于初级发展阶段。

20世纪70年代,铁路等交通设施的快速发展,使城市与乡村地区的通达性得到改善,旅游者的可进入性增强,这促使乡村旅游在许多国家广泛开展起来,并显示出极强的生命力和发展潜力。

20世纪80年代,全球绿色运动的兴起,推动了乡村旅游的快速发展,并使之成为欧美发达国家游客的重要选择之一。

20世纪90年代,乡村旅游已成为生态旅游的重要组成部分,在世界旅游组织大力推动和鼓励下,乡村旅游开始由发达国家向发展中国家扩展,成为振兴地方经济的重要手段。

总体而言,乡村旅游在各国的发展虽然在时间、内容和形式上不尽相同,但其发展背景都十分相似,主要来自两方面的原因:一是由于城市化和现代化的快速发展,人们产生了回归自然的心理需求;二是由于工业化高速发展,农业和农村地区逐渐被边缘化。

(二)国内乡村旅游发展历史

我国是一个历史悠久的农业大国,乡村资源丰富,景观类型多样,农耕文化悠久,具有发展乡村旅游的优越条件。就起源而言,目前学术界主要有两种说法:一种说法认为我国现代乡村旅游的萌芽应该是从20世纪70年代初期开始的,当时政府为了外事接待的需要,在北京近郊的四季青人民公社、山西昔阳县大寨大队、天津静海区小靳庄、上海崇明岛等地定点开展了一些具有乡村旅游性质的政治性接待活动。而另一种说法认为我国现代乡村旅游应该是从20世纪80年代后期开始的,以深圳首次举办的荔枝节为标志。此后,在东部地区,特别是比较发达的城郊纷纷效仿深圳荔枝节的做法,举办各具特色、形式多样的乡村旅游项目。对于现代乡村旅游起源的两种说法,绝大多数国内学者都倾向于第二种,认为我国现代乡村旅游开始于20世纪80年代。

1. 初创阶段:1980—1994年,以农家乐兴起为标志

这主要是由这个时期旅游市场的需求和供给两方面因素决定的。从市场需求角度看,城市化进程的加快使人们亲近自然、缓解城市压力的愿望与日俱增,经济的飞速发展使人们的可自由支配收入和闲暇时间逐渐增加,后现代主义的生活方式全面渗透到人们的日常生活中,越来越多的人追求传统,渴望自由,而具有回归自然特点的乡村旅游恰恰能够满足人们的这些需求。从供给角度看,20世纪80年代以来,我国农村产业结构面临调整,如何振兴乡村地区的经济,如何增加农民收入,成为乡村地区政府必须面对的问题。根据国外发达国家乡村地区发展的经验,国内各级政府纷纷把旅游业作为促进乡村地区经济复苏的有效手段,致力于各种乡村旅游项目的规划和开发。

2. 全面发展阶段:1995—2001年,乡村假日经济

在1990年后,乡村旅游总体上还处于起步阶段,乡村旅游产品以"看农家景,尝农家饭,干农家活,享农家乐"为主,已开发的乡村旅游地往往为景区依附型开发模式,且

多分布在大城市的近郊和特色农业地区及经济较发达东部地区。

3. 纵深发展阶段：2002—2006年，助力"三农"问题解决

国家旅游局（今文化和旅游部）在1998年至2006年先后四次推出的以乡村旅游为主题的旅游年，把我国乡村旅游推向了高潮，在全国范围内掀起了乡村旅游热潮。截至2006年，我国已建成乡村旅游景区（点）2万多个，其中"全国农业旅游示范点"359家，遍布31个省（区、市）。仅2006年一年，全国乡村旅游景区（点）接待旅游者3亿多人次，旅游收入400多亿元人民币。（邵琪伟，2006）。

4. 可持续发展阶段：2007年至今，产品转型，产业升级

2008年，国家旅游局（今文化和旅游部）推出国民休闲计划，并将乡村休闲纳入国民休闲的重要组成部分，在各级政府和主管部门的合力推动下，乡村旅游已进入全面和可持续发展的新时期。

我国自2015年开始不断提升乡村旅游发展的地位，不断出台政策，积极开发农业多种功能，挖掘乡村生态休闲、旅游观光和文化教育价值，促进乡村地区振兴。2016年中央一号文件强调，大力发展休闲农业和乡村旅游。强化规划引导，采取以奖代补、先建后补、财政贴息、设立产业投资基金等方式扶持休闲农业与乡村旅游业发展。2020年中央一号文件提出，要完善乡村产业发展用地政策体系；将农业种植养殖配建等辅助设施用地纳入农用地管理，根据生产实际合理确定辅助设施用地规模上限；农业设施用地可以使用耕地；通过村庄整治、土地整理等方式节余的农村集体建设用地优先用于发展乡村产业项目。2021年中央一号文件提出，要加快推进农业现代化。构建现代乡村产业体系。开发休闲农业和乡村旅游精品线路，完善配套设施。推进农村第一、第二、第三产业融合发展示范园和科技示范园区建设。

由此可见，我国乡村旅游是在国家政策支持的背景下发展起来的，也在政策的扶持下，发展得越发成熟，为乡村振兴作出巨大贡献。

## 第二节　发展乡村旅游的意义

### 一、乡村旅游的需求特点

#### （一）需求量大

随着国内旅游的兴盛，乡村游的市场需求逐步增长。城市居民希望摆脱"高楼峡谷""水泥森林"，缓解工作高负荷的压力，满足怀旧和对自然的向往的需求。并且乡村旅游广泛存在，开发成本相对较低，尤其是大城市周边的各类乡村旅游，能够快速满足城市居民的休闲需求。与休闲度假旅游类似，乡村旅游也注重休闲和娱乐、健康身心等元素，且乡村旅游很大程度上存在重复消费特点。因此，乡村旅游的需求量很大。

## （二）市场需求差异化

与一般性度假旅游不同，乡村游主要是围绕周边的城镇市场，旅行距离较短，不同于一般性的中长线休闲度假。魏小安在《中国三农旅游的发展》一文中指出，乡村游的市场层次比较分明：市民活动和农民活动基本是大众化的旅游，属于比较低档的消费；部门活动属于中档消费；企业活动层次较高，属于高档消费。旅游者成长环境及工作现状的差异决定了他们的需求可能不同，对乡村旅游的要求也有差异。可以说，乡村游的需求市场是一个差异化的市场。

乡村游不仅限于农业旅游，还可以开发一些拓展性项目。比如，林业旅游——观赏林木；渔业旅游——海上鱼类养殖的观光，乡村池塘、溪流的垂钓等。这些都可以作为乡村游的延伸性项目融入旅游产品，丰富产品的内容，增强趣味性。

针对乡村游散客，旅行社需要在产品设计、代理服务、咨询服务等方面做出相应的调整，来满足乡村游散客的需求。比如，进一步提高产品组合的灵活度，为游客提供专业的线路设计的意见；提供一些代理服务，而不一定是包价旅行服务；提供方便快捷的专业化咨询服务等。针对单位团体乡村游，则应该加强与单位的联系，完善客户管理，根据单位情况量身定制旅游产品，并且通过优质服务吸引回头客。

## （三）"土味"＋现代化

尽管现有乡村类型多样，为游客提供的体验产品也较为丰富，但因乡村旅游发展基础的相似性，较易出现同质性特点。要突出独特的乡村气息，如天然的山水、原汁原味的乡村风情等。再加入一些体验性元素，让旅游者深入体验乡村气息，体验浓浓的乡情。但是，在一些与生活密切相关的旅游基础设施等方面，则需要与城市生活相吻合，而不可一味求"土"。比如卫生间的设施、基本的住宿条件，以及目的地的卫生状况等，应使游客保持城市生活方式。

# 二、发展乡村旅游的意义

## （一）推动美丽乡村建设

发展乡村旅游能够推进美丽乡村的建设，如果没有对旅游资源进行良好的开发和规划，形成规模化的旅游产业，乡村旅游是很难发展起来的。在进行相关的旅游产业开发之前，就要对当地的基础设施进行升级改造，对当地的民居进行合理的建设和保留，对当地的自然资源和人文资源进行综合统筹。众多方面的建设和美丽乡村的建设有着共通之处，乡村旅游产业发展比较好的村落基本都建成了美丽乡村。

发展乡村旅游可以吸引外出务工的农民回乡创业，解决土地荒芜、空巢老人和留守儿童的问题。由于务农收入低，很多农民都选择外出打工以增加家庭收入，这导致大量土地荒芜，农村劳动力资源结构变得极不合理，农村人口逐渐老龄化，后继力量不足，严重制约了农村经济的发展。近年来，农村还出现了很多空巢老人受伤或生病无人照顾，留守儿童的家庭教育严重弱化或自身被不法分子侵害等问题，造成了许多社会不稳定因素。而外出务工人员返乡发展乡村旅游，在得到与务工一样甚至更多的收入的同时，还可以照顾老人,教育孩子,推动了和谐农村的发展。

### (二)促进乡村产业发展

旅游业是一个综合性很强的产业,第一、第二、第三产业和旅游业都有着极大的关联性,发展乡村旅游能够极大地带动相关产业的发展,能够实现农村第一、第二、第三产业的融合发展,极大地拓展了农村产业的发展空间,提升了质量和效益,使单一的农业种植向休闲观光、农事体验、生态保护、文化传承等多功能拓展,带来了良好的收益,推动了地区经济的发展。

发展乡村旅游加强了农村现代化建设和基础设施建设,提高了农村的文明程度和农民的素质。由于乡村旅游的发展,政府加大了对当地基础设施建设的投资,而且有些已具备一定规模的农家乐业主为了更好地吸引旅客,不断对已有的基础设施进行优化建设,使农村的道路、水电、垃圾处理等基础设施功效进一步加强。通过发展乡村旅游,农民的文化知识和综合素质有了显著提高,民主意识和行业意识增强,发展理念、职业道德在他们心中扎根。乡村旅游作为一种新兴产业,已成为城乡经济、文化一体化的重要纽带,加快了农村的现代化建设和精神文明建设。

### (三)为当地农民和集体增收

在当前的市场经济的体系下,单纯的农业种植无法使农民走上富裕的道路,特别是我国加入世贸组织后,外国的集体化的农业经济对我国农业造成了很大的冲击,当前我国的农业经济还未实现大规模的产业化、机械化,抗击外来风险的能力还较弱,通过农业种植能够拿到的收入只能满足温饱,反映在当地的集体经济之中就表现为贫困。而发展旅游业能够转变农业的发展方式,扩大农业的产业链,能够很好地实现当地群众和集体的富裕。

发展乡村旅游是转变农民增收方式、改变农民生活方式的有效途径。发展乡村旅游有助于拓宽农民的收入方式,加快农民增收。乡村旅游的每个农家乐就如同一个小景点和小旅行社,经营者只需要对农民原有的住宅、果园、鱼塘等进行小量的投资,就可以满足游客的需求,产生更高的农产品附加值,从而增加农民收入,改变农民生活方式,而且经营者所投资的住宅、果园、鱼塘等,在有游客时则经营,没有游客时则自己使用或运营,不会闲置和浪费。传统农业的收入主要来自家畜、粮食和外出打工,劳动强度大,附加值低,主要靠青壮年创收,收入方式单一。乡村旅游不像其他行业对从业人员的年龄有限制,它不仅为农民提供了更多的就业机会,而且让他们不需离乡背井就可以获得丰厚的回报,推动了农村经济的发展。

### (四)打破城乡二元对立的体制机制

在我国发展的过程中,长期实行牺牲农业发展工业的政策路线,虽然在进入21世纪后取消了农业税收并逐渐以工业反哺农业,但是完整的工业反哺农业的体系还未建立,农村发展滞后的局面在短时间内难以打破,城乡二元对立的体制在一定时间内还将长期存在。而乡村旅游的发展能够较快较好地缩短这个时间,推动城乡人口、技术、资本、资源等要素相互融合,实现城乡一体化。

发展乡村旅游有助于推动农村产业结构的优化和调整。伴随着休闲农业、绿色农业、现代化农业的兴起,乡村旅游使传统农业得到延伸,促进了现代化农业体系建设,推动了农村产业结构的优化和调整。农村传统产业只有种植业和养殖业,劳动方式单一,劳动强度大。通过发展乡村旅游可以推动农村产业分工,从而形成以乡村旅游为中心的产业链:农家乐以及由农家乐经营带动的餐饮业、服务业、建筑业、种植业、养殖业、农副产品加工业、运输业等,拓宽了农民的劳动方式,有效地转移了部分农村剩余劳动力,以农村风貌、农业生产、农民生活、民俗文化、自然生态等为旅游内容的乡村旅游,使很多农民成为旅游从业者,由传统农业经济向多种经济转变。

乡村旅游作为乡村振兴的一种有效路径,对我国的乡村发展起着重要的作用,此外,乡村旅游的发展对于推进旅游业的发展也有着重要的意义,是旅游业发展中不可忽视的一部分。

## 第三节 乡村旅游的类型和案例

### 一、大城市近郊的"农家乐"

大城市作为重要的旅游客源地和目的地,是交通的中心,也是旅游消费的中心。为缓解大城市人们的工作压力,满足其周末或短期闲暇时间休闲的需求,大城市周边的乡村旅游发展越发成熟,典型的代表有上海、北京、成都等城市周边的"农家乐"。

**代表案例:广东顺德长鹿休闲度假农庄**

长鹿休闲度假农庄即长鹿旅游休博园(简称"长鹿农庄"),位于顺德伦教三洲,毗邻珠江干流,占地 40 万平方米,预计总投资 7.8 亿元,是一个以岭南历史文化、顺德水乡风情、农家生活情趣为特色,集吃、住、玩、赏、娱、购于一体的综合性景区,2014 年 11 月成为国家 5A 级旅游景区。景区由广东长鹿集团于 2001 年投资兴建,主要由"长鹿休闲度假村""机动游乐主题公园""水世界主题公园""农家乐主题公园"和"动物主题公园"五大园区组成,各具特色,精彩纷呈,是休闲娱乐、旅游度假、商务会议的最佳场所,更是团队拓展、集体旅游的首选基地。

景区荟萃了上百种世界巅峰游乐项目,区内的童话动物王国突破了传统动物园模式,以独特的园林造型展示出动物神秘而又有趣的一面,尽显"雄、奇、幽、野、秀"的特色。每一处场景都是一个美丽的童话故事,独具匠心的动物城堡,各种各样的动物夹道欢迎。临水而建、果蔬满园的五星级湖居,宛如岭南水乡。度假村配置多功能会议厅。度假村里有马车主题酒店、船屋主题酒店、火车主题酒店,别致独特的水上美食舫,鱼儿在身边穿梭的水底餐厅,名厨荟萃、顺德农家风味的中餐厅,农家灶房,长鹿艺术大舞台等,还设置了动感玩水区等休闲健身场所。

景区内的岭南水乡楼榭与竹林相互掩映,有为游客提供体验农耕乐趣的农家菜园、禾田;奇花异草、争奇斗艳的上百亩梯田式百花园、百果园、百草园;酿酒坊、豆腐坊、陶乐居等农家特色项目,充分展示了景区内浓郁的农家风情,让游客在田园中流连忘返,领略水乡的秀丽别致。景区还上演有悠久历史的民间艺术——布偶戏、皮影戏等,为游客奉献经典怀旧的精彩演艺,给游客留下深刻的记忆。

## 二、高科技农业观光园

农业观光园是以农业资源为核心依托,以旅游功能为核心展示,借助科技、相关辅助设施等进行创新性的规划、设计,从而形成的集聚科技示范、旅游观光、科普教育及休闲娱乐功能为一体的综合型园区。

20 世纪末,随着农业结构的调整和农业高新技术的应用,各地、市、城郊及乡镇结合自己的农业特点、自然资源和文化遗产,相继建成了具有一定规模的高新农业科技示范园区。在这些园区内,主要栽植果树优良品种、稀有蔬菜和新潮花木,在绿化设计和道路规划方面遵照了园林的规划原则与要求,有的还设立了一些园林艺术小品和其他娱乐服务设施。整个园区除生产农副产品外,还可供人们参观游览,这就是农业观光园的雏形。随着旅游的兴起和科技创新的发展,高科技农业观光园逐渐成为乡村旅游、研学旅游、生态旅游的重要开展场所。目前发展较为成功的高科技农业观光园有山东省苍山兰陵国家农业公园、深圳太空作物园等。

**代表案例:山东省兰陵国家农业公园**

兰陵国家农业公园位于山东省临沂市兰陵县代村,是由文化和旅游部倡导,山东省委农工办、山东省文旅厅联合发起实施的全国首个国家农业公园试点项目。兰陵国家农业公园项目由山东省旅游规划设计院规划设计,核心区占地面积 2 万亩(约 13.3 平方千米),计划总投资 10 亿元,现已完成投资 6.5 亿元,建成智能化温室 5 万平方米,是山东省唯一被命名为国家农业公园、规模最大的生态农业旅游庄园。整个公园分为农耕文化、科技成果展示区、现代农业示范区、花卉苗木展示区、现代种苗培育推广区、农耕采摘体验区、水产养殖示范区、微滴灌溉示范区、民风民俗体验区、休闲养生度假区、商贸服务区等功能区。景区内农展馆、锦绣兰陵、兰香东方、华夏菜园、沂蒙山农耕博物馆、雨林王国、新天地游乐城、竹林水岸等场馆场所均已向游客开放。现已形成"春看菜花、夏赏莲荷、秋观葵菊、冬品梅兰"的四季花海。全国首家综合性知青文化体验园——中国知青园,以及明清文化园项目正在启动实施,景区旅游要素不断丰富完善。

作为一种新型的旅游业态,国家农业公园是集生态观光、休闲度假、科普教育、养老养生、商贸宜居等多种功能于一体的综合性园区,更是一个能体现和谐发展模式、简约生活理念、返璞归真追求的乡村旅游综合体,是中国休闲农业和乡村旅游的升级版,是农业旅游的高端形态。该公园先后被评为国家 4A 级旅游景区、全国休闲农业与乡村旅游五星级园区、全国十佳休闲农庄、全国休闲农业与乡村旅游示范点。

园区将传统农业与现代农业相结合,同时融入人文历史、农耕文明,生动展示了兰陵作为"中国蔬菜之乡""山东南菜园"的美丽画卷。园区建设了多个大型智能温室和数百个冬暖式大棚,面积达 10 万平方米,打造了"四季如春,常来常新"和"一园揽四季,一日跨千年"主题现代农耕文化奇观。

兰陵国家农业公园是兰陵县发展乡村旅游的一大探索。作为一种新型的旅游形态,国家农业公园既不同于城市公园,也区别于一般的农家乐、乡村游览点和农村民俗观赏园,而是比农家乐、采摘园等级别更高的旅游模式,表现为城乡互动的休闲模式、田园生活的体验模式,以及融入农耕文化、乡土文化的旅游模式。兰陵国家农业公园于2013年4月12日正式开园,是山东省唯一一个国家农业公园试点项目。

园区内共设有4个温室,每个温室都有不同的主题。

1号温室——锦绣苍山,以兰陵县行政版图为依托,主要山川河流为框架,以分布在县境内的人文地理景观、风土人情作为主线和节点,向游客展示美丽富饶的苍山大地。

2号温室——农科蔬苑,展示最新高科技蔬菜种植技术和无土栽培技术。

3号温室——华夏菜园,面积为1.2万平方米,展示国际上最先进的蔬菜种植技术和物联网技术,示范现代种植技术。种植品种多达120多个,向游客充分展示了现代农业种植的风采。

4号温室——新天地生态酒店,是按餐饮三星标准兴建的"徽派水景式园林生态"酒店。酒店可同时容纳400多人就餐,是苍山面积最大的园林式绿色生态酒店。

兰陵国家农业公园已先后改造了5万平方米智能温室、农展馆、农耕文化广场、华夏菜园、锦绣兰陵、农科蔬苑、湿地公园、热带雨林馆、沂蒙山农耕博物馆、竹林水岸、新天地游乐场等多个项目,已经对外开放,中国知青园也将投入使用。

## 三、农业新村

农业新村是经济发达、城镇化水平较高的乡村,在发展中有意识地使其成为有特色的目的地,如浙江松阳沿坑岭头画家村。

**代表案例:松阳沿坑岭头画家村**

沿坑岭头村,是一个古老偏僻的小村庄,它坐落在700多米的高山之腰,因交通不便,山村发展受限,村民生活窘困。前些年,在下山脱贫搬迁的大浪潮中,这个村还被列入整村搬迁的计划,意味着整个村子即将"消失"在乡村版图上。

2012年初,浙江丽水职业技术学院副教授、油画家李跃亮任村第一书记,在看到沿坑岭头村原生态的自然风光和黄泥黑瓦的古朴建筑风貌后,他开始重新审视这个偏僻山村的发展潜力和价值。他认为这里是适合写生创作的地方,如果做成"画家村",吸引画家和艺术生来写生创作,是可以发展起来的。

在县领导的支持下,村里举办了第一次沿坑岭头村画展,并通过微信平台推送这个村庄。不久,便有一些画家被李老师的朋友圈吸引来到这里。随着村子的人气越来越高,村内民宿业逐渐兴起,接待全国艺术院校的艺术生、画家、摄影家,逐渐建成了"画家村"。

李老师还创作了一百余幅以沿坑岭头村风土人情为题材的油画作品,出版油画专集,举办画展;邀请中国美院、列宾美术学院、柏林艺术学院的教授等国内外知名画家前来写生,组织画家集体写生,进行采风活动;通过媒体宣传、互联网画展等多维方式传播,还成立"沿坑岭头画家村合作社",建起了"乡村美术馆",打响了沿坑岭头村的名气。

一个本不为人所知、即将消失的小村庄,很快成了"网红村"。一批外出打工的青年看到山村的希望,开始返回家乡经营民宿和休闲旅游业。为进一步增加村民收入和吸引更多年轻人返乡创业,村里成立自然公社,对金枣柿进行推广销售。村里曾经无人问津的金枣柿也成了"网红果",价格从5元一斤上涨到78元一斤,小村庄由此开始走上一条艺术带动休闲产业的复兴之路。如今,村庄每年吸引画家、高校艺术生、游客近3万人次,村民年收入增加300余万元。

总结其成功经验,画家村着力"筑巢引凤"挖掘本村的特点,通过乡愁感召、政策吸引、精准施策吸引能人返乡。以美景吸引画家,以产业吸引人才和企业,政府提供待遇保障,强化物质激励,提供坚实的物质生活保障,并加强精神和事业激励,促进乡村的可持续发展。

## 四、古村落

对于一些具有典型文化特色的古村落,为记录或保护其原始文化,可通过建设生态博物馆的方式来进行保护性开发,其典型代表有贵州梭戛苗族生态博物馆。

**代表案例:梭戛苗族生态博物馆**

梭戛苗族生态博物馆位于贵州省六盘水市六枝特区与织金县的交界处的梭戛乡,海拔1400—2200米,面积120平方千米。所辖12个社区(自然村寨),总人口5000余人,距六枝特区政府所在地40千米,陇戛寨是梭戛乡12个自然村寨中的一个,这里居住着一支古老而神秘的苗族支系——"箐苗"支系,也称作"长角苗"支系。箐苗寨依山而建,土墙茅房,原始古朴,人们日出而作,日落而息,民风民俗保持完整,民族文化深厚。妇女纺纱织布,画蜡刺绣,飞针走线缝制美丽的衣裙,在民俗文化上颇具代表性。

生态博物馆是在对传统博物馆的反思中产生的新兴事物,理念是"物+环境",最初产生于后工业社会的法国。法国的文化、博物馆的改革从20世纪30年代开始,法国于1972年建立了生态博物馆,这是将文化"地区化"的先进思维,其发展也历经扩张、收缩、归于平静三个阶段。生态博物馆在我国的发展,类似于将产生于后工业社会的业态移植到农业社会,迥异的环境使其发展比在发达国家困难得多。

梭戛苗族人的文化堪称人类工业化前生活的活化石。梭戛苗族生态博物馆是中国、挪威两国元首共同签署的文化项目,目的是保护和延续这支苗族支系独特的苗族文化。1995年,经中国和挪威文博专家考察,撰写了《在贵州省梭戛乡建立中国第一座生态博物馆的可行性研究报告》,并获得国家文物局和贵州省政府的批准,正式列入了中挪文化交流项目。根据协议,挪威政府为此项工程提供无偿援助88万挪威克郎(折合人民币80万元),用于场馆建设和征集实物。

作为亚洲第一座民族文化类生态博物馆,梭戛苗族社区的资料信息中心是一个信息库,它记录和储存着本社区的文化信息,如通过录音记录下历史,存放相关的文字资料、具有特殊意义的实物、文化遗产登记清单和其他本社区内的遗产等,通过陈列展览向游客介绍即将参观的文化的基本情况,并对游客提出行为要求,这些都通过视听媒介的综合介绍来完成。最初关于当地文化信息的记录是通过采访当地老人完成的,让他们回忆过去的东西。因为没有文字,其文化的传承方式依赖两种方式:一种由男性通过酒令歌来传承,他们的很多歌都是叙事性的,包括古老的神话、传说等;另一种由女性通过绣花来传承,绣花的花纹除了是装饰,还是成体系的象征符号。这些符号记载了他们这支族群的迁徙路线,也反映了他们的宗教信仰和宇宙观。另外值得关注的是,12个寨子是松散的联合体,因为他们没有盛大的节日庆祝活动,也没有什么民族会议。他们主要依靠礼仪性活动来实现联合,其中最重要的是葬礼——打嘎仪式。

生态博物馆倡导打破实体文物、馆舍建筑的限制,将社区居民动态生活场景、自然环境和民俗文化、制度文化、宗教信仰、历史记忆等都纳入文化保护的范围,强调对文化就地、活态和整体性的保护。由于梭戛社区在自然地理环境和文化经济环境上的特殊性,梭戛生态博物馆在承担起民族传统文化保护责任的同时,也具有发展社区的经济功能。在政府相关部门、专家学者及其社区居民的共同参与和通力合作下,梭戛生态博物馆在建立初期取得了丰硕的成果。自1998年建立以来,梭戛生态博物馆以资料信息中心为基地在梭戛社区开展了一系列的文化保护活动,进一步充实了资料信息库;同时,接待了众多海内外新闻媒体的来访及各类学术考察,组织社区村民外出参加各类节目、活动,加强了梭戛社区的对外交流与宣传。梭戛社区除了是中国首座生态博物馆,还在2003年被国家文物局列为国家级重点保护村寨之一,被贵州省委、省政府命名为"爱国主义教育基地",2004年被国家旅游局(今文化和旅游部)列为"全国农业旅游示范点"项目,近年来又被作为贵州"六枝梭戛苗族风情景区"。这些举措不仅促进了生态博物馆自身的建设,也在客观上带动了当地社区经济、文化、教育的发展,具体表现在交通、居住环境、经济收入和社会发展等各方面的改善。

## (一)居民生活状况的改善

首先,表现为社区居民生活条件的改善。梭戛生态博物馆的建立,村寨的基础设施建设得到了完善,村寨环境、出行、居住条件等各方面都得到了明显的改善。另外,随着博物馆的正式对外开放,大批游客的到来,部分寨民开始依靠富有特色的长角苗文化从事商业表演活动,或者进行工艺品的兜售,或是提供集现场表演、出售纪念品、餐饮和住宿为一体的"一条龙"服务,直接从旅游活动中获取收益,改变了过去单纯"靠天吃饭"的生计模式。1998年梭戛当地居民人均收入不到200元,2008年则达到1680元。

其次,表现为生产方式的改善。随着公路的建设和电力的供应,现代化的农用器械也使用到当地的生产生活中(如脱粒机、粉碎机、切割机等),化肥、农药、优良种子等也大量运用到农业种植中,人们还可以通过看天气预报来预先安排第二天的农耕计划。以前,由于自然条件、地理位置的限制和生产工具的落后导致农作物产量较低。当地山地较多,土地贫瘠并且受天气因素影响极大,极易发生倒春寒和洪涝灾害,加之当地人对自然灾害缺乏基本的抵抗能力,同时生产工具简易,种植主要作物单一且产量低,综合这些因素导致农作物产量较低。

再次,表现为饮用水、医疗、卫生条件的改善。生态博物馆建设前,当地地下水源不足,家庭生活用水基本靠雨水和上山背水,每逢春季降水稀少时,还容易发生春旱,人畜饮水都成问题。引水上山是生态博物馆创建中投入最大的部分,通过引水上山,每家每户修建蓄水池,家家户户用上了自来水,解决了生产生活的用水问题。随着当地医疗卫生条件的改善,迷信思想得以破除。以前寨民缺少就医意识,村寨附近也没有医院,村民生病或者生孩子都是请通巫术的人解决。生态博物馆建立后,梭戛社区有了卫生站,寨民的就医意识也有了提高。1997年至1998年由生态博物馆投资,组织陇戛村民对陇戛村的环境、道路、晒坝、厕所等进行了整治。搭建了初成规模的动物养殖场,改变了传统的自家房养殖牲畜的方式,在提高收入的同时也改善了环境。

最后,表现为通信和娱乐方式的改善。生态博物馆建立之后,现代化通信工具的使用在陇戛家庭中越来越普遍,手机、固定电话、电视进入他们的生活,电脑也逐渐被人们接受,打破了社区居民与世隔绝的娱乐方式和交流局面。在此之前,绝大多数寨民不会说汉语,随着电视的出现,许多寨民学会了汉语,这为他们提供了与游客交流的机会。同时游客的大量进入,也使当地居民开阔了眼界。

## (二)社区居民观念的转变

在传统的农耕社会,人丁兴旺就意味着劳动力充足,尤其是男性在家庭生产中占主导地位。生态博物馆建立后,女性获得收入的机会增加,村寨里规模最大的"农家乐"就是当地女性展示风采的舞台,这也促进了当地女性对自我身份的认同。生态博物馆也对寨民在思想观念上的转变进行积极地引导,倡导寨民"少生优生,树立生男生女一样好"的观念。传统长角苗家庭一般为一夫一妻的民族内婚制,族内人有多子多福的传统观念,一般家庭中至少有3个以上的子女,男性在家庭中地位较高,丧葬、祭祀等仪式中有很多不准女性参与的规定。随着与外地游人的接触越来越密切,寨民也扩大了视野和增长了见识,多子多福也不再是年轻夫妇所追求的目标了。

总之,生态博物馆的建设在当地文化保护及居民生活改善方面发挥了重要作用,但当地也存在一些短板亟待解决:一是当地政府对文化保护的宣传不够,居民还不清楚文化保护的重要性;二是在居民温饱尚未解决的情况下开展文化保护的难度很大,民族文化受外界冲击大,很多传统器具的消失也给文化保护带来困难;三是当地缺乏专业且热爱本土文化的人才,博物馆队伍中也缺乏当地人;四是在旅游发展、外来文化渗透的前提下,当地的文化记忆工程应该尽快实施,博物馆的实物收藏也要加强;五是由于生态破坏,维持现有草房屋顶景观所需要的草严重不足,需要开拓草原;六是传统文化与游客需求的冲突,如当地传统的跳花节,跳花节历来是在非常自然的状态下,男女谈恋爱的一种活动,从正月初四到十四都是跳花的日期,村民可自行选择跳花地点,生态博物馆建立后,为强化活动的隆重性,将跳花节的时间固定在每年的正月初十,要求12个寨子的村民聚集起来跳,这一规定虽违背了传统,但有利于当地的生态保护,因为随处跳花对当地的庄稼和树苗破坏性很大,因此,这一矛盾还需要协调。

## 五、农业的绝景和胜景

农业的绝景和胜景也是乡村旅游的重要吸引物,可在不影响农业生产的前提下发展乡村旅游,提升产业价值,较具代表性的有云南元阳梯田。

### 代表案例:云南元阳梯田

元阳梯田,位于云南省红河州元阳县的哀牢山南部,遍布于红河州元阳、红河、金平、绿春四县,总面积约100万亩,仅元阳县境内就有17万亩梯田,是哈尼族人世世代代留下的杰作。红河哈尼梯田是以哈尼族为主的各族人民利用特殊地理气候同垦共创的梯田农耕文明奇观,规模宏大,气势磅礴。元阳哈尼族开垦的梯田随山势地形变化,坡缓地大则开垦大田,坡陡地小则开垦小田,甚至沟边坎下石隙也开田,因而梯田大有数亩,小仅有簸箕大,往往一坡就有成千上万亩。元阳梯田是哈尼族人多年来生生不息"雕刻"的山水田园风光画。在2013年的第37届世界遗产大会上,红河元阳哈尼梯田被成功列入世界遗产名录,成为中国第45处世界遗产,使中国超越西班牙成为全球第二大世界遗产国,仅次于意大利。

元阳哈尼梯田被誉为可以与埃及金字塔媲美的世界级景观。元阳哈尼梯田核心区域包括19万亩梯田,层层叠叠,蜿蜒而下,被中外游客称赞为"中华风度、世界奇观"。伴随哈尼梯田被人知晓的还有神秘的哈尼文化,以哈尼文化为代表的元阳民族文化精彩纷呈,风情浓郁,传统民族节日丰富多彩,在国内外有着良好声誉。自元阳梯田申遗成功以来,元阳县的旅游业发展得到了质的飞越,当地政府致力于城市绿色发展和旅游基础设施建设,积极打造哈尼梯田旅游品牌,逐步腾飞的旅游业将带动元阳区域经济的快速发展。

元阳梯田主要有三大景区:坝达景区(包括箐口、全福庄、麻栗寨、主鲁等连片1.4万多亩的梯田)、老虎嘴景区(包括勐品、硐浦、阿勐控、保山寨等近6000亩梯田)、多依树景区(包括多依树、爱春、大瓦遮等连片上万亩梯田)。元阳梯田分布较广,除了上述三大景区,还有大坪乡小坪子梯田,逢春岭乡尼枯浦梯田、老曹寨梯田、大鱼塘梯田,小新街乡石碑寨梯田、大拉卡梯田,嘎娘乡大伍寨梯田、苦鲁寨梯田,上新城乡下新城梯田、瓦灰城梯田,沙拉托乡坡头梯田,马街乡瑶寨梯田等,都是几千近万亩的梯田,形状各异,各具特色,但因路远、交通不便而很少有旅游者涉足。

近年来,元阳县积极支持和促进元阳梯田风景名胜区乡村旅游和旅游扶贫的自主发展。县政府支持建设省级旅游扶贫模范镇新街镇,加强新街镇基础设施和公共服务设施及旅游设施的建设,加强哈尼梯田旅游镇的建设。产业融合发展,哈尼梯田旅游产品延伸产业链,以万亩哈尼梯田景区为核心,发展生态旅游、民俗风情、体验休闲、观光旅游农业、乡村生活等旅游产品,不断提高旅游服务质量和水平,根据各个乡镇不同的民族主题,建设符合乡镇特色的基础建设、配套服务,使其具备独有的环境和极强的吸引力,深受游客欢迎。2018年年底,新街镇通过乡村旅游扶贫脱贫的贫困户占全部建档立卡户的15%,这个比例在2019年达到了30%。

如今,元阳县开展多种形式的乡村旅游扶贫,并取得了积极效果。

一是扶持建设特色旅游扶贫村(自然村)。元阳县以传统民族特色浓郁、村落风貌保存完整、生态环境优美的贫困村为重点,打造箐口村、大鱼塘村、黄草岭村、土锅寨村、小水井村、牛倮普村、核桃寨村、上主鲁老寨、上主鲁新寨、多依树上寨、多依树下寨、普高老寨、胜村、麻栗寨、爱春村、阿者科村、勐品村、硐浦村、普朵上寨、普朵下寨20个特色旅游扶贫村寨。并按照因地制宜、分类指导、多元化推广、特色建设的原则,完善乡村旅游景区、接待服务设施、基础设施和公共服务设施的建设。

二是培育并继续发展示范家庭,以发展旅游业来减轻贫困。按照政府的要求,旅游扶贫必须由家庭来实现,因地制宜地发展旅游业和有效消除贫困,引导极度贫困家庭参与乡村酒店、精品民宿、旅游农场的建设。除旅游商品加工、民俗文化和表演外,扶贫村还具有多种建筑类型,为进一步发展旅游业奠定了良好的基础,并为农民增加收入提供了支持。到2018年年底，培育发展旅游扶贫示范家庭76户，2019年，继续培育发展度假旅游精准扶贫示范家庭，包括140家乡村家庭酒店、10家民族刺绣店、12个家庭庄园采摘体验区（新街镇120户，攀枝花乡50户，黄毛岭乡2户）。

三是开展"企业＋农户"旅游扶贫。"企业＋农户"模式中的企业为云南世博旅游控股集团，元阳县为发展乡村旅游扶贫引进了该企业，建立了以政府主导、公司运作、群众参与的世博元阳公司，并且在梯田遗产区的重要景点、坝达、多依树、老虎嘴、箐口等地建设了游客服务中心。元阳世博公司积极改善梯田遗产区的交通，把元阳至绿春二级公路其中一段与大鱼塘联络线、新街过境公路、多依树至勐品旅游环线路连接起来，形成了箐口—老虎嘴—多依树—坝达—箐口的元阳哈尼梯田景区旅游环线，全长共45千米。世博公司还承诺，每年按照门票收入的30%提取扶持资金，扶持遗产区群众发展生产，并招收吸纳当地村民就业，2016年至2019年共投入580.37万元。世博元阳公司积极探索乡村旅游开发模式，引导群众利用自身条件，大力发展乡村客栈餐馆、农特产品、手工艺品等旅游业经营服务，目前遗产区共发展乡村客栈251家，直接带动就业5000余人，间接带动就业1万余人，实现经营收入3000余万元。

四是鼓励电子商务企业、合作社和农民联合起来的旅游扶贫模式。元阳县政府通过旅游资源，提升宣传广告效果，大力与红米加工销售企业合作，依托电子商务公司、县粮食购销公司的电子商务扶贫新模式，帮助红米种植贫困户脱贫致富，实现精准合作、精准流程、精准模式，建立了一个美丽的乡村旅游多元合作组织，引导和扶持文化创意企业和农产品加工企业，挖掘哈尼族、彝族刺绣文化和梯田农业文化，进一步发展以民族刺绣为元素的土特产品，发展梯田红米、茶叶，以梯田为元素开发文化旅游产品和衍生产品，促进景区群众增收致富。基于农业经验、饮食文化、传统民居建设和文化遗产，元阳县政府大力支持乡村旅游的发展，以促进农民的就业和收入增长，深刻促进旅游业的发展。规划新街镇为示范村，努力打造"一个村、一个产品、一个特色、一个基地"的持续发展格局。

2013年以来，元阳政府为发展乡村旅游投入了大量资金，并取得了一定成效。截至2019年政府已投资3.1亿元，对35处遗产区传统村落进行提升改造，并对1602户传统民居实行了挂牌保护，对阿者科等5个重点村中的164户传统民居每户发放900元，用于房屋的修缮。建设的哈尼小镇被列入国际水平特色小镇创建名录，箐口、阿者科、垭口、大鱼塘被列入中国传统村落目录，确保了传统民居的完整性和真实性。

2018年至2019年年底，每个特色旅游扶贫村通过发展旅游业脱贫致富的建档立卡贫困人口占全村建档立卡贫困人数的30%以上；培育发展172户旅游扶贫示范户，2018年年底培育发展了76户旅游扶贫示范户，到2019年培育发展的旅游扶贫示范户达96户。近几年，到元阳旅游的游客越来越多，据元阳县文化和旅游局统计，2014年至2018年间，到元阳旅游的国内外游客共有1214.67万人次，旅游收入较2014年翻了3倍多。2018年全县旅游总收入67.2亿元，其中梯田景区总收入2750.41万元，门票收入1478.96万元，占梯田景区总收入53.77%。村民直接或间接就业人数达到了6万人，月平均工资可到达1800元/人。通过几年的发展，元阳梯田遗产区的乡村旅游扶贫发展已经取得一定成效。

## 第四节　乡村旅游扶贫的主要模式

乡村旅游扶贫的主要模式有景区依托型、产业依托型、历史文化依托型、民俗依托型、投资创业型等模式。

### 一、景区依托型

"旅游景区+贫困村"扶贫模式。成熟景区巨大的核心吸引力为区域旅游在资源和市场方面带来新的发展契机，贫困村依据景区客源市场及自身特点深度开发乡村体验产品。

**代表案例：海南槟榔谷黎苗文化旅游区**

海南槟榔谷黎苗文化旅游区位于海南省保亭黎族苗族自治县与三亚市交界的甘什岭自然保护区内，距三亚市区约18千米。景区创建于1998年1月18日，是海南省六个国家5A级旅游景区之一，也是全国首家民族文化5A级旅游景区。

槟榔谷景区有完整的组织结构、明确的部门分工、规范的工作制度、民族化的建筑风格、地方性的特色商品、细致入微的服务态度，景区还承担起建立良好农村生态环境保护体系的职责，推进当地农业发展与黎苗文化建设互利共赢。带领村民走出脱贫致富的道路，带动少数民族地区经济、社会、文化全面发展，为海南美丽乡村、全域旅游、更高水平的国际旅游岛建设提供创新驱动和文化支撑。

在景区带领下，海南的两个少数民族国家级贫困县于2019年逐步退出贫困行列。其中，保亭黎族苗族自治县依托热带雨林、温泉、黎苗风情等资源禀赋，实施"旅游+村委会+农户"等旅游扶贫模式，带动贫困户吃上旅游致富饭。

景区将贫困户纳入发展规划，通过土地租用、农产品收购、精准扶贫商铺等形式，帮助其增加各项收入，摘掉穷帽。槟榔谷景区中，有相当比例的工作人员是本地黎族村民，他们熟悉黎族传统文化，业务熟练，待客热情大方。海南槟榔谷黎苗文化旅游发展有限公司总经理吉贵介绍，景区推行"景区+农户""农民+员工"的发展模式，因地制宜，依托旅游资源，带动当地村民就近就业，引导发展生产和在景区出售农副产品等，助力脱贫攻坚。

调查发现，在槟榔谷工作的当地贫困员工，可以获得六项收入：一是村民因征收青苗获得的补偿收入；二是村民出租土地获得的租金收入；三是村民在已享受租金的土地上种植农作物获得的额外收入；四是村民参与工程建设获得的务工收入；五是村民经营商铺获得的经济收入；六是村民在景区内从事服务工作获得的工资收入等。

惠农一条街是槟榔谷景区的特色。槟榔谷景区董事长助理陈国东介绍了惠民一条街的发展历史："惠民街建立于2013年，耗费300多万元，全部为景区无偿建造，所有铺面免费提供给甘什上下两村村民自主经营，不收一分钱租金，经营的利润归村民所有。"2016年，槟榔谷景区再一次投入资金300多万元全面升级扩建"惠农街"，目前占地面积1000多平方米，为甘什上下两村农户共建造小商铺121间，基本实现了"全覆盖"。

截至2018年,当地村民在惠民街各商铺经营农副产品年均创收达6万元。此外,还带动村民在景区周边开设农家乐饭店、水果店、超市等38家,旅游资源带动经济效益显著提升。

保亭县三道镇甘什下村村民就是靠景区发展摘掉贫困户的帽子,以前村民只能种水稻和槟榔,由于交通不方便,每个月的收入很少。在槟榔谷惠民街有了摊位后,村民在淡季一天能赚200—300元,旺季一天能赚700—800元,日子也越过越好。

景区近十年来累计投入2000余万元用于对周边村镇的资助,为有劳动能力或有一技之长的村民提供就业岗位。如今,农民在槟榔谷景区就业,既有稳定工作又不用背井离乡,实现了"就业不离家、失地不失业、收入有保障"。据统计,2018年景区及其周边各商铺的从业人员达1500人,其中精准扶贫户家庭成员21人。2018年累计支付21名贫困户员工工资达485316元,人均工资27732元/年。此外,景区大力推进扶贫产业项目的开发,从2018年至2023年,每年将8万元(含就业人员的工资)定期分发给三道镇125户贫困户。

为进一步扩大扶贫工作成功的范围,槟榔谷景区从2016年年底开始,在省内多个少数民族聚居县市进行"非遗"传承人、文身阿婆、编织手工艺匠人的招聘活动,招聘了近百人。如住在槟榔谷旅游区甘什黎村72岁的林国民,在槟榔谷非遗甘什村手工编织岗任职,每月工资1900元(不含其他福利补贴)。他不仅能从景区得到丰厚的租地款和工资收入,还可以过上富足的晚年生活。

槟榔谷景区未来将从民宿、农业休闲观光、民间手工艺、农产品销售等多渠道开拓新的就业路子,结合周边黎族、苗族土特产及手工艺品开办商铺,创建产销一体的产业链,通过创建黎族民宿合作社,进一步在美丽乡村旅游方向上发力,让更多游客接触到黎族文化,也带动更多当地群众走上致富路。

海南景区扶贫投入资金大,参与时间长,随着景区的发展壮大,带动了越来越多的农民脱贫致富。此外,景区除救济式扶贫外,还采取就业扶贫、改善生产生活基础设施扶贫、产业扶贫、人才培训扶贫等多种方式,通过"扶智"带动扶贫,为农民脱贫后的生产生活提供有效保障。

## 二、产业依托型

这一类型的扶贫模式通常以村庄内部的优势农业为依托,通过拓展农业观光、休闲、度假和体验等功能,开发"农业+旅游"产品组合,促使农业向第二、第三产业延伸,实现农业与旅游业的协同发展。

**代表案例:春光村**

福州市永泰镇春光村临近陕坝镇城区,交通便利,旅游资源丰富。在推进乡村振兴的实践中,春光村结合自身区位优势和良好种植基础,精心打造生态农业示范基地,逐步发展成为以采摘为特色,集生态、休闲、示范为一体的现代可持续发展生态农业景观园,同时配套发展乡村旅游业。一栋栋温室整齐排列,温室内,游客们观赏花卉,采摘草莓、蜜瓜等,尽享休闲的惬意与收获的快乐。其发展模式实现了由依靠农民"单打独斗"向"抱团发展"的园区产业化经营的转变。

### 1. 打造农业体验区,吸引市民体验农耕乐趣

满家红亲亲农场占地150亩,所用土地皆为陕坝镇满家红农业服务专业合作社按照每亩950元的价格流转的农民的土地。土地被整齐地分割成小块儿,供当地市民认领,市民可通过"多户一田""一户一田"的方式,以每0.6亩1500元的价格认领亲情农业体验区的土地,体验全新的田园慢生活,从农作物的种植到采摘,市民可以自己动手,也可以让农场的人帮忙。这里的农作物都施农家肥、有机肥,不打农药,保证市民能吃上绿色放心的蔬菜。市民还可以领着自家老人、孩子来干干活、聊聊天,让孩子了解农作物的生长过程,体验劳动的艰辛与收获的快乐。这一农场既实现了土地流转,拓宽了农民增收渠道,也让更多市民参与农村建设、助推产业转型升级和城乡融合发展。

### 2. 发展休闲观光农业,实现一、三产业互动发展

春光村大力发展现代休闲观光农业,带动村民引进种植草莓、葡萄、火龙果等名优特品种,并进行温室花卉和观赏树木的育苗,形成了集休闲、采摘、观光于一体的新型园区。这里有各种美丽的花,还有运用现代技术栽培的果蔬,市民可约亲朋好友在周末参观春光村智能化控制温室。此外,春光村依托田园风光、乡土文化等资源,以规模化种植、标准化生产、品牌化销售、产业化经营为主导思想,采用"农业基地+观光体验""生态+农业+休闲度假"的模式,努力形成"一村一品、一村一景"的乡村风貌,实现第一、第三产业互动发展,使休闲观光农业成为乡村振兴的重要抓手。

乡村要振兴,脱贫是关键。村里决定优先安排贫困户就业,对家里有病人、子女在上学的农户也优先照顾。茉莉花是当地的特产,小小的茉莉花,不仅改变了村庄的命运,还改变了不少人的命运。村民将自家田地租给春伦集团,可以收租金,也可以到公司打工。

### 3. 企业助力,种植旅游全面"开花"

冬季剪枝,春季施肥,夏季采摘,秋季修整。经过几年的摸索,春光村和春伦集团采用合作开发和产业带动的方式,逐步探索出一条农户与企业互利共赢的新路子。目前,春伦集团在春光村及其周边的茉莉花基地规模合计2000多亩,带动了周边600多户农户一起实现增收,户年均增收1.6万元。

集团早期的"输血式"扶贫往往治标不治本,现在采用"造血"模式,让农户和公司共同发展增收。对于春光村这种旅游资源优质的村庄,企业一方面理清发展思路,引导农民发展新型农业;另一方面,挖掘当地文化资源和景观特色,带动当地旅游产业发展。每年5月至10月,飘香的茉莉吸引大量游客前来观光旅游。一年一度的福州(永泰)茉莉花开采文化节也在村里的春伦生态茉莉花园举行。游客们通过茉莉花采摘比赛、观赏茉莉花茶制作和茶艺表演等形式,感受独特的茉莉花文化。随着旅游产业的逐渐成熟兴旺,春光村先后获得省级美丽乡村示范村、市级乡村旅游精品示范村等荣誉称号。

## 三、历史文化依托型

历史文化依托型古村古镇旅游开发扶贫模式是指根据地区深厚的文化底蕴、淳朴的民风和古香古色的建筑遗迹进行的旅游扶贫开发。

**代表案例:宏村镇**

宏村镇,古称弘村,为安徽省黄山市黟县辖镇,位于黟县东北部。2016年年底宏村

镇完成174户364人贫困人口脱贫，顺利通过省第三方评估验收。截至2017年5月，该镇还有未脱贫户158户371人，贫困村1个，其中低保贫困户143户332人，一般贫困户15户39人。区内旅游资源丰富，主要包括水体景观、天象景观、人文景观、山水景观、自然地貌景观等，可开发景点60多处。宏村旅游扶贫项目不仅实现了当地居民的脱贫致富，而且带动了当地社区的综合经济发展。

特色产业的融合发展已成为乡村旅游重要的支撑，受益的社区居民多达5000多户，提供就业岗位3000多个，区内直接就业人数1751人，其中直接涉及旅游经营的从业人员566人，直接务工人员185人，当地村民从土地出让和直接就业中获得了稳定的收益。吸引在外成功人士92人返乡创业，从事旅游商品、农家乐、休闲娱乐、乡村酒店等开发建设，使当地社区经济建设更加多元化，丰富了宏村旅游扶贫项目的旅游业态，同时促进了当地相关产业链的形成与发展、带动了社区的社会效益的增长。

宏村旅游扶贫项目因地制宜，突出重点。根据皖南乡村旅游资源特色，结合新农村建设规划，构建宏村旅游扶贫项目总体战略。宏村有三立堂、乐叙堂，保存完整的古代书院"南湖书院"等重要文物。卢村有由志诚堂、思齐堂、思济堂、思成堂、玻璃厅等保存较为完好的民居组成的木雕楼群。屏山有光裕堂、成道堂等7座祠堂，还保存有三姑庙、红庙、长宁湖、舒绣文故居、葫芦井、小绣楼等名胜古迹。宏村、卢村和屏山的古村落的徽派建筑风格、空间布局、内部装饰和环境营造都达到了相当高的水准，代表着唐宋以来建筑和人居环境的最高水平。以乡村旅游扶贫为抓手，推动区域经济发展和促进农民增收致富，按照乡村旅游景区化、旅游扶贫产业化的发展思路，探索林业与旅游业结合、科技发展与旅游业结合、农业与旅游业结合的乡村旅游发展模式，培育社区本地优势产业和特色产业，同时发挥社区居民主体性作用，带动社区居民就地参与旅游经营服务，以及相关行业的就业，构建社区的旅游产业链。发挥社区居民在宏村旅游扶贫项目中的重要作用，以及当地居民在生态环境保护中的责任感。使经济建设与生态环境协同发展。当地居民在宏村旅游扶贫项目中的关键作用，是推动宏村景区成为国家5A级旅游景区的关键因素。旅游扶贫即不断在实践中摸索经验，积极探索能够真正实现旅游扶贫目标，并行之有效的开发办法。

结合政府主导型模式和企业主导型模式的实践经验，汲取旅游行业的优秀经营管理理念与市场经济的客观规律，旅游扶贫摸索出以贫困地区社区居民为项目主体，以项目可持续长期发展为原则的旅游扶贫社区主导模式。在社区主导模式中，社区居民的主体性体现在社区居民参与旅游扶贫项目的决策与实践并发挥积极的推动作用，进而实现旅游扶贫项目以社区整体利益的持续性为发展核心的构建目标。社区主导型旅游扶贫项目的构建与实施具有以下显著特征。

第一，旅游扶贫项目的开发主体多元化。在汲取了政府主导型和企业主导型中开发主体单一化的构建弊端后，社区主导模式融合了政府主体的优势作用、企业主体的优势作用，以及新闻媒体、旅行社等多方力量，构成了多元化主体开发的创新构建模式。多元化主体开发拓宽了融资路径，丰富了外部优势力量的投入，使社区主导模式更具市场竞争性。

第二，旅游扶贫项目的实施目标系统化。在传统的单一开发主体的模式中，其实施目标也相对单一化。而旅游扶贫社区主导模式，将旅游扶贫项目的实施目标与社区的整体利益相衔接,对社区的经济效益、社区生态环境效益等进行系统化的协调统一。

第三,旅游扶贫项目的开发对象人本化。旅游扶贫项目的开发直接对象是社区的旅游资源,但是在社区主导模式下,将社区的整体建设以间接开发的形式融入开发对象当中,这使旅游资源的开发与社区建设有机地融合在一起,相辅相成,互相推动发展,进而使社区居民能够更好地从旅游扶贫中获益。

## 四、民俗依托型

民俗依托型为"旅游＋文化商品＋农户"扶贫模式。独具一格的民族民俗、建筑风格、饮食习惯、服饰特色、农业景观和农事活动等,都为民俗旅游提供了很大的发展空间。

**代表案例:袁家村**

袁家村位于陕西省礼泉县,地处关中平原、渭河之北,原住居民有62户共286人。20世纪80年代,袁家村抓住改革开放机遇,大力发展村办企业,壮大集体经济,改善村民生活。20世纪90年代后期,高耗能、高污染的村办企业陆续关停,村民收入减少,外出务工,村庄沦为"空心村"。为给村民谋出路,时任党支部书记的郭占武决心将农业向旅游业方向转型。2007年,袁家村开始发展农家乐、修建老街,定位"关中民俗旅游";因旅游市场供不应求,2009年,建设小吃街、扩建作坊,带动周边村民就业增收;随着旅游收入增加,村民内部收入差距拉大,2010年,袁家村开始将作坊转变成合作社,平衡村民收入差距,解决供给内部矛盾;因旅游需求日益升级,2014年袁家村开始创新旅游业态,寻求多元化发展,带动村民共同致富,并于2015年实施进城出省战略,着力解决"三农"问题。2018年,袁家村年接待游客量达550万人,年收入近10亿,村民人均纯收入10万元以上,旅游发展取得了显著成效。

乡村旅游起步,鼓励村民参与旅游。袁家村乡村旅游开发前,村民靠种果树、去水泥厂上班获得微薄收入,每月可以挣得四五百元工资,但集体经济衰落后,生活来源受阻。2007年,为给村民谋生计,党支部书记郭占武带领村民开始发展乡村旅游。袁家村的乡村旅游开始于2户农户开办的农家乐。借助政府提供的项目支持,郭书记带领袁家村发展"民俗旅游",建设第一条街道——康庄老街,形成辣子坊、醋坊、面坊等7个作坊。逐渐地,村民看到游客增多,农家乐通过提供餐饮服务赚钱,陆续办起农家院,全村62户农户全部参与旅游接待。

创新旅游产品,带动邻村就业增收。随着游客与日俱增,农家乐市场供不应求,为增加村民收入来源,2009年,袁家村开始建设小吃街,吸引周边村民就业。为带动邻村人脱贫,给予村民公平参与旅游的机会,村里规定农家院主人不可以兼营小吃生意;小吃街要求保证食品安全,严格筛选进村的小吃店店主。随着小吃街火爆,作坊生产供给不足,村里开始扩大作坊生产规模,建设作坊街。为保障农家院、小吃街、作坊街的合法运营,村里制定规章制度,严格把关食品、住宿安全。同时,给予村民参与集体事务的权利,村务实行集体决议制度,由村支部拿主意,群众讨论一致通过后落地实施,村民可以在村委会会议室自由发表意见。

创立合作社,平衡村民收入差距。邻村人通过各类小吃店铺、作坊店铺赚取了收益,袁家村村民开始抱怨邻村人在自己的地盘挣钱。为平衡村民间的收入差距,2010年,郭书记将油、豆腐、辣子、酸奶等作坊转变成农民合作社,进行收入的二次分配,村民可以共同参与、入股分红。袁家村走出了一条资源变资产、资金变股金、村民变股民的脱贫致富道路。同时,村集体不断强化制度管理、自身权力约束和村民权利行使,以保证旅游产业的公平公正和可持续发展。

发展旅游新业态,寻求致富振兴之路。随着大众游客的旅游需求日益升级且为村民共同致富着想,2014年,袁家村创新发展旅游新业态,先后建设艺术长廊、文创街、祠堂街等新街区,为更多的村民提供就业岗位和创业机会。2015年,袁家村实施"进城出省"战略,在西安市赛格国际购物中心开办第一家"袁家村城市体验店",将关中小吃搬到城里;2017年,发起"乡村振兴百村联盟"行动,在全国推广袁家村模式,为切实解决"三农"问题,振兴乡村助力。

## 五、投资创业型

投资创业型即"旅游双创+就业"扶贫模式。该模式能够充分发挥旅游业就业容量大、进入门槛低的优势,在乡村积极开展旅游"大众创业、万众创新"。

**代表案例:大芬村**

1989年,香港画商黄江来到深圳大芬村,租用民房,招募学生,开始油画的生产和销售。随着市场需求的不断扩大和大芬村知名度的提高,越来越多的美术工作者云集至此,进行大批量的油画制作与销售,大芬村的油画产业逐渐成形。

从1998年开始,深圳市龙岗区政府介入,对大芬油画村进行产业引导和环境改造,大芬油画村逐渐摆脱了农村的旧面貌,融入了现代风格和艺术特色。在多方合力下,大芬村的产业模式越发成熟,各种产业生态不断补充完善,以经营油画为主,附带中国画、书法、陶艺、雕塑、摄影、刺绣等艺术品及艺术衍生品,另外,装裱、画框、画材、物流等配套服务也不断发展,形成了上下游产业链条较为完善的文化产业基地。

大芬油画村各企业积极开展产业转型升级,拓展国内业务,开发自主知识产权产品。龙岗区政府加强扶持原创发展,引进或组建龙头企业,举办了首届深圳大芬国际油画双年展,连续举办了八届全国(大芬)中青年油画展,积极组织和鼓励大芬企业走出去,通过参加专业展会、展览,强化与国内外市场的交流和沟通,进一步打响大芬品牌。大芬画商还积极与互联网企业"牵手",以线上线下联动的方式助推产业发展,真正实现了"艺术与市场在这里对接,才华与财富在这里转换"。此外,大芬管理办组织画家对外交流写生活动,创办大芬本土艺术家推广工程,为大芬画家提供更多的资源,整体上提升了大芬的原创实力,并携手中国美术家协会举办国家、国际性大展,汇聚更多国内外优秀画家,使大芬成为名副其实的国际艺术街区。大芬油画村也成为首批国家文化产业示范基地。

目前大芬村不仅油画产业突出,也实现了其他各产业聚集、综合、多元化发展。在大芬油画村30年特展上,大芬村通过《一幅油画的诞生》《画框的集会》与《大芬艺术+》三个作品,艺术化、直观地呈现了大芬油画完整产业链、画框产业与装饰画、艺术衍生品等多种产业业态。大芬村同时兼顾艺术街区、旅游小镇、艺术酒店和创意设计等多种业态。

### 本章思考题

1. 乡村旅游扶贫还有哪些模式？
2. 你还知道哪些乡村旅游类型和成功案例地？与本章的成功案例有何相似和不同之处？
3. 发展乡村旅游的意义是什么？
4. 乡村旅游与乡村振兴的内在关系是什么？
5. 在乡村旅游开发过程中，如何贯彻落实习近平总书记提出的"绿水青山就是金山银山"理念？
6. 乡村旅游与乡村扶贫如何完美结合？

### 案例分析

位于陕鄂渝交界处的安康市平利县龙头村有846户3176人，全村面积35平方千米，耕地3900亩，龙头村距县城5千米，距离省会西安五六个小时的车程。这里白壁、青瓦、马头墙、格子窗的徽派民居建筑群与青山秀水的美景相映成趣。

在政策支持下，龙头村很快建起仿古一条街、秦楚农耕文化园、观光茶园等特色景观，基础设施和生活条件改善明显。然而好景不长，在2012年风光过一阵子之后，从2013年开始龙头村便逐渐冷清。除重要节假日外，这里游客稀少，早先修建的酿酒、豆腐等10个具有当地特色的作坊，已有三四家关门停业，仿古一条街两侧的商铺也基本成为"摆设"。一位村民说，虽然建起了特色民居，但没有太多挣钱的路子，带动不了经济发展。据龙头村当地村民介绍，龙头村核心景区范围约9平方千米，涉及村民550户，其中约90%的农户都将土地流转了，流转土地面积达2000亩，目前流转费用约为每亩750元。

由于旅游产业尚未做强，同时村上也未形成其他规模产业，农户们在土地流转后很难找到其他致富门路，青壮年劳动力基本在外打工。村民姜宏伟感叹道："政府打造一个好的环境，如果人都出去了，就失去意义了。"

**案例思考题：**

龙头村乡村旅游失败的原因有哪些？结合本案例的成功经验，你认为龙头村应该如何崛起？

### 本章思政总结

本章主要讨论了乡村旅游的概念、特征、发展历程，以及乡村旅游的主要需求特征和发展乡村旅游的意义。不同类型乡村旅游发展的成功均得益于地方资源基础，以及国家和地方的政策、制度、资金的支持。本章通过对不同乡村旅游扶贫模式的探讨，深化乡村旅游的发展意义。通过本章的学习，旨在加强旅游管理专业学生对乡村旅游产业发展趋势的理解，提升对国家脱贫攻坚、经济建设的热情和参与感，激发强烈的爱国情怀和责任感。

# 第五章 文化旅游

**学习目标**

1. 掌握文化旅游的概念及特征;
2. 了解文化旅游发展的历程;
3. 了解文化旅游的需求和发展文化旅游的意义;
4. 了解文化旅游的类型;
5. 建立中华民族文化自信,承担起中华民族伟大复兴和文化传承的责任。

**思政元素**

1. 十八大以来,习近平总书记在多个场合谈到中国传统文化,表达了自己对传统文化、传统思想价值体系的认同与尊崇。习近平指出:"我们要坚持道路自信、理论自信、制度自信,最根本的还有一个文化自信。"

2. 通过本章的学习,学生应认识旅游专业人才应履行的社会责任,坚定走社会主义道路,并注重传统文化的传承与保护,积极为我国增强文化软实力,提升民族文化自信做贡献。

## 乌镇文化的活化

一、乌镇"活"的文化

"文化是旅游的灵魂,旅游是文化的载体。"寻找"文化灵魂"是旅游业的当务之急。

在旅游线路、产品设计上,满足消费者的个性化需求,增加其文化体验,是未来体现竞争力和差异化的关键。

特别是《旅游法》出台后,应更加重视产品的改善。在根据目的地的特点,提前设计旅游路线时,会更加着重融入当地的传统文化。比如,游客可以在一个地方停留的时间更长,会去了解建筑背后的故事,会到当地做家访,会参加当地的节庆,体验民族特色文化等。

现在,自由行不光售卖的是酒店、机票和攻略,实际上还应该引导客人去发现不同地方的魅力。未来,最好计划发起"有故事的旅行"活动,让消费者去发现眼睛之外的东西。

在景区开发方面,则需要更深入融合文化的概念。从观光型到度假型,再到文化型,正是凭借着文化的引擎,古老的乌镇重新恢复生命力。

## 二、乌镇本就是一个充满文化底蕴的地方

一千多年前,世称邵明太子的萧统,跟随齐梁文坛领袖沈约,在这里留下了一段师生共读的佳话,更留下了邵明书院的文化传承。

之后,这里养育了著名的理学家张杨园、著名藏书家鲍廷博、文学巨匠茅盾、漫画家丰子恺、当代著名画家孙木心等,他们使乌镇的历史充满了文化的韵味。

然而,仅凭过去的光环,并不能完全成就今天的乌镇。

没赶上第一波改革浪潮的乌镇,从1999年才开始正式"改造",从一开始,就很注重文化基因的融入。

初步完成古镇复原的乌镇,第一件事,就是把茅盾"请"回了家乡。2000年11月11日,第五届茅盾文学奖颁奖仪式首次回到茅盾的家乡乌镇举办。活动过后,中国作协还宣布将乌镇作为茅盾文学奖的永久颁奖地。

引来文化"凤凰"的乌镇,2001年1月1日,第一天正式开放就迎来了6000多人次的游客。

2003年,电视剧《似水年华》播出,让乌镇成为"爱情童话"的最佳发生地,更成为景区与影视文化双赢的典范。

因为《似水年华》而与乌镇结缘的黄磊,十年后,又再次让乌镇成为人们关注的焦点。2013年5月8日,由陈向宏联合华语戏剧界知名导演赖声川、孟京辉、黄磊共同发起的首届乌镇戏剧节在乌镇开幕,历时11天的戏剧节,让乌镇拥有了国际范儿。

戏剧节期间,尤金尼奥·巴尔巴带领欧丁剧团,在蚌湾剧场对面的秀水廊剧园上演代表作《鲸鱼骨骸内》。初到乌镇的尤金尼奥·巴尔巴发现乌镇和自己耕耘多年的丹麦小镇赫斯特堡颇有几分相像。1960年代,人口3.4万的小镇赫斯特堡日渐萧条。小镇把尤金尼奥·巴尔巴和他创办的欧丁剧团请到镇上,初衷是"如果镇上有文化生活,年轻人是不是就不会离开"。

乌镇也有同样的愿望。未来,乌镇希望成为中国的爱丁堡,成为一个拥有国际视野的文化交流中心。

## 三、商业转化力

插上资本翅膀的乌镇,并没有偏离文化的轨道。西栅景区内保存有精美的明清建筑25万平方米,并巧妙利用部分老建筑,改建出各类风格的民居特色客房和各种档次的度假酒店、会议中心和商务会馆。

文化型的酒店会越来越多地存在于度假目的地中。围绕传统水乡的文化遗迹和生活氛围所做的开发,才真正吸引人。从几百元的民宿到一万元的会所,乌镇已经形成了十几个不同档次、不同风格的酒店品牌,满足不同游客的需求,让更多的游客愿意在乌镇留下来。

留下来的游客,需要更多元化和生活化的文化体验。为此,乌镇复原了具有当地特色的织染、酿酒、缫丝、制酱等手工作坊,不仅能让游客感受古老的传统工艺和文化,更能动手体验,同时带动旅游商品和纪念品的销量。

游客停留的时间加长,同时消费也会增加,所以现在乌镇门票收入已不是最大的收入来源了,更多的依托酒店、餐饮、购物等。完美融合了观光与度假功能的乌镇,不再仅仅是一幅平面的风景画,而是可以多元立体体验的江南水乡。

完成一系列文化布局的乌镇,其商业转化力也没有让投资者失望。"文化复兴"后的乌镇获得商业上的极大成功。

在旅行中,真正感染人的部分,是每个不同的地方对自己传统的珍视,这种传统在当下的生活中依然保持着生命力。

不要把乌镇看成一个单纯的古镇,而是把它看作中国的迪士尼,一个江南水乡版的主题公园,因为对乌镇的改造不仅是对传统文化的复原,更把现代服务业的品质感渗透到景区的每一个角落。

事实上,乌镇是给游客们造了一个梦,一个江南水乡的梦,乌镇的建设者和经营者们更像是造梦师的角色。

旅游本质上是一种精神消费,只有文化的深度介入,才能让旅游带给消费者更丰富的体验,这也是当下旅游业转型破题的关键。

**资料来源** 根据网络文章编辑整理

思考:乌镇如何实现文化的活化?乌镇如何推进文旅融合?

## 第一节 文化旅游的概念与特征

### 一、文化、旅游及文化旅游的概念

#### (一)文化

关于"文化"的定义很多,包括广义上的文化及狭义上文化。文化从广义的角度定义侧重于强调文化是经过时间的积累,人类创造的精神及物质财富的总和,广义的文化所包含的内容很多,涉及社会的方方面面。从狭义的角度看,文化则强调其意识形态、制度与组织机构,这种意识形态与制度和组织机构是相匹配的,所以它是一定社会的经济与政治的彰显,同时也会对政治与经济产生影响。

"文化"在中西方的含义差别很大。文化在西方被翻译为"culture",最早源于拉丁文"colere",表示人通过能力的培养及训练,使其超乎单纯的自然状态。后随着时代的发展,文化的概念得到进一步的扩展,主要指一切人为作用于原始自然而得到的结果。西方对于文化的定义与我国对于文化的定义最大的差别在于中国传统对文化赋予一种道德化。在中国,"文化"乃是"人文化成"一语的缩写。此语出自《易经》贲卦彖辞:"刚柔交错,天文也;文明以止,人文也。观乎天文,以察时变,观乎人文,以化成天下。"在中国漫长的历史发展及思想碰撞中,文化一词被赋予更多深层含义。"文化"一词的主要含义,广义指人类在社会实践过程中所获得的物质、精神的生产能力和创造的物质、精神财富的总和,狭义指精神生产能力和精神产品。

关于文化的释义很多,学者的看法各不相同。部分学者比较偏向于古代先哲圣贤的说法,认为文化是人类在不同地区生活的民族先哲创造发明文字,用以教化人类自己脱离原始野蛮式的动物生存状态,使自己成为文明人和用人自己的劳动实践开发开化原始自然物成为人化自然物也[1]。本书对于文化的看法与张岱年[2]先生的认识相似,认为"凡超越本能的、人类有意识地作用于自然界和社会的一切活动及其结果,都属于文化;或者说'自然的人化'即文化[3]。"由于文化受到人的广泛影响,不同地域会形成不同的文化,不同的地域及民族会使文化具有民族性。不同的社会形态会有与其匹配的文化,文化的发展进步会跟随社会物质生产的步伐,正因为社会物质生产具有的拦蓄属性使文化也具有历史性与延续性。

## (二)旅游

"旅游"一词最早出现在我国南朝时期,诗人沈约在其《悲哉行》中写道:"旅游媚年春,年春媚游人。徐光旦垂彩,和露晓凝津。时嘤起稚叶,蕙气动初频。一朝阻旧国,万里隔良辰。"从诗中表达的意思来看,当时的"旅游"中已经包含了外出游览的含义。然而,在此之前,古代学者会将"旅游"中的"旅"和"游"分开使用。《周易正义》释"旅"字云:"旅者,客寄之名,羁旅之称;失其本居,而寄他方,谓之为旅。""中国古代的'游',就是指由旅游审美而达到的那种自由自在、逍遥无为的精神境界和由此而生的对待世界的审美态度"。两个字在中国古代所表达的意思与现在的"旅游"一词的含义具有异地性与寻求愉悦的共性。自南朝出现"旅游"一词后,后来的文人学者开始在自己的作品中运用"旅游"一词,据统计,在《全唐诗》中,"旅游"一词出现了22次,并且它们的含义十分相似,都含有外出游览的含义。虽然"旅游"一词在我国出现得比较早,但是对于旅游的研究比较迟。

近代,随着西方思想的传入,我国对于"旅游"的定义更加泛化,深深地影响国内学者对于"旅游"一词的看法及定义。《韦伯斯特大字典》对"旅游"的解释是:一个人从其离开出发地到他回到出发地所完成的旅程,这次旅程的动机可以是商务、娱乐、学习等,这次旅程可能还有按照旅行前制订的计划进行的特点。在19世纪出现"旅游"一词时,其表达的含义与远航、漫游的含义很相近,这与离家外出寻求精神愉悦及逃避现实的含义明显不同,然而旅游最重要的一个特征就是寻求愉悦,所以西方对于"旅游"一词的解释也存在内涵不清及外延泛化的问题。

---

[1] 周树智.文化学基础概念探原[J].文化学刊,2018(6).
[2] 张岱年,方克立.中国文化概论[M].北京:北京师范大学出版社,1994.
[3] 任冠文.文化旅游相关概念辨析[J].旅游论坛,2009,2(2).

从文化的角度看旅游,旅游中含有文化属性,并且部分人认为旅游是有文化内核的,它是一种社会文化行为。与经济学所倡导的旅游是一种经济行为不同的是,从文化的角度更容易触到旅游的本质[1]。法国学者让·梅特森对于旅游的看法是:旅游是一种休闲活动,但是旅游的目的在于通过休闲、娱乐、消遣来丰富他的经历与文化水平。旅游中的人们有时会表现出逃避现实的想法,道格拉斯·皮尔斯将旅游看作人们出于休闲和娱乐的目的而旅行以及暂时居留而引起的关系与现象。实际上,对于旅游的定义,被大家广泛认可的还属瑞士学者汉泽克尔与克拉普夫的观点,他们认为如果一次旅程的动机是赚钱或者定居于目的地都不属于旅游,旅游应该是非定居者的旅行,以及非定居者在目的地的停留而发生的关系及现象的综合。在该定义中特意规避了旅游的经济性,强调旅游的社会属性。后来很多学者据此将该定义进行扩充或者延伸,但是目前该定义还是具有相当高的权威性。受到国外学者的启发,中国学者注意到旅游的非经济特征及属性,并在定义旅游时注意强调文化属性。由此看来,文化与旅游密不可分,旅游可以促进文化的传播,同时文化又是人们旅游的动因[2]。

### (三) 文化旅游

文化旅游的定义与旅游的定义一样,目前还没有形成一个被学者们广泛认可的概念。1985年,世界旅游组织对"文化旅游"的定义中十分强调文化旅游的动机必须是出于文化需求[3]。Reisinger(1994)对于文化旅游的范围进行了确定,他认为民族宗教活动、遗产旅游、美食旅游、戏剧欣赏都属于文化旅游,除此以外,自然历史旅游、目的地动植物的研学旅游、体育旅游及农业旅游也都包含于文化旅游之中[4]。以上都是从狭义的角度定义文化旅游。文化旅游从广义的角度来看,Mcintosh(1986)提出,文化旅游涉及旅游的方方面面,游客在旅游过程中可以学习目的地主人的历史文化知识,同时了解目的地的生活及思想。我国学者徐菊凤结合了以上两类观点,将文化旅游的概念性与技术性相融合,他于2005年提出文化旅游的动机是满足自身的文化需求,旅游目的就是离开自己的居住地为了获得新的信息和文化体验。从技术角度看,文化旅游是指人们离开他们的常住地,到文化吸引物所在地[5]。

## 二、文化旅游的构成要素

### (一) 文化旅游主体

文化旅游主体就是我们通常所说的文化旅游者。旅游者是旅游客体的浏览主体,旅游主体是旅游活动的主体,是旅游审美的主体,只有与旅游客体相观照和相审视时,

---

[1] 罗伯特·郎卡尔.旅游及旅行社会学[M].蔡若明,译.北京:高等教育出版社,1989.
[2] 谢彦君,等.旅游学概论[M].沈阳:东北财经大学出版社,1999.
[3] 侯兵.南京都市圈文化旅游空间整合研究[D].南京:南京师范大学,2011.
[4] Reisinger Y. Tourist—Host Contact as Part of Culture Tourism[J]. World Leisure and Recreation,1994,(36).
[5] 徐菊凤.旅游文化与文化旅游:理论与实践的若干问题[J].旅游学刊,2005,20(4).

它才能成为旅游主体。

文化旅游的主体属于旅游主体的一部分,但是又和旅游主体不完全相同。从文化的角度来看,文化旅游主体不仅体验、接受旅游地的文化,也是文化的负载者和传播者。文化旅游者更加注重对旅游知识的追求,其目的是通过文化旅游来充实自我、感受文化历史。从经营者的角度来看,文化旅游产业的文化吸附力会越来越强,文化产品的特色及价值也会更高,不仅是门票+矿泉水的盈利模式,而是追求整个产业链各环节的收益。文化旅游者的经济承受能力一般也会高于普通的旅游(观光游),以中产阶级为主。

(二)文化旅游客体

文化旅游客体指的是文化旅游资源。旅游资源是指凡是能激发旅游者的旅游动机,能为旅游活动所利用,并由此产生经济效益、社会效益和环境效益的自然因素、社会因素或其他任何因素。文化旅游资源和一般旅游资源的概念是不同的,它指的是能给人一种超然的文化感受,具有审美情趣激发功能、教育启示功能和民族、宗教情感寄托等功能的饱含文化内涵的旅游资源。

以长三角地区的文化旅游项目为例,虽然目前长三角地区的文化旅游项目遍地开花,但从开发文化内容的视角来看,普遍存在挖掘文化内涵有余、与市场对接的娱乐改造不足的问题。对比目前世界范围内开发较好的文化旅游项目,如哈利·波特对角巷主题公园、消失的古滇王国重现云南、首钢老厂改成主题公园并推出钢铁主题实景演出等,都是对文化旅游资源的深入挖掘和与文化旅游市场的紧密对接。如果说在文化旅游发展的初级阶段,文化旅游资源多数是已有旅游资源的呈现与展示,消费者在旅行过程中享受文化体验,那么在文化旅游发展的高级阶段,更强调文化旅游资源的转化方式、转化效率及转化产品,让文化旅游资源"活"起来、"动"起来。2008年打造的国内首家体验春秋文化的淹城春秋乐园,以融入众多春秋文化元素和创新科技的"诸子百家园""春秋王国""市井商街""五霸鬼屋"吸引旅游者,使游客接受中华文明的熏陶。

(三)文化旅游媒介

文化旅游媒介是连接文化旅游主体与客体的纽带,是传递文化旅游的桥梁,我们在这里所讲的文化旅游媒介更侧重于文化旅游经营环境的媒介。

旅游产业有六大基本组成要素:吃、住、行、游、购、娱。在文化旅游发展的初级阶段,最重要的媒介就是其中的交通、信息渠道和中间商这三大部分。交通线路是实现文化旅游活动不可缺少的条件,是旅游资源开发的关键因素之一,也是旅游业的重要组成部分,更是很多文化旅游资源在拓展时必须考虑的重要因素。旅游信息具有传承性、共享性、寄载性和时效性等特点,是完成文化旅游活动的重要因素,没有足够有吸引力、独具特色的旅游信息,就没有文化旅游主体的消费;中间商是产品及服务的主要销售渠道,在文化旅游活动中扮演着组织协调的角色,具有宣传促销和咨询作用。

按照国家发改委社会发展司的设想,在休闲游或体验游阶段,旅游的六要素可以总结为:品、享、通、学、汇、动。"品"就是品位、品质;"享"就是享受离开原住地与自然、社会、同伴的交汇、沟通和融合;"通"就是说走就走的旅行;"学"就是旅游也是一个学习的过程;"汇"就是旅游者与自然、社会、同伴的交汇、沟通和融合;"动"则强调所有旅游都与休闲、运动相结合。在这六个字的精辟概括中,我们认为在文化旅游发展的高级阶段,"品、享、动"是最重要的媒介,这既是企业在对接文化旅游消费市场时必须要抓住的要点,也是文化旅游资源转变为文化旅游项目及产品的关键因素,更是吸引消费者在文化旅游中保持经常性、持久性、延续性逗留与消费的重要因素。

### 三、文化旅游的特征

文化旅游概念的提出,正是抓住了旅游业的本质内涵。作为一种符合时代发展趋势、能够满足现代旅游需求、提高旅游生活质量的旅游方式,文化旅游具有与众不同的明显特征。

#### (一)民族(地域)特色性

民族性是指某一个体确定个人身份的方式,以及某一具有共同起源的人群所形成的社会阶层类型。处于不同民族或群体的人们的文化观念存在差异,所形成的文化特色也具有差异,甚至同一民族在不同的历史阶段所形成的文化也都有各自的特色。地域性也同样如此,这种极具民族色彩的文化会对文化旅游者产生较大的吸引力,运用产品设计、科学技术、规划建设等手段,可以使旅游者产生强大的文化旅游动机。

浙江中唐集团在成功开发"安徽花鼓灯嘉年华"4A级景区后,挖掘当地最具代表性的非物质文化遗产及地域文化元素中的核心价值,打造了一个升级版的文化旅游创意产业区。除去这一项目的外衣,科技加工等地域文化资源的特色就是吸引文化旅游者的主要因素,也是文化旅游者进行旅游地选择与评判的主要依据。文化旅游的民族性特点主要通过旅游景区的文化特色和旅游者心理的民族性体现出来,民族特点越独特,其对旅游者的吸引力就越大。旅游的过程就是对不同民族的文化或同一民族中不同地域的文化的鉴赏和体验过程。

#### (二)艺术融入性

艺术性是指人们反映社会生活和表达思想感情所体现的美好表现程度。艺术性的词语常出现在文化领域。文化的艺术性是指艺术作品通过各种艺术手段反映社会生活、表现思想情感所达到的鲜明、准确、生动的程度。艺术性的高低与文化旅游产品的思想性有着密切的关系,但艺术性作为对文化旅游产品艺术价值的衡量标准,主要是指在艺术处理、艺术表现方面所达到的完美程度,主要包括:艺术形象的鲜明具体性和典型性;艺术情节的生动性和曲折性;艺术结构的严谨性和完整性;艺术语言的准确性和鲜明性;艺术手法的精当性和多样性;艺术表现的民族性和独创性等。文化旅游与文化密不可分,更与艺术密切相关。因为广义上的文化本身就是一种艺术,不受时空限制,无论是古老的艺术遗产还是现代艺术均具有鲜活的生命力。

各门艺术的艺术性表现是不同的。艺术性不仅在于文化旅游项目的策划、文化旅游产品的设计,有时可能还表现在对某个细节的考虑。哈利·波特对角巷主题公园就引用了系列小说《哈利·波特》中英国魔法界最繁华的商业街道对角巷的名称。小说中的对角巷隐藏于伦敦破釜酒吧后的小天井,通过魔杖敲打垃圾箱边上特定的墙砖才可以进入。主题公园中的很多细节都做了精致的艺术处理。因此,在发展文化旅游时,一定不能忽视文化的艺术性,缺乏艺术性的文化旅游难以持续与发展。

### (三)体验互动性

根据国际经验,人均 GDP 达到 1000 美元以上,真正意义上的旅游才开始,随之而来的,是一个全民观光旅游的浪潮。当人均 GDP 突破 300 美元时,大众观光旅游开始向休闲、体验旅游转型。而人均 GDP 超过 500 美元则标志着即将进入休闲旅游、体验旅游蓬勃发展的新时代。2013 年,中国人均 GDP 已经达到 600 美元,意味着全新的体验旅游时代已经到来。同时,由于旅游观念的不断更新、发展,旅游者对文化旅游体验的要求也愈来愈高。他们已不再满足于"有物可看,有话可说"的传统旅游经历,而是希望通过视觉、味觉、嗅觉、听觉等的全方位参与,充分体验旅游目的地的文化内涵和地方特色。所以,近些年来,印象系列类旅游演艺,尤其是实景演出类的文化旅游产品颇受市场欢迎。

同时,文化旅游比一般旅游更注重旅游者的文化感知与心理愉悦,但又由于文化旅游是多种存在差异的价值观、价值标准及文化相互接触、碰撞的过程,是对"异质"文化的追求,这种碰撞会有愉快产生,也会有不愉悦产生。因此,注重互动可以减少旅游者在接触新文化时的不适,从而使游客更好地理解与欣赏存在差异的文化带来的愉悦。现在还有一些企业站在游客的角度考虑,主动延伸产业链,推动文化主题酒店、旅行社等与文化旅游相关的产业发展,为游客提供更舒适、更便利的体验。只有建立在良好互动基础上的文化旅游,才能更好地达成上述目标。

### (四)文化继承性

文化是旅游资源的主要内涵,是旅游业的灵魂和支柱。传统文化是在长期历史发展过程中形成并保留在现实生活中的具有相对稳定性的文化。中国传统文化经过数千年的发展,已经成为中华文化中一个非常重要的组成部分,对今天中国人的价值观念、生活方式和中国的发展道路都具有深刻的影响。中国独特的自然风光、历史古迹、革命遗址、建设成就、民族习俗等具有深厚文化底蕴的旅游资源是游客在旅游过程中最想欣赏和了解的。

文化旅游的基础是旅游文化。作为一种文化形态,旅游文化的产生与发展,都必须汲取原有文化成果的精华,旅游文化的继承性决定了建立在其基础上的文化旅游也具有相应的继承性。

### (五)休闲娱乐性

从市场营销的角度看,文化旅游是一个包含核心产品、形式产品、附加价值在内的整体概念。休闲娱乐产品的附加价值体现的是一种精神需求,即人们通过休闲娱乐的方式感受生命的快乐和幸福。这类产品的推出可以满足旅游者多元化、个性化、娱乐化的需求,可以优化调整基本旅游消费产品与非基本旅游消费产品,完善"吃、住、行、游、购、娱"相关产业链,整合"品、享、通、学、汇、动",延长游客停留时间,壮大文化旅游产业规模,辐射带动其他行业的发展,产生旅游经济放大效应。

### 四、文化旅游的四个层面

中国文化旅游可分为以下四个层面：
(1) 以文物、史迹、遗址、古建筑等为代表的历史文化层；
(2) 以现代文化、艺术、技术成果为代表的现代文化层；
(3) 以居民日常生活习俗、节日庆典、祭祀、婚丧、体育活动和衣着服饰等为代表的民俗文化层；
(4) 以文化生产与消费活动为基本前提的文化产业园区。

## 第二节 文化旅游产业的发展历程及地位

### 一、文化旅游产业的概念

为了提升旅游产业的品质，促进产业的可持续发展，以及满足人们品味旅游资源的历史文化内涵的需要，国家出台一系列文件，加快文化与旅游的结合，形成有效的合作机制，推动文化旅游产业的发展。文化旅游产业也逐渐成为地方旅游业中的重要新兴力量。

文化旅游产业是什么？它包括哪些内容？对于这些问题国内外的学者有着不同的看法。首先要指出的是"文化旅游产业"这一概念在国外的研究中鲜有提及。国内学者近几年才开始使用这一名词，但有一点是学者们基本认可的，即文化旅游产业在很长一段时间内已经存在了。"文化旅游产业是旅游业中一个重要的组织部分，涉及对一个国家和地区从历史文化中留存下来进入旅游市场的物质和精神遗产（文物古迹、风景名胜、宗教民俗设施及有关的风土民情、民俗礼仪等）进行开发、营销和推广"①。也有学者（宋迪，2010）认为，文化旅游产业是文化创意产业的一个子类，是指"依靠创意人的智慧、技能和天赋，在深度挖掘旅游文化内涵的过程中，用新的思维认识、开发和管理文化旅游产品，从而创造财富和就业潜力的产业"。其实质是以"玩"促进消费增长，以"休闲经济""体验经济""娱乐经济"为特征的一种新的经济发展方式。

有学者认为文化旅游产业是一个国家和地区在历史文化的积淀中留存下来进入旅游市场的物质和精神遗产，主要指文物古迹、风景名胜，宗教民俗设施及有关的风土人情、民俗礼仪。文化旅游产业在产品的生产、服务、市场与竞争方面具有与一般产业经营共同的特点，此外，文化旅游产品还具有不可替代性的特殊价值特点。李凤香（2011）认为文化旅游作为一项产业，是整个旅游产业的重要组成部分，是一个国家和地区将自己的文物古迹、风景名胜、宗教民俗、风土人情等转化为特殊商品，通过一定载体或表达方式，让旅游者来体验、游览、感受，同时提供吃、住、行、游、购、娱等服务的活动。综上

---

① 张春香，刘志学. 基于系统动力学的河南省文化旅游产业分析[J]. 管理世界，2007(5).

所述,文化旅游产业是依托人文旅游资源,通过科学合理的开发利用,为社会公众提供文化旅游产品和服务的活动,以及与这些活动有关联的活动的集合。发展文化旅游产业的目的,是对人类精神文明成果进行包装、加工、宣传、推介、利用,并通过市场化的运作取得社会效益和经济效益。

## 二、我国现代文化旅游发展的历程

文化旅游产业在经济基础、政治环境和丰富的旅游资源基础上蓬勃兴起,是与整个旅游事业和旅游市场的兴起和发展紧密相连的。

### (一)萌芽阶段(1949—1978年)

这一时期的中国的旅游产业是随着国家综合实力的提升而不断发展的。20世纪50、60年代,国家旅游局(今文化和旅游部)隶属于外交部,当时旅游接待的对象主要是来华访问国家的大规模团体和友好人士,以政治接待、外交接待为主,开展旅游的目的主要是为了加强对外交往,提高中国的国际地位和政治声望。直到1978年,中国国际旅游接待人数达到了180万人,仅为世界的0.7%,居世界第41位,旅游创汇26亿美元,也仅占全球的0.038%,居世界第47位。

此时的旅游业并没有重视自然景观、历史资源及产业化经营的模式,仅具备产业雏形,但是形成了文化旅游的巨大资源优势,积蓄了中国文化旅游资源转化基础。

### (二)初始阶段(1978—1987年)

在十一届三中全会上,邓小平同志指出,"旅游事业大有文章可做,要突出地搞,加快地搞",之后我国旅游业逐渐由接待向经济产业转化,取得了转折性的辉煌成就。据统计,1985年我国对外开放城市已达15座,港外饭店710个,而当年共接待旅游者24亿人次。从1986年开始,我国旅游业(包括文化旅游)被正式列入国民经济计划指标。

在这一时期,各地政府十分重视对旅游资源的开发、利用,纷纷对城市、景区加以规划,出现了风景旅游城市、旅游风景名胜区、森林公园,自然和人文旅游资源得到了充分挖掘。特别是受海外华人、华侨寻根旅游活动影响,珠江三角洲、闽中南地区、京津地区等成为文化旅游主要的客源市场。文化旅游逐渐走进人们的视野,但很多人仅将其视作旅游业的一个组成部分。

### (三)成熟阶段(1988—2008年)

1988年,北京市旅游局率先发起旅游年活动,它"标志着一个新兴的文化市场——中国文化旅游市场,随着我国的整个旅游市场跨入了世界旅游市场的行列"①。1998年召开的中央经济工作会议,将旅游业作为国民经济新的增长点。自此,国家开始大力扶持旅游业的发展。

20世纪90年代,我国推出一些极具时代特色和历史文化底蕴的旅游线路,如"沿着丝绸之路的东方列车",即用毛主席乘过的专列火车重走丝绸之路,引起了很多游客

---

① 焦勇夫.文化市场[M].上海:上海交通大学出版社,1992.

的关注。进入21世纪以来,各地以文化旅游为内容的旅游活动悄然开展,文化与旅游结合发展的趋势渐渐明显,全国许多地区从自身实际出发,大胆探索,旅游和文化呈现出多层面、多领域相互融合的态势,文化旅游已经不仅仅作为旅游业的一部分,而是作为发展旅游业的核心。

在这一时期先后涌现出大批优秀的可持续发展的文化旅游产品。广西桂林《印象·刘三姐》跳出了传统舞台剧的封闭场景,把表演舞台搬到桂林真实的山水场景中,将桂林山水、刘三姐的美妙传说和漓江原生态的场景完美地结合在一起。常州的恐龙园以恐龙为主题,融博物展示、科普教育、观赏游览、娱乐休闲及参与性表演于一体,已成为我国恐龙化石较为集中的专题博物馆,营造了科学启智与审美情趣相融合的动感空间。同时,以云南丽江为代表的特色文化旅游创意产品,以深圳华侨城、杭州宋城集团影视基地为代表的一大批知名文化旅游企业,呈现出文化和旅游发展相得益彰、经济效益和社会效益兼顾的良好局面。

### (四)创新阶段(2009年至今)

随着文化与旅游结合发展实践的不断深入,2009年8月31日,文化部(今文化和旅游部)、国家旅游局(今文化和旅游部)共同出台了《关于促进文化与旅游结合发展的指导意见》,提出了包括推出"中国文化旅游主题年"系列活动在内的十大结合重点,使文化与旅游结合进入了一个快速推进的新阶段。文化与旅游结合发展这种发展模式得到了国际旅游组织的广泛推介和各区域政府的高度认可,被视为一种顾及人文和自然景色、促进社区民主参与、照顾地方小企业者的经济收入的可持续发展模式。2017年,陕西在建、规划中的重大文化项目已达30个,计划投资额1187.5亿元,已基本完成。据了解,30个重大文化项目包括岐山西周文化景区、秦兵马俑文化景区、法门寺佛文化景区等十大文化旅游景区项目,西安国家数字出版基地、丝绸之路风情城、铜川药王中药文化产业基地等十大文化基地项目,以及陕西大剧院、陕西文化艺术中心、陕西新图书馆等十大标志性文化设施项目。这些项目的建设是文化旅游产业发展的新业态,也标志着重大文化旅游项目已经成为陕西旅游的新引擎。

现在文化旅游产业已经进入新的创意阶段,不仅立足历史型文化旅游,在民俗文化、民族文化、古都文化、宗教文化、城市休闲文化和非物质遗产文化等方面形成了特色的发展模式,如体育、会展、演出等活动与旅游业的结合,而且旅游消费方式、旅游开发经营方式及旅游市场主客关系都已经悄然发生变化,对旅游业的综合效益也产生了巨大的影响与改变。2019年接待旅游总人数3.22亿人次,比上年增长3.6%;实现旅游总收入6224.6亿元,同比增长5.1%。其中,接待国内游客3.18亿人次,同比增长3.7%;国内旅游总收入5866.2亿元,同比增长5.6%。接待入境游客376.9万人次,同比下降5.9%。国际旅游收入51.9亿美元,同比下降5.9%。吸引人们来这座城市的文化资源,不仅是过去的长城故宫、现代化都市街区,而是文化遗存、古道街区、胡同四合院,以及休闲养生、文化娱乐等多方面整合后的文化资源形态。同时,大批有知名度的企业向文化旅游投资,并向文化旅游企业转型,不断推出特色文化旅游产品,开发文化旅游精品区。

# 第三节　典型案例：主题公园——清明上河园

## 一、《清明上河图》的文化内涵及开发

《清明上河图》属于北宋时期的风俗画，是中国十大传世名画之一，属于国宝级文物。狭义的《清明上河图》是指由北宋末期张择端创作的，反映北宋都城东京（又称汴京，今河南开封）的城市面貌与人民生活情况，同时带有忧患意识色彩的作品；广义的《清明上河图》泛指由前者创作启示而派生的一系列景致、背景、地区与风格不同的城市生活作品。本书所指的《清明上河图》属于前者。

《清明上河图》宽 24.8 厘米，长 528.7 厘米①，描绘了北宋时期都城汴京及汴河两岸质朴的风俗民情、优美的自然风光和繁荣的市集景象。《清明上河图》全图大致分为汴京郊外春光、汴河场景、城内街市三部分，以汴河为构图中心，对汴京的生活做了详尽的描绘，详尽地展现了宋代各阶层人物的生活动态，包括经济状况、风俗民情、城乡关系等；从郊区到闹市，从王府将相到平民百姓，三教九流全部浓缩到这幅长卷中，再现了当时社会稳定、经济繁荣的社会风貌，在繁华景象和自然风光背后却又蕴含着张择端对时代的忧患意识。《清明上河图》是历代风俗画的典范，将社会风俗画推向更高的阶段，被誉为"天下第一画"。《清明上河图》因其强大的感染力、高度的欣赏价值、传神的表现力而世世代代深受人们的喜爱。

（一）《清明上河图》的文化内涵

1. 市井文化

《清明上河图》描绘了 600 多人物、牲畜、交通工具等，其中包括形色各异的人物共 550 人，牲畜如牛、马、骡、驴等共 50 多头，交通工具如马车、轿子共 20 多辆，大小船只 20 多艘，充分展现出社会各阶层人民的生活状态。宋朝正是物质文化和精神文化空前繁荣的时期，城市发展、文化传播为当时的绘画艺术打开了创作大门，丰富多彩的市井生活成为文人墨客笔下的新题材。

汴京拥有绝对的交通区位优势，又恰逢太平盛世，地理条件和经济条件为汴京经济的发展奠定了良好的基础，同时也丰富了人们的精神生活，提升了人们的生活品质。《清明上河图》中人们安居乐业，茶楼酒肆、店铺码头、胡同小巷、城市街道等汴京闹市的各个角落都有手工业者、吏员、仆役、艺人、小业主、市民、无赖等的身影，画面展现了交易集市上的繁华景象，热热闹闹、熙熙攘攘的人潮，热闹而繁忙的大运河，拥挤而嘈杂的街景等景象。这样的市民阶层占社会人口的大多数，而市井文化正符合这些人的品位与喜好。

---

① 数据来源于人民网。

## 2. 广告文化

宋代商业繁荣，是中国汉文化的成熟时期。在《清明上河图》描绘的热闹街市中，可以清晰地看到宋代时期类型丰富的广告形式，如吆喝、牌匾、招牌及灯箱。《清明上河图》整幅画卷中，除去被周边的景物、建筑遮挡的广告之外，还有广告旗帜10面、灯箱广告4块、招牌23处，体现了当时丰富的广告文化。《清明上河图》不仅是一幅上佳的美术作品，还对宋代的经济、政治、文化等做了翔实的记录，其中对广告文化的描绘成为中国古代广告造型样式极其难得的例证。《清明上河图》中广告文化的体现如表5-1所示。

表 5-1 《清明上河图》中广告文化的体现

| 类型 | 图中体现 | 特点 | 作用 |
| --- | --- | --- | --- |
| 吆喝 | 《清明上河图》中，"虹桥"上有两个地摊，商贩正在叫卖，吆喝着争抢买主 | 不同行业吆喝的形式各不相同；吆喝是最早的广告形式 | 招揽生意 推销商品 |
| 旗帜 | 图中酒馆凉棚前悬挂两串彩旗，棚柱上挂一只酒幌 | 旗帜广告最早出现在战国时期，宋朝以来，旗帜广告十分广泛 | 招揽生意 推销商品 |
| 灯箱 | 图中彩门下挂两块灯箱招牌 | 是对灯箱广告最早的记载；制作精致，规模可观 | 照明功能 防火功能 招揽生意 |
| 招牌 | 在市镇路北"赵太丞家"西面"治酒所伤真方集香丸" | 具有封建社会法统的价值；是商人财富的象征；体现出中华民族广告的艺术风格 | 象征财富 社会价值 招揽生意 |

资料来源：根据文献资料整理。

### (二)《清明上河图》的文化效应

#### 1. 引发后代模仿热，推动风俗画发展

张择端创作的《清明上河图》深受世人喜爱，自古以来临摹之风就很盛行。在众多仿本中最著名的有两幅：一幅是由明代画家仇英所作，现藏于辽宁省博物馆，创作风格与宋本的差异较大，使用的是青绿工笔，表现出明代时期苏州的世俗生活和民风民情，被称为后世众仿作的鼻祖；另一幅是清院本，由清宫画院五位画家在乾隆元年合作画成，是清廷官方按照各朝的仿本，集各家所长之作品，现存于台北故宫博物院。据不完全统计，现藏于世界各大博物馆的《清明上河图》各类版本达到了30余种，其中中国藏有20余本(其中台湾地区藏有9本，台北博物院就藏有7本)，美国藏有5本，法国藏有4本，英国藏有1本，日本藏有2本。该题材的绘画在社会上产生的持久效应可见一斑。具有代表性的摹本如表5-2所示。

表 5-2 张择端《清明上河图》摹本

| 序号 | 年代 | 作者 | 材质 | 收藏地 |
| --- | --- | --- | --- | --- |
| 1 | 元 | 赵雍 | 绢 | 台北兰千山馆藏 |
| 2 | 明 | 仇英 | 绢 | 辽宁省博物馆 |

续表

| 序号 | 年代 | 作　者 | 材　质 | 收　藏　地 |
|---|---|---|---|---|
| 3 | 明 | 赵浙 | 绢 | 日本冈山博物馆 |
| 4 | 明 | 夏芷 | 绢 | 日本筑波山神社 |
| 5 | 清 | 沈源清 | 绢 | 台北故宫博物院 |
| 6 | 清 | 罗福旼 | 纸 | 北京故宫博物院 |
| 7 | 清 | 陈枚、孙祜、金昆、戴洪、程志道 | 绢 | 台北故宫博物院 |
| 8 | 清 | 刘九德 | 绢 | 无 |
| 9 | 现代 | 冯忠莲 | 绢 | 北京故宫博物院 |
| 10 | 现代 | 吴子玉 | 绢 | 吴子玉本人藏 |

2. 衍生品层出不穷，形成文化产业

《清明上河图》独特的价值远远超出了艺术或文化某一领域，而实现了多重价值。《清明上河图》在古今中外所产生的巨大而深刻的影响，使其成为中国人人尽皆知的十大名画之一，由此而衍生出各类表现形式和各种材质的附加产品，如旅游纪念品、模仿画作、雕刻、刺绣品、壁挂、文艺作品等。《清明上河图》的内涵不断被挖掘，以《清明上河图》为核心形成的文化产业链，创造出了巨大财富，对国内外的经济、文化都有深刻的意义。《清明上河图》衍生产品链如表5-3所示。

表5-3　《清明上河图》衍生产品链

| 衍生产品 | 表　现　形　式 |
|---|---|
| 纪念品 | 纪念币、邮票、火花、电话卡、明信片、扑克牌、香烟盒、剪纸、纸刻、沙盘、麦秸秆、钱钞等 |
| 画作 | 瓷画、鼻烟壶画、烙铁画、漆画、拼贴画、油画等 |
| 雕刻 | 微雕、木雕、石刻、砖雕、根雕、铜雕、竹雕、骨雕、瓷雕、银雕、玉雕等 |
| 刺绣品 | 汴绣、苏绣、蜀绣、鲁绣、湘绣、发绣、十字绣等 |
| 壁挂 | 挂毯、竹帘壁挂、大理石壁画、铜版画 |
| 文艺作品 | 歌曲、电视连续剧、歌舞剧、大型舞蹈诗、大型交响音画、动画片、二胡曲、小说 |
| 旅游景区 | 杭州宋城旅游景区、江苏无锡影视基地、浙江金华横店影视城、开封清明上河园、广东清明上河街 |

3. 学术研究不断推进，形成研究热潮

在各类期刊网上搜索关键词"清明上河图"，统计得到直接研究《清明上河图》的专著有30部，期刊论文有400余篇，间接研究涉及的文章不计其数。1980年河南大学学报为《清明上河图》研究开辟专栏，此外还召开了一系列的学术研讨会，对于研究《清明上河图》功不可没。北京故宫博物院于2005年开展了关于《清明上河图》及宋代民俗画的研讨会，国内外历史学家、艺术家、建筑学家汇聚一堂将《清明上河图》研究推向高潮。2015年10月，为庆祝故宫博物院90年华诞，故宫博物院在展出《清明上河图》的同时，还开展了国际学术研讨会，进一步推动了力国内外对《清明上河图》的深入研究。《清明上河图》的研究领域已经扩展到研究民俗、建筑、饮食等方面,社会上各个领域的专家学者从不同的领域和不同的角度进行研究,提出了很多与时俱进的新议题。在学术研究不断推进的过程中,逐渐形成了一个称之为"清明上河学"的专业。

4. 走向世界的中国文化符号,形成中国特色

外国人观赏《清明上河图》时是直观的,《清明上河图》体现了中国古代社会历史和文化,已成为中国的文化符号和历史城市符号,可以让外国人更容易地了解中国。美国著名城市史学家刘易斯·芒福德在其著作《城市发展史——起源、演变和前景》中引用了《清明上河图》,以此作为书中对于未来城市的理想描绘,他认为"这种充满生气的城市就是和谐城市的代表",无疑将《清明上河图》当成未来世界城市的理想样板。2012年,在"中日邦交正常化40周年纪念展"上,张择端的《清明上河图》首次展出时排队等待的时间超过5小时,当天的参观者超过10万人。由此可见,《清明上河图》已经成为中国走向世界的文化符号,是极具中国特色的文化作品。

### (三)《清明上河图》开发模式

1. 文化＋科技

2018年5月18日,通过无缝拼接8K版八联屏打造的高清版《清明上河图3.0》高科技互动艺术展演在北京故宫正式拉开帷幕。展演将国宝文物研发为可沉浸体验、可分享传播的博物馆艺术新形态,帮助观众打破时空的限制,使其仿佛置身于北宋的汴京,可看、可触、可听、可赏、可玩。高科技互动艺术展演这一全新的形态,由凤凰艺术与凤凰数字科技的团队联合故宫博物院专家在国内首创,这在全球博物馆及文化创意领域都尚无先例。此次展演利用了8K超高清数字互动技术、4D动感影像等多种高科技互动技术来挖掘原作的神韵、内涵、价值,再现了《清明上河图》北宋汴京的生活图景,让人们在各个音乐章节中以第一人称视角体验北宋都城汴京的众生百态,更加直观地感受中华民族深厚的历史底蕴。这次展演为观众打造沉浸式博物馆级体验,推动民众与作品产生交互和共鸣,助力中华传统文化走出去,面向世界不同地区的公众;实现文化与科技互联、沟通、对话,为年轻一代解读经典,树立起大众对传统文化的自信,促进了传统文化的创新发展。

2. 文化＋旅游

《清明上河图》的文化价值、历史价值、美学价值与旅游相结合走向"文化＋旅游"融合发展之路,将旅游作为载体深刻而活化地复现了《清明上河图》的神采,推进了旅游项目的落地生根,也使《清明上河图》能够再现辉煌。以《清明上河图》为蓝本建设的旅游景区(见表5-4)包括:杭州宋城旅游景区、江苏无锡清明上河街、开封清明上河园、河北唐山泥塑文化园、龙凤山庄清明上河街、山东诸城清明上河园等,其中最具有代表性的是开封清明上河园。

表5-4　以《清明上河图》为蓝本建设的旅游景区

| 景　　区 | 开放时间 | 地理位置 | 规模 | 特　　色 |
| --- | --- | --- | --- | --- |
| 杭州宋城旅游景区 | 1996年 | 浙江杭州 | 300亩(约20万平方米) | 按照宋代"营造法式"再现了宋代都市的繁华景象;获得国家"五个一工程"奖的旅游演艺类作品 |

续表

| 景　　区 | 开放时间 | 地理位置 | 规模 | 特色 |
|---|---|---|---|---|
| 江苏无锡清明上河街 | 1997年 | 江苏无锡 | 1500亩（约100万平方米） | 京城区的重要建筑"清明上河街"，根据张择端《清明上河图》中虹桥至街市城门内外的布局建造 |
| 开封清明上河园 | 1998年 | 河南开封 | 600余亩（约40万平方米） | 开封是《清明上河图》的原型地，建成了中原地区最大的复原宋代建筑的建筑群 |
| 河北唐山泥塑文化园 | 2007年 | 河北唐山 | 200亩（约13万平方米） | 以《清明上河图》为蓝本，以精湛的泥塑艺术，把《清明上河图》中汴河两岸的繁华景象按真实比例立体地、全方位地呈现 |
| 龙凤山庄清明上河街 | 2011年 | 广东东莞 | 300亩（约20万平方米） | 融入现代灯光及科幻元素打造而成，集观光、购物、美食、表演于一体 |
| 山东诸城清明上河园 | 2012年 | 山东诸城 | 310亩（约20.7万平方米） | 包括张择端故居、万古塔、鎏金阁、《清明上河图》动画展示馆、非遗传人艺术作品馆、文化一条街等18种业态 |

## 二、开封清明上河园概况

开封清明上河园是以《清明上河图》为蓝本，以宋朝市井文化、民俗风情、古代娱乐和皇家园林为题材，以游客参与体验为特点而进行复原再现的大型宋代历史文化主题公园，集中再现《清明上河图》中的风光景观、世俗民情和宋代汴京繁华的胜景，是首批国家5A级旅游景区和中国非物质文化遗产展演基地①。清明上河园占地600余亩（约40万平方米），其中水面面积180亩（约12万平方米），房屋400余间，大小船只50余艘，景观建筑面积3万多平方米，成为中原地区最大的复原宋代建筑的建筑群。

## 三、开封清明上河园的文化表达

### （一）物质文化表达

#### 1. 建筑

宋代汴京在建筑布局上最大的特点就是将里坊制转变为坊巷制，打破"坊""市"界限，突破了里坊围墙对建筑的限制，店肆围街而开，并且商业活动不再受到时间和区域的约束。清明上河园以《营造法式》为建设标准，建筑色彩以灰、白、黄等为主，建筑样式是硕大雄厚的斗拱配以轻柔的屋脊，对建筑的装饰进行细致的刻画，主要建筑有城门楼、虹桥、码头、酒楼等，这些建筑都描绘了汴京商铺林立、繁华热闹的景象，表现了宋代建筑装饰细致、绚烂并富于变化、秀丽柔美的特点。

---

① 数据来源于河南省人民政府网站。

### 2. 装饰

清明上河园中的道路以青石铺装，并用碎石、栈道、拱桥等进行装饰，并融入宋代特有的符号与图案，生动形象地展示了宋代的文化内涵；按照《清明上河图》中的种植方式在园中主干道上种植杨树、榆树、桐树、柳树等具有中原特色的树种，充分营造宋代的文化氛围；园中的壁画、指示牌、照明灯、座椅等都融入了宋代的装饰元素，精致优美，古朴典雅，生动再现了宋代汴京的繁荣景象，对宋代文化表达起到了画龙点睛的作用。

### (二) 非物质文化表达

#### 1. 民俗文化

园内建筑与装饰采用"复制＋创造"的方式构造了清明上河园的"形"，民俗文化塑造了清明上河园的"神"，形神俱备，达到人在画中游的境界。清明上河园中的工作者都身着宋代服饰，这里有巡视的皇帝妃嫔、经商小贩、撑船的艄公、洗衣的妇女、摆场打拳的艺人、走江湖的郎中，等等。此外还有商贸交易、街头卖艺、殿试选拔等生活场景。而这些人并不是在表演，而是真实而自然地生活在其中，他们的存在既是为游客提供真实的服务，也构成了游客真实的旅游体验中最重要的一部分。实现了游客"一朝步入画卷，一日梦回千年"的夙愿。

#### 2. 演艺文化

随着旅游业由观光旅游向休闲度假游转变，为了改善景区依赖门票收入的现状，清明上河园投资1.35亿元打造实景演出《大宋·东京梦华》来延伸旅游产业链，以清明上河园皇家园林的亭台楼榭、水榭廊桥和宽阔的汴河水面为实景，将8首游客耳熟能详的宋词贯穿其中，采用高科技声光电技术展现出一个如梦如幻的锦绣王朝和一幅如诗如画的盛世画卷，给游客带来震撼的视觉冲击。除了《大宋·东京梦华》之外，景区还有《岳飞枪挑小梁王》《包公巡视汴河漕运》《梁山好汉劫囚车》《王员外招婿》《大宋科举》《包公迎宾》《燕青打擂》等节目互为补充，形成了中原地区首个演艺文化集群。《大宋·东京梦华》推进了开封文化产业革命，增强了开封文化软实力，让游客感受到古都开封文化复兴的曙光[1]，对推动河南文化旅游蓬勃发展起到引领、示范、标杆和加速作用[2]。

## 四、开封清明上河园文化项目开发

开封清明上河园不仅再现了《清明上河图》，而且把宋代历史活化。每天上午9点，清明上河园都要举行开园仪式，并定时表演节目，如《包公迎宾》《王员外招婿》《岳飞枪挑小梁王》《大宋科举》等剧目，盘鼓、高跷、民俗绝活、编钟乐舞、水傀儡等表演，还可观赏如汴绣、木版年画、官瓷、面人、糖人等手工艺术的现场制作表演，以及曲艺、杂耍、驯鸟、斗鸡等民俗风情表演。每年10月18日至11月18日，清明上河园会隆重举办菊花花会，每年农历正月十五前后会举办元宵灯会，每年4月5日前后会举办一系列清明文

---

① 张世海. 论河南文化资源的产业化发展——以开封清明上河园为例[J]. 洛阳理工学院学报(社会科学版)，2011(6).

② 黄华乾，任亚琴. 历史文化主题公园旅游发展研究——以开封清明上河园为例[J]. 中南林业科技大学学报(社会科学版)，2016(2).

化节活动,帮助人们更好地了解开封,认识清明上河园。清明上河园景区的文化活动如表 5-5 所示。

表 5-5　清明上河园景区的文化活动

| 文化活动 | 项　　目 | 特　　点 |
| --- | --- | --- |
| 节目表演 | 《大宋·东京梦华》 | 中国首部皇家园林大型水上实景演出 |
| | 定时表演节目,如《包公迎宾》《大宋科举》和宋代民俗婚礼等 | 清明上河园的开园仪式 |
| | 手工艺术的现场表演 | 民俗风情表演,拯救古老艺术 |
| 菊花花会 | 经贸活动、展览活动 | 历史悠久,传统节庆 |
| 元宵灯会 | 展览活动 | 融入现代科技,兼具历史性与现代化 |
| 清明文化节 | 清明特色大巡游、清明文化特色系列活动展演、特色版《大宋·东京梦华》实景演出等 | 开封作为清明文化传承基地,节庆氛围浓厚,让游客能够体会到中华传统文化的深刻内涵 |

清明上河园景区以宏大的规模、深厚的文化内涵、全新的娱乐设施、新颖独特的表演剧目、全新的休闲度假理念,引领中原文化旅游产业的发展方向。

## 五、开封清明上河园成功经验总结

### (一)精准的定位——文化定位与市场定位

清明上河园位于古都开封(即宋代汴京),正是《清明上河图》的原创地,具有浓厚的中原文化氛围。清明上河园将《清明上河图》进行复原再现,文化展示更具可信度、真实度和吸引力,将清明上河园定位为宋代文化主题乐园,有着深厚的文化意蕴和文化遗产基础,其文脉与地脉优势明显。

依据旅游客源市场定位理论,根据清明上河园的主题定位和高速公路网络,清明上河园确定了市场定位,即将核心市场定位在 100 千米以内的区域,基础市场定位在半径 300 千米以内的区域,半径 500 千米以内的区域为潜力市场。景区在建成之时,由于品牌有限、资金不足,将重心放在争取区域市场份额上,为清明上河园带来了核心的消费群体,实现了第一年就盈利的市场目标。经过 10 余年的发展,清明上河园的市场扩张到了半径 500 千米的范围,覆盖了山东省、河北省、陕西省、湖北省、安徽省等周边省市,完成了区域品牌的打造,品牌传播开始走向全国甚至全球。

### (二)经营模式——股份制和商业化运作

清明上河园经营模式具有鲜明的特色,属于民营控股、政府参股的股权结构,由海南置地集团公司和开封市旅游局共同出资兴建,经过几次股权转让后,目前公司股东包括正新旅游、开封发投和开封国资,正新旅游持股 51%,为控股股东。清明上河园由企业自主经营,而政府根据其出资的比例享有企业的权责,为清明上河园的发展进行宣传推介。依照法律,保障企业能够以市场为导向进行运作,而不以政府行为干涉企业运营,这种运营模式对清明上河园的可持续健康发展起到了关键的作用。

清明上河园建立了现代化和科学化的管理制度,执行董事会领导下的总经理负责制,董事会仅从经营政策方针与企业战略方面进行决策和调控,对于经营的方式和具体的管理方面则将权力下放给组织管理层,职业经理人根据公司的目标和战略,依据市场变化进行适时决策和灵活经营。健全员工招聘制度、薪酬制度、财务制度等,在协调投资者、管理者、工作者三者之间关系的同时,建立协调的激励机制,使清明上河园的经营管理能够永葆活力。

### (三)创新文化表现形式,带来持续的经济效益

清明上河园活化历史的方式就是让《清明上河图》的画卷在园里动起来——改变景区游人静态观看的传统游览形式,使游客与景区互动,游客在宋景中穿越,以最直接、最立体、最鲜活的方式"复活"了历史。

2019年清明上河园的游客接待量达到352万人次,旅游综合收入4.8亿元,同比增长19.7%,净利润1.4亿元,同比增长13.82%。在带动开封市旅游业发展的同时,通过引入汴绣、官瓷、邮票等旅游商品,也推动了相关产业的发展。除此之外,清明上河园还提供直接就业岗位1500余个,相关就业人数达5000余人,有利于帮助解决就业问题,转移农村剩余的劳动力,为开封经济发展、社会稳定做出巨大的贡献。

## 本章思考题

1. 谈谈你对文化旅游和文化旅游产业的认识。
2. 新时代如何保证文化旅游实现可持续发展?
3. 技术进步给文化旅游带来了哪些影响?

## 案例分析

### 火到一塌糊涂,故宫文创怎么做到的?

故宫的雪、故宫的猫、故宫文创、故宫展览,如今,故宫已不再仅仅是一座博物馆,更是利用文化创意产品走进百姓生活的一个样板。

作为一个拥有近600年历史的文化符号,故宫拥有众多皇宫建筑群、文物古迹,成为中国传统文化的典型象征。在文创产业带动下,故宫如今化身成为"网红"。据介绍,到2018年12月,故宫文化创意产品研发超1.1万件,文创产品收入在2017年达15亿元。

伴随着时代潮流,文创艺术悄然兴起。文创,顾名思义就是文化创意产业的简称,是指依靠创造人的智慧、技能、天赋,借助现代科技手段对文化资源和文化用品进行创造提升。

文创既能让传统文化走进生活、融进生活,又能让物品因为增加创意而更富有趣

味性,使大家在消费、使用的过程中获得更多的精神享受。

说起文创产品,不得不提故宫文创。

故宫文创

故宫文创始于2008年故宫文化创意中心的成立,而从严肃的紫禁城到可爱的故宫淘宝,转变源自2013年。当时,台北故宫博物院推出了大受欢迎的"朕知道了"纸胶带,这让北京故宫博物院院长单霁翔认识到了文创产品的庞大市场。

故宫在传统文化从简单商品到创意的过程中,搭建起了自己的文创商业版图和一个坚守IP价值与开放互动的产业链。2013年8月,北京故宫第一次面向公众征集文化产品创意,举办以"把故宫文化带回家"为主题的文创设计大赛。此后,"奉旨旅行"行李牌、"朕就是这样汉子"折扇等各路萌系路线产品使600岁的故宫以一种前所未有的姿态变得年轻。

故宫不断推陈出新,潮品爆款层出不穷,不断尝试花式营销玩法,600岁的故宫终于活成了网红。

故宫的网红之路

2013年—2014年,故宫官方就推出了三款App:胤禛美人图、紫禁城祥瑞、皇帝的一天。三款App极具趣味,吸引了众多用户的关注。除了实体的文创产品,故宫在网络上也陆续"打"开了宫门,开发出了各类App:每日故宫、故宫展览、清代皇帝服饰、韩熙载夜宴图、紫禁城祥瑞、胤禛美人图等,这些App都蝉联AppStore精选榜单。

2014年,一篇《雍正:感觉自己萌萌哒》的文章,让平均阅读量四位数的故宫博物院网站有了第一次的10万以上阅读量。推文中,比着剪刀手的雍正、挤眉弄眼的康熙等表情包,一炮而红,萌化众人。

卖萌的雍正

2015年8月,正值故宫博物院院庆90周年,故宫魔性周边走红。"如朕亲临"的旅行箱吊牌、朝珠形状的耳机、各式各样的带有皇宫色彩的生活用品及工艺品萌翻了当下年轻人。

2016年,故宫IP推出H5《穿越故宫来看你》火爆朋友圈,并获得347万点击量。

故宫真正成为超级网红,还归功于同年的爆款纪录片《我在故宫修文物》。该记录片播出后大热,豆瓣评分达9.4分,超过了热播剧《琅琊榜》,还超过了纪录片《舌尖上的中国》。随后的《国家宝藏》《上新了·故宫》等节目的播出,让这座有着将近600年历史、看上去庄重高冷的故宫,开始接地气了。

2019年,从"故宫里过大年"到"故宫下雪",这个农历年,故宫可没闲着,赚足了流量。

作为一个大IP,故宫赚足了热度,那么故宫文创到底为啥这么火呢?

IP衍生创意

故宫本身就是大IP,这一点想必大家已经达成共识。故宫刷屏的案例,都是基于故宫IP进行的衍生,自带的大IP属性,赋予原本冰冷的历史故事鲜活的形象。

文物丰富　取材容易

故宫有1807558件(套)文物藏品,包含大量的历史信息,故宫的建筑、文物、历史故事等都成了研发团队取材的宝库。无论是故宫的大门还是房顶的脊兽,皇帝御批抑或是某块牌匾,深度发掘这其中的特色并将其应用于受市场欢迎的载体,是故宫文创成功的关键。

创意融合　更具趣味

故宫文创兼具故宫文化底蕴和流行时尚元素,将这些融合性的创意元素与箱包、服饰、首饰、手机壳等相结合。摘取有潜力成为爆款的御用名句,添加到帽子、眼罩、钥匙扣、折扇等上面,赋予这些产品新的创造力。很多如朝珠耳机、"朕就是这样汉子"折扇、超酷的御批文字系列万能刺绣布贴等本身形象就足够有创意,很吸引眼球。而《点染紫禁城》图书、《故宫日历》等特色产品,就显得很有文化品位,从中人们能够长知识,也就受到追捧。

研发人员查阅大量史书资料,以确保所用词汇不与史料背离的同时,还能突显"朕"这一皇帝自称在表达感情时的可爱亲切之感,从而拉近"御用产品"和平民百姓的距离,刺激购买欲。

优秀的营销团队

除了做好产品本身的研发,另一个能让北京故宫文创短时间内超过台北故宫的原因就是"故宫淘宝"这个账号"洗脑式"的宣传方式。

故宫淘宝停不下来的"卖萌"宣传模式拉近了与受众的距离,也增加了互动感,既向各年龄层受众科普了小众的历史故事,又将自己的新产品宣传出去,一举两得。

后来,故宫淘宝的微博账号以及微信账号又陆续发布《朕生平不负人》《够了!朕想静静》《朕有大招赐予你》《你们竟敢黑朕?》《朕是如何把天聊死的》等多个这样以讲历史史实之名,行宣传售卖之实的广告帖,文内多配上颠覆传统印象的君王的新形象。

注重研发质量

故宫文创向来不关注研发数量,而是更加注重研发质量。他们认为,产品代表的就是故宫博物院的品牌形象。故而,产品质量是其研发的前提。所以故宫周边不仅进入了寻常百姓家,也进入了收藏领域,有的参加大会比赛获奖,有的甚至经常作为国礼送予外国的领导人。

多元的合作方式

2016年,故宫先后与阿里巴巴、腾讯两大互联网巨头达成合作。阿里方面搭建了文创产品销售平台。而和腾讯的合作,故宫则看重QQ与微信庞大的用户量,已经尝试推出故宫定制版游戏,未来的QQ表情中将出现故宫的元素,将原创IP通过社交软件传播。

2016年9月,故宫博物院还和凤凰领客文化达成战略合作,签约之后双方将充分应用故宫具有丰富历史背景、文化故事的馆藏进行创意合作,以增强现实技术(AR)、互动沉浸技术(MR)、3D等科技手段,提升其文化价值,传播故宫文化内涵,满足公众对故宫文化认知的需求。

品类丰富　满足大众

故宫的文创产品能够在设计风格、产品种类、质材物料等方面及时吸纳社会研发力量的精华,能够应时应景推出呼应于市场的新产品,"卖萌"的、文人雅士手办礼类的、高大上的、限量版奢侈品等应有尽有,在风格、题材、价位方面能满足社会不同层次的购买需求。

故宫文创的红火充分借助了互联网。故宫淘宝、故宫天猫旗舰店等网店让故宫文创的销量大增,这让不去故宫的人也能够享受故宫文化的创意。而且,为了更好地开拓市场,故宫还与互联网企业合作,一起推动其文创产品开发和营销。

故宫博物院近年的变化也改变了人们印象中高高在上的故宫的形象,使故宫变得更为贴近大众。故宫文创将优秀传统文化与时代审美相结合,实实在在实现了让"文物"活起来。

**资料来源** 根据搜狐网相关文章整理

**案例思考题:**

故宫如何将文化资源转化为旅游商品?如何通过文创推动文化旅游?

**本章思政总结**

文化自信是一个民族、一个国家及一个政党对自身文化价值的充分肯定和积极践行,并对其文化的生命力持有的坚定信心。从国际发展的趋势看,文化自信是国家文化软实力激烈竞争的必然要求;从理论上看,文化自信的提出是对传统社会主义观念和模式的重大突破和创新;从新时代的历史方位看,文化自信指明了新时代满足人民日益增长的美好生活需要,推动社会主义文化繁荣兴盛的实践方向;从我国要实现由富变强的历史性飞跃看,文化自信是实现这一飞跃的必然要求。

文化和旅游融合有利于促进民族文化的自信,增强社会和谐和包容。两个产业在相互融合的同时,也应考虑与其他产业之间更加多元的融合。不同产业的相互融合与跨界合作,是全球化深入发展的时代需求,是时代发展的大势所趋,无论是文化还是旅游,都有许多和其他产业融合合作的方式,能够实现多赢的叠加效果。

# 第六章 休闲度假旅游

**学习目标**

1. 了解休闲度假旅游的概念；
2. 理解休闲度假旅游的特征；
3. 掌握休闲度假旅游的意义；
4. 掌握休闲度假旅游与人们美好生活需要的关系。

**思政元素**

1. 十九大报告指出，我国社会主要矛盾已经转化为人民日益增长的美好生活需要和不平衡不充分的发展之间的矛盾。
2. 十九大报告中提出，实施健康中国战略。

**章前引例**

### 2020中国休闲度假大会召开 推动产业发展助力旅游复工复产

2020年9月22日至24日，由中国旅游协会、全国休闲标准化技术委员会联合主办的2020中国休闲度假大会在四川遂宁举办。此次大会以"休闲：美好生活新选择"为主题，旨在探索休闲度假产业发展的新机遇、新路径、新动能、新思路，助力休闲度假产业在中国旅游业恢复振兴总体进程中扮演好"定心丸"和"先行军"的角色。

突如其来的新冠肺炎疫情对全球旅游业造成不可忽视的影响，作为高频次、低密度的消费模式，休闲度假正在成为疫情之下旅游业发展的"定心丸"和"基本盘"，也将成为未来一段时间旅游业转型升级的"引爆点"和"先行者"。在此背景下，业界数百人汇聚一堂，共探行业发展未来。

面对疫情防控当下旅游市场中愈发凸显的休闲度假产业，中国旅游协会会长段强表示，休闲度假作为人民群众美好生活的重要组成部分，正在从中国老百姓的"调味盐"，变成日常生活的"刚需"。旅游业要满足人民群众对美好生活的新期待，就需要大力推动休闲度假的发展。休闲度假是中国旅游业未来发展的重要方向。"发展休闲度假产业有利于丰富中国旅游业的类型，有利于增加中国旅游业的效益，有利于提高中国旅游业的整体竞争力,是实现中国旅游业高质量发展的必由之路。"

对此,世界旅游城市联合会常务副秘书长李宝春也指出,旅游业是极富韧性的综合性产业,此次疫情没有改变人们对旅游的热爱,反而催生了旅游新模式、新需求。休闲度假产业应借此时机,提升人们对休闲旅游的认知,激发市场活力。

同时,面对常态化防疫防控的趋势,国际山地旅游联盟副主席邵琪伟对休闲度假行业提出了三点建议。一是全球和中国旅游业界及相关行业、部门,除了采取各种政策和措施推动旅游业复苏之外,还要对旅游业今后5—10年的发展超前研究、超前布局,着力探讨新思路,探索新路径,创造新动能,迎接新挑战,抓住新机遇;二是要将休闲度假产业与大健康产业的发展紧密结合起来;三是要高度重视运用现代科技成果,提高休闲度假产业的品质和质量。

对此,文化和旅游部资源开发司资源利用处二级调研员张夕宽也指出,如今疫情防控取得阶段性成果,旅游行业正在加速恢复,高质量将成为旅游业发展主旋律,大众出游也更加注重公共卫生环境,景区限量、预约、错峰成为旅游业运营的基本性要求,大空间、重体验、慢生活休闲度假必将成为更多民众的选择。"从这个意义上来讲,2020年也会是旅游业涅槃重生的一年。"

**资料来源** 根据人民网相关文章整理

**思考**:疫情之后,我国休闲度假旅游有什么新的发展趋势?

## 第一节 休闲度假旅游的概念、特征及发展历程

### 一、休闲度假旅游的概念

#### (一)概念的界定

休闲度假旅游是以旅游资源为依托,利用假日外出以休闲为主要目的和内容,离开定居地而到异地逗留一段时间的游览、娱乐、观光和休息,进行令精神和身体放松的休闲方式。

随着中国经济的持续发展,人们的旅游观念也发生了重大改变,越来越多的人已经厌倦了走马观花式的观光旅游,转而开始爱上以休闲、放松和娱乐为主的休闲度假旅游,这是人类生活方式的体现和提升,尽管度假生活仍需要物质条件的支撑,但以"大众精致"和"后现代精神"为核心的精神需求,将决定休闲度假旅游真正的产品方向。

休闲度假旅游是一种旅游的方式,是在旅游的过程中,通过放松身心、从事各种运动竞技、鉴赏艺术文化,以及走进大自然等方式,来丰富自我的生活。休闲度假旅游所重视的是精神享受而非完全是物质享受,通过旅游的方式来达到愉悦身心的效果。而体验是使效果产生的主要手段。休闲度假旅游可以使旅游者经由体验学习知识,增进

邻友感情，并在猎奇和追求健康的心态下丰富自我的生活。休闲度假旅游，更重视人与大自然的和谐关系，增强了人类对大自然的保护意识，它有别于一般意义的旅游。

休闲度假旅游重在旅游的意义，它不仅要满足我们感官（视觉、嗅觉、听觉、味觉、触觉）系统的需求，也要满足人类的身心需求。因为休闲旅游能更多地让旅游者在旅游过程中体验到文化的精髓。可以说，休闲度假旅游在满足旅游者物质享受的同时更满足了旅游者的精神享受。

根据旅游目的及旅游产品的不同形式，人们将旅游产品分为观光游、购物游、度假游、专项游等。而观光游按活动的行为层次分，属于基本层次；购物游属于提高层次；疗养商务等专项游则属于专业层次。

（二）概念的区分

休闲度假旅游是消费者支配自己的闲暇时间用于度假旅游活动，以达到放松、体验、娱乐、健康和自我完善为目的的行为和过程。度假旅游者主观上希望得到三方面的满足：休息（从身心疲劳中恢复过来）、放松（减轻紧张感）、娱乐（摆脱单调沉闷的日常生活方式）。

休闲，"是从文化环境和物质环境的外在压力中解脱出来的一种相对自由的生活，它使个体能够以自己所喜爱的、本能地感到有价值的方式，在内心之爱的驱动下行动"。它是人们对闲暇时间的利用方式，是人们对闲暇时间的多样化选择。从休闲方式看，休闲包括积极休闲，比如旅游、健身、进行体育活动等；还包括消极休闲，比如睡觉、打麻将等。旅游是休闲的一种积极方式，度假旅游又是旅游产品的一种形式，根据时间长短可分为长期度假和中短期度假。休闲度假强调的是人们利用闲暇时间（包括常规法定休息日和节假日）到常住地以外的地方进行以放松、体验、娱乐、健康和自我完善为目的的行为和过程，其作为旅游的一个分支产品是随着工业化、城市化的进程加快，环境污染问题日渐严重，城市生态环境和居民生活环境远离自然，城市生活节奏加快等原因而产生的。人们希望利用闲暇时间，到大自然中去游憩，回归自然，恢复心理和生理平衡。休闲度假有别于传统的观光旅游，它们之间的差异不仅体现在消费目的、消费行为、消费档次、消费形式上，也体现在旅游地产品、服务体系与服务质量需求等方面。

从时间的角度来看，在一天里扣除生活必需的时间（睡眠、吃饭时间等）及社会生活时间（工作、学习时间等），剩下的活动时间就是可自由支配的活动时间。这种可自由支配的活动时间也就是通常意义上的休闲时间。比如，以天为单位计算时，一天的休闲时间事实上并不多，休闲活动的项目自然受到一定的限制，外出旅游就更不太可能。从产业发展的角度来看，自由时间的长短和产业发展有着密切的关系。但从市场需求的角度来看，产业的发展重在满足市场的需求。此时，产业发展项目的选择成为关键，休闲时间的长短则并非完全是产业发展唯一的判断依据。

休闲绝非一般的休息，在内涵上至少包括以下三个功能：一是休息；二是解闷、散心、消遣；三是自我启发。因此，休闲度假旅游不是一个单纯的走马观花似的观光旅游，而是一个借自由时间来愉悦身心，并在旅游过程中对人、事、物有新的认识和启发的旅游方式。休闲产业的发展，必须以休闲的真正意义为基础，来开发休闲度假旅游产品，这样才能满足旅游者休闲度假旅游的目的。

这些都是休闲方式，休闲是一个泛化的概念，其方式多种多样。而度假则不同，度假是休闲的一种主导方式，休闲是属概念，度假是种概念。如果把二者并列，在一些方面会产生误区。比如"农家乐"的定位问题，"农家乐"严格来说是一种休闲方式，而不完全是度假方式，把"农家乐"视为一种度假方式，实际上是定位的错误，这种错误有时会导致一些对项目定位的错误和投资失误，所以要注意辨析休闲与度假的区别。我们需要倡导积极的休闲方式，尽量弱化消极的休闲方式，只有这样，才可能把度假产业培育起来。

从时间长短角度看，闲有三类。一类叫作大闲，时间比较长一点，是指带薪休假的假期。一类叫作中闲，大致上指黄金周。还有一类是小闲，指大周末。度假对应的主要是中闲和大闲，但是现在度假旅游主要对应的是周末游的市场，这就意味着现在的度假产品还没有达到相应层次和水平，其中有一个对市场的基本判断问题。

明确了这些概念，就能研究具体的项目应该对应什么样的市场。如北京周边的旅游，初看好像是大闲、中闲、小闲三类市场都对应，但严格地说，现在对应的只是中闲和小闲。比如某人有半个月的时间，一般不会在北京郊区度假，作为北京人，大概率会出去度假，甚至去国外。这就意味着实际对应的度假市场没有得到足够重视和很好开发。这反映出的不仅是市场需求心理或者需求偏好的问题，核心问题在于北京现在没有真正适应长假市场的产品。从某种程度上说，北京郊区对应小闲的产品现在已有些过剩，但是对应大闲和中闲的产品不足。这就意味着虽然大家关注也在积极发展休闲度假产业，但是现在已经产生了很多结构性的问题。

关于休闲，于光远先生曾经说过一句话，"什么叫休闲？人之初，性本玩"。朱厚泽先生也说过一句话，"古人总是讲玩物丧志，现在要研究休闲，需把这句话翻新，叫作在玩物中壮志，在休闲中新生"。世界休闲组织的秘书长说："休闲就是人们对闲暇时间的多样化选择。"这就意味着首先要研究休闲市场，研究更大的适应性，在休闲市场里集中研究度假，把度假当作核心资源、核心品牌，形成核心竞争力。但是需要把广泛的外延和核心衔接好，否则会出问题。其中一个很重要的问题就是市场的定位不清楚，很多产品的定位也没有弄清楚。大规模、多层次、有特点的市场，产品与之对应不上；多数产品对应的都是中低端市场，尤其是低端市场，而且围绕着低端市场产生的竞争有可能向恶性竞争的方向发展。

1. 度假、休闲、旅游的联系与区别

（1）联系。

休闲是与工作相对的概念。度假、旅游都是休闲的一种方式，度假是一种高级的旅游形态。从概念所涵盖的范围来看，休闲概念范围最大，其次是旅游，最后是度假。休闲的概念范围最广泛，凡是工作以外在闲暇时间的一切活动都可以称作休闲。旅游的概念范围比休闲小，旅游是指人们离开自己惯常居住地，前往异地旅行以及在该地停留访问的活动。度假是旅游最高端的形态，是指在一地较长时间较少流动性地进行休闲娱乐活动。

（2）区别。

第一，度假需要具有比休闲旅游更高的经济水平。经济学界认为，当人均GDP达到1000美元，旅游形态以旅游为主；当人均GDP达到2000美元，旅游形态开始向休闲转化；当人均 GDP 达到 3000 美元，旅游形态开始向度假升级；当人均 GDP 达到 5000 美元时则开始进入成熟的度假经济时期。因此，度假往往需要更高的经济水平来支撑。

第二，度假需要比休闲、旅游更多的时间。与一般意义上的休闲、旅游活动相比，度假在一地花费的时间更多。

第三，度假具有比休闲、旅游更高的精神追求，更加追求深度的体验与健康养生。获得身心的愉悦是度假的动机，与旅游、休闲相似，而比旅游、休闲要求更高、更直接。抛去求知、磨炼、修学等诸多繁杂要求（虽然这些收获在度假中可以是附带获得的），在闲适中体验美好，放松身心，获得愉悦的深度体验，追求养生健康，是度假者的根本需求。

第四，度假比休闲、旅游更加专业化。旅游形态主要是以观光为主，欣赏自然景观和文化古迹，领略民俗风情，并以增长见识、开阔眼界和愉悦心情为主要目的。休闲形态则是利用业余时间进行令精神和身体放松的娱乐，有钓鱼、SPA、运动等消遣活动，所需时间较短。度假则往往指在较长假期里进行康体健身、休憩疗养、舒心养生等较少流动性的以放松身心为主的旅游消费活动，当然也包括消遣娱乐等休闲项目。度假是一种更高层次的旅游形式，更强调安全、宁静的优美环境，丰富多彩的娱乐生活，增进身心健康的游憩设施和高品质的服务。一些度假项目需要有更加专业的技术和装备做支撑，如滑雪、高尔夫、潜水等。

2. 休闲与度假联用

在学术界，有许多学者将休闲与度假联用，例如以西方学者皮尔斯、理玻、斯传普为代表，他们认为度假是游客利用假期，以休闲健身、社交娱乐、放松自我为目的的休闲方式，主要是从休闲角度来定义度假。国内学者以徐菊凤、王崧等学者为代表，从休闲的角度定义度假，将度假视为一种在某地追求身心愉悦、健康休闲的活动，因此出现了"休闲度假"的说法。

3. 旅游与度假联用

以斯沃布鲁克等为代表的西方学者将度假视为一种旅游方式。莫里森认为度假是一种获得身心放松愉悦、与人交往的旅游方式，是一种享乐式旅游，是人们在节假日外出放松身心，以健身、消闲、娱乐、社交为目的的旅游与康体休闲方式。国内学者吴必虎、王大悟、周建明等将度假定位为"度假旅游"，认为度假是一种旅游活动，是利用闲暇时间在某地相对固定的以娱乐为目的的旅游活动，因此出现了"度假旅游"的说法。

4. 休闲、度假、旅游联用

尽管度假并非一般意义上的旅游，但是有些学者用"旅游"界定度假，还有学者用"休闲"界定度假，截至目前并无统一的定义，普遍认为度假是一种旅游方式或一种休闲活动，因此就出现了"休闲度假旅游"的说法，并且其成为一种较为常用的说法。

（三）休闲度假旅游与观光旅游的区别

休闲度假旅游与观光旅游相比，休闲度假旅游具有目的地相对固定、停留时间较长、康乐修养身心、重游率较高、无须提供导游讲解陪同服务、对康乐设施要求较高等特点。休闲度假旅游与观光旅游的主要区别体现在以下几点：

1. 主要吸引物不同

观光旅游对自然资源或人文资源的依存度较高，要求资源具有较高的独特性和观赏价值。而休闲度假旅游对资源的独特性、观赏价值依赖性相对较小，但对气候和生态环境的要求较高。休闲度假旅游地景观资源即使普通，但只要生态环境、餐饮、娱乐、服务设施与服务条件较好，也可打造高品质的度假目的地。

2. 旅游目的不同

观光旅游一般是走马观花式的多地游览，行程安排较为紧凑，主要以观光观赏为主要目的，看重"到此一游"的经历，"多景成线，游在路途"。而休闲度假旅游通常停留在某个固定的地方，时间相对较长，主要以闲乐、放松、惬意为目的，重在"休闲惬意"的体验，强调在某地度过一段闲暇时光。

3. 产品内容不同

观光旅游主要对线路产品要求较高，对旅游观光地自然景观和人文景观的特色要求较高。休闲度假旅游对个性化的度假产品要求较高，要求产品的参与性、体验性要强，娱乐项目要新奇、有吸引力、丰富多样，对游憩、康体娱乐设施水平要求较高。

4. 出游方式不同

观光旅游多以旅行社组团形式为主，以散客自助游、自由行为辅，而休闲度假旅游多以家庭或亲朋好友自主组团形式为主，旅行社组团形式较为少见。

## 二、休闲度假旅游的发展历程

### （一）国外休闲度假旅游的发展

在西方，休闲度假旅游始于公元1世纪，开始是少数统治者消磨闲暇时间的活动。如最早出现的为了满足执政官需要而建立的公共浴室和相应的旅店配套设施可以佐证这一点。

直到18世纪，休闲度假旅游也只是少数统治阶级和富裕阶层消磨闲暇的一种活动，而并非大众生活中的组成部分。

大众化的休闲度假旅游出现于19世纪，随着中产阶级规模的扩大、可自由支配的财富的增多、便捷交通的出现，尤其是工业化和城市化的快速发展，城市环境问题日益加剧，大众休闲度假旅游在欧美等国家兴起，具有医疗性质和保健性质的环境质量优越的地域成了人们休闲度假旅游的首选，出现了海滨休闲度假旅游、湖滨休闲度假旅游、山地休闲度假旅游和温泉休闲度假旅游等不同资源类型的休闲度假旅游地。

早期欧美发达国家的休闲度假旅游是先开发海滨和温泉休闲度假旅游活动，往往带有保健和治疗的目的，最后才发展成为社会交友、康体休闲和游憩的地方。

### （二）我国休闲度假旅游的发展

我国的休闲度假旅游历史出现得也很早，早期的休闲度假旅游区较典型的有皇家园林与私家园林式的休闲度假旅游区，如河北承德的避暑山庄、北京的颐和园等皇家园林，以及苏州、无锡等地的私家园林，但休闲度假旅游的主体为极少部分帝王将相、皇亲国戚和社会名流。现代休闲度假旅游则主要集中在海滨、山地和温泉疗养地等，以避暑和休疗养为主要目的。

## （三）我国休闲度假旅游的发展背景

### 1. 收入方面

2003年，中国国内生产总值达到11万亿元，人均GDP超过1000美元，这是一个历史性的突破。按照国际经验，当人均GDP超过1000美元时，正是一个国家旅游需求急剧膨胀的时期，主要是观光性的需求。休闲需求急剧增长的门槛是人均GDP达到2000美元，那时候就将形成对休闲的多样化需求和多样化的选择；当人均GDP达到3000美元时，度假需求才会普遍产生。国家统计局公布的数据显示，2020年我国人均GDP达到72447元人民币，超过1万美元。因此，从收入方面来看，我国具有休闲度假旅游的强烈需求，度假需求的产生就意味着产生了一类新的市场需求，必须提供一套新的休闲度假旅游产品。

### 2. 假日结构及调整

我国从1995年开始实行双休制；1999年国务院重新调整了假日结构，增加了假期，迅速形成三个黄金周。在黄金周旅游问题上，学术界有很大的争论，各级旅游局、实业界也感受到很大的压力，认为现在假日过分集中，形成高峰性需求，但很难用这个需求来配置资源。如果用高峰需求配置资源，就意味着在低谷时期或者在平常状态，要造成巨大的浪费；如果不这样，就会产生另外一种现象，高峰期质量下降。高峰期质量下降是一个世界性的现象，也是一个深层次的规律，高峰期维持高质量是绝不可能的，维持高价格倒是可能的。所以就形成了旅游市场一个比较大的反差，黄金周客人集中出行，对质量有很高的预期，但是实业界达不到，而价格有时却有所提升，客人投诉增加。

针对这个问题，很多人提出再延长假日的建议，对一个发展中大国来说，现阶段这样的要求是不现实的。现在中国法定假日115天，在全世界范围内基本算是中上水平，当然欧洲一些国家，尤其是西欧、北欧的一些国家，法定假日更多一些，比如有的国家已经明确一周35小时的工作制。假日总量不能增加，但现在的双休日有一个问题：两天时间，如果只为了做家务，时间长了；如果去休闲度假，时间又太短了。所以在假日结构方面可以考虑加以调整，这种调整能够培育一个新的市场，而且培育一种新的消费意识。有些方案可以进一步探讨。比如隔周双休的设想，这一个星期休一天，下一个星期休两天，按照法定假日，每个月可以挪出两天来，一个季度集中休一次，形成一个黄金周，这样全年可以形成多个黄金周。如果按照这个制度，假日的总量没有增加，但是结构做了调整。这个调整对于培育休闲度假市场有巨大的作用，操作上也不复杂。类似这样的问题值得研究，一个是假日总量的问题，一个是结构调整的问题，另外还有一个带薪休假制度的问题。目前，假日总量已经形成，而且时间不少，这也是休闲度假旅游产业发展的一个重要背景。

### 3. 市场需求

现在国内已经形成了庞大的休闲度假旅游的市场需求，尤其是在沿海发达地区，业界已经在实际经营中深刻地体验到它的持续性。目前休闲度假旅游市场已经产生了现实需求，还会有新的消费人群不断产生，一方面是年轻人不断成长，逐步具备了休闲度假旅游的条件；另一方面是西部和中部地区的需求也在不断产生。此外，农村的休闲度假旅游需求会逐步产生。现在研究休闲度假旅游实际上还是以城市为研究对象，农村市场还只是潜在的,或者说农村人现在介入旅游只是以生产者的身份来介入,如果到了一定时候,农村人不但是生产者,还是消费者,那么这个市场就不可估量了。有这样一个不断产生、不断更新、不断培育的消费人群,这个市场的需求是无限的。

4. 旅游者的成熟

在这个过程中,旅游者的不断成熟已经成为旅游市场的一个重要现象。中国旅游发展 40 年,国内旅游是从 20 世纪 80 年代中期开始的,随着收入水平的不断提高和闲暇时间的不断增加,旅游者在这个过程中不断成熟起来。早期的旅游者是穷旅游,追求的只是多看。除了照片,旅游者可能都不知道自己到过什么地方,每个地方风景如何,因为无暇欣赏,形成急匆匆、半军事化、拉练式的观光旅游。现在这种模式已经在逐步淘汰,旅游者经验越来越丰富,要求比较深入的体验,追求也越来越个性化,所以就从初期简单的观光旅游转向休闲度假旅游,这是一个必然趋势。目前,休闲度假旅游已经非常普遍,每年从五一开始兴起,暑期产生热潮,十一达到峰值。这样的市场现象表明,沿海发达地区休闲度假旅游需求已经普遍产生,这也是由于旅游者的成熟而逐步使消费需求升级。

以上四个因素构成了休闲度假产业发展的总体背景,它实际上预示着旅游发展的前景,这个前景是无限的,这个市场是无穷的。中国这样的人口大国,每一个很小的百分点里都包含着一个巨大的绝对量,这个绝对量,就是我们的市场。

## 三、休闲度假旅游的特征

休闲度假旅游是旅游形式的一种,与其他旅游形式相比,休闲度假旅游有其独有的特征。

### (一)休闲度假旅游的特征

1. 滞留时间相对较长

休闲度假旅游者往往会选择一地为据点,然后辐射周边,将休闲、观光、运动、体验甚至商务等有机结合,是以慢节奏为特征的生活方式,所以休闲度假旅游者往往在一地的停留时间较长。

休闲度假旅游者典型的是西欧、北欧的度假者,比如到泰国的普吉岛,他们坐着飞机直接抵达,到了那儿,在海滩上待一个星期,闲到无所事事的程度,是非常典型的一种休闲方式。这种休闲方式在国内并不普遍,只是少数人有这样的意愿。休闲度假旅游目前处于过渡阶段,这意味着国内的休闲在一段时期以内,还是要和观光结合在一起。中国纯粹的度假市场还不够成熟,但是总的特点已经产生,比如海南,度假加观光已经逐步变成一个主导性的模式。原来到海南一般是"海南三日游",使海南从一个度假目的地变成了一个观光目的地。但观光不是海南的优势,度假才是,尤其是热带海岛度假。现在"海南三日游"逐步延伸到"五日游",增加了两天的度假,海南旅游正从观光加度假逐步转化成度假加观光的模式,将来度假加观光会成为一个主导性模式,再进一步就会形成比较单一的度假模式。

2. 复游率高

度假旅游具有一个显著的特点,就是游客对其认同的度假地具有持久的兴趣和稳定的忠诚度,甚至对一家自己喜欢的度假酒店也有非常稳定的忠诚度。有的游客一生中可能只去一个或少数几个度假地,一个度假地游客可能去很多次,因为度假游客对度假目的地带来的熟悉感、亲切感非常在意,很关注外出度假感觉和在家里生活的感觉的内在联系。

复游,就是我们所说的回头客。度假旅游有一个特点,客人认准了一个度假地,甚至一个度假酒店,其忠诚度就会非常高。比如有的德国客人,一生度假可能就只到印尼的巴厘岛,一辈子去20次,而不去其他地方。因为他认准了这个地方,觉得熟悉、很亲切,这样外出度假的感觉和家里生活的感觉就能够内在地联系到一起。比如墨西哥的坎昆度假区,全世界很多富翁每年都要去那里度假。再比如现在很多俄罗斯的富豪只去西班牙的太阳海岸,在那儿买地盖房子,成为他们稳定的度假点。复游率高这个特点意味着度假区在经营方面必须下功夫,只要能做到位,争取了一次客人,就争取了一个终生的客人,培养客人的忠诚度,形成一个非常稳定的客源层。有一句话是"我们要争取把头回客变成回头客",其中包含两个要点:第一,你怎么吸引"头回客";第二,怎么把"头回客"变成"回头客"。观光客人基本上是一次性的,不去第二次,但是度假客人恰好相反。

3. 服务质量要求高

由于度假旅游者要长期停留在一个地方,对当地住宿、餐饮、服务设施和基本设施的要求一般都比观光游客高,所以酒店经营者对度假旅游者更要体现出无微不至的关怀和提供热情周到的服务。另外,当地居民的态度对度假旅游者也有很大的影响,一个社区民众的服务质量和待客之道直接影响度假旅游者对当地的满意度和复游率。

4. 注重修身养性

让身心放松是度假旅游的基本要求。休闲就是要在一种"无所事事"的境界中达到积极休息的目的。在紧张工作后到心仪的度假地度假,或游泳,或阅读,或徜徉于海滨,或漫步于森林草原,或置身于和煦的阳光下,使身心完全放松。这种放松,完全有别于正常的工作节奏,是一种身心的调整。

5. 生态意识逐步增强

如今的度假旅游更加呈现生态化,旅游者对生态环境的保护意识逐步增强。他们对良好生态的追求,以及希望摆脱污染的环境和回归自然成为他们进行度假旅游的主要动机之一。他们都希望在一个空气清新、气候良好,污染较少的度假地度过一段难忘的假期,同时通过这样的度假认识到保护环境的重要性。

6. 层次丰富

度假游游客群体是从观光客群体中逐渐转变的,度假游游客旅游消费的进一步成熟会产生更高的文化需求,这是因为游客已经不满足于到森林度假区呼吸新鲜空气,或者去温泉度假区洗温泉浴,而是更加追求度假地的文化氛围和内涵。

7. 要求交通便捷

与观光游更加关注经济成本相比,休闲度假旅游更加关心时间成本,即追求从客源地到目的地交通上的低时间成本和快捷性。因为度假旅游者并不太关心旅游途中的观赏,更关心尽快进入休闲状态,提高度假的质量。因此度假目的地与客源地的距离不应太遥远,一般追求"点对点"的直接交通方式。西班牙之所以成为欧洲首选的度假地,除了阳光、沙滩、出色的营销以外,优越的地理位置和便捷的交通也是一个重要因素。

8. 自助、半自助方式

和观光旅游的组团出行不同,休闲度假旅游偏好自助式旅游或半自助式旅游(仅通过旅行社安排机票、酒店)。在出游单位上,家庭朋友出游的比例明显提高。散客与家庭式的旅游在国际上是从20世纪70年代末、80年代初开始兴起的,目前在我国也逐步成为一种重要的旅游方式,这就对现有旅游企业的经营提出了更高的要求。

9. 指向集中

所谓指向集中是指客人的度假需求非常集中,不仅有对度假目的地选择的集中,还有度假需求的指向集中。但我们现在很多度假村是度假村的外壳,城市酒店的内容,也就意味着现在所谓的度假村并不了解真正的度假需求,经营和实际的指向集中这样一个度假需求消费特点并不完全对应。比如一般来说,度假酒店的客房里是不会满铺地毯的,满铺地毯不适应客人需求,尤其是海滨的度假酒店,客人经常赤脚走路,脚上可能带着沙子,满铺地毯,不利于打扫。所以世界一流的度假酒店都是瓷砖铺地,只是在床头铺着很精美的小地毯。但是八达岭温泉度假村房间里满铺地毯,这是城市酒店的特点,绝不是度假酒店的特点。而九华山庄里是瓷砖地或者木板地,突出了度假酒店的特点。当然,休闲度假这一类需求还是新兴需求,我们对其特点的研究还不足,需要深入探究,发现更多特点。

(二)休闲度假旅游产品的基本特征

休闲度假旅游者不同于一般观光旅游者,对休闲度假旅游产品有着特殊的要求。休闲度假旅游产品应满足度假者对休闲、娱乐、康体、参与体验等多方面的要求,应具备以下特征:

1. 环境宜人性

休闲度假旅游者对环境质量、气候条件等要求相对较高。环境优美、气候舒适宜人、空气清新、水体质量好、森林覆盖率高、负氧离子含量高是休闲度假旅游者对休闲度假旅游地的基本要求。

2. 深度体验性

休闲度假旅游者追求品质化的休闲度假旅游生活和专业化的深度体验,以康体娱乐配套设施为核心产品和核心吸引力。因此,休闲度假旅游地要为休闲度假旅游者提供专业化的产品、装备和技术服务,将休闲度假旅游体验引向深入,如高尔夫场地需要提供专业装备和技术指导等,这些专业化的产品和服务有利于培养休闲度假旅游者的忠诚度,吸引更多的回头客。

3. 场景氛围的休闲性

场景氛围的休闲性是休闲度假旅游地不可或缺的重要元素。要坚持"情景合一、心景互动"的原则。通过独特的空间、环境、色彩及声音等要素来营造休闲度假旅游地的氛围。

4. 环境的时尚性

舒适的环境、专业化的设施、特色的餐饮和购物等时尚化的休闲度假旅游元素,是休闲度假旅游产品能够持续发展,保持吸引力、生命力的关键所在。通过美化生态环境、营造文化氛围,为游客提供活动体验、动感娱乐、绿色餐饮、特色住宿、健康商品及专业设施等,为游客提供一个流连忘返的时尚休闲度假旅游乐园。

(三)休闲度假旅游者的行为特征

1. 休闲度假旅游者的消费主体主要是中产阶层

中产阶层一般拥有比较稳定的工作或收入来源。相关调查数据显示,2020年中国的中产阶层已占全社会阶层的38％。休闲度假旅游正以中产阶层为基础和先导，逐渐向普通大众阶层蔓延，休闲度假旅游作为较高层次的旅游消费行为，将遵循"少数到大众普及化再到惯常生活方式"的发展规律。

2. 休闲度假客源市场主要以家庭为主

休闲度假客源市场主要以家庭为主，休闲度假市场最主要的组织方式是以家庭为单位，或以朋友散客式组合。以家庭为单位的休闲度假市场是最主要的目标市场，家庭集体外出度假正成为一种新潮流和一种时尚的生活方式。

3. 休闲度假旅游者追求活动的参与性

在活动内容方面，度假生活常伴随康乐、养身、户外运动、社交等密不可分的带有体验性和参与性的活动，以放松心情、修养身心、享受惬意生活为主要目的。

随着社会经济的发展，国内旅游业持续快速发展，旅游者消费需求和消费喜好都在发生着巨大的变化，度假旅游市场的兴起成为一个显著标志。休闲度假游客往往不急于游山玩水，而是住下来慢慢享受度假地的生态休闲环境、特色餐饮，参与新奇的康体、娱乐、社交等活动，度过一段慢节奏的休闲时光。

## 四、我国休闲旅游发展的趋势

1. 消费大众化

随着社会经济的发展，大众化休闲度假需求在发达地区已经产生，在其他地区即将产生，这种消费大众化给我们提供了一个广阔的市场空间。但是作为度假产品的经营者，不能只盯住这一点，要研究多种多样的方式。

我国的休闲经济已经具备相当的规模，休闲旅游已经成为老百姓日常消费支出的重要组成部分，并呈现蓬勃发展的势头。

2. 产品多元化

因为休闲度假需求的产生本身就是市场发育到一定程度的结果，下一步必然要求休闲度假产品的多样化。现在依托单一资源建度假村的模式已经很难对应市场，这就要求设施尽可能包含比较多的功能，从而对市场有更好的适应性。各类休闲度假产品要在多样化的同时深化内涵。

随着休闲度假旅游市场的发展，为满足旅游者多样化的消费需求，休闲度假旅游产品逐渐从单一产品模式转化为多元化产品模式。

3. 追求个性化

作为消费者，到了休闲度假这个层面，个性化的追求就更加突出，需要研究如何对应客人的个性化需求，提供个性化产品和个性化服务。特色小镇休闲度假、房车露营备受欢迎。出游需求以休闲度假为主。城市近郊的特色小镇、旅游风情小镇、乡村小镇等成为城镇居民自驾周边游的首选。同时房车露营等新鲜玩法逐渐成为"70后"和"80后"假期周边游的热门选择。

4. 市场层次化

就是市场的层次问题，市场一般分为高端、中端、低端市场。如果只追求满足大众化的需求，就意味着只追求低端市场。对于相当一部分度假区来说，对应低端市场是可以的，但是对于一些投资比较大的度假村，就需要调整模式，主要对应中端和高端市场。

这样形成一个市场的层次,才可能有比较好的分工。由高端市场向多层次化市场转化。我国已进入大众化旅游时代,大众休闲已经常态化。休闲旅游市场也逐渐由高端市场转向多层次化市场,高、中、低端市场体系初步形成。

5. 发展国际化

目前我国的休闲度假旅游还没有达到国际化水平。休闲度假旅游要进一步发展必须有一些领袖型企业的带动,国际化发展的局面才会产生。

## 第二节　休闲度假旅游的需求和意义

### 一、我国发展休闲度假旅游的需求

#### (一)休闲度假旅游业是最具发展前途的朝阳产业

世界旅游业理事会(WTTC)宣布,旅游业已成为全球最大的产业,超过了汽车、电子、钢铁和农业等传统产业。在20世纪90年代中期,全球旅游和旅游服务业的总产值已达到34000亿美元,税收达到6550亿美元,提供的就业岗位达2.04亿个,全世界平均每9人中就有1人在从事旅游业,人们用于旅游的开支已占到消费总额的11%。正如著名的未来学家约翰·托夫勒在《第四次浪潮》中写道:第三次浪潮是服务业的革命,第四次浪潮是信息革命,第五次浪潮是娱乐和旅游业的发展。从旅游业的发展规律来看,当一个国家人均GDP达到3000—5000美元,就将进入旅游休闲消费的爆发性增长期。国家统计局2009年1月22日公布的数据显示,2008年我国人均GDP就已经超过3000美元。2009年我国人均GDP为3680美元,"十一五"期末,我国人均GDP达到4000美元左右。2020年我国人均GDP已经超过1万美元。所以我们很容易得出这样的结论:我国已经进入旅游休闲消费的爆发性增长期。2009年12月,国务院下发了《关于加快发展旅游业的意见》,提出要将旅游业培育成战略性支柱产业和人民群众更加满意的现代服务业。可见休闲度假旅游业在我国前景非常光明。在2021年公布的《中华人民共和国国民经济和社会发展第十四个五年规划和2035年远景目标纲要》中,明确了要加快发展健康、养老、育幼、文化、旅游、体育等服务业,加强公益性、基础性服务业供给。

#### (二)休闲度假旅游业作为新的经济增长点,是服务业中的重要产业

休闲度假旅游消费不仅直接拉动了民航、铁路、公路、商业、食宿等传统产业,也对国际金融、仓储物流、信息咨询、文化创意、影视娱乐、会展博览等新型和现代服务业起着重要的促进作用。有数据显示,我国的旅游消费对住宿业的贡献率超过90%,对民航和铁路客运业的贡献率超过80%,对文化娱乐业的贡献率超过50%,对餐饮业和商品零售业的贡献率超过40%。休闲度假旅游业在国民经济中的地位进一步提升,尤其

在服务业中更是举足轻重。

### （三）休闲度假旅游业是实现旅游争先进位、提质增量的优势产业

从全国来说，休闲度假旅游最初是以一些部门和单位组织干部职工到名胜景区疗养的形式出现的。1992年国务院决定建设大连金石滩、无锡太湖、福建武夷山、广西北海、海南亚龙湾、云南滇池等12个国家级旅游度假区。到2002年年末，12个国家级旅游度假区已从当时批复的151平方千米，发展到了237平方千米。截至2020年12月，我国国家级旅游度假区总数达到45家。近年来，全国各省市高度重视休闲度假旅游发展，休闲度假旅游产品日益丰富，形成了海南三亚、浙江杭州等在国际上有较高知名度的休闲度假旅游品牌。不仅沿海及旅游发达地区竞相发展休闲度假旅游，中部省份也开始加快发展，江西省明确将自己定位为做长三角的"后花园"，可以说新一轮区域休闲度假旅游竞争已经开始，要促进旅游业的争先进位，发展休闲度假旅游势在必行。此外，休闲度假旅游还是旅游产品提质增量的主攻方向。当前，全国绝大多数地方，一些传统观光型旅游产品开始大量增加休闲度假旅游内容，迅速向观光休闲一体化转变。

### （四）休闲度假旅游业是推动资源节约型、环境友好型社会建设的先导产业

目前在我国的经济运行中，存在着能耗高、环境污染严重的问题。这样的经济发展模式，不利于国家的可持续发展，需要调整。调整的方法，要么是改造传统的产业，要么就是大力发展新兴产业，其中之一就是休闲度假旅游业。全国各地不少地方通过发展休闲度假旅游业，较好地实现了产业转型升级，人文资源得到了更好的保护和利用，尤其是一些革命老区，通过发展红色旅游，取得了明显的政治、经济和社会效益。此外，休闲度假旅游业在脱贫致富中发挥着重要的作用，具有见效快、返贫率低、示范性强的特点，据不完全统计，全国通过发展休闲度假旅游已使占贫困地区总人口约1/10的人实现脱贫。而且，通过休闲度假旅游活动，旅游者不仅增长了知识，也增进了与不同人群间的互信，促进了人的全面发展与社会和谐。

### （五）休闲度假旅游是现代人生活方式之一

2008年，国家第一部关于职工带薪休假的条例出台。2011年，全年节假日共115天，全年将近三分之一的时间属于闲暇时间。尤其是中国近年来经济高速发展，居民可支配收入增加，越来越多的人选择休闲度假旅游，正如《马尼拉宣言》所说："它（旅游业）的充分发展与各国的社会经济发展密切相关。只有当人们享有积极的休息和假期，在具有深刻人文特征的休闲时光内，自由旅行才可以实现。"旅游成为现代人的一种生活方式。"旅游是某种社会身份或生活方式的标志，不出门旅游就像没有一辆车或一座房子一样是令人尴尬的事情。"

## 二、休闲度假旅游的意义

抓好新冠肺炎疫情防控常态化背景下休闲度假产业发展的新机遇，将生态和文化优势转化为休闲度假产业发展优势，探索将"绿水青山"转化为"金山银山"的可持续发

展道路,激发度假休闲旅游的更大活力。构建"双循环"新发展格局,内循环就是城市休闲、乡村度假,大循环就是观光、目的地度假,双循环就是入境旅游和出境旅游发展。构建"双循环"新发展格局,对我国旅游业和经济社会建设具有重要意义。

（一）休闲度假产业是满足人民日益增长的美好生活需要的新路径

党的十九大报告提出,我国社会主要矛盾已经转化为人民日益增长的美好生活需要和不平衡不充分的发展之间的矛盾。未来,我们要解决休闲度假旅游的供需矛盾。

我国已经进入人均 GDP 1 万美元的阶段,城乡居民在健康、医疗、文化、教育、信息等方面的需求会迅速增长。未来,我们要以人民为中心,建设幸福产业,包括旅游、文化、体育、健康和养老等领域,满足人民美好生活的需要。

为通过休闲度假旅游来满足旅游者的美好生活需要,需要设立多方面的战略目标。一是经济目标。由于疫情防控和国际关系变化,未来出口可能会受到较大影响。休闲度假产业应该成为扩大内需的重要方面。二是社会目标。要以扩大就业为核心,以满足人民美好生活需要为核心,提高服务质量。三是文化目标。休闲度假产业要成为弘扬中华优秀文化的载体,这里说的不只是优秀传统文化,也包括时尚文化等。四是环境目标。要通过休闲度假产业发展,让我们的环境得到更好的保护,得到更科学有效的利用。五是国际化目标。在管理人员、运行机制等方面,与国际接轨。

（二）有助于解决旅游市场"需求外溢""消费外流"问题

随着收入水平的提高,我国居民有了强烈的休闲度假旅游需求,在国内市场不完善的情况下,许多国民选择出境旅游度假。2019 年我国出境旅游游客达到 1.55 亿人次,旅游市场出现"需求外溢""消费外流"问题。在新发展格局背景下,发展休闲度假旅游,有利于解决我国旅游市场的"需求外溢""消费外流"问题。

（三）在新发展格局中发挥作用

强化旅游供给侧结构性改革,密切关注旅游者消费需求,改善旅游供给体系和结构,提供品质化、多样化、个性化的旅游产品,提高旅游供需的匹配程度;同时,准确把握新冠肺炎疫情对旅游者消费行为的影响,重点开发康养旅游、休闲度假游、体育健身游等旅游产品,契合旅游市场需求;在国际旅游市场暂时不景气的情况下,加大我国休闲度假旅游产品升级。同时,借鉴国外旅游先进的管理经验,提升国内旅游服务水平,不断优化国内旅游软环境,提高旅游者的满意度。

（四）助力乡村振兴

以国内旅游大循环为主体,有利于资源元素向乡村流动,为乡村休闲度假旅游的发展创造了更好的机遇,而乡村休闲度假旅游的发展有助于推进乡村振兴战略的实施。乡村休闲度假旅游作为一项绿色产业,易于与乡村文化和生态农业融合发展,形成适合乡村发展的绿色低碳产业。乡村旅游的发展对环境影响小,而且产业本身的发展需要以优美的环境作为基础。因此,发展乡村休闲度假旅游与生态宜居一脉相承。乡村旅游的发展需要当地居民的积极支持和参与,淳朴好客的当地居民在与外来游客互动的过程中,有利于提高当地居民的知识水平和文明程度。因此,发展乡村休闲度假旅游有利于形成乡风文明的文化环境。乡村休闲度假旅游的发展有利于当地居民形成利益共同体,有利于形成共建共享、共治共荣的机制,构建有效的综合治理方式。乡村休闲度假旅游就业门槛相对较低,可以帮助当地居民实现本地就业。当地居民通过从事旅游服务增加收入,最终实现生活富裕。可见,乡村休闲度假旅游与乡村振兴具有一致的内部契合逻辑。

### (五)满足人民美好生活的需要

旅游业作为五大幸福产业之首,应该在满足人民美好生活的需要中承担更大的责任,提升人民群众的幸福感。构建新发展格局,休闲度假旅游供给将更加丰富,旅游服务水平不断提高,人民群众的旅游需求将会得到更好的满足。国际循环的畅通,旅游者可以更加便利地进行出境旅游,体验异域文化风情。随着社会的发展,生活节奏不断加快,人们在工作和生活中承受着巨大的心理压力。休闲度假旅游有利于旅游者放慢生活节奏、放松身心,释放负面情绪,减轻心理压力。同时,在体验旅游目的地特有文化、与当地居民良好互动的过程中,有助于旅游者提升幸福感和获得感。因此,在新发展格局背景下,休闲度假旅游成为人们调节生活的"刚需",有助于满足人们美好生活的需要。

## 第三节 休闲度假旅游的类型和案例

《旅游度假区等级划分标准》(GB/T 26358—2010)规定,休闲度假旅游地应具有良好的生态环境和资源条件,依托相关的观赏游憩资源、生态环境资源、服务设施及服务水平、餐饮及其环境、娱乐项目,可以满足游客休憩、康体运动、娱乐益智等休闲需求。

从供给角度看,休闲度假一般有两种分类方式。一种是依照自然条件和依托资源的分类,包括滨海型、温泉型、森林型、山地型等,各有特点。另一种是主题活动类,包括体育类、文化类、会议类、娱乐类等。对经营者来说,这种类型的区分更加重要,因为区分类型就是为了确定主要功能,从而形成异质性。

根据休闲度假区所依托的主干资源,我们把休闲度假旅游地归纳为以下几种类型。

### 一、温泉疗养型

温泉疗养型度假地是以温矿泉浴疗场为主要资源依托,借助良好的生态环境、特色的餐饮与接待设施,集保健、养生、理疗和娱乐运动为一体的温泉度假区。河南省尧山温泉旅游度假区属于此类度假区。

尧山温泉旅游度假区以"拜大佛、游尧山、浴温泉、玩漂流"而久负盛名,尧山温泉旅游度假区以顶层设计为引领,以"佛、山、汤"打造完整的产业链条,力促旅游产业转型升级,成为拉动地方经济的有力引擎。

从自然角度来看,尧山特有的温泉资源,适宜观光度假;从建设发展角度来看,度假区内产品结构完整,有特色鲜明的主题资源——尧山和上汤温泉,有旅游观光、避暑、疗养、科研、探险等休闲度假功能。

不谋万世者,不足谋一时;不谋全局者,不足谋一域。在旅游业转型升级的关键时期,尧山温泉度假区紧紧抓住游客休闲度假需求,以多样产品满足不同游客。尧山温泉旅游度假区主题产品涵盖了运动健身、休闲娱乐和康体疗养三大系列 20 余种特色项目。

2015 年 10 月 9 日,国家旅游局(今文化和旅游部)发布首批入选全国 17 家国家级旅游度假区名单,尧山温泉旅游度假区成功入围,成为全国首批和河南唯一入围的度假区。

## 二、高山雪原型

高山雪原型度假地是以滑雪场为基础的度假地,主要依托气候、气象、山地的地形和生态环境,可开发攀岩、登山、滑翔、跳伞、徒步、日光浴、森林浴等度假旅游产品。黑龙江亚布力滑雪旅游度假区属于此类。

亚布力滑雪旅游度假区是国家 4A 级景区,也是我国南极考察训练基地。清朝时期为皇室及贵族的狩猎围场。度假区由长白山脉张广才岭的三座山峰组成,包括海拔 1374.8 米的主峰大锅盔山、海拔 1258 米的二锅盔山和海拔 1000 米的三锅盔山。亚布力滑雪场是国内较大的滑雪场,也是我国较大的综合性雪上训练中心。无论从雪道的数量、长度、落差,还是从各项滑雪设施及综合服务水平来看,亚布力滑雪场都远远胜于国内其他滑雪场。这里是开展竞技滑雪和旅游滑雪的上佳场地,曾于 1996 年承接了第三届亚冬会的全部雪上项目,这里还是中国企业家论坛年会的永久会址,被誉为"中国的达沃斯"。

## 三、山地避暑型

山地避暑型度假地主要以山地地理气候为资源,充分利用海拔较高的山地夏季气温较低的有利条件达到避暑纳凉的目的。可开发观云海日出、运动、娱乐、露营等旅游产品。六盘水市野玉海山地旅游度假区属于此类。

六盘水市野玉海山地旅游度假区系野鸡坪(五里坪)、玉舍、海坪三地名称的合称,位于贵州西部六盘水市水城县南部,是贵州省委、省政府重点规划打造的 100 个旅游景区之一,距市区 30 千米,水盘高速、杭瑞高速、市区外环高速交会于此,有较强的通达性。该景区由野鸡坪亚高原户外运动基地、玉舍国家森林公园和玉舍海坪彝族特色旅游度假小镇组成,总面积约 67.77 平方千米。涉及水城县玉舍乡、勺米乡、杨梅乡、坪寨乡四个乡,是集避暑、旅游、度假、休闲、户外运动、露营、农业观光于一体的国家级重点景区。

这里夏季凉爽舒适的气候得天独厚,与周边城市气候形成极大差异,避暑优势突出。海拔基本在 1000—2600 米之间,群山环抱,森林植被良好,空气中有足够的氧气提供人体运动之需,是适宜旅游、运动的高度。

## 四、内陆湖泊山水型

内陆湖泊山水型度假地主要以湖泊、山川资源为依托,湖光山色,景色美丽迷人。可开发游泳、跳水、划艇等水上游乐活动,以及湖滨散步、登山、徒步、牵引伞、骑马等山地旅游产品。武当太极湖旅游度假区属于此类。

湖北省武当太极湖旅游度假区集旅游观光、休闲娱乐、养生度假于一体，整个生态文化旅游区规划面积57平方千米，投资总额180亿人民币，由武当山旅游经济特区和太极湖集团共同打造。武当太极湖旅游度假区由旅游度假板块、水上游览板块和户外休闲板块组成，包括国际创意区、运动公园区、度假酒店区、管理中心区、文化体验区、旅游码头区、主题公园区、集散中心区、水上游览区、户外营地区、森林公园区、户外大本营区、后勤服务区和新农村示范区组成，重点建设太极小镇、武当山功夫城、老子学院、太极养生谷、山地运动公园、武当国际会议中心、超五星级文化主题酒店、蓝湾、武当山旅游码头、游艇俱乐部、汽车营地、自行车营地、户外小镇、户外学校等项目。

## 五、冬季避寒型

冬季避寒型度假地是主要以冬季阳光为主题资源的度假旅游区。依托其冬季阳光充足、温暖宜人的气候，辅以温泉、海滨、山地等其他旅游资源，可开发以海滨度假或温泉洗浴、特色餐饮、住宿、康体养生为一体的冬季避寒旅游产品。三亚市亚龙湾旅游度假区属于此类。

三亚市亚龙湾旅游度假区位于三亚市东南28千米处，是海南最南端的一个半月形海湾，全长约7.5千米，是海南名景之一。该度假区是我国唯一具有热带风情的国家级旅游度假区，度假区规划面积18.6平方千米。亚龙湾沙滩绵延7千米且平缓宽阔，浅海区宽达50—60米。沙粒洁白细软，海水清澈澄莹，能见度7—9米。海洋资源丰富，有珊瑚礁、各种热带鱼、名贵贝类等。年平均气温25.5℃，海水温度22—25.1℃，终年可游泳，被誉为"天下第一湾"。亚龙湾国家旅游度假区自1992年国务院批准建立以来，在短短的十年里，除完成各项基础设施建设外，已建成数十家国际一流水平的滨海度假酒店和一个国际标准的高尔夫球场，还建起了占地面积约20万平方米，集海上运动、旅游观光、餐饮娱乐为一体的滨海公园和蝴蝶谷等国家4A级旅游景区。如今，亚龙湾已经美名远扬，并成为国内外知名的旅游品牌。

## 六、主题娱乐型

主题娱乐型休闲度假区是主要以主题公园和娱乐项目为主题资源的度假区。把当地文化融入商业街区，把异域风情融入生态环境，以运动体验、休闲娱乐、商业购物为主题，打造多种主题乐园。东部华侨城旅游度假区属于此类。

东部华侨城旅游度假区位于中国深圳市大梅沙，占地近9平方千米，是由华侨城集团斥巨资35亿元人民币精心打造的世界级度假旅游目的地，是由生态环境部和国家旅游局（今文化和旅游部）联合授予的首个"国家生态旅游示范区"。

东部华侨城是国内首个集休闲度假、观光旅游、户外运动、科普教育、生态探险等主题于一体的大型综合性国家生态旅游示范区，主要包括东部华侨城大峡谷、茶溪谷休闲公园、云海谷体育公园、主题酒店群落、天麓大宅等五大板块，体现了人与自然的和谐共处。

华侨城以"规划科学，功能配套齐全，城区环境优美，风尚高尚文明，管理规范先进"为目标，以"让都市人回归自然"为宗旨，定位于建设成为集生态旅游、娱乐休闲、郊野度假、户外运动等多个主题于一体的综合性都市型山地主题休闲度假区。

## 七、古镇休闲型

古镇休闲型度假区是围绕古镇开发起来的度假区。将古城建筑、古城地脉、古城文脉、古城风景等资源有机结合，将景区与民居、商业连成一片，开发成集康体保健、休闲娱乐为一体的综合型度假旅游产品。大理古城旅游度假区属于此类。

大理古城旅游度假区位于大理白族自治州中部，是中国与东南亚各国文化交流、通商贸易的重要门户，大理古城作为南诏、大理国的都城有500多年历史，长期为云南的政治经济文化中心。元朝时期，这里是大理各军民总管府及新建太和县的治所，是滇西重要的城市之一。明朝时期，为县治和府治所在地。大理古城众多的文物古迹是历史研究的重要资料。太和城遗址、七重城遗迹等文物古迹，为中国古代军事史、城市史的研究提供了实物例证。

## 八、乡村田园型

乡村田园型度假区可称为乡村休闲型度假区，是以良好的乡村生态环境、美丽的田园风光和乡村绿色有机餐饮为依托的度假地，可开展农家生活体验、民俗风情、民俗节庆活动、网球、垂钓、骑马、乡间散步等度假活动。无锡市宜兴阳羡生态旅游度假区属于此类。

宜兴阳羡生态旅游度假区位于江苏省宜兴市湖㳇镇，南距市区18千米，东距太湖5千米，面积96平方千米。湖㳇系丘陵山区，属天目山余脉，境内山峦环抱、连绵起伏、河湖纵横。阳羡度假区内果园众多，杨梅尤盛。截至2017年，杨梅种植面积达12000多亩，年产量8000吨，是苏南地区种植杨梅最大的地区。湖㳇的杨梅栽培也有悠久的历史，从2009年起，湖㳇镇每年都会举办一届杨梅开采节，已连续举办了十届。

## 九、海滨海岛型

海滨海岛型度假地是以海滨浴场为基础，依托阳光（Sun）、沙滩（Sand）、大海（Sea）"3S"旅游资源，并开发海水浴、日光浴、冲浪、潜水、沙滩排球、烧烤K歌、游乐设备、度假疗养等旅游产品。日照山海天旅游度假区属于此类。

日照山海天旅游度假区是1995年9月经山东省人民政府批准设立的集旅游度假开发、高新技术产业开发、行政管理于一体的省级旅游度假区。1996年6月正式向公众开放。2012年7月，中共日照市委、日照市人民政府调整了山海天的行政管理体制。现陆域面积168平方千米，海域面积2000平方千米，海岸线36千米，辖2个街道，共100个村，常住人口10万。这里滨海资源优势突出。依山傍海，风光秀丽，海水纯净，沙滩开阔细软，空气清新，四季分明，冬无严寒，夏无酷暑，既无台风袭击，又无工业污染，是避暑、度假、疗养、会议和发展"3S"旅游的理想胜地。辖区内有被诺贝尔奖获得者、著名的高能物理学家丁肇中先生称赞为"夏威夷所不及"的黄金海岸线，拥有黑陶、西施舌、两城虾皮3个国家地理标志商标。近海海洋生物270余种。2012年获批省级可持续发展实验区、省级海洋生态文明示范区。

**本章思考题**

1. 如何理解休闲度假旅游的概念？
2. 如何区别休闲、度假和旅游的概念？
3. 休闲度假旅游的主要特点是什么？
4. 休闲度假旅游的意义是什么？
5. 休闲度假旅游的类型有哪些？

## 千岛湖　打造国际休闲度假旅游目的地

千岛湖风景区被列入浙江省文化和旅游厅首批未来景区改革试点名单，探索旅游景区高质量发展、打造国际休闲度假旅游目的地在浙江省杭州市淳安县掀开新的篇章。淳安县坚持以党建为引领，有效整合、发动社会各方力量，深化改革创新，不断推进产品迭代升级和管理智能提升，把千岛湖旅游逐步推向品质化、全域化、国际化、智能化、多元化的新阶段。

传统旅游向智能旅游提升

淳安县于2012年入选首批浙江省"智慧旅游"试点县，构建智慧管理、智慧服务、智慧营销"三位一体"大格局。2020年，千岛湖景区率先成为支付宝"无接触景区"试点，阿里巴巴和海康威视将联手开启千岛湖未来景区试点建设，智能旅游在淳安稳步推进。

一站式服务游客，精准引导消费。在健全淳安县内一线旅游咨询服务点建设，推进党建志愿者服务队伍专业化等措施的基础上，下移服务事项，开展"一站式"游客服务。微博、微信、抖音等热门社交平台组成的千岛湖旅游自媒体矩阵，总粉丝量超过220余万，针对不同人群，实现游前信息有效传达；酒店"30秒入住"、景区"20秒入园"、欢迎短信精准触达等智能场景应用，多维丰富游中体验度；打通携程、美团等国内主流旅游电商平台点评数据接口，实时采集网评信息，辅助游客消费引导，提升游后满意度。

立体式服务企业，全维深度施策。在全省率先开通"高铁数字旅游专线"，实现县内主要景区和酒店全覆盖，2019年，日均发车214班次，平均节省游客候车时间22分钟；淳安县政府发放千岛湖旅游电子消费券，直接带动交易额600余万元，带动消费近3000万元，组建8支"星级党员"服务队，累计走访2000余人次，帮助企业240余家，助力淳安在旅游业复工复产上"率先突围、走在前面"；通过"亲清在线"平台累计补助22950张千岛湖景区门票。

全方位助力管理，形成产业闭环。率先推出"景区健康码"应用场景，实现"绿码下单、绿码入园"实时校验，最大程度减少公共卫生安全隐患；建立旅游电商监测平台，实时掌握客源地、酒店入住比例、过夜天数等信息，提高千岛湖旅游大数据业务协同能力；启动文、旅、体数字驾驶舱扩面工程，开发行政管理部门驾驶舱、酒店驾驶舱、景区驾驶舱、旅行社驾驶舱等，实时了解千岛湖旅游经济运行状况，为相关决策提供有效参考。

观光旅游向沉浸式旅游提升

淳安县拥有 1800 多年的历史，千岛湖镇又是一座具有休闲运动气质的年轻小城，文、旅、体融合吸引更多游客沉浸下来，细细品味，体验旅游、文化寻味、休闲运动等产品在这里跨界交融。

补短板、强体验。大力发展"夜光经济"，千岛湖夜游持续升温，夜间休闲业态不断丰富，2019 年，全县过夜游客人数增长 8.2%，过夜天数增加到 1.45 天；不断丰富体验产品，一大批广受年轻群体喜爱的体验性旅游项目相继建成，引进冰雪世界、环球嘉年华等项目，弥补冬季旅游项目短板。

扬文化、讲故事。按照"宜融则融、能融尽融"的原则，打造淳安文化旅游IP。把文化场馆打造成"主客共享"的旅游访问点，淳安博物馆、新安书屋、草龙馆等成为城市旅游和乡村旅游的"新宠"；持续推进非遗进民宿、进街区、进景点，丰富旅游文化内涵，将八都麻绣、青溪龙砚等非遗产品转化成游客带得走的"伴手礼"，从不同角度讲述淳安故事。

靠体育、做休闲。充分发挥山、湖、林等独特自然资源优势，大力培育山地运动、水上运动、探险运动、航空运动等体育旅游新业态，建成登山、漂流、骑行、水上运动等 83 个运动休闲项目，构建千岛湖体育旅游全域全季全时产品体系；每年举办大型体育赛事 10 余项，培育了千岛湖国际公路自行车赛、国际铁人三项赛、国际游泳马拉松系列赛三大浙江省品牌赛事，直接带动赛事消费 1.3 亿元，形成"春毅行、夏游泳、秋骑行、冬跑马"的赛事旅游格局；依托 2022 年杭州亚运会场馆建设，引进鲁能胜地项目，在亚运会配套设施基础上，建设 7 号运动主题公园、精品民宿村落、星级酒店等体育旅游综合体，助力淳安打造"重要窗口"生态特区魅力风景线。

湖区旅游向全域旅游提升

千岛湖旅游先后经历起步、壮大、提升、转型、全域五个阶段，2012 年以后大力实施全域旅游战略(全县景区化)，淳安县从"一湖独秀"发展成集湖区观光、城市休闲、乡村度假为一体的全域旅游格局，被评为浙江省首批全域旅游示范县。

美丽绿道全域串联。从 2012 年开始，投资 16 亿元建成绿道 450 余千米，构建县一级的"环放射"绿道网，在全省实施绿道经济工程，以绿道串联沿线 26 个景区景点、5 个风情小镇、75 个现代农业采摘园、1061 家民宿(农家乐)，吸引 30 余个旅游项目在沿线落户，开发"智慧绿道"App，搭建"千岛湖菜单式旅游服务系统"，提高绿道智能服务水平，同时在绿道沿线布设 9 个环千岛湖党群服务驿站，为游客做好志愿服务，提升骑行游服务品质。2019 年，淳安县接待骑行游客 140.49 万人次，带动经济总收入超 7 亿元，成功推动千岛湖旅游从湖区观光游向全域旅游转型。

美丽村镇全域打造。完成 22 个乡镇环境综合整治，坚持实行农民建房"双控"管理，确保农房风貌与周边山水相映，与景观协调，近三年共打造了 A 级景区村 202 个，其中 3A 级景区村 33 个。

美丽产业全域兴起。建成民宿集聚村 19 个，民宿农家乐 1062 家，旅游直接从业人员 5600 人，2019 年，接待过夜游客 342.76 万人次，营业收入 4.91 亿元，成为淳安县发展康美产业、加快生态富民的重要产业。同时，大力实施"百源经济"工程，形成了"一镇一特色"的乡村旅游产业发展态势。

国内 IP 向国际 IP 提升

千岛湖是国内知名旅游目的地,国内品牌知名度较高。随着"两高"时代、长三角区域一体化、杭州城市国际化和 2022 年亚运会等机遇的到来,千岛湖旅游国际化进程逐步推进,2019 年接待境外游客 3.94 万人次,同比增长 7.8%,旅游产品、服务设施、服务水平不断向国际化靠拢。

乡村旅游 IP 向国际化提升,生态旅游 IP 向国际化提升。生态是淳安旅游的生命,千岛湖水质常年保持国家Ⅰ类水体,在首届"寻找中国好水"大型环保行动中被评为"中国好水"水源地之一。

立足生态优势,以特别生态功能区建立为抓手,大力发展生态旅游产业,推进生态旅游 IP 向国际化提升。千岛湖已成为第一个有机鱼之乡,千岛湖鱼头享誉中外;千岛湖景区成为浙江省首批未来景区改革试点单位;已吸引一批高端度假酒店落户。

运动休闲旅游 IP 向国际化提升。以 2022 年亚运会承办地为契机,高水平举办国际公开水域游泳、马拉松世界系列赛、铁人三项等大型知名赛事。2019 年,接待与运动休闲活动相关游客 394 万人次,占全县旅游总人数的近 20%,直接拉动宾馆、餐饮等服务业消费 25 亿元。

2020 年,淳安县旅游市场稳步攀升,1—8 月全县共接待游客 1191.84 万人次,实现旅游经济总收入 120.14 亿元。在刚过去的十一黄金周,千岛湖天气晴好,旅游小高峰优势明显,休闲体验、酒店住宿等加速升温,仅 8 天长假期间,全县就接待游客 125.35 万人次,实现旅游经济收入 14.79 亿元,按可比口径,分别同比恢复 93.08% 和 92.05%,文旅产业步入复苏快车道。

**资料来源** 根据《人民日报》2020 年 10 月 29 日相关文章整理

**案例思考题:**

千岛湖风景区是如何打造国际休闲度假旅游目的地的?

### 本章思政总结

1. 十九大报告指出,我国社会主要矛盾已经转化为人民日益增长的美好生活需要和不平衡不充分的发展之间的矛盾。旅游业作为五大幸福产业之首,应该在满足人民对美好生活的需要中承担更大的责任,提升人民群众的幸福感。休闲度假更是美好生活状态的一种呈现。旅游者在休闲度假旅游的过程中,能放慢生活节奏、放松身心,释放负面情绪,减轻心理压力。同时,旅游者在体验旅游目的地特有文化、与当地居民良好互动的过程中,能提升心理幸福感和获得感。因此,休闲度假旅游是满足人们美好生活需要的重要途径。

2. 十九大报告中提出,实施健康中国战略。要完善国民健康政策,为人民群众提供全方位、全周期健康服务。积极应对人口老龄化,构建养老、孝老、敬老政策体系和社会环境,推进医养结合,加快老龄事业和产业发展。发展休闲度假旅游有利于人民的身心健康,契合健康中国战略,具有广阔的发展前景。

# 第七章 生态旅游

**学习目标**

1. 理解生态旅游的概念、特征;
2. 熟悉生态旅游的发展历程;
3. 了解生态旅游的需求;
4. 掌握生态旅游的类型。

**思政元素**

1. 习近平生态文明思想:化解人与自然之间的矛盾、满足人民群众对优美环境的需要,保护环境与社会发展相统一、系统推进与重点突破相统一、立足国内与观照国际相统一的三重意蕴。
2. 习近平生态文明思想之"两山"理论:既要绿水青山又要金山银山;宁要绿水青山,不要金山银山;绿水青山就是金山银山。
3. 可持续发展观:既满足当代人的需要,又不损害后代人满足需要的能力的发展。

## 杭州西溪湿地探索湿地保护与利用双赢之路
### ——打造人民群众共享的绿色空间

2020 年 3 月 31 日,习近平总书记在杭州西溪国家湿地公园考察湿地保护利用情况,强调湿地开发要以生态保护为主。原生态是旅游的资本,发展旅游不能以牺牲环境为代价。眼下,西溪湿地正全力打造人民群众共享的绿色空间,探索一条湿地保护与利用双赢的发展之路。春日的杭州西溪国家湿地公园,河汊纵横,古木苍翠。这里是我国首个国家湿地公园,被列入国际重要湿地名录,也是杭州的一张城市"金"名片。

生态优先,把保护摆在首位

从空中俯瞰,西溪湿地距西湖仅 5 千米,分布在杭州中心城区两侧,犹如两只美丽的眼睛。但二三十年前,人们看到的是与今天截然不同的景象。从20世纪80年代开始,随着城市化进程的加快,西溪湿地以年均约1平方千米的速度萎缩,从新中国成立之初占地60多平方千米,到2002年仅剩11平方千米。再加上当地村民养猪带来的污染,这里的水质一度跌至劣五类,少数地方甚至鱼虾绝迹。要GDP还是要"绿肺",一度有过争议。紧邻杭州主城区的区位优势,让西溪湿地商业开发潜力巨大。但随着绿色发展理念的兴起,杭州做了大量工作,将商业开发项目一家家地劝说退出。

2003年8月,西溪湿地综合保护工程正式启动。根据规划,西溪湿地旅游资源的保护开发分为"三区一廊三带",采取搬迁整治、封闭封育等措施,恢复原始沼泽、田园风光与鸟类物种,营造特有的水域、地貌、动植物和历史人文景观。"保护是第一位的,这是开展一切工作的基础。该拆的拆,该种的种,该改的改,该疏浚的疏浚。"西溪湿地生态研究中心主任刘想说。生态修复让西溪湿地再现青山绿水,动植物资源全面盘活。"现在,西溪湿地的水质已经提升到了Ⅱ类。维管束植物有696种,比2005年开园前增加了475种;昆虫增加了390种,鸟类增加了112种。"西溪湿地管委会办公室主任何蕾介绍。2005年4月30日,西溪国家湿地公园正式开园。自开园以来,西溪湿地累计接待游客约3000万人次。

蒋晨杰是西溪湿地的一名观光电瓶车驾驶员,他和家人世代居住于此。西溪湿地综合保护工程实施期间,杭州对11.5平方千米区域实施拆迁,将4000多户原住民就近安置,其中就包括蒋晨杰的老家深潭口村。"现在,深潭口村不再是那个又脏又乱的小村庄,而是西溪湿地的核心景区。"蒋晨杰自豪地说。

水清岸绿,还湿地生态之美

水是西溪的灵魂,湿地内约70%的面积为河港、池塘、沼泽等水域。近年来,湿地实施引水入城、截污纳管、清淤疏浚、生物治理等措施改善水质。要涵养11.5平方千米的湿地,没有大量活水是不行的。2007年,杭州启动钱塘江引水入城工程,将钱塘江的水通过隧洞引至西溪湿地。可由于钱塘江水含沙量较高,导致水体透明度一直在0.3米左右徘徊。"再加上西溪湿地水底淤泥较厚,游船来回搅动,水特别容易浑浊,观感很不理想。"刘想说。

2016年,西湖区投入上千万元启动"清水入城"工程,让江水经过沉淀处理后再进入园区。同时,对园区水域进行清淤;通过拆除违建、集污纳管等方式,治理西溪湿地周边河道,不到1年时间,周边主要河流水质从Ⅳ类及以下提升至Ⅲ类及以上。在纵横的水道间,一段段柳树桩早已生根发芽,枝叶摇曳。用柳树桩护堤,这是当地村民的提议。为确保进入公众的参与性与安全性,湿地内不少游步道需要驳坎。设计时,专家提出用松木桩护堤,因为松木桩在水中不会腐烂。但湿地内的村民提出,松木桩虽然不会腐烂,但是没有生命力,建议用柳树桩护堤。柳树桩是活桩,树根盘根错节会"抱"住堤岸,又有利于泥鳅等生物生存。虽然这种原生态的驳坎方式成本高,但更有益于丰富生态,建设者果断采纳了这个建议。

这样的细节,在西溪湿地的保护与建设过程中比比皆是:水壁由陡坡改为缓坡,利于湿生植物生长;保留和恢复作为次生湿地标志的鱼塘达383个;施工时精心规划与避让,让湿地的几千棵柿子树全部留下,等等。群众性与专业性、科学性与民主性在西溪湿地的规划实施中得到了充分体现。

共生共荣,让城市融入自然

2020年清明假期,正值一年一度的"花朝节",西溪湿地园区内电瓶船、摇橹船、电瓶车以及"空中览胜"观光氦气球等都已恢复运营,园内绿堤上幌菊、牡丹、郁金香等花卉进入盛花期,五彩缤纷。作为杭州首批复工的景区之一,西溪湿地自3月20日起重新开放,并启动了游客的在线预约、免费游览。开放以来,每天30%、2.4万人的定额几乎天天"爆满"。吸引游客的不仅仅是美景,更有颇具地方特色的文化展示。60岁的樊生华有一手炒茶的好手艺。将茶叶倒入铁锅中,鲜茶噼啪作响,双手轻重有度地揉搓,不时从锅里抓起茶叶,手腕轻轻抖动。

在河渚街开店的"西溪小花篮"传承人俞小兰用不到两毫米粗的竹丝,编织成精致的小花篮。"这门手艺有150年历史了,但真正把它发扬光大,靠的还是西溪湿地的吸引力。"俞小兰说,现在"西溪小花篮"的年销售量已突破万只。

如今,西溪湿地的导游、观光车驾驶员、摇橹船船工等工作人员中,70%以上是原住民,总人数达到300人左右。以西溪湿地为中心的大西溪经济圈、文化圈和生活圈正在形成,湿地公园正成为人民群众共享的绿色空间。

资料来源 根据中国经济网相关文章整理

思考:发展生态旅游,如何才能更好地保护环境,实现经济效益、社会效益和环境效益的协调统一?

## 第一节 生态旅游概念、特征及发展历程

### 一、生态旅游的概念

生态旅游不是创新的改革也不是最近才提出来的观念,它是在过去生态保护的架构下逐渐衍生而成的。生态旅游的起源众说纷纭,粗略统计有100余种定义,经过多年的发展也有了一定的基本方法和框架。1965年,赫兹(Hetzer)在 Links 杂志中批评观光活动在发展中国家所造成的冲击,他建议以"Ecological Tourism"取代传统的观光模式,这个建议被认为是第一次提及生态旅游。1983年,国际自然与自然资源保护联盟的生态旅游顾问、墨西哥保育专家豪·谢贝洛斯·拉斯喀瑞(H. Ceballos-Lascurain)第一次创造并使用"Ecotourism"这个名词以游说保护北犹加敦的湿地作为美洲红鹤繁殖地。在此之前曾经出现过许多与生态旅游相当或密切相关的名词,如自然旅游、科学旅游、农业旅游、探险旅游、乡村旅游、选择性旅游、适当的旅游、低影响的旅游、轻松的旅游,等等。但这些概念都没有明确反映出保护环境或资源的要求,均不如生态旅游的含义那样全面和深刻。

关于生态旅游的概念,国外学者的研究成果较多。20世纪90年代生态旅游概念传入我国,引起了政府部门、旅游业领域、学术界的广泛关注,国内学者主要是在国外学

者的基础上,结合我国的实际情况进行了修改。总体上来看,主要有以下六种代表性的观点①(见表 7-1)。

表 7-1　生态旅游概念的六种类型

| 类型 | 观点 | 核心内容 |
| --- | --- | --- |
| 保护中心论 | 生态旅游＝观光旅游＋保护 | 强调旅游者对旅游资源和环境的保护 |
| 居民利益论 | 生态旅游＝观光旅游＋保护＋提高社区居民收入 | 增加当地居民收入 |
| 回归自然论 | 生态旅游＝大自然旅游 | 回归大自然 |
| 负责任论 | 生态旅游＝负责任旅游 | 旅游者应对环境和资源承担维护责任 |
| 原始荒野论 | 生态旅游＝原始荒野旅游 | 生态旅游开展的区域是在人迹罕至的原始荒野区域 |
| 环境资源论 | 以自然旅游资源为主要依托,达到认识自然、了解自然、享受自然、保护自然的目的旅游 | 以人类最佳的生存环境因子作为主要旅游资源 |

## (一)保护中心论

"保护中心论"的观点认为,"生态旅游＝观光旅游＋保护",或者说生态旅游等于可持续发展旅游,其核心内容是强调对旅游资源和环境的保护;主张实施生态旅游就是要强调保护,要求旅游者在旅游过程中应保护好旅游资源、保护好自然环境、保护好文化。如,Clande Moulin(1992)认为,生态旅游是在满足保护的前提下从事的对环境和文化影响较小的游乐活动。加拿大环境咨询委员会认为,生态旅游就是对生态系统的保护做出贡献的、同时尊重当地完整性的、富有启迪意义的自然旅游体验。世界自然基金会(WWF)(1994)认为,生态旅游是到受保护的自然区域的旅游,它是一种通过保护自然资源来获取经济利益的手段。杨文杰(1999)认为,生态旅游本义是以保护生态环境、保证自然资源可持续利用为前提,合理开发生态旅游资源,推出生态旅游产品,以丰富拓展我国的旅游种类和市场。卢云亭和王建军(2001)认为,生态旅游是在利用自然资源供人们观赏的同时,又对自然环境进行保护的一种活动。"保护中心论"的观点强调旅游资源和环境的保护,但是旅游资源的面非常广,涉及天空、山川、海洋、水域、生物、城市、文物等范围、内容和部门。旅游部门、旅游者提出保护并不能产生很大的作用,保护的实现必须通过严格的管理和执法,而不是仅仅通过旅游者。

## (二)居民利益论

"居民利益论"的观点认为,"生态旅游＝观光旅游＋保护＋提高社区居民收入",其核心内容是增加当地居民收入。该观点主张生态旅游应在保护的基础上开展,而且旅游组织者和旅游者有义务为增加当地居民的收入而作出应有的贡献。如国际生态旅游

---

① 吴楚材,吴章文,郑群明,等. 生态旅游定义辨析[J]. 中南林业科技大学学报,2009,29(05):1—6.

协会(1993)认为,生态旅游是为了解当地环境的文化与自然历史知识,有目的地到自然区域所做的旅游,这种旅游活动的开展在尽量不改变生态系统完整的同时,创造经济发展机会,让自然资源的保护在财政上使当地居民受益。Elizabeth Boo(1992)认为,生态旅游是以欣赏和研究自然景观、野生生物及相关文化特征为目标,为保护区筹集资金,为当地居民创造就业机会,为社会公众提供环境教育,有助于自然保护和可持续发展的自然旅游。Harold Goodwin(1996)认为,生态旅游是保护物种和居民的低影响的自然旅游,这种保护或是以资助的形式直接实现,或是通过给当地社区和当地居民带来收入间接实现,因为当地可以将这些收入用于野生生物和遗址的保护。国内学者也有相似的观点。如郭岱宜(1999)认为,生态旅游除了是一种提供自然游憩体验的环境责任型旅游之外,也具有繁荣地方经济、提升当地居民生活品质,同时尊重与维护当地部落传统文化之完整性的重要功能。"居民利益论"表述了生态旅游的目标是提高社区居民收入,但这一提法是欠妥当的,远离了生态旅游的基本原则。生态旅游的发展能够直接或间接地为当地居民带来收益,但是如果将提高当地居民收入作为生态旅游的一项本质特征,其与大众旅游不能形成实质性的区别。

### (三)回归自然论

"回归自然论"的生态旅游观点认为,"生态旅游＝大自然旅游",其核心内容是回归大自然:只要旅游者走进大自然的怀抱就属于生态旅游的范畴。如世界旅游组织(1993)把生态旅游定义为是以生态为基础的旅游,是专项自然旅游的一种形式,强调组织小规模旅游团(者)参观自然保护区,或具有传统文化吸引力的地方。王献溥(1995)认为,生态旅游就是到大自然中去认识自然、接受环境教育和受到持续管理的旅行活动。刘红等人(1995)认为,生态旅游是旅游者以自然景观旅游生态系统为主要观光游览对象所进行的旅游活动,这种旅游活动强调旅游者与自然景观的协调一致和有机的生态联系。"回归自然论"这个概念在一定程度上涉及生态旅游的本质问题,但是将生态旅游的范围扩大到所有的户外旅游,包括探险旅游、登山旅游、科考旅游、度假旅游、休闲旅游等,从而扰乱了人们习惯了的旅游类型体系,给旅游者和旅游组织者造成认知和识别上的混乱,让机会主义者将生态旅游的标签随处粘贴,这也正是前些年生态旅游泛用、泛化、泛滥的主要根源。

### (四)负责任论

"负责任论"的生态旅游观点认为,"生态旅游＝负责任旅游",其核心内容是旅游者应对环境和资源承担维护责任。如国际生态旅游协会(2003)认为,生态旅游是一种对环境负责的旅游和观光行为,主要通过对环境的保护,达到使当地的生态和人口得以持续发展的目的。卢云亭和王建军(2001)认为,生态旅游是在自然环境中,对生态和文化有着特别的感受并负有责任感的一种旅游活动;是一种对自然环境负责的旅游形式,它有助于旅游区域自然环境的保护。"负责任论"在"保护中心论"强调在对旅游资源和环境进行保护的基础上,强调"生态"与"旅游"有机结合,用生态学思想指导包括旅游目的地、旅游者、旅游业在内的旅游系统的有序发展。但是,"负责任论"的缺陷也是明显的,将应对社会可持续发展等负责任作为旅游当中特殊的部分进行强调或放大,从而在实质上形成了"负责任旅游",这在实际中是难以操作的。

### (五)原始荒野论

"原始荒野论"的观点认为,"生态旅游=原始荒野旅游",其核心内容是"生态旅游开展的区域是在人迹罕至的原始荒野区域"。如 Ceballos-Lascurain(1987)认为生态旅游是带着研究、欣赏和品位自然风光、野生生物及当地文化特征的目的,去往相对没有被污染或破坏的自然区域的旅行活动;这种旅行既包括在没有遭到破坏的森林里的随意散步,也包括在偏僻地区相对独特自然现象的探索和研究。Elizabeth Boo(1990)认为,生态旅游是以自然为基础,必须涉及为学习、研究、欣赏、享受风景和那里的野生动植物等特定目的而到受到干扰比较少或没有受到污染的自然区域所进行的旅游活动。国内学者王尔康(1998)认为,狭义的生态旅游是指到很少受到人类活动干扰的生态环境如深山峡谷、冰川雪峰、大漠荒野、原始森林等处去进行带有冒险色彩和考察内容的旅游活动。牛亚菲(1999)认为,生态旅游作为一种旅游方式,它向旅游者提供没有或很少受干扰和破坏的自然和文化旅游环境;自然旅游、文化旅游、科学旅游、探险旅游都属于生态旅游类型。"原始荒野论"的定义指出了生态旅游是追求到那些人迹罕至的、没有受到破坏或者很少受到破坏的自然地域环境中去旅游,表述了人们回归自然的愿望,但也有一定的缺陷:人迹罕至的地方不等于是可以旅游的地方。

### (六)环境资源论

"环境资源论"认为生态旅游是以自然旅游资源为主要依托,人们为了某种目的而到良好的生态环境中去保健疗养、度假休憩、娱乐,达到认识自然、了解自然、享受自然、保护自然的目的旅游。其核心内容是"以人类最佳的生存环境因子作为主要旅游资源"。如国内学者吴楚材、吴章文等(2000)给出的定义:生态旅游主要是城市和集中居住区的居民为了解除城市恶劣环境的困扰,为了健康长寿,追求人类理想的生存环境,在郊外良好的生态环境中去保健疗养、度假休憩、娱乐,达到认识自然、了解自然、享受自然、保护自然的目的。这种旅游叫作生态旅游。"环境资源论"的定义明确地指出了生态旅游者是城市中的居民或集中居住区的居民,旅游的目的是解除城市恶劣环境的困扰,到生态环境很好的地方保健疗养、度假休憩、娱乐。良好的生态环境条件就是旅游资源,这类定义是比较科学的,生态旅游是生态觉醒、社会发展、高度城市化、大众旅游到来的一种旅游的新类型、新产品。

综上所述,虽然目前对生态旅游的定义尚未确切,但生态旅游概念已在两个方面明确达成共识:一是生态旅游是回归大自然的旅游;二是对保护自然生态环境有促进作用的旅游。1993 年 9 月,在北京召开的第一届东亚地区国家公园和保护区会议上,中国首次以会议文件形式给出生态旅游的相关定义:倡导增加对大众关注的旅游活动。提供必要设施,实行环境教育,以便旅游者能参观、理解、珍视和享受自然和文化资源,同时并不对生态系统或当地社区产生无法接受的影响。2016 年,发改委与国家旅游局(今文化和旅游部)联合颁布《全国生态旅游发展规划(2016—2025)》,规划借鉴国际生态旅游定义,结合中国实践,将生态旅游界定为:以可持续发展为理念,以实现人与自然和谐为准则,以保护生态环境为前提,依托良好的自然生态环境和与之共生的人文生态,开展生态体验、生态认知、生态教育并获得身心愉悦的旅游方式。该概念既符合我国的实际,又直接反映出生态旅游的本质,因此,我们采用这一概念。同时,从这个概念来看,生态旅游的内涵可以引申为以下5点:

(1) 生态旅游的对象是自然区域,以及与当地自然环境相和谐的文化;
(2) 旅游者的行为不对或尽量少对生态环境造成危害;
(3) 注重当地居民的参与性,尊重他们应有的权利,改善其生活水平;
(4) 具有生态环境的教育功能,可以提高甚至改变游客的环境观和生活方式;
(5) 尽量满足旅游者了解、认识、欣赏、体验、研究自然和文化的需求。

## 二、生态旅游的特征

### (一) 生态旅游与传统旅游的区别

传统旅游作为一种大众化的消费方式,主要特点是旅游者人数众多,旅游线路为大家所熟悉,产品标准化程度高,旅游经营者往往采取薄利多销的方针。生态旅游是基于回归自然、体验古朴文化、保护自然生态和传统文化等动机,在不损害生态环境的可持续发展前提下,到自然环境优美或人文气息浓郁的地区进行的以自然资源和传统文化为客体,并促进旅游地经济、社会、生态效益同步协调发展的一种新型的可持续性旅游活动。两者的区别主要体现在两个方面:一是尽管生态旅游者与传统旅游者有时利用相同的自然区域,然而其态度、兴趣明显不同;二是生态旅游所需条件不同于传统旅游,如其基础设施的投资费用很低,仅相当于传统旅游1/4左右。生态旅游与大众旅游的区别详见表7-2。

表7-2 生态旅游与大众旅游的区别

| 类别 | 生态旅游 | 大众旅游 |
| --- | --- | --- |
| 目标市场定位 | 小众市场,人数较少的产品重度使用者 | 大众市场,多层次、多类型的细分化人群 |
| 旅游产品开发 | 产品个性化、专业化,以自助旅游为主,产品知识含量高 | 产品多样化,提供周到服务的标准化旅游,产品知识含量低 |
| 社区参与程度 | 社区参与旅游的所有环节,参与程度高且地位主动 | 社区参与旅游开发的个别环节,参与程度较低且地位被动 |
| 景区管理模式 | 管理过程强调传统的、民族的、地方的有效成分 | 重视现代化管理理念、技术及方法的应用 |
| 环境保护 | 环境效益为主导,贯彻生态原则,环境监测与容量控制严格 | 经济效益、社会效益、环境效益相统一 |
| 投资与回报 | 小规模、分散式的阶段投资 | 追求规模效应,追求高投资、高回报 |

资料来源:陈玲玲《生态旅游——理论与实践》。

## (二) 生态旅游的特征

生态旅游依赖当地原生、和谐的生态系统,强调保护当地的旅游资源、社会利益,具体有以下四个方面的特征。

### 1. 范围上的自然性

生态旅游取自于生态环境,依托于自然资源。它在本质上具有自然环境与旅游者有机融为一体的特点,其中自然环境始终是游客的载体和归宿。

### 2. 层次上的高品位性

生态旅游者对旅游环境的质量要求很高,同时也非常自觉地、有意识地保护旅游环境,这是生态旅游高品位的第一个表现。其次,生态旅游多具有高含量的科学与文化信息。因此,生态旅游产品或商品应该是高质量、高品位的"精品"。

### 3. 利用上的可持续性

生态旅游是在自然环境中以生态系统为对象所进行的一种旅行活动,其目的旨在缩小我们主观愿望与实际行动对环境所造成的影响之间的差距,它把生态环境的承受能力放在第一位考虑,重视旅游环境容量的研究和维持措施,强调游客、从业人员对保护生态环境的奉献。这些准则和措施,必然会强化旅游资源的可持续发展。

### 4. 内容上的专业性

生态旅游属于高层次的专业旅游活动范畴,其旅行取向多集中于具有不同生态学特性的自然景观资源之内。由于生态旅游所提倡的环境教育理念,生态活动内容要求有较深的科学文化内涵,这就需要活动项目的设计及管理均要有专业性。面对各类生态系统,旅游者可以根据自己的专业兴趣爱好,选择不同的专业旅游项目。对一些有独特价值的自然景观,如火山、地震遗址、溶洞、冰川、古生物化石等,还可组织特殊的科学考察旅游活动,这些旅游活动项目无不体现了生态旅游专业性特征。

## 三、生态旅游的发展历程

生态旅游作为一种旅游方式、一种旅游产品、一种旅游价值观,是以大众旅游为特色的旅游业发展到一定阶段的产物。从总体上来看,国内生态旅游的起步要比世界上一些旅游发达国家晚一些。

### (一) 国外生态旅游发展历程

国外生态旅游的发展历程可以分为萌芽、起步、蓬勃发展三个主要阶段[①]。

#### 1. 生态旅游萌芽阶段(20世纪60年代—1982年)

进入20世纪60年代,发达国家全面反思工业革命带来的全球性环境问题。在"绿色浪潮"和"环境意识觉醒"的影响下,"生态旅游"的思想开始萌芽。

一些学者开始思考传统的大众性观光旅游活动对当地社会所造成的负面影响,进而提出了一系列与生态旅游相近的观光旅游方式。这些旅游方式可以归纳如下:自然取向的旅游、自然旅行、自然导向的旅游、友善的环境旅游、环境朝圣、永续观光、另类旅

---

① 陈玲玲,等.生态旅游——理论与实践[M].上海:复旦大学出版社,2012.

游、伦理旅游、软性旅游、自然观光、野生生物旅游、绿色观光、特定主题的旅游、适宜的旅游、负责的观光；此外还有自然旅游、科学旅游、农业旅游、未经破坏地区的旅游、探险旅游、乡村旅游、选择性旅游、适当的旅游、低影响的旅游、轻松的旅游，等等。

上述这些名词，相对于传统大众旅游提出了新的观光趋势，尽管它与生态旅游还有一定的差距，但都是为了减少传统旅游方式对生态环境或当地文化造成的负面冲击。后来经过近20年的探索和酝酿，"生态旅游"在20世纪80年代应运而生。

2. 生态旅游起步阶段（1983年—1989年）

生态旅游的起步虽然只有短短的几年时间，但是涌现出了一批生态旅游的研究者和推行者，同时各国在生态旅游实践中也进行了一些有益的尝试。

1983年，墨西哥学者H. Ceballos-Lascurain首先创造性地提出"生态旅游"一词，之后在世界范围内广泛讨论并流行开来。最初生态旅游之所以得到关注，是因为人们注意到作为利用对象的生态旅游资源需要保护，同时环境教育的侧重点需要转移，而且客观上社区可持续发展也需要生态旅游的介入[①]。

联合国于1983年12月成立了由时任挪威首相的布伦特兰夫人为主席的世界环境与发展委员会，对世界面临的问题及应采取的战略进行研究。1987年，世界环境与发展委员会发表了影响全球的题为《我们共同的未来》的报告。该报告提出了"可持续发展"的概念，并指出：在过去，我们关心的是经济发展对生态环境带来的影响，而现在，我们正迫切地感到生态的压力对经济发展所带来的重大影响。因此，我们需要有一条新的发展道路，这条道路不是一条仅能在若干年内、在若干地方支持人类进步的道路，而是一直到遥远的未来都能支持全球人类进步的道路。这一鲜明、创新的科学观点，把人们从单纯考虑环境保护引导到把环境保护与人类发展切实结合起来，实现了人类有关环境与发展思想的重要飞跃。这个报告在全世界引起极大反响，被称为"可持续发展的第一个国际性宣言"。

许多旅游学者也开始将可持续发展观念引入观光业中，同时各国对生态旅游的发展进行了有益的实践。肯尼亚是世界上较早开展生态旅游的国家，他们在发展生态旅游中非常注意照顾旅游开发地居民的利益，提升当地居民的生活水平，从而保障了当地社会秩序的稳定，其中的一些经验值得我国借鉴。肯尼亚政府于1977年宣布禁猎令，以生态旅游取代狩猎旅游。他们通过将原住民迁离等办法建立起26座国家公园、28处自然保护区和1处自然保留区，这些保护地共占肯尼亚陆地面积的12%。1988年，生态旅游成为肯尼亚外汇收入的第一大来源，首次超过了咖啡和茶叶的出口收入。哥斯达黎加地处中美洲，面积只有5万多平方千米，但全国绿地面积却占领土总面积的一半以上。哥斯达黎加政府根据不同地形地貌和气候环境，设立了34个国立公园和自然保护区，在这里开展生态旅游的价值很高。1969年，哥斯达黎加开始实施《森林保护法》，10年后又开始实施保护森林的外援项目和森林生态补偿措施，毁林现象逐年递减。到1998年，哥斯达黎加政府宣布：毁林现象已经全部逆转。借助绿色的环境和丰富的生物物种，哥斯达黎加开始发展生态旅游业。"绿之山"是其最负盛名的生态保护区和旅游区，也是该国生态旅游最好的"名片"。因此，肯尼亚和哥斯达黎加的实践成为

---

① 叶文，张玉钧，李洪波. 中国生态旅游发展报告[M]. 北京：科学出版社，2018.

欠发达国家大规模开展生态旅游的先驱和代表。

**3. 生态旅游蓬勃发展阶段（1990年至今）**

20世纪90年代开始，生态旅游的实践不断丰富，全世界形成了生态旅游的巨大浪潮，并取得了显著的经济效益、社会效益和环境效益。澳大利亚在1994年推行生态旅游战略，通过成立各种生态旅游协会，印刷一系列生态旅游指南，成立国际研究中心，设计生态旅游教育及训练教程，组建生态旅游评价机构等措施，成为世界发展生态旅游的榜样。在实际行动上，许多国家都致力于发展生态旅游，并形成共识。国际上，最重要的生态旅游行动是2002年5月在加拿大魁北克召开的、由132个国家1000多名代表参加的峰会。该峰会是2002年国际生态年的一次全球性重要活动，宗旨是推动各国政府、旅游景点的居民、旅游经营者和消费者为促进生态旅游的发展更好地合作；与会代表一致认为国际社会和各国政府应高度重视发展生态旅游，为保护人类环境和实现经济和社会的可持续发展做出积极贡献。此外，峰会还出台了发展生态旅游活动的《生态旅游宣言》。至今为止，生态旅游已经遍布全球，各国政府都高度重视生态旅游的发展，并制定了一系列相关政策，不断推动生态旅游产品丰富化、服务多样化、管理科学化。

### （二）国内生态旅游发展历程

国内生态旅游的发展，经历了从概念引进到接受理解和从多种实践到典型示范两个大的阶段[①]。

**1. 从概念引进到接受理解（20世纪90年代至2000年）**

伴随着旅游业在我国的兴起，环境污染、景观破坏等问题日益严重，旅游需求与环境保护的关系受到人们的关注。从20世纪70年代开始，朴素的生态保护思想和可持续旅游的理念贯穿于旅游业发展过程之中。应该说，国内正式引入"生态旅游"一词是在20世纪90年代初期。在之后20多年的时间里，生态旅游在国内引起学术界广泛关注。在此期间，举办了各种形式的生态旅游专题研讨会或论坛。1993年9月在北京召开的"第一届东亚地区国家公园和保护区会议"通过的《东亚保护区行动计划纲要》，标志着生态旅游的概念在中国第一次以文件形式得到确认。1994年3月经国家旅游局（今文化和旅游部）批准，原林业部成立了森林国际旅行社，北京、福建、陕西、大连等15个省、直辖市和计划单列市还先后成立了森林旅游公司或森林旅行社，开发森林旅游资源和开展森林旅游活动，这标志着与国家旅游局（今文化和旅游部）相配合的森林旅游在管理和开发方面形成了完整的体系。1995年我国第一届生态旅游研讨会在云南西双版纳召开，就我国生态旅游发展问题进行了深入探讨，会后发表了《发展我国生态旅游的倡议》，还建议国家旅游局（今文化和旅游部）将生态旅游作为旅游主题年，这个倡议书引起了业界的广泛关注，是具有标志性的。1996年，在联合国开发计划署的支持下，召开了武汉国际生态旅游学术研讨会，并将生态旅游研究推向实践。同年，国家自然基金委员会与国家旅游局（今文化和旅游部）联合资助了"九五"重点项目"中国旅游业可持续发展理论基础宏观配置体系研究"，由国家旅游局（今文化和旅游部）计划统计

---

① 叶文，张玉钧，李洪波. 中国生态旅游发展报告[M]. 北京：科学出版社，2018.

司与中国科学院地理科学与资源研究所共同主持,开展生态旅游典型案例研究。同年10月推出的《中国21世纪议程优先项目计划》调整补充方案中,列出"承德市生态旅游""井冈山生态旅游与次原始森林保护"等作为实施项目,进一步推进了生态旅游的发展。1997年,"首届全国旅游业可持续发展研讨会"在北京举行,会议有不少文章涉及生态旅游,认为生态旅游对于保障中国旅游业可持续发展有重要意义。1998年国家旅游局(今文化和旅游部)提出建设六个高水平、高起点的重点生态旅游开发区:九寨沟、迪庆、神农架、丝绸之路、长江三峡、呼伦贝尔草原。

1999年是生态旅游发展重要的一年。国家旅游局(今文化和旅游部)、国家环境保护总局(今生态环境部)、国家林业局(今国家林业和草原局)、中国科学院四部门联合举办了"99中国生态环境游"活动,其主题是"走向自然、认识自然、保护环境",主要口号有:①走向自然、认识自然、保护环境;②返璞归真,回归自然;③生态环境游——时尚的选择;④青山秀水探净土,清风明月近自然。通过此次活动的举办,借助于新闻媒体的推介,"生态旅游"的概念开始被社会广泛关注。

2000年,由杨桂华等编写的《生态旅游》教材首次在国内出版,成为"我国第一本生态旅游领域理论研究的著作,是国内生态旅游研究的最新成果"。以此为开端,有关生态旅游研究的大量文献和资料,都集中在对生态旅游概念的界定、内涵的解释、功能的探讨、特征的描述等基础理论研究方面。在此过程中,很多专家和学者做出了不懈努力,吸取国际生态旅游的先进发展理念和做法,为我国生态旅游的深入发展提供了可供借鉴的宝贵经验。

2. 从多种实践到典型示范(2001年至今)

进入21世纪以后,生态旅游在国内得到快速发展。伴随着一些重要会议举办的同时,我国也在探索多种形式的实践活动,甚至上升到典型示范。

2001年3月全国旅游发展会议首次提出建立一批国家生态旅游示范区。同年,国家旅游局(今文化和旅游部)在《2001年国家旅游局工作要点》与《中国旅游业"十五"发展规划》中再次提出了建设国家生态旅游示范区的思路,并将其列为我国"十五"期间旅游业发展的重点之一。同年12月,中国生态学学会旅游生态专业委员会在北京成立。自成立以来,中国生态学学会旅游生态专业委员会致力于推动我国生态旅游事业的发展,截至2019年先后成功举办十三届中国生态旅游发展论坛,在推动和指导我国生态旅游发展方面取得了卓有成效的成果,有力地促进了生态旅游业和生态文明建设的进一步发展。

2007年,"2007中国(南昌)国际生态旅游博览会"成为将理论与实际相结合、国内与国外相结合、景区与线路相结合、普及生态旅游与发展会展奖励旅游相结合的新型展会,为探索中国生态旅游的发展实践提供了一个良好平台。2008年,全国生态旅游发展工作会议在北京召开,当时国家旅游局(今文化和旅游部)正在制定《全国生态旅游示范区标准》,并在会上发布了征求意见稿。2009年,国家旅游局(今文化和旅游部)和国家环境保护部(今生态环境部)联合发布《全国生态旅游发展纲要(2008—2015)》。同年,国家旅游局(今文化和旅游部)、国家林业局(今国家林业和草原局)、国家环境保护总局(今生态环境部)和中科院四部门(机构)联合发文,将2009年确定为"中国生态旅游年",全国各地纷纷推出各种生态旅游产品系列,进一步加强了我国生态旅游业体系的建立和完善。同年,国务院《关于加快发展旅游业的意见》(41号文件)中关于新能源、新材料、节能节水减排、低碳旅游、绿色旅游等举措都体现了与生态旅游的关联性。

2009年,九三学社中央委员会会同中国生态学学会旅游生态专业委员会在湖南、贵州两省进行生态旅游调研,向中共中央、国务院提交了《关于推动我国生态旅游发展的提案》,并作为提案向2010年的两会提交,该提案受到党中央、国务院的高度重视。在该提案中,九三学社中央委员会提出以下建议:一是制定生态旅游发展规划;二是制定统一规范的生态旅游标准体系;三是完善生态旅游管理的体制机制;四是健全生态旅游的法律法规;五是加大对生态旅游发展的政策支持力度;六是推进科技进步,为生态旅游发展提供科技支撑;七是加强宣传教育,提高全社会生态文明意识。2010年由国家旅游局(今文化和旅游部)提出,联合国家环境保护总局(今生态环境部)和两家机构共同颁布《国家生态旅游示范区建设与运营规范(GB/T 26362—2010)》。2011年,国家"十二五"规划中提出"全面推动生态旅游"。

2011年,第一本生态旅游杂志——《中国生态旅游》创刊,对普及生态旅游知识做出了贡献。2012年,国家旅游局(今文化和旅游部)和国家环境保护总局(今生态环境部)联合制定了《国家生态旅游示范区管理规程》和《国家生态旅游示范区建设与运营规范(GB/T 26362—2010)评分实施细则》,并颁布实施。2014年,在九三学社中央委员会的工作推动下,中国生态文明研究与促进会成立了生态旅游分会,其宗旨是遵照国家生态文明建设的方针政策和战略部署,聚集全国有志于生态旅游发展的力量,以服务社会为目的,推动生态旅游事业的健康发展,同时以生态旅游为平台,推进生态文明建设。2016年3月,国家"十三五"规划中更是明确提出了要"支持发展生态旅游",同年在国家发展改革委员会和国家旅游局(今文化和旅游部)的共同推动下制定了《全国生态旅游发展规划》。可见生态旅游的总体形势向着利好的方向发展。

## 第二节 生态旅游的需求和意义

### 一、生态旅游的需求

在世界许多国家,尤其是发达国家,许多人希望返璞归真,到静谧、幽美、洁净、开阔的环境中感悟自然,放松身心,享受大自然的恩泽,领略大自然的神奇。因此,旅游者开始逐渐放弃老一套的旅游方式,追求特殊的带有刺激性的特种旅游,这无疑给传统的旅游业带来挑战,同时也为其他形式的旅游业的发展带来新机遇。生态旅游正是在这种情况下应运而生。生态旅游既满足了人类回归自然、追求新的旅游方式的需求,又为旅游业发展和环境改善相协调提供了可能,因而成为实现旅游业可持续发展的必然选择[①]。

---

① 肖扬,杨瑞卿.生态旅游的定义、产生背景及发展现状[J].忻州师范学院学报,2001(3).

在国内，随着人民生活水平的提高，旅游已经成为人们的日常消费活动。生态旅游由于其回归自然、亲近自然、感受自然的魅力，更具吸引力和感召力，其内涵不断丰富，市场规模也不断扩大。同时，随着人们环境意识的增强，旅游者对旅游的感知、期望、态度和价值取向也发生了相应的变化，即旅游者越来越注重旅游环境质量。生态旅游既要保证生态环境不会因旅游活动而发生难以接受的改变，又要尽量满足消费者的旅游需求，保证其旅游体验的质量不会因为必要的限制而出现难以接受的下降，故而受到越来越多的旅游者青睐，成为当今世界旅游发展的趋势和潮流。由此可见，旅游市场需求的变化为生态旅游的产生和发展提供了强大的动力。

## 二、生态旅游的意义

党的十八大以来，以习近平同志为核心的党中央高度重视社会主义生态文明建设，坚持把生态文明建设作为统筹推进"五位一体"总体布局和协调推进"四个全面"战略布局的重要内容，坚持节约资源和保护环境的基本国策，坚持绿色发展，把生态文明建设融入经济建设、政治建设、文化建设、社会建设各方面和全过程，加大生态环境保护建设力度，推动生态文明建设在重点突破中实现整体推进。生态旅游是一种可持续发展旅游，对促进经济发展、繁荣社会文化、推动生态文明建设等方面具有重要意义。

### (一) 生态旅游的经济意义

**1. 发展生态旅游能够促进地方居民就业**

生态旅游能够促进区域经济的持续发展，通过经济利益的再分配过程也可以使社会分工趋于合理化，扩大社会就业的机会，等等。太平洋经济合作理事会 (PECC) 秘书长艾杜阿尔多·佩德罗斯曾在第二届国际生态旅游论坛 (2004) 上指出，包括生态旅游在内的旅游经济是推动世界经济发展的重要力量，特别是在就业方面对世界经济的贡献尤为显著。

江西安远县三百山是国家级森林公园，境内森林覆盖率达 98%。更是粤港居民饮用水的源头东江的发源地。安远县以"两山理论"为指引，以保护生态为前提不断提升旅游品质，游客接待数量逐年上升。生态旅游的持续走热，增加了周边村镇群众的就业机会。2020 年 5 月，随着疫情后旅游业复苏发展，景区根据当前需要增扩岗位，通过采集当地失业人员信息、职业技能鉴定、组织分类培训等措施，动员本地剩余劳动力前往景区就业，不仅包吃住，还购买三险一金。同时，景区的日趋红火也吸引了不少外出务工的劳动力返乡工作，实现"家门口"就业，既能兼顾工作，又能照顾家庭，有效解决了留守老人和留守儿童的问题，从而也为该县留住了人才，促进了该县地方经济发展。

**2. 发展生态旅游有助于构建高质量现代化经济体系**

习近平总书记反复强调，绿水青山就是金山银山。全面推动绿色发展，不仅是为老百姓提供更多优质生态产品，也是为老百姓打造高质量发展的金山银山。绿色发展是新发展理念的重要组成部分，与创新发展、协调发展、开放发展、共享发展相辅相成、相互作用，是全方位变革，是构建高质量现代化经济体系的必然要求。生态旅游以可持续发展为理念，以保护生态环境为前提，以统筹人与自然和谐发展为准则，是践行绿色发展理念的重要途径，能够推动形成绿色生产生活方式，把生态旅游资源转换为绿色发展势能,有助于构建高质量现代化经济体系。

都江堰市积极响应"绿水青山就是金山银山"发展理念,坚持以项目为中心组织经济工作的思路,以青城山旅游装备制造功能区、李冰文化创意旅游功能区、都江堰精华灌区康养功能区为承载主体协同发展,着力构建以旅游为核心的现代产业体系,以更加开放的姿态迎接国内外优质资源要素,加快形成以旅游装备制造、绿色食品、医疗康养、文化旅游等为主要形态的开放型产业体系。

### (二)生态旅游的环境意义

#### 1. 发展生态旅游能够促进生态环境保护

保护好生态环境,就是保护生态旅游发展的根基,而发展生态旅游是为了更好地保护生态环境,是促进发展和保护的"双赢"。目前,风景名胜区、森林公园和地质公园多数开展了旅游活动,大部分的自然保护区也开展或部分开展了生态旅游活动。这类生态良好区域是生态旅游的目的地,成为全国生态旅游市场开发活动的主战场。随着生态旅游的蓬勃发展,旅游生态保护管理工作力度进一步加大,并制定了相关的政策,如2004年,国家环境保护总局(今生态环境部)印发了《关于加强资源开发生态环境保护监管工作的意见》,对旅游资源开发和监管提出了明确的要求。2005年6月,国家环境保护总局(今生态环境部)与国家旅游局(今文化和旅游部)共同下发了《关于进一步加强旅游生态环境保护工作的通知》。党的十八大以来,坚持生态环保优先已经成为中国制定各项重大发展战略的重要原则。2018年6月16日公布的《中共中央国务院关于全面加强生态环境保护坚决打好污染防治攻坚战的意见》,也把"坚持保护优先"作为首条基本原则提出来,强调要"落实生态保护红线、环境质量底线、资源利用上线硬约束,深化供给侧结构性改革,推动形成绿色发展方式和生活方式,坚定不移走生产发展、生活富裕、生态良好的文明发展道路"。上述这些政策,对旅游开发规划、建设、经营、服务和消费等各个环节的环境管理提出更加具体的要求,尤其是对各级环保和旅游主管部门在旅游活动中如何做好监督管理工作提出了具体要求,对促进旅游生态保护起到了积极的作用。

#### 2. 发展生态旅游能够提高公众的环保意识

20世纪90年代,生态旅游概念引入我国。20多年来,生态旅游在国内获得了快速的发展,返璞归真、亲近自然成为生态旅游重要内容。特别是1999年开始推出的"黄金周"制度,对生态旅游的发展起到了重要的推动作用。生态旅游是我国生态文明建设在旅游业的具体实践,通过一系列的旅游活动,旅游者在尽情体验生态旅游所带来的全新物质享受和精神享受的同时,也在不断增强自身的环保意识。同时,旅游目的地居民通过参与生态旅游的开发、管理,亲身感受发展生态旅游带来的经济效益,从而增强自觉保护生态资源的意识。例如,北京市房山区南车营村的村民,最初进石花洞时只顾眼前利益,将石笋、钟乳石敲下来出售,旅游开发之后,他们意识到石花洞旅游资源的宝贵,就积极地去保护石花洞中的岩溶资源。该景区还将开发旅游的部分收入反过来投入生态旅游,绿化周围山坡260多亩,形成了旅游业发展与环境资源保护的良性循环①。

---

① 武勤英.开展生态旅游需提高环保意识[N].光明日报,2000-08-18.

## (三)生态旅游的社会文化意义

**1. 生态旅游是生态文明建设的重要途径**

生态文明,是指人类遵循人、自然、社会和谐发展这一客观规律而取得的物质与精神成果的总和;是以人与自然、人与人、人与社会和谐共生、良性循环、全面发展、持续繁荣为基本宗旨的文化伦理形态。习近平生态文明思想作为习近平新时代中国特色社会主义思想的重要组成部分,是生态价值观、认识论、实践论和方法论的总集成,是指导生态文明建设的总方针、总依据和总要求。发展生态旅游是生态文明建设的重要途径。生态旅游与生态文明都秉承"可持续发展"的理念,崇尚尊重自然,顺应自然法则,保护环境。这种人与自然协调可持续发展的理念与我国传统文化中的"天人合一"思想阐释了同样的生态哲学观。生态旅游的内在属性与生态文明的理念具有完美的一致性,生态文明的理念为生态旅游的发展指明了方向,也为生态旅游融入国家经济建设、政治建设、文化建设和社会建设提供了平台。同时,生态旅游能够将弘扬"尊重自然、顺应自然、保护自然"的生态文明理念,贯穿到旅游发展的各个层面,落实到旅游体验的各个要素中,从而提高生态旅游的生态文明价值。

**2. 生态旅游对构建生态文化体系具有重要促进作用**

生态旅游对构建生态文化体系的意义体现在三个方面,即树立旅游地的生态文化形象、提升当地居民的生态文明意识与文化自豪感、传承与发展旅游地文化。生态旅游者通常是被一个地方独特的景观资源所吸引,或游览过一个地方以后对当地的某种景观资源留下了美好而深刻的印象,这样的景观资源就是生态旅游地的形象,旅游地的形象是当地人文精神的象征。生态旅游活动有助于旅游地文化形象的树立与传播。而当旅游地居民看到众多生态旅游者被当地良好的生态资源吸引前来时,往往也会意识到自己所处的生活环境是多么美好,并因此提升生态文明意识。同时,也会引起他们对当地文化的重新审视,并产生强烈的文化自豪感,从而更加积极地参与生态文明建设的各项活动。这种文化自豪感的提升,还会激发当地居民保护与继承本土文化的积极性,并不断发展创新他们的本土文化,以维持生态文化的先进性[①]。

## 第三节 生态旅游的类型和案例

### 一、生态旅游的类型

目前,生态旅游在我国广泛开展,生态旅游的类型也不断多样化。从不同的视角来看,生态旅游可以划分为不同的类型。如国外学者 Orams(1995)按照旅游行为属性将生态旅游分为积极主动型和消极被动型。主动型是指有着更为严格标准的生态旅游,

---

① 张玉钧,孙吉亚. 发展生态旅游是生态文明建设的重要途径[N]. 中国绿色时报,2012-12-05(4).

它的开展有利于环境质量的提高,代表着强调资源基础得以改善的可持续发展形式;相比之下,被动型生态旅游则是仅仅以维持资源现状,不对自然或人文环境造成负面影响的弱可持续旅游模式,即至少保持不衰退或不破坏。周笑源(2003)按照资源属性将生态旅游分为自然生态旅游、社会生态旅游和文化生态旅游三大类。

随着我国生态旅游实践的不断丰富,生态旅游的范畴在不断扩大,相应地,生态旅游的类型应该更加细化、更加丰富。因此,从资源属性及其生态系统来看,生态旅游可以分为森林休憩生态游、草原风情生态游、湿地观鸟生态游、沙漠探险生态游、农业体验生态游、海洋度假生态游[①]。

### (一)森林休憩生态游

森林休憩生态游是人们在天然或人工的森林生态环境里所从事的以休憩活动为主兼有其他活动的旅游活动。在中国,森林生态旅游的主要空间为自然保护区中的森林生态系统和国家、省一级的森林公园,其中有的地方既是自然保护区又是森林公园。

风景秀丽、气候宜人的森林的生态旅游价值主要体现在:①森林中富含的负离子氧能使人消除疲劳,提高人体免疫能力;②一些植物分泌的芬芳和气味能够杀菌和治疗人体某些疾病;③森林美景能够给予人美的享受,陶冶情操;④森林中千姿百态的景物能够激活人的想象力和创造力;⑤森林中所蕴含的大自然的奥秘能够激发人更深层次地认识生命的价值,热爱大自然,自然地树立环境意识,是回归大自然的理想场所。根据上述价值我们可以开发的森林生态旅游的主要产品有:休憩疗养、科学考察、观光游览、文化教育、野餐露宿、森林浴和一些户外体育活动等。

我国具有代表性的森林休憩生态旅游地有:吉林长白山国家森林公园、云南西双版纳热带雨林、杭州青山湖水中森林、陕西太白山国家森林公园、湖南张家界国家森林公园、吊罗山国家森林公园、浙江千岛湖国家森林公园、广西十万大山国家森林公园等。

### (二)草原风情生态游

草原是指在半干旱条件下,以旱生或半旱生的多年生草本植物为主的生态系统。我国草原的主要类型为温带草原,集中分布在东北地区西部、内蒙古、黄土高原北部以及海拔较高地区的高山草甸。各类草地总面积约4亿公顷,草地植被主要有4大类型,共56种生态系统。由此可看出不管从量上还是从种类上我国都具有丰富的草原生态旅游资源。

草原在开展生态旅游方面的价值主要体现在:①草原上的蓝天、白云和一望无际、坦荡如砥的绿色自然风光体现了草原所独有的生态美价值,能给人以美的享受,"天苍苍,野茫茫,风吹草低见牛羊"便是其集中体现;②游人在欣赏自然美景时,可以大大地缓解生理、心理上的焦虑和紧张;③草原上独特的气候以及高质量的空气,是夏季避暑疗养的胜地;④与草原自然风光相协调的民族风情体现了其独一无二的文化特征,对旅游者也具有强大的吸引力。据此可开发的草原生态旅游产品有:草原自然风光观光、草原民族风情体验、草原日光浴、野餐露营、滑草、骑马长途旅行等。

---

① 卢宏升,卢云亭,吴殿廷.中国生态旅游的类型[J].桂林旅游高等专科学校学报,2004(2).

我国有代表性的草原生态旅游景区有：内蒙古呼伦贝尔草原、锡林郭勒草原、河北北部坝上草原、新疆阿尔金山高山草甸、天山高山草甸等。

### （三）湿地观鸟生态游

湿地是一种多功能、独特的生态系统。根据《国际湿地公约》定义，湿地是指自然或人工的、长久的或暂时的沼泽地、湿原、泥炭地或水域地带，拥有静止或流动的水体，包括低潮湿水深不超过 6 米的水域。我国学者常用的湿地定义为：陆地上常年或季节性积水（水深 2 米以内，积水 4 个月以上）和过湿土地，并与其上生长、栖息的生物种群构成的生态系统。我国常见的湿地有：沼泽地、泥炭地、浅水湖泊、河滩、海岸滩涂等，截至 2018 年 2 月，我国拥有国际重要湿地 57 个，建成湿地自然保护区 602 个。

湿地之所以成为生态旅游的主要目的地之一，除了其一般拥有优美的自然风光外，还因为它为众多的生物种群提供了优良的生存环境，从而拥有丰富的生物物种，堪称世界生物多样性的储存库，成为鸟类特别是候鸟的繁育和越冬的天堂，其中有不少珍稀濒危鸟类（如：天鹅、朱鹮等）。因此，湿地的生态旅游功能主要体现在能给游人提供的新、奇、特、旷、野等观光旅游内容上。在我国湿地鸟类占全国鸟类总数的 26%，丰富多样，自然而然，"观鸟活动"便成为众多湿地的最热门的专项旅游活动。但是，必须强调的是，湿地核心区应受到绝对的保护，严禁进入，观鸟等旅游活动只能在湿地的边缘保护带有限制地开展。

我国有代表性的湿地观鸟生态旅游地有：青海湖高原湿地生态系统和珍稀鸟类自然保护区、黑龙江扎龙丹顶鹤等珍禽及湿地生态系统自然保护区、江西鄱阳湖和湿地生态系统自然保护区、江苏盐城珍禽自然保护区等。

### （四）沙漠探险生态游

沙漠是在干旱、极端干旱的地区降水量不足 200 毫米、蒸发量超过 2000 毫米的条件下，地表裸露，植物生长极为贫乏之地，沙漠也是地表生态系统类型中的一种。

一般人认为"生态"便意味着生机盎然、郁郁葱葱，作为不毛之地的沙漠不可能成为生态旅游之地，但是，沙漠生态系统凭借其苍凉荒芜的原始自然景色、神奇的沙漠海市蜃楼、壮观的风蚀地貌及沙漠探险中所蕴含的冒险精神强烈地吸引着众多的探险旅游者。此外，荒漠生态系统中，生命在逆境中所表现出来的惊人的环境适应能力，蕴含着深刻的生命哲理，即丰富的生态美内涵。再者，与沙漠自然景观和谐相伴而生的人文景观，如敦煌鸣沙山、月牙泉与世界文物宝库莫高窟，罗布泊沙漠与楼兰古城等，与自然景观相得益彰，为沙漠旅游增色不少。就此而言，沙漠作为一种生态旅游资源具有不可替代性。

沙漠中可以开展的生态旅游活动有：沙漠探险、科考、游览、观光、滑沙等。在我国北方内陆盆地和高原，形成了一条西起塔里木盆地西端、东迄松嫩平原西部长约 4500 千米、宽约 600 千米的断续沙漠弧形带，广泛分布于新疆、内蒙古、甘肃、宁夏等省区。其中，在许多资源和市场条件都具备的地方已开发有沙漠生态旅游项目，如宁夏中卫的沙坡头地区、内蒙古鄂尔多斯的库布齐沙漠等地已开发了极具市场潜力的沙漠生态旅游项目。但是值得注意的是,沙漠的自然生态环境本身已十分脆弱,一旦破坏,再难恢复,因此,沙漠地区开发旅游项目应坚持"保护为主,开发为辅,以利用促保护"的方针,防止沙漠化的扩大。

(五)农业体验生态游

农业体验生态旅游主要包括乡村生态旅游和观光农业旅游。前者是指以古朴、原始、自然的乡野自然风光及与其和谐相伴而生的独特的农业文化景观、农业生态环境、农业生产活动以及传统的民族习俗为资源所开展的旅游活动;而后者是指以农业资源为基础,以生态旅游为主题,利用城乡差异来规划、设计、组合农业资源而引起旅游者,特别是城市居民的消费欲望,满足旅游者吃、住、行、游、购、娱的需求并体验新型农业技术与生态农业等具有大自然情趣的一种旅游形式。

中国具有悠久的农业文明史,创造了各地不同的农业种植方式和独特的农业文化景观。"不同的种植方式、耕作制度、作物搭配均是一个地区民族文化、传统习惯、地方风俗的具体体现,具有很高的观光价值;特别是不同颜色的作物,按不同地貌单元配置,可在空间上形成一幅优美的图画,这种人工形成的景色具有较高的美学价值,它可以陶冶人们的情操,激发人们热爱大自然的情趣。"同时,现代化进程中的中国也拥有现代化的生态农业。这都为开展农业生态旅游提供了坚实的基础。

我国典型的乡村生态旅游景区有:云南罗平的油菜花节、云南元阳哈尼族人所建的"哈尼梯田"等;观光农业景区有:江西井冈山观光农业旅游区、北京郊区观光农业带、上海浦东虹桥观光农业区等。

(六)海洋度假生态游

未受污染的沙滩和海水、充足的日照阳光、温暖湿润的海洋气候是吸引人们到海滨或海岛旅游的重要条件。在国外,"3S"(Sun 阳光,Sand 沙滩,Sea 海水)旅游一直是独具魅力的旅游形式。海洋度假生态旅游的特色主要表现在:一是空气和阳光,海滨或海岛空气清新,阳光充足,是理想的休闲、度假、疗养的胜地;二是海洋资源,一望无际、波澜壮阔的海水本身就是美丽壮观的景色,五彩斑斓的充满神秘的海底世界更是诱人;三是海蚀地貌,海蚀柱、海蚀穴、海蚀平台等海蚀地貌形态各异,气势壮观,构成海滨独特的自然景观。

自然风光旖旎,气候宜人的海滨或海岛地区特别适宜旅游度假,此外还可开展丰富多彩的旅游活动,如海底探险、无装备潜水(尤其在珊瑚海域)、造访自然区域(红树林、海蚀地貌等)、非机动水上运动(冲浪、帆船航行)、观潮、游泳、日光浴、沙滩运动等。

中国已开发的海洋度假生态旅游地主要有:海南三亚的珊瑚礁、连云港连岛海滨旅游度假区、北戴河旅游度假区、青岛海滨旅游区等,福建福鼎、广西北海和海南文昌的红树林生态旅游区等。

## 二、生态旅游案例

生态旅游是指以可持续发展为理念,以保护生态环境为前提,以统筹人与自然和谐发展为准则,并依托良好的自然生态环境和独特的人文生态系统,采取生态友好方式开展的生态体验、生态教育、生态认知并获得身心愉悦的旅游方式。在西方,生态理念已牢牢植入人们的脑海,把资源留给下一代,永续利用,不损害下一代人欣赏,生态旅游也因此成为欧美的一种休闲和旅游方式。随着生态文明建设的持续推进,我国生态环境质量持续好转,出现了稳中向好趋势,"道法自然、天人合一"思想在生态旅游发展的过程中得到具体实践,涌现出一些典型的成功案例,如广东鼎湖山、四川九寨沟等。

(一)伦敦湿地中心:人与自然和谐共生的典范①

英国伦敦湿地中心人与自然和谐共生开发理念,堪称城市湿地公园游憩价值开发的典范。

伦敦湿地中心是世界上第一个建在大都市中心的湿地公园,是废墟上崛起的奇迹,它位于伦敦市西南部,距离伦敦市中心5千米的地方,是泰晤士河围绕着的一个半岛状区域,占地42.5平方千米。这里曾经是4个废弃的混凝土水库,经填埋土壤40万立方米土石方之后,形成了湖泊、池塘、水塘及沼泽等水体,成为现今欧洲最大的城市人工湿地系统,是一个建造在繁华现代化大都市中心的湿地项目。这个项目是由泰晤士水务公司与水禽和湿地信托基金合作建设的湿地自然保护中心和环境教育中心。2000年5月建成开放以来,伦敦湿地中心已经成为全球城区湿地典范,累计吸引全世界参观者接近千万人次,并成为物种保护的胜地。每年吸引栖息鸟类超过180种,成为业余乃至职业观鸟者的课堂。

伦敦湿地中心带来的不仅仅是生态效益:泰晤士水务公司、水禽和湿地信托基金因此项目而获得同业的尊敬,甚至连参与此项目的伯克利房地产公司也因此获利不菲,周边房产价格达到每栋200万英镑以上,几乎是伦敦房产的标杆。在寸土寸金的伦敦,何以有如此巨大的湿地项目呢?故事始于1989年。当年,泰晤士水务公司完成了整个伦敦的供水改造项目,环伦敦的供水蓄水工程投入使用以后,位于巴恩斯的四个维多利亚水库就失去了存在的经济意义和社会意义,面临废弃的结局。这四个水库一旦废弃,将带来一系列社会问题和环境问题。如果单纯从商业角度考虑,泰晤士水务公司完全可以选择将水库填平卖地造房。但在英国,这种做法显然很难获得国会通过。

幸运的是,这个项目被名为水禽和湿地信托基金的国际慈善机构看中,该机构提出了一个湿地改造的设计方案。改造所需要的资金,一方面靠该机构募集和捐赠,另一方面,新找到一家合作开发机构,名叫伯克利房地产的地产商。国会允许出售少量土地给这家房地产商,由伯克利家族在该地块北边建造房产,然后从卖房所得中拨出1100万英镑款项,作为在剩下的土地上建造湿地公园的启动资金。从1995年开始,合作三方(泰晤士水务公司、水禽和湿地信托基金和伯克利房地产公司)启动了这个庞大的改造项目。这个工程十分庞大:共种植水生植物30万棵,种植树木27000棵,铺设步行道3.4千米,动用土方50万立方米,建设浮桥600米。同时,伦敦市政要求在建设过程中不得有新的建筑垃圾产生,这就给项目的可持续性提出了严格标准。于是,拆解水库所产生的混凝土块全部被用来铺设道路和停车场。

---

① 新湖南新闻客户端.生态旅游开发的几个经典案例[EB/OL].[2017-04-07]. http://m.com.cn/wxhn/article/201704071158024689.html? ivk_sa=1024320u.

在项目于2000年5月竣工正式对公共开放时,这里已经俨然成为"都市绿洲"。好的绿化和植被引来了大批的生物,公园成了湿地环境野生生物的天堂,每年有超过180种鸟类、300种飞蛾及蝴蝶类前来此处;同时,公园外围设有足够的泊车位以方便游客,多条公交车线路可抵达公园附近,最近的地铁出口和火车站也均在步行10分钟的距离以内。公园成为伦敦市区居民的一个远离城市喧嚣的游憩场所,改善了周围都市的景观环境。

伦敦湿地中心的成功在于湿地项目的规划设计。规划设计有两个主要目的:一是为多种湿地生物提供最大限度的饲养、栖息和繁殖机会;二是让参观者在不破坏保护地价值的情况下近距离观察野生生物,并在游憩之余学习更多有关湿地的知识。规划设计理念是以"水"为灵魂。以水为主体贯穿于整个公园,区域中水位高低和涨落频率各不相同,因此,每一片水域都需要具有相对的独立性。湿地公园的主体是"湿地",但公园不得不考虑"人"的因素,如何让这两者之间和谐共存,则是设计中最大的难点。

为了实现以上两个目的,湿地公园在设计上针对水体和人流两方面做出精心的处理。设计者按人流活动的密集程度将整个公园分成若干的区域和节点。规划设计结构按照物种栖息特点和水文特点,湿地公园被划分为6个清晰的栖息地和水文区域,其中包括3个开放水域:蓄水潟湖、主湖、保护性潟湖,以及1个芦苇沼泽地、1个季节性浸水牧草区域和1个泥地区域。这6个水域之间相互独立又彼此联系,在总体布局上以主湖水域为中心,其余水域和陆地围绕其错落分布,构成公园的多种湿地地貌。水域和陆地之间均采用自然的斜坡交接。陆地上建立了一个复杂的沟渠网将水引入,沟渠之间是平缓的丘陵和耕地,精致的地形设计使得水位稍微提高一点,就能产生一大片浅浅的湿泥地。作为一个公共游憩场所,伦敦湿地公园对参观者开放,但同时力求让游客在近距离观测野生生物的同时,不惊扰生物的休养生息、不破坏保护地的价值。伦敦湿地中心的设计者通过合理的功能布局和湿地生境的创造,达到了人与自然和谐共生的理想境界。

至此,四个被废弃的水库,成为世界水岸再造工程中的经典之作。一个湿地项目成就了三方共赢的局面,堪称一次化腐朽为神奇的生态改造。

### (二)鼎湖山自然保护区:守护一方水土 为全球生态研究贡献中国智慧

鼎湖山自然保护区位于广东省肇庆市鼎湖区,面积1133公顷,建于1956年,是中国建立的第一个自然保护区,于1980年成为中国首批联合国教科文组织"人与生物圈"计划(MAB)世界生物圈保护区,1998年被国务院确认为国家级自然保护区。目前鼎湖山自然保护区内有高等植物2291种(包括变种、亚种和变型),其中野生植物1778种,栽培植物513种,包含国家重点保护野生植物47种、鼎湖山特有植物11种,以鼎湖山为模式标本产地的植物名60个,植物总数约占广东植物总数的四分之一,素有"活的自然博物馆"和"物种宝库"之称。作为岭南四大名山之一,国家级风景名胜区所在地,也是离城区最近的自然保护区,鼎湖山优美的风景以及保存良好的原始森林植被每年吸引近百万人次的游客前来观赏。年均接纳近万名学生在这里开展如观鸟体验营、森林探秘、自然拾荒等冬夏令营系列研学活动,向社会公众开展科普宣传活动。

20世纪50年代,以时任全国人大代表、中国科学院学部委员、华南植物研究所第一任所长陈焕镛教授为代表的一批科学家意识到,为了共和国的发展,为了人类的未来,必须重视自然保护。他们在第一届全国人民代表大会第三次会议上提交了第92号提案:在全国各省(区)划定天然森林禁伐区,保存自然植被以供科学研究的需要。该提案获得通过后,标志着我国自然保护事业的开始。

1. 20世纪70年代进入国际"朋友圈"

科学的手段使鼎湖山的森林生态一点一滴发生变化,山上的林木年轮一圈圈增加,时间迈入到20世纪70年代。1973年,周恩来总理召开全国第一次环境保护会议,唤起各级对环境保护问题的重视,同年,中国代表团首次参加联合国教科文组织"人与生物圈计划"会议。1979年,鼎湖山自然保护区凭借自身显著区域特色和重要科研价值,成为我国最早加入"人与生物圈计划"的保护区,多项国内重大研究项目和国际合作研究依托鼎湖山而展开。

1982年,黄忠良分配来到鼎湖山,他跟着上一辈的护林人跑遍了鼎湖山每一个角落,收集植物标本,开展研究。防火是保护鼎湖山的首要工作,由于马尾松林容易引火,黄忠良决定采取生物防护林带的方法来防火,在鼎湖山改种一些抗火烧的树种,通过间种或改种涵养水源能力强的阔叶树种混交林,来避免鼎湖山森林火灾的发生。黄忠良和同事们先后对60余个树种进行了种苗繁育和造林试验,筛选出了适合本地区的先锋树种荷木、锥栗和藜蒴等,还引种驯化了300多种资源植物。经过改造,保护区内主要保护对象——地带性植被面积由最初的2000亩增加到3000多亩。从那以后,鼎湖山再也没有发生过火灾。

2. 珍稀动植物担当"广东样本"

如今,在鼎湖山自然保护区内生长着约占广东植物种数四分之一的高等植物,其中,桫椤、紫荆木、土沉香等国家保护植物达22种,鼎湖冬青、鼎湖钓樟等华南特有种和模式产地种多达30种。药用植物更是多达900种以上,丰富的植被形成了食物链,给动物提供了优良的生存空间,在鼎湖山上,有兽类38种,爬行类20种,鸟类178种,昆虫已鉴定的有1100多种,其中蝶类就有85种。就地保护的国家保护动物近20种。

2018年夏天的广东省运会,省运会吉祥物"庆庆"白鹇鸟获得了广大群众的喜爱。白鹇鸟是广东省省鸟,其毛色洁白,优雅的姿态隐没于林中,获得"林中仙子"的美誉,鼎湖山的环境吸引了白鹇鸟在此聚居。20世纪80年代,鼎湖山保护区科研工作者在省内率先开展白鹇鸟研究,积累了丰富的一手研究资料。而山上始终如一的自然环境保护着这些"林中仙子",使鼎湖山成为全省白鹇鸟最多的地区,吸引来自全国各地的观鸟者慕名而来。

3. 为全球贡献中国生态智慧

生态是一体的,也是循环的,植物蕴含着的微量元素反映着地球环境的变迁。在鼎湖山的科研工作中,其中一项重点工作是碳汇研究。20世纪70年代以来,大气中二氧化碳浓度不断上升,由此带来的温室效应等后果严重威胁着人类的生存。因此,了解全球碳源、碳汇的分布、动态及机制,就成为各国科学家研究的重点,也是重要的政治和经济问题。2005年2月16日旨在遏制大气二氧化碳排放增加的《京都议定书》正式生效后,各国生态学家更加致力于碳汇、碳源的研究。中国作为一个负责任的大国,一方面探索绿色发展道路,削减碳排放,另一方面,大力支持碳汇研究,贡献中国智慧。

在鼎湖山上，一代又一代的科研工作者埋首森林，从一片树叶开始，严格分析，积累数据，找出细微的变化。2006年，鼎湖山自然保护区研究员周国逸结合前人、同事和自己对鼎湖山森林的研究，发现这片森林0到20厘米土壤层的有机碳贮量以平均每年每公顷0.61吨的速度增加，他提出"成熟森林土壤可持续积累有机碳"的观点，该研究成果发表在国际期刊《自然》，引起了国内外生态学家及媒体的广泛关注。研究成果有力冲击了"成熟森林是'零碳汇'"的传统观念，是生态理论的一次重大突破，为研究碳循环提供了全新的理论路径，从另一个角度证明了保护成熟森林对于维持全球生态平衡的重要性。古老的鼎湖山森林不仅庇佑着一方水土和人民，还为全球生态研究交出了一张漂亮的答卷。

4.绿水青山就是金山银山

经过了数十年的演替和发展，鼎湖山上的阔叶林已扩大至3000多亩，生态环境更加优良，涵养水土的作用更为突出。鼎湖山是中科院生物多样性18个监测样地之一，山上2万余棵老树的生长状态作为重要参考数据，反映着全国的生态状态。

如今，守护鼎湖山37年的黄忠良已从领导岗位退休，他的学生成长起来接过他的担子，而山上又迎来了新一代的年轻人，他们和400多岁的森林一起，探索着自然界古老的秘密。谈及如何理解"绿水青山就是金山银山"，鼎湖山自然保护区青年研究员范宗骥的答案最朴素又最亲切："把这片土守好了就是金山银山，生态环境可能不会带来直接的经济利益，但这是基础，保护好了才有人类的发展。"

(三)九寨沟：限制无限扩张

2006年，九寨沟县一位副县长被免职，主要原因是违规批准一个在沟口漳扎镇加建宾馆的项目。"九寨沟一草一木无小事"，阿坝州委、州政府态度坚决：在科学规划下对景区实施最严格的保护。

过去几年间，九寨沟成为全国游客数量增长最快的景区之一。游客蜂拥而至，食、宿、购设施遍地开花，特别是低档次宾馆数量急剧扩张，不仅在建筑风貌上给"人间天堂"抹上不和谐的一笔，其伴生的污水、废气、垃圾、噪声和消防隐患等问题，更令生态环境一度遭受空前压力。"牺牲短期利益是为了永续发展"，在无限扩大接待规模和科学限定景区容量之间，当地选择了后者，规定景区每日接待人数上限为2万人。以此为标杆，景区内外建设大做"减法"。

自2002年的"沟内游、沟外住"开始实施政策，让景区内的7000多张床位减少为零。不符合景区风格的现代建筑物全部拆除，总面积达15万平方米。景区外的漳扎镇2004年进行大规模拆迁和环境整治，与环境相悖的25万平方米建筑物被拆除，100多家宾馆中扶优汰劣只保留89家，床位从近2.5万张减少到2.1万张，与景区游客容量大致相当。

2006年11月，定位于世界级精品旅游地的漳扎镇总体建设规划获批通过，其中一项内容是该镇建设实施州县两级管理，"即使增加一个营业床位都要上报州里"。2005年至2006年，漳扎镇至少有数十个增加床位的申请未获批准。但是，只做"减法"并不能完全解决宾馆上档升级问题。拆迁整治后，当地宾馆约80%是中小宾馆，"合法合规却不一定合用"。为提升宾馆业水平而又不突破景区容量,阿坝州2006年在全国景区首次提出"置换式"建设模式——在漳扎镇、川主寺镇新建宾馆,必须收购已有中小宾馆床位,置换为上档次的新床位。被收购的中小宾馆,或者作为新宾馆建设地,或者由政府回购作为公共绿地。

康巴林卡,一个在漳扎镇投资6000多万元的度假酒店,由于没有取得足够的床位经营权,自建成起数月停业。尽管如此,投资商却对政府这一决定给予充分理解和高度评价,负责人说:"一个景区有序发展,所有投资者和当地百姓都将受益。"

在有序引导下,九寨沟三星级标准以上床位比例提高到48%左右。至此,景区较好地满足了游客的住宿需求,游客好评增加。

**本章思考题**

1. 如何理解生态旅游的概念?
2. 如何区别生态旅游与传统旅游?
3. 生态旅游的发展经历了哪些阶段?各个阶段的主要特点是什么?
4. 举例说明,生态旅游有哪些重要意义?
5. 生态旅游的类型有哪些?不同类型的生态旅游在发展过程中应注意哪些问题?

**案例分析**

### 浙江余村:绿水青山终不负

浙北山区,苍翠连天。天目山北麓,有"中国竹子之乡"之名的浙江省湖州市安吉县隐匿于此。2000年,由李安执导的武侠片《卧虎藏龙》曾在这里的"大竹海"拍摄了无比壮美的电影场景。安吉也是中国美丽乡村的发源地,生态环境是一张金名片。习近平总书记"绿水青山就是金山银山"的"两山"理念,就源自安吉的余村。

余村,隶属安吉县天荒坪镇,因地处天目山北坡余岭而得名,三面环山,一条小溪从村中流过。走进余村,一幅生态文明的美丽画卷跃然眼前:远处群山苍翠、竹海连绵;近旁草木掩映、溪水潺潺。然而,此番美景,是余村人在经历了十余年的探索后,在"得失"的天平中不断坚定信念才换回的成果。

昔日的"金山银山"毁了绿水青山

余村山上石灰岩资源丰富。依靠优质的石灰岩资源,30多年前,余村的"石头经济"开展得红红火火,一度成为安吉的首富村,全村200多户村民中一半以上的家庭有成员在矿区务工。当时余村民间流传着一句话:大炮一响,黄金万两。

20世纪90年代,余村矿山经济如日中天,年挖采量达到20多万吨,村集体年收入壮大到300多万元。炮声隆隆,车来车往,村民的日子一天比一天红火。

然而,村庄是富裕了,环境却一塌糊涂,常年灰尘漫天、溪流浑浊。每当山上开矿的时候,吃饭的碗里、洗脸的水里都漂着一层浮尘;马路上汽车驶过,卷起伸手不见五指的"尘土风"。村里的青山秃了、绿水干涸了,甚至村口的几棵百年银杏树都破天荒地不结果了。竹林里的笋也因为被厚厚的粉尘覆盖,缺少光照,长得一年比一年小。

由于矿山经济野蛮发展,不仅生态没了屏障,生命安全都没了保障。村民们说,那时候"放炮排险,死了不少人"。村里老一辈的人看到此景无不痛心疾首。

2003年7月,中共浙江省委十一届四次全会提出建设"绿色浙江"。深受"石头经济"困扰的余村人明白,眼下面临着历史的抉择。于是,余村两委班子决定按照绿色思路重新考虑村里的发展,提出关停矿山,还一片绿水青山。

转变是艰难的。村两委班子的这一想法遭到铺天盖地的质疑——关停容易,大家去哪里挣工资?村集体收入又从哪里来?1992年开始在余村担任村主任、2011年从村党支部书记岗位上退休的鲍新民对那段记忆印象深刻:"村民一开始议论纷纷,甚至有人当面指着我的鼻子骂骂咧咧。"

"不改变就没有出路,我们被指着鼻子骂算什么?"鲍新民没有半途而废。信念坚定方能破旧立新。通过反复做思想工作,村里的态度终于统一了。之后的两年时间,余村将1座水泥厂和3座矿山全部关停。

今天的绿水青山就是金山银山

2005年8月,时任中共浙江省委书记的习近平同志在安吉余村考察时,提出了"绿水青山就是金山银山"的科学论断。余村人彻底打消了顾虑,自此率先走上了既要绿水青山也要金山银山的发展新路,大刀阔斧整治村庄环境,提升村容村貌。通过争取政策,以标准化为目标,当地启动了冷水洞水库改造工程,大幅提升全村生产生活用水品质。

3年过去,2008年,余村成为安吉县第一批美丽乡村精品村之一,在验收时列全县第一名。同年,余村按照美丽乡村建设要求,对农房立面、污水管网进行改造。

环境变好了,余村人尝试发展休闲旅游,开发旅游景区、农家乐来吸引城里的游客,既获得了经济效益,又保护了绿水青山。余村把全村分为生态工业区、生态旅游区和生态观光区,并抓住美丽乡村建设的契机,对全村生态环境进行了大范围修复。

在村两委班子的鼓励下,村民潘春林成了"第一个吃螃蟹"的人。他创办的春林山庄不仅是全村第一家农家乐,还是村里第一个拥有旅行社的农家乐,甚至还承包了风景区。

交织生长的参天水杉,是余村的一道亮丽风景。这些年来,村里不仅禁止村民在山上使用草甘膦等农药,还投入数百万元资金,完成河道生态驳坎和两岸绿化,家家户户截污纳管。余村原党支部书记胡加仁曾因打炮炸石震聋了一只耳朵,这个声音洪亮的汉子认为,在治水护绿中,余村收获了独特的未来。

数据显示,2020年,余村村集体年收入达700余万元,人均可支配收入从8700元增加到5.6万元,先后获得了全国民主法治示范村、全国美丽宜居示范村、全国生态文化村、全国文明村镇等荣誉。

新时代"两山"引领共富路

10余年间,从曾经的采矿加工到依山傍水的绿色经济,从过去的靠山吃山到现在的养山富山。余村的蝶变之路,正是我国部分地方美丽乡村巨变的缩影,更是浙江群众生态发展理念升维的生动演绎。

余村富了,也在带动周边地区走上共同富裕的道路。为了更好地建设美丽乡村,安吉县已将余村、天荒坪镇镇区及周边四村纳入余村"两山"示范区建设规划范围,构建"1+1+4"整体规划格局。目前已完成"1+1+4"范围的战略发展研究、产业发展规划研究以及五村国土空间规划布局方案,形成余村村规民约编制及系列文本。

2019年浙江省未来社区创建工作启动,余村未来社区申报方案于2020年6月顺利通过,成为第二批唯一一个乡村版试点,其定位为"美丽余村·未来原乡"。

走进村里的"健康小屋",76岁老人胡奎感到非常舒心。在这里,他不仅能免费量血压、测体温,还能及时了解最新的保健知识。"简直就是家门口的卫生院!这里还配备了茶饮、报纸等,茶余饭后约上三五老友十分惬意。"

2021年7月26日,浙江省印发了《关于公布高质量发展建设共同富裕示范区首批试点名单的通知》,安吉县入围建设共同富裕现代化基本单元领域试点。该县将实施产业强村提升行动,推动镇村组团发展、高效农业发展、乡村旅游升级;实施富民增收提升行动,深化乡村集成改革,加强新时代"两山"技能培训,构建完善农民利益联结机制;实施美丽宜居提升行动,高起点编制发展规划,高标准推进生态建设,高品质打造全域花园;实施数字赋能提升行动,加快打造智慧平台,精心谋划应用场景,持续提升功能配套;实施党建统领提升行动,强化基层组织共建,引领党员群众共富。

绿水青山路,幸福余村人。安吉县和余村的生态致富路正越走越宽,湖州的"共富班车"也已在这里启程。

**资料来源** 根据《半月谈》相关文章整理

**案例思考题:**
(1)请思考生态旅游与"两山论"之间的关系。
(2)在共同富裕的背景下,如何更好发挥好生态旅游的作用和职能?

**本章思政总结**

生态环境是关系党的使命宗旨的重大政治问题,也是关系民生的重大社会问题。生态旅游的发展要以习近平生态文明思想为指引,以生态价值观念为准则推动发展方式的深刻转变,在发展理念、产品设计、规划开发、投资建设、经营管理、对客服务等方面要高举生态文明旗帜,提供更多优质的生态旅游产品,不断满足人民日益增长的美好生活需要。

生态兴则文明兴,生态衰则文明衰。生态文明的理念为生态旅游的发展指明了方向,也为生态旅游融入国家经济建设、政治建设、文化建设和社会建设提供了平台;同时,生态旅游能够将弘扬"尊重自然、顺应自然、保护自然"的生态文明理念,贯穿到旅游发展的各个层面,落实到旅游体验的各个要素中,从而提高生态旅游的生态文明价值。

发展生态旅游要因地制宜地贯彻落实"绿水青山就是金山银山"的新发展理念,坚决杜绝一切破坏环境的行为,克服麻痹思想,推动生态保护与生态旅游相得益彰。

# 第八章
# 康 养 旅 游

**学习目标**

1. 理解康养旅游的概念和特点；
2. 掌握康养旅游的发展历程以及每个阶段的主要特征；
3. 掌握康养旅游的需求和意义；
4. 理解康养旅游的类型和典型案例。

**思政元素**

1. 2015年"健康中国"被首次写入政府工作报告，与之前提出建设"美丽中国""平安中国"的倡议相呼应，要求增强国家健康产业发展实力。从此以后，"健康中国"正式上升为国家战略，"康养"时代的新蓝海就此开启。

习近平总书记在十九大报告中提出"健康中国"发展战略，人民健康是民族昌盛和国家富强的重要标志，要完善国民健康政策，为人民群众提供全方位全周期健康服务。习近平总书记指出，中国特色社会主义进入新时代，我国社会主要矛盾已经转化为人民日益增长的美好生活需要和不平衡不充分的发展之间的矛盾。社会主要矛盾的转变标志着人民需求导向将发生比较大的变化，康养产业是提升人民健康指数和幸福指数的关键产业，承接了人民对美好生活的更高层级的需求，是最具有希望的朝阳产业之一。

2. 随着人们对健康生活的重视，大健康产业正快速迈入新一轮的增长。作为把旅游业和"大健康"产业结合的康养旅游，拥有着良好的市场环境，面向一片蓝海市场。

### 对创新发展康养旅游的思考

各类高新技术正广泛运用于康养旅游中，康养旅游市场的巨大前景为生命科学、生物技术、智能穿戴、大数据等前沿科技提供了成果转化的空间。根据《国家康养旅游示范基地标准》的定义，康养旅游是指通过养颜健体、营养膳食、修身养性、关爱环境等各种手段,使人在身体、心智和精神上都能达到自然和谐的优良状态的各种旅游活动的总和。此次新冠肺炎疫情再次唤起了全社会对"身心全面健康"的空前关注,必将推动康养旅游在实践中创新发展。

一、"尊重自然"成为康养旅游发展基点

尊重自然、敬畏自然,是人与自然相处的基本态度。返璞归真、回归自然,是现代人所向往并且也是旅游的最高境界。康养旅游最基础的要义和追求的目标也就是实现人与自然和谐共处、永续发展。

减少对大自然的贪婪索取和对生态环境的肆意破坏,康养旅游才有赖以依存的载体。从生命学角度来看,康养兼顾生命的三个维度:一是生命长度,即寿命;二是生命丰度,即精神层面的丰富度(如养身、养心、养神);三是生命自由度,即描述生命质量高低的指标体系(如健康、亚健康、临床)。康养旅游在"生命丰度"上的体现最为直观:通过运动健身、疗养保健等参与途径实现"养身";通过休闲度假、研学旅行等体验活动实现"养心";通过自然教育、文化鉴赏等领悟方式实现"养神"。游客通过参与康养旅游活动,最终达到认识自然、了解自然、享受自然、保护自然的目的。

二、"跨界融合"提升康养旅游产品供给

康养旅游的探索在我国已有多年,但供给端产品数量不足、内涵不深、体验不佳的问题一直没有得到很好地解决。医疗旅游、温泉浴、森林浴、日光浴等传统单一的康养旅游形式,已难以满足游客对康养产品丰富度的要求。因此,基于亲近自然的复合型、多维度、跨业态的康养旅游产品将成为市场青睐的对象。

1."森林＋康养"旅游

森林是物种的基因库,是人类的健康家园,也是康养旅游的核心资源。森林康养是以森林生态环境为基础,以促进大众健康为目的,利用森林生态资源、景观资源、食药资源和文化资源并与医学、养生学有机融合,开展保健养生、康复疗养、健康养老的服务活动。

我国丰富的森林资源为开展"森林＋康养"旅游提供了保障。2019年,我国森林旅游游客量超过18亿人次,占国内旅游人数的30％左右,创造社会综合产值达1.75万亿元。森林旅游已经发展成为我国林草业最具影响力和最具发展潜力的支柱产业。2019年底新修订的《中华人民共和国森林法》明确了森林旅游的法律地位,其中两处提到"森林康养"。一是完善森林康养基础设施。依托已有林间步道、护林防火道和生产性道路建设康养步道和导引系统等基础设施,充分利用现有房舍和建设用地,建设森林康复中心、森林疗养场所、森林浴、森林氧吧等服务设施,做好公共设施无障碍建设和改造。二是丰富森林康养产品。着力开展保健养生、康复疗养、健康养老、休闲游憩等森林康养服务。积极发展森林浴、森林食疗、药疗等服务项目。充分发挥中医药特色优势,大力开发中医药与森林康养服务相结合的产品。推动药用野生动植物资源的保护、繁育及利用。加强森林康养食材、中药材种植培育,森林食品、饮品、保健品等研发、加工和销售。

森林中有清新的空气、清洁的水体、高浓度的空气负离子、有益人体健康的植物精气、舒适的小气候环境,将森林优越的生态环境资源转化为康养旅游资源,还有巨大的发展空间。

#### 2."乡村＋康养"旅游

乡村承载着无数都市人的田园梦。乡村康养是以乡村广阔的田园空间和丰富的物产资源为依托，以"四生"(生活、生产、生态、生命)融合和"五养"(养眼、养胃、养肺、养心、养脑)并进为目标，回归自然、修身养性、度假休闲、健康养生的一种生活方式。乡村原生态的自然环境，有张有弛的生活节奏，为乡村康养的发展提供了基础。乡村康养是发展乡村旅游乃至乡村振兴的重要突破口之一。据统计，2019年全国休闲农业和乡村旅游接待人次超32亿，营业收入超过8500亿元。"乡村＋康养"旅游市场还有很大的潜力。"乡村＋康养"旅游要摆脱传统农家乐的运营思维，应立足乡村及农业本身，联动乡村一二三产业。以农产品为例，可以设计"绿色有机作物种植——农产品康养品牌化深加工——收获季采摘体验"的全产业链条。除了游客在乡村"在地化"的消费方式之外，还可提供田地认养、绿色农产品配送等服务，提高附加值，增强游客黏度。在乡村康养旅游开发中可探索"点供"用地模式，有效解决必要的康养设施落地难的问题。

#### 3."运动＋康养"旅游

与"森林＋康养""乡村＋康养"等资源依托型的康养旅游不一样，"运动＋康养"是一种更直接的康养旅游形式，并且很大程度上和"森林＋康养""乡村＋康养"存在空间上的交集。"运动＋康养"依托山地、峡谷、水体等地形地貌及资源，多渠道发展山地运动、水上运动、户外拓展、康养运动、传统体育运动、徒步旅行、探险等户外康体康养产品，推动体育、旅游、度假、健身等业态的深度融合发展。开发"运动＋康养"旅游应在充分保障活动安全的基础上完善步道、驿站、救护等必要的配套设施，在运动康养中增强体魄、增长见识。

### 三、"智能驱动"引领康养旅游品质升级

2003年，非典疫情催生了电商模式，而此次新冠肺炎疫情的影响更为深远，它大大加速了网上生活和移动办公的进程。康养旅游的持续发展本身就需要多学科知识的共同支撑，各类高新技术正广泛运用于康养旅游中，康养旅游市场的巨大前景为生命科学、生物技术、智能穿戴、大数据等前沿科技提供了成果转化的空间。如运用VR、AR等智能化信息技术，可以增强康养旅游产品的展示效果，吸引更多的消费客群。此次疫情还使人们更加重视环境卫生和安全管理，更高水平的卫生管理手段、更智能化的公共服务设施，也将不断提升康养旅游的服务品质。

### 四、"家庭同游"成为康养旅游市场重点

过去，老年人群、疾病人群和亚健康人群被认为是康养旅游的传统客群。而目前，康养旅游已经成为很多人的硬需求和重要旅游动机。尤其在此次疫情期间，全家"坐月子"使得家庭成员的情感基础更稳定，家庭游的比重将会持续上升。中国旅游研究院的数据显示，2017年我国国内和出境旅游中家庭游的出游比例达50%左右，家庭游已成为旅游消费市场的重要组成部分。经历此次疫情后，亲子游、父母游、伴侣游等家庭游将会更加关注家人的健康，家庭会成为康养旅游市场的主体。因此，在康养旅游产品策划和项目设计中，要更多地考虑家庭游的特殊需求，在场地设计、人文关怀、无障碍设施等方面做足功课。

**资料来源** 胡卫华《对创新发展康养旅游的思考》

## 第一节　康养旅游的概念、特征及发展历程

### 一、康养旅游的概念

目前学术界对康养旅游的定义仍未达成统一的意见。王赵较早提出康养旅游的概念，认为康养旅游是指健康旅游和养生旅游，是一种建立在自然生态环境、人文环境、文化环境基础之上，结合观赏、休闲、康体、游乐等形式，以达到延年益寿、强身健体、修身养性、医疗、复健等目的的旅游活动。Mueller 等认为，健康旅游是指人们以维持和促进健康为目的外出旅行和停留所引发的一切关系和现象的总和。

根据 2016 年《国家康养旅游示范基地标准》的定义，康养旅游是指通过养颜健体、营养膳食、修身养性、关爱环境等各种手段，使人在身体、心智和精神上都能达到自然和谐的优良状态的各种旅游活动的总和。根据国家旅游局（今文化和旅游部）的定义，康养旅游不仅关注身体机能状况，更注重心灵和精神的平衡与和谐。

朱虹认为康养旅游是建立在自然生态和人文环境基础上，结合风景观赏、文化游乐、身体检测、医学治疗等形式，以达到放松身心、怡情养性、祛邪扶正、延年益寿等目的的深度旅游体验活动。与传统旅游形态相比，康养旅游具有停留时间长、旅游节奏慢、消费能力强、重游率高、强身健体等特点，是传统旅游产业的升级版。

综上所述，康养旅游是指以人们保持和提高身心健康为目的，依托独特的资源优势，通过养颜健体、营养膳食、修身养性、关爱环境等各种手段，使人在身体、心智和精神上都能达到自然和谐优良状态的各种旅游活动的总和。康养旅游产品是深度旅游与体验旅游类产品，顺应了各个年龄段游客对美好生活的向往，已成为旅游产品结构中重要的内容之一。

### 二、康养旅游的特征

第一，依托养生资源。这种资源包括温泉、溪流、冰雪、矿泉、气候、海洋、文化、森林、乡村、草原、山峰、医疗机构等，比如，温泉康养（如德国巴登巴登）、矿泉康养（如黑龙江五大连池和广西巴马）、气候康养（如海南岛）、海洋康养（如突尼斯）、文化康养（如武当山太极湖）、森林康养（如日本赤泽）、乡村田园康养（如成都多利桃花源）、医疗康养（如瑞士蒙特勒）等。

第二，高度注重健康和心理感受。追求健康、舒适、快乐是养生的基本出发点和目标，影响健康、快乐、幸福最大、最直接的因素，就是养生时所消费的各种产品和服务，主要包括餐饮、住宿、休闲旅游活动项目及其所使用的产品、原材料及其配置的时空结构，康养旅游的项目选择、组织计划安排，各个环节和方面的服务，设施设备的科学合理和完备、人性化，还有其科学、文化内涵的挖掘、展示、阐释。交通直接影响时间成本和舒适性、便捷性，可称为心理成本。区位和交通是康养旅游目的地最重要的制约因素。

第三，停留时间长和重复消费比例高。康养旅游注重健康和心理感受，此外不仅在旅游目的地居住的时间更长，而且重复消费比例也更高。如果是度假需求，大多可能在目的地也就住上一两晚的时间，但康养旅游重在一个"养"上，人们会一开始就在心理上拉长在旅游目的地居住生活停留的时间，少则一周，多则十天半月甚至一整月。游客会对设施、项目、产品、服务等进行深度体验，对软硬件的要求也会更高。其次，因为康养旅游以健康、快乐和幸福为主要目的，越来越多的人选择养老，也是养老水平提高的必然选择。根据气候、环境等因素来选择一个甚至几个分季节定期前往居住养老的地方进行养老。从康养旅游设施看，有能力的可以购买、租住养老度假别墅，其次是度假公寓，最后还可以租住度假小屋，甚至是简易建筑的小木屋；从选择性和延伸性消费来看，既可以是高尔夫等高端运动和听歌剧、看话剧等高端文化消费，也可以选择网球、羽毛球、乒乓球、游泳、泡温泉等比较大众化的体育运动和一般观光，甚至户外散步、打太极拳和室内阅读、棋牌等基本免费的活动。

## 三、康养旅游的发展历程

世界主要发达国家和地区如欧盟、美国、日本等早已制定健康产业发展战略，健康产业发展成熟，体系完善。

聚焦我国，党中央和国务院高度重视健康产业的发展，陆续出台了一系列与健康产业发展密切相关的政策，"健康中国"上升为国家战略，到2030年，健康服务业总规模将达到16万亿人民币。

### （一）国家高度重视健康问题，康养旅游纳入政策体系

2015年后，国家对人民健康问题高度重视，相继出台了关于养老和健康服务的支持性、引导性政策。2016年，康养产业被多地列入"十三五"规划，并编制了详细的发展战略及指导性政策意见。在细分产业上，森林康养被纳入《全国林业"十三五"发展规划》，康养旅游也迎来了首个规范性文件——《国家康养旅游示范基地标准》，发展渐成气候。至此，从中央到地方，从大康养领域到健康、养老、森林康养和康养旅游等，都有了完善的政策体系支撑，国家康养旅游相关政策见表8-1。

表8-1　中国国家康养旅游相关政策

| 时间 | 颁布单位 | 文件名称 | 主要内容 |
| --- | --- | --- | --- |
| 2013.9.6 | 国务院 | 《关于加快发展养老服务业的若干意见》 | 发展城市养老服务设施、养老服务网络、养老机构建设和农村养老服务 |
| 2013.9.28 | 国务院 | 《关于促进健康服务业发展的若干意见》 | 到2020年，基本建立覆盖全生命周期、内涵丰富、结构合理的健康服务业体系，打造一批知名品牌和良性循环的健康服务产业集群 |
| 2015.11.18 | 国务院转发卫生计生委等部门 | 《关于推进医疗卫生与养老服务相结合的指导意见》 | 医疗卫生与养老相结合，到2020年医养结合体制与法规网络基本建立 |

续表

| 时间 | 颁布单位 | 文件名称 | 主要内容 |
| --- | --- | --- | --- |
| 2016.6.21 | 国务院 | 《关于促进和规范健康医疗大数据应用发展的指导意见》 | 将健康医疗大数据定义为重要的国家资源,把应用发展健康医疗大数据纳入国家大数据的战略布局 |
| 2016.10.25 | 国务院 | 《"健康中国2030"规划纲要》 | "健康中国"上升为国家战略,明确今后15年总体战略:推行健康生活方式、健康服务体系、全员参与 |
| 2016.7.7 | 国家旅游局（今文化和旅游部）、国家中医药管理局 | 《关于开展国家中医药健康旅游示范区(基地、项目)创建工作的通知》 | 决定在全国创建10个国家中医药健康旅游示范区、100个国家中医药健康旅游示范基地、1000个国家中医药健康旅游示范项目 |
| 2019.6.24 | 国务院 | 《关于实施健康中国行动的意见》 | 《意见》强调,国家层面成立健康中国行动推进委员会,制定印发《健康中国行动(2019—2030年)》 |

## (二)中国康养旅游的发展历程

**1. 行政主导事业接待型阶段(新中国成立—20世纪80年代初)**

新中国成立初期,为了保障我国干部群众的身体健康,政府、企事业单位工会系统开办疗养事业,这成为我国康养旅游的开端。因此,1949年新中国成立至20世纪80年代初期是我国康养旅游产业发展的行政主导事业接待型阶段,其典型特征是政府行政主导下的计划经济发展模式。其间,我国逐渐形成了具有鲜明资源特色的大规模疗养区,包括海滨气候疗养区、矿泉疗养区、山地气候疗养区、湖滨疗养区等类型。

**2. 市场化改革规模发展阶段(20世纪80年代中期—20世纪末)**

随着我国改革开放的不断深入,疗养事业逐步进行市场化,国内疗(休)养院(所)逐渐由单一疗(休)养型向多功能经营服务型转变,由行政管理体制向企业化经营机制转变,由单一公有制向多种所有制转变,从而推动了我国疗养事业的多元化转型发展。因此,20世纪80年代中期至20世纪末,我国疗养事业和旅游业逐步开展市场化改革,康养旅游进入了市场改革规模发展阶段。其间,全国总工会先后出台了《关于职工疗(休)养事业体制改革的决定》(1985年)、《关于职工疗(休)养事业深化改革几个问题的决定》(1990年),提出指导疗养事业市场化改革的主要方针。在市场化改革规模发展阶段,我国康养旅游业逐渐由事业型向产业型过渡,政府主管部门逐渐从经营转变为宏观管理和制度供给;康养旅游的所有制形式更加多元化,社会和民间资本所占比重逐渐增加;康养旅游产业供给迅速扩大,康养旅游产品以老年观光旅游为主,产品类型相对单一,但市场规模大。

**3. 市场深化改革提档升级阶段(21世纪至今)**

进入21世纪,我国康养旅游产业发展由粗放式规模发展阶段逐渐转向集约式提档升级阶段。业务范围逐渐跨界延伸,国内康养旅游产业的业务范围普遍跨界延伸至多元化业务领域,不仅涵盖老年餐饮业、老年房地产业、旅游交通服务业、景区景点业、娱乐业、日常生活用品业、医疗与养生业、教育文化业等康养旅游核心业务,而且涵盖相关产业和衍生产业业务领域;产业业务边界日益模糊化,产业融合发展与混业发展渐成趋势。产品类型呈现多元化,国内康养旅游产品类型涉及养老旅游、养生旅游、体育休闲旅游、医药健康旅游等。

## 第二节 康养旅游的需求和意义

### 一、康养旅游的需求

随着我国经济社会的发展,人民生活水平的提高,国民对于健康和身体素质的提升需求不断增强,同时我国将步入老龄化社会,老龄化问题日益加剧,现代社会人们的亚健康、环境恶化等问题已经引起人们对自身生命健康状况的关注,这些都为康养旅游提供了巨大的市场。

(一)人口老龄化问题已成为全球较严峻的社会问题

在老龄化加剧的背景下,老年人口的增多与人们对高品质健康美好生活的向往,给康养产业带来前所未有的发展机遇。养老作为康养产业的重要组成部分,人口老龄化的现实显露出巨大的市场缺口。《2015全球老龄事业观察指数》报告指出:全球60岁及以上人口约9.01亿,占世界人口12.3%。到2030年这一比例将达到16.5%。联合国《世界人口展望》2017年修订版报告指出:中国的人口老龄化趋势在进一步加快,60岁及以上人口占总人口的16%。老年人的养老模式逐渐从普通的家庭养老模式向社区养老再到康养旅居养老等新兴养老模式发展,养老消费不断升级,满足老年群体多层次多元化的养老养生需求成为当今养老市场的重要方向。

(二)亚健康人群诉求扩大行业增长潜力

亚健康状态在国际上被称为第三状态,即处于健康与患病之间的状态,身、心处于健康与疾病之间低质量状态的人群被称为"亚健康人群"。

由于工作压力、生活方式等因素的影响,越来越多的人处于亚健康状态。目前我国70%的人处于亚健康状态,15%的人处于疾病状态,还有17%为60岁以上的老年人口。未来10年,各种慢性疾病将以爆发式的速度迅速扩展到每一个家庭。通过旅游逃离都市生活和工作压力,恢复身心健康,成为众多亚健康人群的首要选择。

由丁香园与《健康报》社联合发布的《2019国民健康洞察报告》显示,在公众心目中,健康越来越受到重视,93%的受访者将身体健康作为最重要的事项。在受访者的自评中,"健康"这一选项的重要性高达9.6分,但是自我健康状况打分却仅有6.8分,其中"90后"的自评健康得分最低。国民健康意识已逐渐增强,但距离理想的健康水平仍有较大落差,健康需求市场规模可观,健康消费的增长潜力不容忽视。各年龄阶层都对健康意识展现广泛关注,并且展现出不同的健康诉求。"70后"及以前的人群的健康困扰主要来自身体的机能健康;而人到中年、面临工作家庭双重压力的"80后"们对于身心健康、美容保养都展现出同等重视;年轻的"90后"们更为关注美容保养、心理健康层面的问题;追求"养生"已不再是专属中老年人的标签。各年龄段群体更关注生活质量、生命丰度的提高,康养需求和保养手段更加多元化,康养产品及服务的种类和模式存在巨大的市场消费力。生态健康产业不仅可以带来持续的经济效益,同时也能够产生良好的社会效益。

### (三)环境恶化、气候变化提升了人们对生命健康的重视

全球每年死亡人数的三分之一与环境恶化有关。世界范围内,约200万人死于空气污染,且水资源和空气污染的后果将会在未来10年间越来越明显地显现出来。在这次史无前例的新冠肺炎疫情影响下,人们对于身心健康以及生活质量的重视达到了一个新高度,在出游的选择上,也将健康和安全视为首要参考因素,将健康养生和旅游结合在一起的康养旅游就随之进入了大众的视野。疫情形势好转后,康养旅游产业受到广泛关注,中青年群体的旅居意愿提升,如免疫力低下群体、职业原因产生病症的群体以及有心理健康问题人群等,他们更加关注健康行为和健康生活方式,选择旅居康养则是他们主动寻求健康生活方式的最佳选择。

### (四)养老地产、智慧医疗备受资本青睐

据《2019年康养产业分析报告》,投入康养产业的资本有三大来源:一是以房地产和医疗机构为代表,主要通过原先主营业务介入养老服务,较早进入康养领域抢占风口。二是以险企为代表的金融资本,具有天然的融合优势和强大的投资能力,泰康人寿率先涉足保险、医养、大健康行业,已基本完成了在国内东、西、南、北、中的养老社区布局;当前有越来越多的险企关注并尝试进入养生养老行业,投资力度越来越大,具体可行的商业模式已逐渐由龙头企业探索成形。三是来自科技领域的资本,主要由互联网企业腾讯、阿里和百度领衔,发展互联网医疗和"智慧养老",腾讯、阿里健康、百度健康等纷纷推出老年人网络购物、线上健康医疗问诊、健康管理等服务。2019年与2020年年初,资本市场在康养产业方面更加青睐养老机构、养老旅居等地产业务或互联网智慧医疗领域。

### (五)康养旅游市场客群覆盖全年龄段

康养产业不仅聚焦老年消费群体,其目标客群还包括中青年消费者及具有特殊需求的妇孕人群,该类群体均注重体验。中青年群体关注增加,康养旅游需求稳步提升,老年人市场规模占更大比重,如避寒胜地海南岛每年接待的游客有60%以上是退休老人,银发群体对国内旅居康养产品更多是偏向于避寒或者避暑度假,目的性较强。

生活理念的转变、高收入人群的扩大以及需求层次的分化使人们对生命健康的关注得以迅速转化为显性需求和消费能力。追求生活品质的群体对康养旅游产品的需求较大,追求生活品质的人对自然环境要求较高,同时对康养旅游目的地的文化内涵有一定要求。该类人群较注重深度旅游体验,在康养旅游目的地停留的时间较长,且愿意参与当地居民的日常活动,对康养旅游产品的需求特征表现为:休闲养生需求,偏好具有

休闲度假、养生养心、文化体验等特色的康养旅游产品。

## 二、康养旅游的意义

### （一）有利于满足人民群众幸福生活需求

随着人民生活水平的不断提高，加之工作和生活环境等各种压力，特别是新冠肺炎疫情影响下，人们对生活质量、身心健康、免疫能力的关注越来越多，人人都想要健康、快乐、幸福，而养生是其实现的主要途径。长寿同时必须要健康、快乐、幸福，养老天然包含养生，或者说养老更需要养生。人们对健康养生休闲度假的需求爆发式增长，特别是老龄化社会加速到来，我国60岁及以上老年人口已经超过2.5亿，未来人口高龄化的趋势将更加明显，对健康养生的需求也必将大幅增长。我国健康养生产业也在近年内急速升温，成为一个高速发展的朝阳产业。康养旅游顺应了健康服务业发展的大趋势，具有广阔的市场空间。

### （二）有利于唤起人们对健康问题的重视

脱离贫困、解决温饱以后，人们逐步并越来越关注健康、快乐、幸福，养生成为生活日益重要的内容，就需要专门的知识、物品、设施和服务，康养旅游产业应运而生并规模不断扩大，地位不断提升，水平不断提高，影响不断增强。习近平总书记提出要把人民健康放在优先发展的战略地位，顺应民众关切，对"健康中国"建设做出全面部署，推动全民健身和全民健康深度融合。我国广大人民群众，包括农民的养老及其保障、服务水平必然会不断提高，养老产业和事业的地位也会日益提升。养生成为人民生活越来越重要的内容，人们的养生意识也不断提高。

### （三）有利于推动旅游业转型升级

国内旅游市场正在发生深刻而巨大的变革。一方面，散客时代全面到来，散客时代的一个重要特征就是需求的多样性。另一方面，旅游休闲时代已经来临，纯粹的观光旅游已经越来越不能满足游客的需要。康养旅游相对于传统的观光旅游，游客的停留时间长、消费能力强、重游率高，是增加游客综合消费的有效手段。从市场需求看，游客从最初的出行旅游，转变为更加追求休闲品质、深度体验异地生活的方式，发展健康旅游、医疗旅游、养老旅游等成为传统旅游行业转型的突破口。

## 第三节　康养旅游的类型和案例

### 一、康养旅游的类型

根据康养旅游的性质，康养旅游可分为以下四种类型。

### (一)生态养生型

生态养生型康养旅游主要是在旅游目的地现有的丰富资源和良好的生态环境的基础上,进一步对其进行养生保健设施和项目的开发,使游客达到增益身心健康的目的。包括田园旅居、疗养旅居以及依托长寿自然资源,如森林、海洋、温泉或其他特色资源。特点是以生态资源为依托,借助体验、观光、学习相关文化等手段,实现休养身心的状态。

德国森林康养经典代表——黑森林(Black Forest)位于德国西南部的巴登符腾堡州,占地面积约11400平方千米,因山上林区森林密布,又是德国最大的山脉,从远处望去显得黑压压的一片,因此有了"黑森林"的称号。

黑森林根据地形特色,进行多样化的规划:不仅设有让游客一览广阔全景的休闲村庄、带有疗养功能的康养森林、多功能的水疗中心、让人流连忘返的莱茵河美景,还将德国精致的地道美食、别致的葡萄酒庄园和独特的手工艺品,进行了很好的产业融合。

### (二)运动养生型

运动休闲型康养旅游主要是以旅游目的地或其周边的运动资源或者大型的运动活动为依托开展的旅游活动。以运动的参与或者体育赛事的观赏为主要内容,同时以配套的休闲、养生设施和项目为辅助,以达到促进游客身体健康的目的。以游客参与赛事或活动组织为主要特点。

瑞士阿罗萨(Arosa)小镇的Bergoase是一座掩映在馥郁丛林中的运动养生中心,建筑面积27000平方米,它具有健身、水疗、康复等功能,内部分为运动健身区(玻璃步行桥、运动器械等)、治疗区(水下复健、桑拿屋等)、休闲区(游泳池、日光浴室)等区域。整合了周边的村庄、森林资源、山地资源的阿罗萨小镇凭借着其得天独厚的自然环境和多面的运动养生服务吸引了来自全世界的大量游客。

### (三)疗养保健型

主要凭借疗养地所拥有的中医药资源、膳食资源或西医技术资源,将疾病治疗保健与休闲度假结合起来。中医药康养旅居以我国传统中医文化或中草药资源为核心,开发中医理疗、药膳养生、中草药种植、中医知识讲座等项目,中医药的理念契合消费者追求健康、"返璞归真""绿色消费"的需求,依托深厚的中医药文化内涵、独特的理论体系和内容,各种中医医疗保健手段、中药材资源为基本吸引物而产生的一种新型旅游方式。

膳食康养是围绕我国饮食文化打造素斋、养生茶汤、地方特色膳食等食疗餐饮,主要从饮食营养搭配入手调理身体的蛋白质或各类元素的营养摄入水平。

西医护理康养旅居的发展基础是专业化的医疗资源和医疗服务,主要面向消费者提供健康体检、健康管理与咨询、医疗护理等多方面身体照护服务,以实现对疾病的预防与护理和对身体的康养与修复为目的,其活动的开展主要依托旅游目的地的医疗保健设施和机构,利用当地的医疗保健资源吸引游客到旅游目的地进行医疗护理、医疗保健、体检、康复等活动。

### (四)文化养生型

文化养生型康养旅游要求旅游目的地具有浓郁的养生文化,可使游客对其进行挖掘,以古城古镇旅居、民俗旅居和宗教禅修旅居等不同类别的文化资源,开发观光、节庆、养心修行等不同程度的体验项目,从而满足消费者放松身心、获取知识以及精神升华等需求。

道源圣城以"道家养生医学"为根,以鹤鸣山钟灵毓秀的自然环境为依托,完美地将旅游和疗养相结合,形成了集道家养生医学、旅游、疗养、药浴于一体的全新的养生模式,提供了一种全新的"旅游疗养"生活模式。

## 二、康养旅游案例

### (一)云南创建国际康养旅游示范区

云南省十三届人大四次会议在昆明举行,政府工作报告提出,2021年云南要持续打造健康生活目的地牌,创建国际康养旅游示范区。聚焦"文、游、医、养、体、学、智"全产业链,打造以大滇西旅游环线为代表的旅游新品牌,建设旅游大数据中心,建立智慧旅游标准体系和统计体系,发展新型乡村旅游,开发生态旅居、休闲度假、户外运动、研学科考、养生养老等新业态新产品,加快建设高原特色体育训练基地群,建设富有文化底蕴的世界级旅游景区和度假区。

报告还提出,云南要推进旅游业等优化升级,深入推进"旅游革命",着力提升国际化、高端化、特色化、智慧化水平,建成运营50个半山酒店,创建10个"高A级"景区、2个国家级旅游度假区。加快"数字云南"建设步伐,实施4A级以上景区和特色小镇智慧化改造。推动区域协调发展,加快滇西一体化,建立州市联动机制,加强跨区域跨流域生态保护治理,加快建设大交通环线,推动滇西旅游全面转型升级和协同发展,打造世界级旅游目的地。加强社会主义文化建设,把云南光荣的革命传统和动人故事转化为文艺精品,推动建设长征国家文化公园,打造红色旅游示范项目、遗址公园、博物馆和方志馆群落,推进国门文化建设;加强文化遗产和历史文化名城、中国传统村落等保护传承,支持普洱景迈山古茶林申报世界文化遗产。

### (二)河南创建康养与体育旅游示范基地

为认真贯彻落实河南省文化旅游大会精神,进一步丰富文化和旅游产品供给,推动文化和旅游融合发展,河南省文化和旅游厅分别与河南省卫生健康委员会、省体育局印发文件,命名10家单位为河南省康养旅游示范基地、10家单位为河南省体育旅游示范基地。

河南省康养旅游示范基地包括:大宋中医药文化养生园、龙峪湾国家森林公园、滑县龙虎森林公园、圣博健康产业园、汤河温泉度假区、南召大宝天曼度假区、老界岭风景区、邓州市张仲景展览馆、鸡公山风景区、汤泉池旅游度假区。河南省体育旅游示范基地包括:嵩皇体育小镇、中岳嵩顶滑雪度假区、洛阳伏牛山滑雪度假乐园、林虑山国际滑翔基地、新乡南太行旅游度假区、温县陈家沟景区、清丰县极限运动基地、大中原生态汽车旅游公园、漯河市沙澧河景区、睢县北湖景区。

随着人们生活理念的转变以及消费结构的升级,游客对健康的关注度不断提升,河南省康养旅游、体育旅游迎来重大发展机遇,"旅游+康养""旅游+体育"产业融合发展已成为该省经济可持续发展的重要增长点、促进旅游产业转型升级和高质量发展的新动力。

### (三)重庆旅游打好"温泉牌"

2019年,第二届中匈温泉产业合作高峰论坛在重庆举办,其间发布了"重庆首批温泉康养旅游线路",该线路整合了重庆优质"温泉+康养"资源,从"温泉+中医康养""温泉+气候康养""温泉疗程式康养"3个维度将温泉与中医药养生、特色景点、特色美食、民俗风情等进行深度融合。

重庆致力于借鉴和引进匈牙利在温泉康养旅游领域的成功经验和技术,赋能"世界温泉之都"升级版建设。

重庆与匈牙利都有着丰富的温泉资源,旅游开发前景巨大。匈牙利被称为"温泉上的国家",80%以上的国土下都有温泉,有着2000多年的温泉开发利用历史与180余年的温泉康养历史,全国旅游总收入50%以上与温泉挂钩,其首都布达佩斯曾获评"世界温泉之城"。重庆是自然资源部和中国矿业联合会联合授牌的"中国温泉之都"以及世界温泉与气候养生联合会授牌的"世界温泉之都"。据统计,重庆目前已探明的温泉资源分布区域达1万平方千米,已纳入规划的温泉矿点146处,可谓"山山有温泉,峡峡有热水"。

重庆与匈牙利方面达成了两项合作成果:一是北碚区政府与匈牙利黑维兹市政府签订关于建立友好城市的合作备忘录;二是箱根温泉产业发展集团与黑维兹市旅游局达成合作协议,由箱根集团作为匈牙利首席温泉康养品牌"黑维兹"的中国总代理,以重庆为基地,向全国推广黑维滋温泉品牌和技术,助力重庆温泉康养旅游发展。

### (四)桐庐建设健康小镇

桐庐健康小镇系浙江省首批37个特色小镇之一,也是浙江省最早从事健康产业的特色小镇。

小镇遵循"生态为基、产业为王、项目为要",围绕健康养生、生命科学、中医药保健、体育旅游休闲四大特色产业,做深"健康服务业+"文章,努力打造生命健康与旅游产业融合发展新高地。

#### 1. 资源、环境优势

小镇背靠大奇山国家森林公园,三面环山、面临着富春江,宛如世外桃源。整个区域环境优势明显,森林覆盖率超过80%,全年有340天的空气质量达到或优于二级标准优良天数,空气中含有丰富的负氧离子,每立方厘米达到2578个,远超国家6级标准。

此外,小镇区域年平均气温在15 ℃,酷暑天的气温也平均保持在26 ℃左右,比起避暑胜地庐山也不遑多让。守着富春江,小镇的水资源达标率为100%。

#### 2. 交通优势

小镇的交通区位优势同样明显,与桐庐县城无缝对接;杭新景高速与320国道穿境而过,拉近了小镇与杭州、上海等地的距离;杭黄高铁桐庐站也将落户在健康小镇。区域内交通方面,新辟了一条东西走向的生态绿道,提高了居民的出行、生活等便利程度。

3. 运作思路

产业发展体系为"4+2+X":

"4":健康养生(养老)服务、中医药医疗保健服务、健康旅游、健康食品四大特色产业;

"2":医疗服务和健康管理两大支撑产业;

"X":健康制造、总部经济、物联网、电子商务、文化创意、体育休闲等几大配套产业。

三个功能区块:

核心区——重点集聚健康医疗、健康管理等医疗服务和研发机构;

配套区——培育壮大保健护理、养生养老、健身休闲等健康服务机构;

拓展区——提升丰富中药材、保健品、有机农产品、药膳美食等健康产业。

4. 以项目建设带动区内产业转型

目前健康小镇的区块内已经建有大奇山国家森林公园、巴比松米勒庄园、杭州潇洒运动休闲公园、大奇山郡、凤川玫瑰园、桐君堂医药博物馆等旅游健康休闲综合体,颐居养生园、江南国际养生中心、大奇山村落风景区等优质项目也正在建设之中。

区块内的养生健康企业也在相应的政策下如鱼得水,始于明洪武年间的百年老号桐君堂医药馆 2013 年销售总额达到 6.08 亿元;位于健康小镇内的杭州蜂之语公司年销售额也破亿,成为全国最大的蜂产品出口生产基地之一。

5. 未来发展

"颐居乐智慧养生园":集企业养生会所、候鸟养生居所、奢野养生酒店、养生保健中心、文化旅游区、景观花海区、休闲运动区为一体的功能版块。

富春山居医疗养生基地:建成一个敬老院、一个体检中心、一个疗养中心,方便老人安享晚年,并在一步之遥就有配套设施完善的医疗保健机构。

健康细胞园版块:将人体目前健康状况良好、活跃的人体干细胞、脐带血等进行低温保存,等到将来有需要时,再提取出来以备不时之需。

智慧健康产业孵化园:通过提高、扶持、孵化、扩展和集聚发展引进一批信息经济、智慧经济、健康产业、文化创意、电子商务、体育休闲、总部经济等新兴经济业态。

## (五)安徽亳州打造中医药健康旅游目的地

亳州市位于安徽省的西北部,是神医华佗的故乡,全球最大的中药材集散中心,素有"中华药都"之称。同时,亳州还是国家历史文化名城,首批中国优秀旅游城市和长寿之乡,中医药和旅游资源十分丰富,产业优势明显。2017 年成为首批国家中医药健康旅游示范区之一,同时获评首批"中国一带一路国际健康旅游目的地"和"中国药膳之都"。

亳州市内建有中国(亳州)中药材交易中心,种植的中药材品类繁多,拥有百万亩的药材种植面积,中医药旅游商品丰富,推出华祖焖鸭、双甲锦囊鸡、曹氏鱼头等 20 道药膳以及药酒、药茶等保健品。此外,华佗的五禽戏也是中医药文化和体验的结合。

#### 1. 城市定位明确

亳州坚持"中医药兴市""旅游兴市"战略,确立了建设"底蕴厚重、功能完善的文化旅游强市和生态宜居、文明和谐的健康养生城市"目标,充分利用中医药文化、道家健康养生文化等多种元素,把中医药健康旅游产业作为朝阳产业进行培育打造,围绕精品景区、精品线路、优质业态,全力打造国内一流、全球知名的世界中医药之都。

#### 2. 形成"商务＋种植＋药膳＋保健体育"的中医药健康旅游发展模式

依托中国(亳州)中药材交易中心,每年定期举办中国(亳州)中药材交易大会暨国际中医药药博会,吸引投资、扩大知名度;依托中医药种植基地,生产中医药旅游商品、开展采摘等体验型项目;研发药膳,不仅使游客享受到美食,滋补了身体,还有治疗疾病的效果;将太极、五禽戏、民族体育融入中医药健康旅游,丰富体验型旅游产品。

#### 3. 重视营销推广

与中央电视台《新闻联播》《新闻30分》《探索发现》《国宝档案》《消费主张》,上海电视台外语频道《车游天下》等栏目合作宣传亳州,拍摄并播出亳州旅游专题节目。举办"美丽亳州"拍客大赛、"芍花恩爱秀连连拍"等富有特色的营销推广活动。

#### 4. 以项目促新型业态发展

大力实施"旅游＋"战略,整合中药、中医、养生、文化、生态、健身等优势资源,大力扶持中药观赏园、中医药博物馆和中医药工业旅游项目,康美(亳州)华佗国际中药城、华佗故里中医药健康旅游基地、华佗五禽戏传习基地等三个示范基地以及怀养堂药膳经营连锁项目、亳州大周村芍药养生项目等创建工作气氛热烈,社会反响良好。

**本章思考题**

1. 什么是康养旅游?
2. 康养旅游有哪些特征和类型?
3. 康养旅游经历了哪些发展历程?
4. 发展康养旅游有哪些意义?

案例分析

### 加快建设海南国际旅游消费中心 打造医旅融合康养胜地

习近平总书记在看望参加全国政协十三届四次会议的医药卫生界、教育界委员并参加联组会时强调,要把保障人民健康放在优先发展的战略位置,坚持基本医疗卫生事业的公益性,聚焦影响人民健康的重大疾病和主要问题,加快实施健康中国行动,织牢国家公共卫生防护网,推动公立医院高质量发展,为人民提供全方位全周期健康服务。在此背景下,《海南自由贸易港建设总体方案》和《中共中央国务院关于支持海南全面深化改革开放的指导意见》对海南提出明确要求,围绕国际旅游消费中心建设,推动旅游与文化体育、健康医疗、养老养生等深度融合;推动旅游业转型升级,加快构建以观光旅游为基础、休闲度假为重点、文体旅游和健康旅游为特色的旅游产业体系。

当前，随着健康中国行动的稳步推进，全民健康已经成为社会的共同目标，更是经济转型的亮点。健康旅游作为海南省旅游产业高水平发展的一个突破口，在加快构建以国内大循环为主体、国内国际双循环相互促进的新发展格局的背景下，在全岛建设自贸港的进程中，也将迎来新的发展契机。

一、海南发展健康旅游的优势

2020年下半年，海南旅游经济迎来强劲复苏，海南也逐渐成为知名的健康旅游目的地。可以说，海南大力发展健康旅游正逢其时，有基础、有条件，更有优势。

一是生态环境优良。海南的气候有利于康养服务业的发展。四季无冬，阳光充沛，空气质量优良天数比例98.4%，地表水水质优良率94.4%，森林覆盖率62.1%以上。海南的人均期望寿命是78.57周岁，每10万人中约有百岁老人24人，三大健康指标在全国属于中上水平。海南正在全力打造"健康岛"品牌，2020年新冠肺炎疫情期间，海南快速、有效、精准地进行处置和防控，连续200多天没有出现本地新发病例，是名副其实的"健康岛"。此外，全岛空气质量长期处于全国第一，每年有大量来自全国各地的哮喘、慢性支气管炎、肺气肿、肺心病患者到海南岛来疗养。2020年新冠肺炎疫情导致绝大多数境外航班停飞，在外循环形势严峻的情况下，海南有望成为国人选择的度假天堂和休闲疗养的最佳目的地。

二是自然资源丰富。海南是我国唯一的热带海岛省份，药用动植物资源富集，全岛有高等植物4200多种，可入药的植物达2000多种，占全国的40%，素有"天然药库""南药之乡"之称，发展健康产业资源禀赋突出。同时，海南还拥有占中国总海域三分之一的海洋面积，海洋药物资源丰富。海南的珍贵自然资源有利于与健康相关的农业、生物制药、医疗器械、保健品等产业的发展。

三是政策优势明显。一方面，海南自贸港核心政策——"零关税、低税率、简税制以及五个自由便利、一个安全有序"将有力推动人流、物流、资金流、信息流在海南的集聚，推动海南成为全球康养医疗旅游目的地和汇集全球保健品、药妆品牌的"世界药庄"。另一方面，博鳌乐城国际医疗旅游先行区新老"国九条"政策的有序衔接及细化落地，使海南获得了前所未有的产业政策优势。从全国范围看，海南有着独一无二的发展健康旅游的政策优势。

二、海南健康旅游发展的现状

海南健康产业起步稳、成长快，总体呈现良好发展态势，产业规模持续扩大，特色不断凸显，集聚格局基本形成。2020年医疗健康产业和医药产业实现增加值268.66亿元，同比增长7.5%，占同期全省GDP的4.8%。

健康旅游是海南健康产业的重要组成部分，凭借积累多年的旅游市场基础、独特的健康医疗政策和生态环境优势，海南健康旅游取得了长足发展。康养旅游产品渐成体系。"森林＋康养""乡村＋康养""运动＋康养""温泉＋康养"等复合型、多维度、跨业态的康养旅游产品日渐成型。打造了9个国家森林公园，形成了热带雨林游、热带花卉园林游、湿地红树林游、野生动植物游等森林康养旅游产品，2020年全省森林类A级景区接待游客309万人次,相关收入约4.2亿元;打造了197家椰级乡村旅游点,基本满足旅游者乡村观光、体验、休闲、度假的需求,2020年全省乡村旅游点接待游客612.79万人次,营业收入超过16.51亿元;形成了山地运动、水上运动、户外拓展、康养运动、传统体育运动、徒步旅行、探险等户外康体康养产品,培育了亲水运动季、沙滩运动嘉年华、三亚马拉松等全民健身品牌,每年参与人数超过10万人次;打造了海口观澜湖、琼海官塘、万宁兴隆、保亭七仙岭、儋州蓝洋、三亚南田六大精品温泉旅游产业聚集区。此外,医疗健康产业渐成新引擎。博鳌乐城国际医疗旅游先行区、三亚市中医院等正在发挥医疗健康产业集聚效应,成为引领海南省康养产业发展的发动机。中加国际健康管理中心等一批国际化的健康管理中心落户海南。博鳌超级医院、一龄生命养护中心等10家医疗机构开业或试运营,推出了一系列特色医疗康养旅游线路,形成了多种体验性强、参与度广的中医药健康旅游产品。

海南健康旅游产业发展虽取得了长足进步,但与发达地区相比海南尚处于起步阶段,产品内容单薄、同质化严重、资源整合不够、专业人才匮乏、市场竞争力弱等一系列问题亟须破题。

三、海南发展健康旅游的对策措施

做大产品体系。一是打造一批医疗旅游、休闲旅游区。重点打造"一心、五区"的医疗旅游布局体系,"一心"即博鳌(乐城)—白石岭生命养护医疗休闲旅游区,"五区"即海口—澄迈—定安长寿养生休闲旅游区、兴隆—万宁(中医)养生保健休闲旅游区、三亚—陵水国际医疗养生休闲旅游区、儋州蓝洋—洋浦古盐田康养保健休闲旅游区、(保亭)七仙岭—五指山养生休闲旅游区。二是打造一批特色康养小镇。对接"美丽海南百镇千村"建设工程,着重打造温泉、中医药、田园、呼吸、沉香、养生保健特色康养小镇,产业、文化、旅游"三位一体",实现"产城景"深度融合。三是打造一批气候康养诊疗中心。依托区位和气候优势,以妇女、老人、儿童以及慢性病患者为目标人群,打造一批辐射国内及俄罗斯、东欧市场的高水平气候康养诊疗中心,探索发展海洋疗法、温泉疗法、森林疗法等自然疗法。四是打造一批健康管理中心。打造7个雨林养生基地、7个温泉养生基地,重点发展亚健康管理、照护康复等产品和配套设施,高标准建设健康养生养老社区、大健康及生命康复中心,全省布局一批健康管理中心。五是打造中医药健康旅游产品体系。依托丰富的黎药、南药资源和海口、三亚国家中医药健康旅游示范基地,打造独特的药材种植、研发、生产、加工基地,加快发展现代南药、黎药产业,提升中医药保健服务水平,加快中医药与温泉、森林、海滨气候资源的融合和组合开发,打造集高端医疗、国际商务、康复、休闲疗养于一体的健康旅游品牌。

做强龙头带动。一是充分发挥博鳌乐城国际医疗旅游先行区的辐射带动作用,推动全省高端旅游医疗协同发展。依托博鳌乐城国际医疗旅游先行区,大力发展高端医疗服务和国际健康旅游,瞄准国际市场打造以体检、健康管理、医疗服务、康复疗养、特许医疗、医学美容和抗衰老、生殖健康、国际健康会展服务等为特色的产业链条,争取在不久的未来率先实现医疗技术、装备、药品与国际先进水平"三同步",将博鳌乐城医疗旅游先行区打造成为旅游医疗产品最集聚、最高端、最有吸引力的园区。

二是推动医疗旅游示范基地建设。提升海口医疗旅游示范基地、三亚医疗旅游示范基地和陵水南平医疗养生旅游示范基地的层级，建设一批休闲疗养项目，满足不同群体旅游医疗的需求。

做活产业主体。一是进一步放开市场准入门槛。在山林利用、水体资源利用、运动场馆场地建设、医疗保健品生产、药物康复治疗、美容、护肤、浴体、按摩等项目开发方面放开准入门槛，引导社会资金向健康旅游市场投入。二是引进专业品牌医疗旅游机构。与国内著名的精准医疗、专科医疗、中医养生保健、健康管理等公立及民营医疗机构合作，通过独资、合资合作及医疗联合体等方式，引进发展一批高端的医疗保健机构，特别要引进院士或著(知)名学科带头人团队开设高水准的特色专科，打造特许医疗平台。与国际著(知)名医疗旅游服务和组织机构合作，引进发展一批合资合作或独资的"五星级国际医院"，建立"海南国际医疗旅游合作交流中心""世界医疗旅游协会海南培训保健中心"等。

做实产业保障。一是加大对健康旅游的政策扶持力度。完善政策法规，从准入、运营、评价、监管等方面制订配套制度促进海南省健康旅游产业发展，出台《推动海南加快健康旅游发展的实施意见》。二是加大对健康旅游的资金扶持力度。将健康旅游项目纳入海南省重点产业发展资金使用范畴，通过"对赌"奖励方式支持健康旅游产业发展。鼓励市县设立健康旅游产业发展引导基金，通过产业基金的撬动作用，带动健康旅游产业发展。三是加强健康旅游服务用地保障。将健康旅游服务用地纳入各级国土空间规划和年度用地计划，统筹解决健康旅游产业项目建设用地。鼓励健康旅游项目优先盘活利用存量建设用地。对投资大、带动性强、示范性强的健康旅游项目，可以采取先租后让、租让结合、弹性年期等方式提供用地保障。支持农村集体经营性建设用地入市用于健康旅游项目建设，拓宽渠道保障产业项目用地需求。四是打造符合海南健康旅游产业发展的专业人才体系。一方面要加强健康旅游管理人才队伍建设，组织旅游、医疗主管部门有关人员赴国际医疗旅游先进国家和地区学习培训，提高管理能力；另一方面要加强健康旅游服务人才队伍建设。支持打造博鳌乐城国际医疗旅游先行区发展研究院，为海南健康旅游发展提供"智力支撑"。引进国内外优质教育资源与省内院校合作，优化专业设置，培养一批既熟悉康养医疗行业服务规范，又了解海南旅游景点线路及各类旅游项目康体养生功效的本土化专业人才。出台优秀人才引进政策，搭建招才引智平台，引进一批高端医疗技术人才、国际医疗旅游管理人才、国际医疗旅游导游、国际护理人才、康复人才、健康服务营销人才等。五是加大宣传推广力度，吸引海外健康旅游消费回流。以境外游客、国内中高端游客和岛内百万候鸟老人为主要目标群体，积极运用网络营销、体验营销等国际上先进的营销方式，大力宣传康养医疗旅游资源，充分挖掘康养医疗旅游消费潜力。

资料来源　孙颖《加快建设海南国际旅游消费中心　打造医旅融合康养胜地》

**案例思考题：**
1. 结合案例，谈谈提高康养旅游的发展质量应着重注意哪些方面？
2. 在发展康养旅游的过程中，如何与十九大报告中提出来的健康中国战略相结合？

**本章思政总结**

国家高度重视健康问题，康养旅游已纳入政策体系。康养旅游是通过养颜健体、营养膳食、修身养性、关爱环境等各种手段，使人在身体、心智和精神上都能达到自然和谐优良状态的各种旅游活动的总和。亚健康人群和老龄人群的诉求扩大了行业增长潜力。

深入学习习近平新时代中国特色社会主义思想和十九大报告所提出来的健康中国战略，培养学生的职业认同，形成正确的世界观、人生观和价值观，树立为祖国发展而奋力拼搏的理念。进一步认识旅游专业人才应履行的社会责任与担当，坚定走社会主义道路，并努力为健康中国、建设"美丽中国"做出贡献。

# 第九章 工业旅游

**学习目标**

1. 理解工业旅游的概念、特征;
2. 熟悉工业旅游的发展历程;
3. 掌握生态旅游的类型;
4. 把握工业旅游的意义。

**思政元素**

1. 国务院于 2015 年 5 月印发了《中国制造 2025》,这是部署全面推进实施制造强国的战略文件。

2.《中华人民共和国国民经济和社会发展第十四个五年规划和 2035 年远景目标纲要》强调,要坚持把发展经济着力点放在实体经济上,加快推进制造强国、质量强国建设。

3. 2021 年 5 月,工业和信息化部、国家发展和改革委员会、教育部、财政部、人力资源和社会保障部、文化和旅游部、国务院国有资产监督管理委员会、国家文物局联合印发《推进工业文化发展实施方案(2021—2025 年)》(简称《方案》),《方案》明确,通过五年努力,打造一批具有工业文化特色的旅游示范基地和精品线路,建立一批工业文化教育实践基地,传承弘扬工业精神。

**章前引例**

## 黄石国家矿山公园

黄石国家矿山公园位于湖北省黄石市铁山区境内,"矿冶大峡谷"为黄石国家矿山公园核心景观,形如一只硕大的倒葫芦,东西长 2200 米、南北宽 550 米、最大落差 444 米、坑口面积达 108 万平方米,被誉为"亚洲第一天坑"。

2010 年 2 月 22 日,黄石国家矿山公园被评为国家 4A 级景区。黄石国家矿山公园拥有亚洲最大的硬岩复垦基地,是中国首座国家矿山公园,湖北省继三峡大坝之后第二家"全国工业旅游示范点",入选《中国世界文化遗产预备名单》。2018 年 1 月,入选第一批中国工业遗产保护名录。

1877年,英国矿师郭师敦重新发现大冶铁矿,引起世界瞩目。近代百年,人们的目光再度聚焦到了这里。被称为世界第九大奇迹的铜绿山古矿冶遗址,经过多年的挖掘整理,终于揭开了它神秘的面纱。它填补了我国冶金史上的空白,堪称里程碑式的考古发现。遗址规模之大,开采和冶炼工艺之精湛,可以与秦始皇兵马俑媲美。

说起大冶铁矿,不能不提到清廷洋务派自强新政的代表人物张之洞和中国第一代实业家盛宣怀。

历史的指针把我们带回到那个内忧外患充满屈辱的年代。1890年,湖广总督张之洞上书朝廷,兴建汉阳铁厂,决定开办大冶铁矿作为汉阳铁厂的原料基地。有了矿石,可运输如何解决呢?在张之洞的督办下,1892年10月,建成了铁山至石灰窑码头的运矿铁路,成为华中地区第一条铁路,可将大冶铁矿的矿石经过长江水路运往武汉铁厂。

然而,汉阳铁厂投产后,经营举步维艰。1896年,张之洞奏请清廷,把汉阳铁厂、大冶铁矿交盛宣怀管理,改为官督商办。盛宣怀接管后,改造扩建设汉阳铁厂,开办萍乡煤矿,使企业的经营出现了转机。

1908年,盛宣怀合汉阳铁厂、大冶铁矿、萍乡煤矿为汉冶萍煤铁厂矿有限公司。这一中国近代工业史上最大的钢铁联合企业的诞生,立即引起了世界的瞩目,它标志着中国近代民族工业翻开了新篇章。

1909年,上海《时报》译《泰晤士报》的文章称:"(汉阳铁厂)生铁一日之间已制成钢,制成钢后又成种种钢货。中国现在诚如日本,为钢铁世界之大竞争家……思之殊无法足阻中国渐进为钢铁大国耳。"

与此同时,资源匮乏的日本已对大冶铁矿掠夺多年。1937年底,在制造了震惊中外的南京大屠杀之后,日军又急调其精锐师团沿江西进,于1938年10月20日攻占铁山。抗战爆发时撤走的日本顾问也随军抵达,成立了日本铁制株式会社"大冶矿业所",开始了大规模掠夺大冶铁矿的矿产资源。

国破山河在。中华民族不屈不挠的精神始终激励着全国军民抗战到底。著名音乐家冼星海来到大冶厂矿,组织大学生歌咏队在厂矿演唱抗日救亡歌曲。

有着革命传统的铁矿工人从没有停止过斗争,他们通过罢工等形式进行着顽强抗争。1923年1月,大冶铁矿爆发了中国历史上第一次以胜利结束的罢工——下陆大罢工,为后来的京汉铁路二七大罢工提供了宝贵的组织经验。

1941年农历腊月二十四,发电所工人高兴汉把炸药藏在饭盒里,带进发电所,将发电所炸毁,使日军掠财计划受阻。

从1890年大冶铁矿开办,到1949年铁山解放的59年中,大冶铁矿共生产铁矿2121万吨,竟被日本掠夺了1520万吨,占总产量的71.66%。

1949年5月16日,铁山解放,大冶铁矿这一千年古矿终于迎来了春天。

1958年9月15日,毛泽东来到大冶铁矿视察,这是他视察的唯一一座铁矿山。

1952年,中国第一支大型地质勘探队探明了铁山老矿区的矿石储量,找到了尖林山潜伏矿体,破解了尖林山地下无矿的地质之谜。

1955年7月1日,大冶铁矿重建工程开工。1958年建成投产,1960年建成年产矿石达 290 万吨的设计能力，1971 年年产量达 505 万吨。冶矿人把一个千疮百孔的矿山，建设成为当时国内生产规模、技术水平均属一流的大型矿山，成为全国十大铁矿石生产基地之一。

今天，这里已经建成一座矿业博览园。代表当时国内最先进工艺的采矿设备，静静地向我们诉说着那个火红的年代。机械化露天采场上，炮声隆隆，电铲轰鸣。穿行其间的电气机车和运矿汽车声响，混响成一曲气势恢宏的交响乐。

一代代冶矿人，像愚公移山一样，创造出一个截面积相当于 150 个足球场大的矿冶大峡谷奇观。采用边坡加固和微差预裂爆破技术，确保了由象鼻山、狮子山、尖山三个矿体组成的垂高 444 米、断高 12 米、最大边坡角 60 度的世界第一高陡边坡的长期稳定。

矿冶大峡谷与美国科罗拉多大峡谷相比，如年轮一般的高陡边坡采矿遗迹，更多地体现出人文气息，透射出冶矿人的智慧。

行进在矿山旁，一块块岩心让人想起孙建初、谢家荣等地质专家和院士，先后在此工作的场景。一个个爆破孔劈开的岩层，又向我们揭示出地层深处的奥秘，也见证了千年矿冶历史，百年工业文明沧桑巨变。

经过几代矿工种植草木，现在这里已绿树成荫，是亚洲最大的硬岩复垦生态林，创造出石头上能生树的又一奇观。这些比恐龙时代还要久远的石头，今天被点化为新的生命，根系里流淌着几代矿工的辛劳和汗水。

扬矿冶文化，开风气之先。占地 23.2 平方千米的黄石国家矿山公园，浓缩了矿冶文化的精髓，释放了矿冶文化的能量。

公园分为大冶铁矿主园区和铜绿山古矿冶遗址区。走入园区，映入眼帘的"日出东方、矿冶峡谷、矿业博览、井下探幽、石海绿洲、灵山古刹、雉山烟雨、九龙洞天"八大景观，融合了人文与自然的和谐。

"日出江花红胜火，春来江水绿如蓝。"在这片古老而又年轻的土地上，黄石国家矿山公园，正以其厚重久远的历史文化，独具特色的人文景观，呈现于世人面前。

**资料来源** 根据网络资料整理

思考：通过黄石国家矿山公园，我们可以学习到什么？

# 第一节 工业旅游的概念、特征及发展历程

## 一、工业旅游的概念及特征

### （一）工业旅游的概念

工业旅游是伴随着人们对旅游资源理解的拓展而产生的一种旅游新概念和产品新

形式。工业旅游在发达国家由来已久,特别是一些大企业,利用自己的品牌效益吸引游客,同时也使自己的产品家喻户晓。在我国,有越来越多的现代化企业开始注重工业旅游。

《国家工业旅游示范基地规范与评价》对工业旅游的概念进行了界定。工业旅游是指以运营中的工厂、企业、工程等为主要吸引物,开展参观、游览、体验、购物等活动的旅游。

(二)工业旅游的特征

1. 观赏性独特

工业企业具有本企业独特的生产特色,因此带给游览者独特的观赏体验。例如牛奶生产线,陶瓷的生产加工到成型的流程,不同于传统的景观人文旅游观赏,较好地满足了旅游者求新、求异的需求,各个企业独具特色。

2. 科技知识性丰富

工业旅游的游览多为工业企业的厂区、生产线、产品等,从不同的角度展示了科技和经营管理方法在工业中的应用。如体现科学技术的生产设备,富有科学知识的生产工艺,蕴含管理知识的生产线,体现了工业旅游知识性、科技性强的特点。

3. 资源不可复制性

工业旅游资源和其他人文旅游资源比较起来有难以复制的特征,通常在同一区域内难以出现相同行业的工业企业。如知名度高的海尔集团、茅台酒业等企业,几乎难以复制模仿。相较之下,现在涌现的微缩人文旅游景观仿照真实景观建立,失去了新奇特点。

4. 游客的参与性

工业旅游可以让游客了解产品的生产过程,了解产品的技术知识,拓展了知识视野。传统的工业类型企业向游客展示的是富有地方文化特色和历史积淀的艺术产品,记录了人类工业文明历史上的辉煌成就,游客切身感知当时的劳动生活。高科技企业可以激发青少年的学习兴趣,展望未来的科技发展方向,拉近学习与生活的距离。

5. 作业性

工业旅游的开展依托于运营中的企业组织,不能脱离这个载体。

不同场所具有自己独特的物质景观和非物质景观,不同景观向游客传递着属于自己独特的意义和特性,游客对组织起来的元素进行游览,根据自身的经历、自身的特征体会不一样的情感,引发不一样的联想,理解不一样的内容。不同的场景扮演着不同的角色,展示着不同的主题。独特的生产作业场景,在日常生活中十分罕见,而不同年代的人会对这一点有着不同的认知和体会,由此形成了工业旅游体验的独特之处,这种体验来自这种独特之处对运营中的企业组织或机构的实体场景的依赖,我们将之定义为"作业性"。工业旅游是通过正在作业中的场景来认知不一样的世界,感受不一样的意义。

6. 垄断性

这一特征是工业旅游的魅力和本质所在。工业旅游所提供的体验是其他旅游类型无法取代的,必须依托工业企业的场所,一旦企业的核心业务经营不善,失去了其核心功能,意味着旅游功能也就消失了。现实中也有许多因企业倒闭而退出工业旅游舞台的实例。因此,工业旅游没有办法模仿、模拟和复制,只能亲临现场才得获得。

## 二、工业旅游的发展历程

### (一)国外工业旅游的发展历程

从旅游的起源来看,工业旅游只有很短暂的历史,它主要是伴随着近代工业革命兴起的大工业浪潮及其衰落而逐步发展起来的。在 17 世纪,英国贵族开始到欧洲大陆旅行的时候,便已出现对工业企业进行访问的情况(Wolf,2005;Steinecke,2002)。在许多人将英国的所谓"游学旅游"(Grand Tour)(或译为"教育旅游")看作现代旅游的源头时,其中已经包含了对工业设施、企业运营等进行观光的内容,此可谓工业旅游之滥觞。显然,这种旅游兼具休闲和教育的双重作用。此后,来自英国、法国和德国上层阶级的成员开始访问欧洲的其他具有工业特征的目的地,其目的主要是学习更多的文化和技术(Groote,1999)。所以,从历史的渊源来看,早期的工业旅游萌芽便已经凸显了其教育和认知的功能。

在 19 世纪,出现了越来越多的企业参观(Company Tours)类的旅游观光活动,此即早期工业旅游的例子,它是工业革命所导致的大规模生产在休闲领域的一种生活表征,具有强烈的时代特点。例如,位于美国田纳西州的 Jack Daniel 酿酒厂,在 1866 年开始提供工厂参观;法国、英国和德国的一些巧克力工厂、烟草工厂、股票交易所也提供参观线路(Frew,2000);大约同一时期,荷兰的花卉市场、奶酪工厂,希腊和马耳他的花边制造商,都开始提供企业参观项目(Stevens,1988;MacCannel,1976)。

上述工业旅游项目的出现,是与 19 世纪中后期一些国家迅速走向工业化相伴随的。进入 20 世纪,持续的繁荣导致了大众旅游(Mass Tourism)的发展。特别是在第二次世界大战后,休闲旅行成为越来越多的人的一种常见娱乐方式(Common Pastime),在发达国家尤其如此。这种增长的主要驱动力是实际收入和余暇的增多,旅游成本的下降和汽车持有量的增加(Williams 和 Shaw,1991)。在这一潮流的带动下,旅游本身逐渐变成了一个产业。在这几十年里,旅游产业成为一种普遍概念,用以描述一个产业部门以及商业化的旅游发展方式(Rodenburg,1980;Abbey,1968)。直至现在,人们在讨论旅游时,仍含有将其作为一项产业的意思。伴随着旅游市场多样化发展的另一个重要的变化是,自 20 世纪 50 年代以来,旅游领域中的消费者行为也发生了巨大的变化,导致新的细分市场的不断涌现和发展(Nylander 和 Hall,2005;Robinson 和 Novelli,2005)。在这种大背景下,工业旅游就逐渐成为这些新的细分市场中的一个。

使用工业旅游这专门术语来表达"工业作为一种旅游吸引物"的概念,还是一个相对晚的现象。20 世纪 80 年代,在现代工业的摇篮——英国出现了工业遗产旅游的概念。最初,工业旅游的概念仅局限在访问不再运营的企业,即工业遗产地。第二次世界大战之后,英国成为欧洲第一个面临工业衰落的国家,出现了大量废弃的工厂。最初,只有工业考古学家访问那里,但在 20 世纪 80 年代,一些地区开始意识到他们的工业遗产的旅游潜力(Soyez,1986;Harris,1989;Hopers,2001)。Mader(2003)就曾列举了有 1.45 亿游客前往 2666 个景点的真正意义上的"遗产狂欢"。从那时起,另一些传统产品停滞不前的欧洲地区——如德国重要的工业集中地之一的鲁尔地区——也发现工业遗产旅游是他们经济结构调整政策的要素,将往日的机械设备和矿井变成了大型的露天博物馆。

逐渐地,工业旅游日益以对工业企业的生产和运营活动的观光为主要的概念内涵。1974年,Simonson将工业旅游定义为对生产设备现场的参观,包括了解生产设备、试用产品样品和购买产品或纪念品等。英国旅游局在1988年开始了"See Industry at Work"(参观企业运营)这项运动,这被认为是促进参观运营企业的第一批举措之一(Mader,2003;Otgaar,2010)。这一活动激发了其他国家、地区和城市采取类似的举措。20世纪90年代初,法国有超过1400个工作场所向游客敞开了大门,吸引了2000万游客前往。有4个工业旅游景点每年吸引超过10万名游客,其中最吸引人的是位于布里达那的一个潮汐发电站,1992年吸引大约35万游客,其他三个最受欢迎的工作场所都与食品和饮料行业相关(Swarbrook,1995;Swarbrook and Homer,2007)。20世纪90年代末,荷兰鹿特丹开发了一项工业旅游线路(Industrial Tourism Tour),对游客颇具吸引力。2000年,美国宾夕法尼亚州的约克郡启动了"世界工厂旅游之都"(Factory Tour Capital of the World)旅游项目。2001年,法国拉卢瓦尔地区成立了一个名为"访问我们的公司"(Visit Our Companies)的组织,目的是改善工业旅游的供给。2006年,拉卢瓦尔地区的昂热市举办了第一届"欧洲企业参观"(Company Visits)会议,关注了公司和所在的农村或大都市区的工业旅游机会。2005年,意大利都灵市启动了一项名为"都灵制造,旅游精品"(Made in Torino;Tour the Excellent)的计划。在德国,许多工厂已经向游客开放,以展示其产品的生产工艺流程。鲁尔地区的吸引力主要在于它的工程遗迹和仍然在运营的工业厂区。这些地区的工业传统和历史宝藏构成了工业遗产旅游的精品线路(德国国家旅游局,2013)。

拥有丰富工业遗产的俄罗斯也进行了大规模的工业旅游产品项目的开发与投资,借以增强制造业企业的吸引力。在俄罗斯,有旅行社专门从事工业旅游。大多数提供的旅游线路都是在莫斯科周边地区以及利用乌拉尔和西伯利亚的大型工业综合设施开展工业旅游活动(Tourism-Review,2009)。在日本,工业旅游变成一种趋势。名噪一时的"工厂迷恋"(Factory Infatuation)即专指工业旅游在一些废弃的工业区所获得的蓬勃发展,与其"再造美丽故乡运动"相互呼应。在"工厂迷恋"的行动中,工业设施不是因为历史,而是因为它们的审美价值而受欢迎(Boros等,2003)。

(二)国内工业旅游的发展历程

与世界发达国家相比,国内的工业旅游发展较晚,直至20世纪60年代,以参观形式开展的工业旅游才开始出现。最初只是一些政府机关、社会团体或高校科研机构,以考察和调研的名义前往一些有着先进经验的企业进行参观学习,部分企业为此开辟了专门的参观通道。但是,严格意义上的工业旅游于20世纪90年代中期才在中国大陆出现。1994年,长春第一汽车集团组建了实业旅行社,对外开放部分汽车生产线和样车陈列室。此后,国内一些知名企业也渐次推出工业旅游项目。1997年,宝钢设立旅行社,开始接待少量来宝钢参观的旅游团队,象征性地收取参观费;1998年四川长虹集团和青岛啤酒一厂分别向游客开放;1999年初,青岛海尔集团成立了海尔国际旅行社,并推出了"海尔工业游"项目,投资1亿元兴建了海尔科技馆,不仅在园区、车间内规划了专门的参观路线,还配备了专业的讲解员,把购物、参观、交流和娱乐融为一体;2000年,首钢启动了"钢铁是怎样炼成的"工业旅游项目,以此命名的工业旅游产品后来也在其他钢铁公司落地;北京三元食品股份有限公司也在同年推出三元牛奶"大篷车"项目,至此开启了新的工业旅游形式。

2000年之后,随着工业旅游产业规模的逐渐扩大,政府开始对国内的工业旅游进行规范管理。2001年,国家旅游局(今文化和旅游部)制定《工业旅游发展指导规范》,正式开启了全国工农业旅游示范点候选单位推荐评选活动。2002年,国家旅游局(今文化和旅游部)开始实施《全国农业旅游示范点工业旅游示范点检查标准(试行)》,于2004年7月,授予103家工业企业"全国工业旅游示范点"称号。2005年,上海成立工业旅游推广中心;2004年至2007年期间,国家旅游局(今文化和旅游部)共评选出4批345家全国工业旅游示范点。此后,国内工业旅游发展迅猛。

2009年,国务院颁布《关于加快发展旅游业的意见》(国发〔2009〕4号)文件,正式提出要大力推进旅游与工业等相关产业与行业的融合发展,鼓励有条件的地区开展工业旅游。2014年,《关于促进旅游业改革发展的若干意见》(国发〔2014〕31号)文件中提出要推动旅游业与新型工业化等相关产业融合发展。2015年,"中国制造2025"将积极发展服务型制造和生产型服务业作为工作重点,努力促进生产型制造向服务型制造转变,推动服务功能区和服务平台建设。2016年全国工业旅游创新大会发布《全国工业旅游发展纲要征求意见稿(2016—2025年)》。2017年,第二届全国工业旅游创新大会推出新一批国家工业旅游示范基地和工业遗产旅游基地,并下发了《全国工业旅游创新发展三年行动方案》。

目前,中国已开始迎来后工业时代,中国工业也面临着产业转型升级、结构调整、化解产能过剩和增加新兴工业价值的急迫任务。不管是学术界、政府部门,还是某些传统工业部门内部,已经有越来越多的人开始认识到,大力发展工业旅游将极大地促进工业产业向服务业经济转型的步伐。这一点,在近年来的工业旅游统计数据中已经反映出来。2015—2017年,我国工业旅游接待量年均增长31%,工业旅游收入年均增长24.5%。截至2016年年末,全国共有1157个工业旅游景点,接待游客1.4亿人次,旅游收入213亿元人民币,吸纳就业42.8万人。工业旅游成为旅游产业融合发展和全域旅游的有生力量。

(三)工业旅游发展模式

1. 综合景观模式

这类企业与自然景观、人文景观融合为一体,风景景观突出了整个工业旅游产品的特色,如荷兰的鹿特丹港。

2. 艺术商品型模式

此类工业旅游产品通常具有较高的艺术观赏性,主要集中在制造行业,如陶瓷、雕刻艺术、玻璃制品企业。具有参观工艺流程、参与产品制作、购买精美产品的特点。

3. 民族文化型模式

这一模式通过领略企业悠久的历史传统文化,使游客最后转变为企业的顾客。一般是早期进入行业的企业,拥有传统的配方,如老字号企业。企业产品有着广泛的知名度和认知度,兼具工业观光和历史回忆的双重意义,如杏花村汾酒集团。

4. 现代化经营模式

一个企业对高新科技的应用力度以及生产工艺的现代化程度将会对工业旅游中企业产品的销售量产生决定性作用。通常企业不把开展工业旅游作为盈利项目,而是注重广告效应,通过展示企业先进的管理水平和企业文化,游客参观生产流程;厂区,作为游览地,能够实现提升企业知名度并且在消费者心中树立良好企业形象的目的。这种模式的典型代表是海尔集团。

5. 博物馆模式

通过博物馆的方式展示产品、工艺等满足游客的旅游需求,如德国奔驰博物馆、上海铁路博物馆。

6. 工业园区模式

在经济特区和高科技产业区的带动下,全国各地先后创建了大批的工业园区。现代化的流水生产线、自动智能化的产品制造蕴含着高水平的技术含量。园区企业通常有着先进的管理理念,与时俱进的品牌观念,在市场方面对游客有特殊的吸引力,如苏州工业园区。

7. 公园化建设模式

在原工业厂址的基础上,对工厂进行改造、装饰、完备,建设大量以工业生产为背景,以企业文化为主线的主题公园,让旅游者能够在主题公园中休闲度假的同时还能够了解一个企业的文化和发展历史。

8. 工业遗产创意产业模式

对原有工业遗址进行相应的改造,将其建设为具备特殊性用途的专用场所,但是不改变原有厂房与设施的风貌,且保留它们的部分功能,让人们可以将现有工艺与原有工艺进行对比,如德国鲁尔区、北京798艺术区。

9. 游购一体的商业模式

在工业旧址之上建设购物中心,将休闲度假、购买物品、了解遗产文化完美地合为一体,吸引更多的游客,推动工业旅游的发展进步。

# 第二节 发展工业旅游的作用和意义

## 一、工业旅游的功能

工业旅游作为一种专项旅游活动,其功能有其自身的特点,并具有深刻的社会效益、经济效益和环境效益。工业旅游的功能主要有:

### (一)科普教育功能

工业旅游者通过近距离地观看生产工业流程,甚至能进行实际动手操作,大大加深对工业产业的认识，获取科学知识、开阔视野，从中获得有益的信息和启迪。通过工业旅游，可以了解我国工业发展历程，了解工业发展历史，感受祖国工业发展的逐渐强大，体验工匠精神，有助于树立道路自信、文化自信，自觉传承和弘扬工业精神。

### （二）宣传广告功能

开展工业旅游，可扩大企业的信息量，增强企业的美誉度和知名度，产生某种无形的辐射力，不知不觉起到某种宣传广告作用。

### （三）带动相关产业发展

开展工业旅游后，游客要进行观光、购物及与此相关的衣食住行等各种消费活动，这就带动了交通业、宾馆、餐饮业等相关产业的发展。另外，开展工业旅游和发展旅游产业还有助于企业人员分流，解决部分职工的就业问题。工业企业经营第二产业的同时，在统筹组织高效配合情况下，开展工业旅游活动可以取得双赢的效果。

### （四）工业旅游推动文化建设

旅游产品提供给消费者消费的精神要素往往优于物质要素。不少有名的企业常与某些国际国内的名人有关，与国计民生有关，与某些重大历史故事有关。中国及各地区工业的发展史往往集中显现在这些著名企业的兴衰上。发展工业旅游有利于弘扬企业文化，推动精神文明建设。

### （五）工业旅游促进旅游产品结构优化

目前我国的旅游产业正处于转型升级阶段，这对于旅游产品的结构提出更全面、更高级的要求。尤其在当前旅游需求趋于多元化的前提下，必须开发出具有丰富文化内涵的旅游产品，建立复合式、多重式的产品结构。发展工业旅游，在推动旅游业高质量发展的背景下，具有重要的作用和价值。

### （六）工业旅游推动生态环境优化

企业开展工业旅游项目往往更加注重厂区及其周边的生态环境建设，许多现代工业花园化已成为现实，尤其是先进的设备、精湛的技术、科学的工艺流程及壮观的场面，融合了社会美、艺术美、自然美。因此，发展工业旅游能收到好的综合效益。

## 二、发展工业旅游的意义

工业旅游是组建工业转型升级、培育新增长动力的重要途径；工业旅游是企业实现品牌竞争、提升综合收益的有效手段；工业旅游是促进政府、游客和社区居民多方受益、形成多赢格局的重要渠道；工业旅游是适应大众旅游时代，推进"旅游＋"和全域旅游的重要内容。

第一，发展工业旅游可以丰富旅游资源的内涵和旅游产品的外延。工业旅游作为一种衍生出的旅游新概念和新产品形式，是伴随着人们对旅游资源的深入理解出现的。根据传统的旅游资源定义和理解，只有江河山川、名胜古迹、民风民俗才是旅游资源。而工业旅游的出现大大地拓宽了旅游资源观，其中的工厂、矿山都能经过旅游开发成为旅游吸引物,这也增大了我国这个工业大国中旅游资源的基数。所以说,工业旅游是传统旅游产品的延伸。工业旅游的出现丰富了旅游产品的种类,为旅游者的消费提供了更多的选择,满足了当前人们多层次、多样化的旅游消费需求。同时,工业旅游的发展拓展了全国工业企业的产业链,进一步扩大了旅游经济覆盖面,也为我国旅游业的快速发展积累了后劲。对于城市建设来说,工业旅游的发展增加了城市中的高品位旅游资源,这在一定程度上也促进了城市的旅游业发展,推动着城市建设和经济发展。

第二,发展工业旅游有利于工业产业结构调整和优化。在发展工业旅游的进程中,企业为获取良好的效益,会对以前落后的生产技术进行改造,推进工艺的升级换代,也会加强企业的现代化管理。同时衍生出的第三产业旅游业将会与企业的第二产业工业制造业相互融合,从而推动企业向多元化、集团化方向发展,促进企业产业结构的调整和优化。城市工业也为旅游发展提供新的资源,一些老工业和名牌工业的知名度和美誉度更是为发展工业旅游提供了优良的基因,如遗产遗迹、高新技术、生产技术等,提升了企业工业旅游发展的竞争力。目前我国正处于工业化和城市化相互融合、相互促进的加速期。工业旅游作为工业企业将无形资产转变为有形资产的一种有效途径,它的发展能让游客在参观游览的过程中认识企业、了解产品,进而对城市产生一定认知,将企业、产品、城市、旅游集于一身,进一步扩大城市的知名度,提升城市的整体形象,对吸引更多的人才和资金具有重要意义,可促进城市的可持续发展。

第三,发展工业旅游有利于推进区域经济转型发展与升级。区域经济转型的核心是产业结构的调整与升级。在一定的社会生产力发展水平下,投资、技术、劳动以及宏观的经济政策会对区域经济发展产生重大的影响。在发展工业的进程中,老工业城市的产业转型升级将会引发产业结构的调整,使产业之间和产业内部的经济比重发生变化,这些调整和变化又带来劳动力转移和重新配置,从而再引起就业结构的变化。如今,老工业城市多以"工业立市",将工业在经济结构中占主导地位作为一项地区经济转型发展的重要措施。发展工业旅游的企业会进行环境美化,城市要想发展旅游,也会对城市进行美化和绿化,从而促进城市环境的建设和保护。如以前有"茅台酒香,茅台镇脏"说法的贵州仁怀市在发展旅游后,加大了环境治理力度,卫生条件和城市环境大为改观,树立并展示了国酒之乡对外开放的良好城市形象,也改善了仁怀市的投资环境,促进了城市经济的发展。再结合我国资源型城镇发展工业旅游的实例和效果来看,发展工业旅游也是资源枯竭型城市转型发展的新道路和新途径。如四川攀枝花、河南焦作、辽宁阜新和新疆克拉玛依等资源型城市,已通过发展工业旅游特色项目,开辟出一条转型发展的新路子。随着"旅游+"和全域旅游的提出,工业企业与旅游业结合衍生出的工业旅游将会进一步推进区域经济发展与升级。

## 第三节　工业旅游的类型和案例

### 一、国外工业旅游的类型划分

国内外的学者对工业旅游的概念界定方式不同,必然带来不同的工业旅游类型划分,本节将对国内外学者有代表性的工业旅游的分类方式进行系统的梳理。

### (一)弗瑞的三种工业旅游分类方式

弗瑞(Frew,2000)把工业旅游看作在多样式连续统上的存在,可以以至少三种不同的方式来分类:工业的自动化程度、被观察到的生产过程的有形程度、游客参与产品或服务的生产程度(见图9-1)。工业旅游可以以工业自动化程度为特征,左边是一些小型家庭手工业的例子,比如珠宝制造商和艺术家,而右边则是大规模生产标准化产品的大型企业的例子;工业旅游也可以以被观察到的生产过程的有形程度为特征,左边是只生产有形产品的地点的例子,右边是只生产无形产品的地点的例子,也就是服务;工业旅游也可以以游客参与产品或服务的生产的程度为特征,左边是游客只是被动地参与活动,参观生产过程的例子,右边是游客亲身参与生产过程的例子。

|小型生产|大规模生产大众产品|
|---|---|
|手工艺品|工业产品|
|例如：珠宝制造商、艺术家|原材料加工和制作|

以工业自动化程度为划分依据

|有形产品|服务|
|---|---|
|物质产品生产|无形产品|
|例如：陶瓷和酒类|例如：政府和交易机构的参观|

以被观察到的生产过程的有形程度为划分依据

|被动参与|主动参与|
|---|---|
|观察生产制作过程|在生产的某些方面进行身体参与|
|没有任何身体的参与||

以游客参与产品或服务的生产程度为划分依据

图 9-1 工业旅游类型的三种划分依据

工业旅游有一些著名的例子,包括服务业和大型企业。如加州的环球影城,可以说是世界上最大、最繁忙的电影和电视演播室,自 1954 年以来,已经接待了近 7500 万人到电影制作的幕后世界(Gelbert,1994)。同样的,游客们也会参观伯班的美国国家广播公司的电视演播室,并作为观众参与制作节目。这些特殊的例子也进一步突出了机构的原始核心业务被作为主导或核心业务的旅游业取代,就像环球影城,主题公园的基础设施和游客量超过了电影工艺本身。

### (二)奥特加的工业旅游分类方式

奥特加(Otgaar,2010)结合 Frew、Morice、Steinecke 的研究成果,将工业旅游划分为企业参观旅游、工业遗产旅游和科学旅游三个类别,并进一步指出,开展工业旅游的企业有积极和不积极之分。不积极的企业指企业因为安全限制等问题根本不想接收工业旅游者,积极的企业则包括反应型和积极主动型两种类型,分属一个连续统的两端。积极主动型企业将工业旅游作为一种收入来源,或者是一种营销和公共关系(内部压力)的工具;而反应型企业则是(外部压力)敞开大门回应需求。开展反应型工业旅游的公司几乎不会对导游或场所进行投资,成本很低,但这同样带来利益。积极主动型公司会在场所调整和专业导游方面进行投资,他们想把自己的场所变成一个有更多游客的目的地,期望更大的收入和交流,这就意味着更高的成本。反应型和主动型工业旅游的特征对比具体见表 9-1。

表 9-1 反应型和主动型工业旅游的特征对比

| 特 征 | 反应型 | 主动型 |
| --- | --- | --- |
| 接收游客的原因 | 公民意识 | 交流/增收 |
| 压力来源 | 外部 | 内部 |
| 进入性 | 有限 | 完全进入 |
| 场所调整 | 没有 | 有 |
| 导游 | 非专业人员 | 专业人员 |
| 政策及战略 | 没有 | 有 |

资料来源:Otgaar,2010。

## 二、国内工业旅游的类型划分

针对工业旅游类型进行专门讨论的学术成果国内比较少见,时坚(2007)按照工业旅游的场所将其划分为工业企业、工业园区、行业博览场所、工业历史遗址遗迹以及能够反映重大事件、体现工业技术成果的重大工程和项目等。而更多的学者基于资源与产品的属性,对工业旅游的开发和经营模式进行探讨,如李淼焱(2009)将工业旅游划分为文化传承型、综合景观型、现代企业型、艺术品展示型、工业园区型和遗产与博物馆型等;郑斌(2009)指出资源型城市工业旅游开发可采取博物馆模式(停产的遗址性厂矿);观光体验模式(生产中的企业);园区一体化模式(在建的/规划中的企业);区域联合模式(所有和工业旅游相关的企业)。

国内工业旅游类型划分的核心问题是范围庞杂,这与工业旅游概念的泛化有直接的关系,工业旅游概念的泛化直接导致凡是游览内容与工业相关的旅游活动都归入工业旅游的范围之内,将工业旅游与工业遗产旅游相混淆,工业旅游与博物馆旅游相混淆。

## 三、工业旅游案例

(一)卡斯特:早期工业旅游模式

2002 年,张裕将酒庄概念引进国内,创建了国内第一家专业酒庄——烟台张裕卡斯特酒庄。酒庄位于具有悠久酿酒传统的葡萄酒之乡——烟台,欧式园林建筑风格,闻名中外。

  酒庄集葡萄酒酿造、旅游观光、休闲娱乐等多功能于一体,酒庄严格遵循国际高端酒庄建设的3S原则——大海(Sea)、沙滩(Sand)和阳光(Sun),严格遵循法国传统工艺酿造高端酒庄酒。张裕卡斯特酒庄的整体设计采用欧式庄园风格,兼纳中欧建筑的精华,其中广场及室内装饰和专业品酒室的设计均出自法国顶级建筑设计师、法国建筑协会会员马塞尔·米兰德之手。

  整个酒庄由8300平方米的主体建筑、5公顷的广场及135公顷的酿酒葡萄园组成,占地总面积达140公顷,气势恢宏。张裕卡斯特酒庄的地下大酒窖总面积2700平方米,深4.5米,总体划分为三个贮藏区:瓶式发酵起泡酒贮区、葡萄酒(干红、干白)贮区、特种酒(特级甜葡萄酒、高级冰酒)贮区。

  酒窖配备从意大利进口的添酒机、洗桶机用于橡木桶的添酒、清洗等精细化管理,设备水平达到国际先进水平。酒窖常年温度为12—16 ℃,湿度为75%—85%,保证了所贮藏的各种酒的充分酝酿和缓慢成熟。张裕卡斯特酒庄引进先进的葡萄酿酒设备,将传统葡萄种植技术和酿造工艺,与最现代、最严格的葡萄酒酿造方法相结合,使葡萄酒更具贵族气质。张裕卡斯特酒庄的葡萄酒是完全采用自然环境下栽培的葡萄,经破皮、榨汁等工艺精心酿制而成,不同的气候、种植土壤、酿造工艺、储存环境及陈酿时间,使葡萄酒的风味各具特色。

  通过工业旅游的形式,将各方面的特点展示出来、生产的方方面面都给人一种全新的体验,满足游客的好奇心和求知欲,是食品行业和制造业学习的典范,具有很强的借鉴意义。

### (二)大众:高科技+品牌模式

  工业4.0的风靡,汽车制造业巨头的光环,使大众汽车成为开展工业旅游的标杆。

  企业博物馆+工厂参观的模式,无疑是一种新的创新。通常人们对博物馆的认识都是国家公益性的,收藏的是有考古价值的自然和人类文化遗产,而当时企业建造博物馆是比较少见的,最多只是个展厅。

  大众汽车博物馆是德国久负盛名的博物馆之一,馆内展出了大众汽车的很多经典车型,还陈列了很多汽车界的重要历史文献,现在已经成为一个重要的观光景点。

  大众汽车投资1.8662亿欧元建立了这座占地总面积为8.3公顷的透明工厂。长140米、高20米的玻璃建筑是透明工厂的生产区,外观光彩夺目、棱角分明,和城市植物园相距仅数百米,与市容和植物园和谐地融为一体。

  透明工厂共有地上和地下两大部分组成,其中地上部分分为三层,装配的顺序从上至下,第三层是对车辆基本配件的安装,包括线路、车身密封条等;第二层是对车辆的仪表台、动力系统、前后保险杠的装配;第一层是对车辆内部配件的装配和最后的检测;共形成了三大生产循环和一个检测循环。地下部分为物流及进场预加工。

  大众汽车博物馆是制造业中具有巨大借鉴意义的工业旅游。现在中国已经是世界性的制造业大国,许多家电、电脑、手机生产企业的产品行销各大洲,每一家企业都可以通过开发工业旅游项目的方式来实现多面创收,同时也能向广大游客用更巧妙的方式宣传自身的企业品牌,何乐而不为?

### (三)798厂区的创意模式

鼎鼎有名的798艺术区,堪称国内工业旅游发展的一个典范,也是探讨国内工业旅游发展不可能绕过的话题。

798艺术区的前身是"一五"期间建设的北京华北无线电联合器材厂。2000年12月,该厂区多家分厂整合重组为北京七星华电科技集团有限责任公司,由于资产重组,大量厂房被闲置。

2002年2月,美国人罗伯特租用了一处120平方米的闲置厂房,并将其改造成为前店后公司的模式。罗伯特有很多艺术家朋友,他们在参观罗伯特的公司时纷纷看中这里的宽敞空间和低廉租金,于是陆续有艺术家租下了厂房作为工作室、画室、展示间、陈列室。最终这里发展成为北京市地标类文化产业园区,酒吧、餐厅、咖啡店、书店、画廊等经营场所点缀其中,这种模式也带动了国内一大批形形色色的"文化创意园区"。

尽管研究工业旅游"言必谈798",但是我们必须看到其中一些问题——798厂区早期完全是自发形成、自主规划的产物,而后期随着厂区的声名鹊起,大量资本进入了厂区,短时间内就炒起了厂区地价,并拉高了厂区内的消费。同时经过多次整改修缮,目前的798厂区一片簇新,反而失去了原有的古朴沧桑气息和创意感,在本来的主要游客群体、主要消费者群体——本地附近居民和在京大专院校师生中,798厂区的美誉度开始出现下降。

如何在引进资金促进发展的同时,尽量让创意工业园区保持原有风貌和品牌形象,这需要长期稳定的规划和引导。

### (四)鲁尔区:从产业集聚区蜕变至高雅文化

鲁尔区曾经是德国的煤矿区,凭借五百万的居住人口成为欧洲较大的聚集区,如今其文化景观的分布密度也在整个欧洲大陆中名列前茅。鲁尔艺术博物馆群构成了全球现代艺术博物馆最为密集的景观带:20家博物馆分散在15个城市,彼此间仅仅相隔几千米。

即便如此,它们也仅仅只是200多家博物馆分布网中的冰山一角,这一切都帮助鲁尔区成为一个更为重要的崭新的文化区,同时它丰厚的工业遗产也会被人们永世铭记。高炉、储气罐与提升井架这些工业遗产作为那个年代的象征巍然耸立。至今,鲁尔区的工业元素依然挥之不去,即便这里已经不再运输煤炭,取而代之的是话剧、音乐、绘画、舞蹈、表演等文化活动。

在这条工业文化路线上至今仍保留着工业区昔日的辉煌:这是一条长达400千米的环形路线,纵贯鲁尔区,从杜伊斯堡延伸至哈姆和哈根,沿途分布着54处该地区工业历史和现状的珍贵见证。其中最典型的例子当属杜伊斯堡的北杜伊斯堡景观公园,这个地方曾经是工业废弃地,如今已蜕变为全新的多功能公园,以前的储气罐被改造成全欧洲最大的人工潜水中心,其中矗立有攀缘假山和其他一些人们在工业大都会里所意想不到的设施。

位于不远处的波鸿,耸立着令人为之惊叹的鲁尔三年展中心剧院,即波鸿世纪礼堂,这是现代化功能性工程建筑最初的范例,也是新鲁尔区的标志之一。德国采矿博物馆是全球同类型博物馆中最大的博物馆,生动还原了波鸿的过去:烟囱浓烟滚滚,高炉火红发亮。每年有超过40万名游客涌入这里,他们先进入地下参观,然后站在提升井架上,从63米高的地方眺望波鸿和波特。

**本章思考题**

1. 如何理解工业旅游的概念?
2. 工业旅游有哪些特点?
3. 通过工业旅游的发展经历,可以获得哪些启示?
4. 工业旅游有哪些发展模式?
5. 通过查阅资料,试列举分析国内工业旅游的案例。

案例分析

### 青岛啤酒博物馆——飘香百年的历史记忆

在所有针对青岛这座旅游城市的描述当中,最让人印象深刻的,莫过于这两句话:一是康有为的"红瓦绿树、碧海蓝天";二是青岛人口中的"青岛有两种泡沫,一种是大海的泡沫,一种是啤酒的泡沫,两种泡沫皆让人陶醉",可谓一语道出了啤酒与青岛这座城市的不解之缘。

青岛啤酒博物馆——中国近代民族啤酒工业的发展史诗

从青岛市著名的旅游景点"第一海水浴场"驱车向北,穿过康有为故居前丛林茂密的中山公园,就来到了啤酒泡沫的发源地。立夏刚过,大麦发酵后的"麦香"和着"酒香",洋洋洒洒漂浮在登州路上……街边的酒吧、饭店里,品类繁多的青岛啤酒,从来都是揽客的最好招牌。

顺着空气中的酒香抬头——临街的两幢红色德式老建筑近在眼前……宁静安详地矗立在青岛啤酒厂的厂前区,与院里院外熙熙攘攘的游客之间,产生一种奇妙的和谐。以1903年建厂初期的老厂房、老设备为基础打造的青岛啤酒博物馆,如今已成为游客到青岛旅游的必至之处!

单从外观上看,这两幢1903年建厂初期的红色建筑,与遍布老城区的西洋建筑并没有太大的差异,如果没有旁边啤酒厂高耸的发酵罐以及空气中飘浮的酒香,人们很难把这两幢装饰精美的老建筑与一百多年前的啤酒生产厂房联系在一起。可是,正是在这里,在这两幢老建筑中,孕育出了青岛人引以为傲的啤酒泡沫和享誉全世界的青岛啤酒,凝聚着中国近代民族啤酒工业的发展史诗……

一段酒香的世纪记忆

说起青岛,必然绕不开一件事情,那就是20世纪初"德占青岛"时期。直到今天,青岛这座城市仍处处留着德国人的影子,十余年的德占时期,基本奠定了青岛老城区的脉络——火车站、总督府、栈桥，等等，这一系列耳熟能详的城市设施，都出自德国人之手，啤酒这种百余年前的"舶来品"，自然也不例外。

1898年，清政府与德国签订《胶澳租借条约》之后，成千上万的德国人漂洋过海涌入青岛这座新城市，优越的气候和美丽的环境让他们很快适应了这里的生活。但是，作为一个最热爱啤酒的民族，他们喝的啤酒必须从德国运来，当时的轮船速度不快，需要2个月的时间，啤酒才能从德国运到青岛，这一点让这些定居青岛的德国人十分郁闷！

精明的商人很快就从中寻找到了市场商机——1903年8月15日，英德商人出资40万墨西哥银圆，合资在青岛米勒上尉街（现登州路）创建日耳曼啤酒公司青岛股份公司（青岛啤酒的前身）。

"当时的生产设备和原料全部都是从德国进口的，并按照《德意志啤酒酿造法》酿制比尔森风味的浅色啤酒、慕尼黑风味的黑啤酒。"青岛啤酒博物馆馆长董方介绍。日耳曼啤酒公司青岛股份公司在当时是远东地区最大、最先进的啤酒厂，主要满足驻青德军和侨民们的饮酒需求，由此，也开启了啤酒在中国一个多世纪的酿造历程。"那是人们第一次见到这种带着泡沫、入口清爽的液体，德国人当时称它为'BIER'，民间也就跟着叫'BIER酒'，最初青岛人把它音译为'皮酒'，后来由于是一种喝的东西，就变成口字旁的，也就成了现在的'啤酒'。"董方说。

1906年，德国人在登州路上建了座毛奇兵营，不久后，兵营附近便出现了青岛第一家啤酒屋，在博物馆保存的建厂初期的一张广告中，展示了一群德国水兵在弗里德里希大街（现中山路）上一个酒吧里喝青岛黑啤酒的情景。同一年，初出茅庐的啤酒厂生产的啤酒在慕尼黑啤酒博览会上获得了金奖，由此在国际上一举成名，这也是中国啤酒获得的第一个国际大奖。

一台老电机的百年交响

从1903年开始，啤酒厂的经营虽然几经变迁，厂区面貌也在不断变化着，唯一不变的，就是啤酒的生产，从未停止！保存至今的两幢红色德式建筑，分别为当年的综合办公楼和酿造生产车间。投资建厂的英德商人可能不会想到，如今老厂区内的红色厂房成了"青岛啤酒博物馆"，每天前来参观的游客络绎不绝。

除了青岛啤酒博物馆这片红色的厂房，当时远涉重洋到达青岛并在馆内展出的，还有全套德国进口的酿酒设备。博物馆B区实物展区，重现了当时的生产场景，游客在这里可以看到当年生产使用的中国最早的糖化锅、煮沸锅、滤过槽、发酵池和橡木桶等老设备。于是，走进百年前的酿造车间，隐隐浮动的麦香扑鼻而来。同时，一种历史感油然而生，但是并不显得沉重。

在这些设备当中，其中有一件可谓博物馆的镇馆之宝：1896年的西门子电机——这是德国西门子公司现存的最古老的一台电机，通过电机转动带动糖化设备工作……需要指出的是，直至1995年，这台西门子电机仍在使用。由于啤酒工人的精心呵护，老电机几乎没出现过故障。如果通上电，它们随时可以"轰隆隆"运转起来。大多数参观的游客经过老电机时，都会在它面前驻足流连，聆听100多年来工业文明的传承跌宕。

100多年前的电机竟然能够完好如初,即使是以产品品质精良著称的电机生产商——德国西门子公司,也表示难以置信!因为在世界其他的任何地方、任何企业,同时期生产的相同机器,都已经不复存在。"当时一共生产了两台这样的电机,另外一台在其他国家早已破烂不堪了。"青岛啤酒博物馆馆长董方介绍说。西门子公司曾一度想用一套现代化的生产线交换这台古董电机,但被青啤人婉拒。"作为青岛啤酒的发源地,我们对这里有一种极深的情感,这种感情当然也注入到了与青岛啤酒有同样年岁的老电机里。"

中国最早的胶片广告

在啤酒厂建成不久,1914年,德国人在一战中战败,离开青岛,可是,带给人们激情与欢愉、洋溢着浓浓芳香的啤酒,却永远保留了下来,发展到今天,它已经成为青岛市的一张名片,也成为青岛人的骄傲。据了解,在当时推介青岛的旅游指南中,就已经出现了青岛啤酒厂的介绍。

参观青岛啤酒博物馆的游客,往往会注意到日本人经营时期两幅青岛啤酒的广告:一幅是古代英雄(刘关张三结义),另一幅是穿着旗袍的民国美女。日本人想表达什么意思呢?博物馆工作人员解释说:日本人认为东汉末年的刘备、关羽、张飞结义,他们喝的酒就是青岛啤酒;另一幅旗袍美女,则是以胡蝶为原型设计的。这两幅广告想要表达的意思就是:英雄与美女都喜欢喝青岛啤酒。发展到今天,人们对此进行延伸性演绎:喝了青岛啤酒,男士们都是英雄,女士们都是美女;或者也可以说,男士更英雄,女士更美丽。

曾旅居青岛四年的梁实秋先生在《忆青岛》一文中谈及青岛好吃的东西时,他这样写道:"一分牛排,佐以生啤酒一大杯,依稀可以领略樊哙饮酒切肉之豪兴。"这其中对啤酒之喜爱,可谓溢于言表。

1945年,青岛啤酒厂回到国人手中,由国民政府经营,正式更名为"青岛啤酒厂",并将标识从"小青岛上的灯塔"改成了如今青岛标志性建筑——"青岛栈桥"(1899年,德皇威廉二世根据海中的小岛——小青岛,把胶澳地区定名为青岛,这就是青岛城市名字的由来。早期青岛啤酒的商标,注册用的是"小青岛的灯塔";更改之后,标志用的是栈桥的回澜阁——另一青岛城市标志)。

为了扩大宣传,1947年国民政府专门拍摄了一部青岛啤酒广告宣传片:黑白画面,配合跳针唱片机播放的音乐。画面中,男女老少开怀畅饮,话外音道:"青岛啤酒一杯在手,真是其味无穷;常饮青岛啤酒不仅无害反可强身,既能开胃健脾,复可治疗脚气病风湿病肠胃病。"这既是青岛啤酒拍摄的第一支广告,也是中国最早的电影胶片广告。

新中国"啤酒"传道者

1949年青岛解放,中国民族工业迎来了新的发展时期,青岛啤酒也有了属于自己的名字——"国营青岛啤酒厂"。今天游览博物馆的游客会看到这样一张照片:在当年举办的国庆节庆典中,青岛啤酒厂的工人走在游行队伍的最前头!从这一安排上可以看出青岛啤酒厂当时在青岛的地位。

新中国成立初期,青岛啤酒的一大亮点就是出口。在西方国家在对中国实行经济封锁的那段时期,青啤还在批量出口海外,出口创汇在全国同行中占比98%。可以说,从1906年一举夺得慕尼黑啤酒博览会金奖以来,青岛啤酒就具备了"国际化"属性。在《青岛十年海关贸易记载》中我们可以看到,1910年青岛啤酒就有出口记载。20世纪二三十年代,青岛啤酒开始出口东南亚地区,被誉为"国货精品"。

1964年诞生的《青岛啤酒操作法》,如今已成为珍藏在青岛啤酒博物馆中的一份记忆——当年,轻工业部在唐山召开全国第五次酿酒会议,提出"啤酒行业学青岛"的口号,并决定组织力量对青岛啤酒厂操作法进行写实(如实纪录),并向全国推广。于是,青岛啤酒扮演起了新中国的啤酒传道者的神圣角色。

当时,中国叫响了一些至今耳熟能详的口号:例如,1964年2月诞生的"工业学大庆"和"农业学大寨"。由于历史原因,很多口号并没有转化为真正的生产力。可是,"啤酒行业学青岛"这一口号是个例外。因为《青岛啤酒操作法》在发行之后升格为中国啤酒第一部行业标准,不断影响着中国啤酒工业,直至今天,因此,直接促成了中国——一个啤酒大国的崭新崛起。

时任轻工业部食品局局长杜子端指出:"通过写实对青岛啤酒做一次全面检阅,也是对全国啤酒厂做一次检阅,是集全国啤酒工业的大成,全国向青岛学习,就是提高全国啤酒工业的技术水平。"

焕发新生的新使命

如同博物馆二层小楼下面种植的青岛市第一棵"爬墙虎"那样,每年都会迎来青葱苍翠的新生美丽,一年又一年爬满斑驳的红色墙面……2001年,走出青岛啤酒的这两幢红色老厂房,在即将度过自己的百岁生日之时,两位"耄耋老者"再次迎来新生!在新的历史条件下,老厂房又被赋予了新的使命。

2003年8月15日,利用原有建筑及生产流水线兴建的青岛啤博物馆正式对外开放,成为国内唯一一家啤酒博物馆。建成后的博物馆,展出面积6000多平方米,分为"百年历史和文化""生产工艺""多功能区"三个不同参观游览区域。馆内收藏了自青岛啤酒1903年建厂以来各种珍贵的历史照片和物件,中国啤酒工业的百年发展历史,在博览会内可谓触手可及。

"青岛啤酒博物馆是目前中国工业旅游项目中成熟度最高、与国际接轨程度最高、对海内外旅游者都具有吸引力的旅游点,是国际一流的工业旅游景点,堪称中国工业旅游的样板。"2004年4月,青岛啤酒博物馆首家通过国家旅游局(今文化和旅游部)"全国工业旅游示范点"验收,专家组给予了高度评价。

运营十五年来,虽然青岛啤酒建立博物馆的初衷并非营利赚钱,但博物馆的运营情况好得出乎意料,每年有近百万国内外游客在博物馆流连忘返——他们一边品尝现代化啤酒生产线刚刚酿制出的新鲜啤酒,一边漫步在20世纪初的啤酒车间一步步追溯啤酒生产的历史……

时间过去了115年,当年投资兴建啤酒厂的两位英德商人可能不会想到:1903年,刚刚在中国落地生根的啤酒厂年产量只有2000吨,而今天的青岛啤酒厂,一天的产量就已达到2000吨。2018年7月,世界品牌实验室(World Brand Lab)在北京发布了2018年(第十五届)"中国500最具价值品牌"排行榜。作为榜单中唯一入选的

"世界级"啤酒品牌,青岛啤酒以1455.75亿元的品牌价值连续15年蝉联中国啤酒行业首位。

从登州路56号再次出发,如今的青岛啤酒一路高歌,以百年啤酒文化引领品牌发展,通过一瓶啤酒的"中国功夫",向世界绽放全球化的品牌风范。

**资料来源** 根据搜狐网相关文章整理

**案例思考题:**

通过案例,思考如何实现工业旅游的教育意义?如何现实工业旅游、工业生产相互促进的良性互动?

# 第十章
# 红 色 旅 游

**学习目标**

1. 理解红色旅游的概念、红色旅游的重要意义；
2. 熟悉红色旅游的发展历程以及每个阶段的主要特征；
3. 了解红色旅游的需求、典型红色旅游案例；
4. 掌握红色旅游的类型。

**思政元素**

1. 习近平总书记关于红色旅游发展的重要论述：把红色资源利用好，把红色传统发扬好，把红色基因传承好。发展红色旅游要把准方向，核心是进行红色教育、传承红色基因，让干部群众来到这里能接受红色精神洗礼。

2. 爱国主义教育与红色旅游的内在关系：红色资源是爱国主义教育的重要内容，推进爱国主义教育基地与红色旅游的融合发展，是强化爱国主义教育，激发爱党爱国热情的重要渠道。

### 开好"红色专列"传承红色基因

京津冀 2021 年首趟"红色专列"从北京站发出。12 天行程里，列车将途经丙安古镇、遵义会议会址、重庆白公馆等著名红色教育基地。据悉，专列近 400 名乘客有的来自北京，也有从石家庄、唐山等地赶来的。

历史是最好的教科书，革命史是最好的营养剂。看一眼井冈翠竹，听一听"南昌枪声"，回望瑞金烽火岁月，重走长征路……近年来，人们学习革命历史、感受革命文化的愿望日浓，参观革命旧址、纪念馆、专题展馆蔚然成风。据统计，从 2004 年到 2019 年，每年参加红色旅游的人次从 1.4 亿增长到了 14.1 亿。2021 年正值建党 100 周年，红色旅游的热度更是直线上升。当此之时，开通"红色专列"，力求"一线多点、车随人走"，不仅能将红色教育基地串珠成链，更好对接社会需求，还可提升出行体验，可谓一举多得。

当然,于京津冀而言,"红色专列"要"开出去",也要"开进来"。京畿大地红色文化资源十分丰富,再加上"轨道上的京津冀"建设推进,发展红色旅游有着得天独厚的优势。近年来,三地深入合作,推出了一批经典红色旅游线路。如"西柏坡赶考之旅",从西柏坡出发,途经保定,可参观华北人民政府旧址、白求恩柯棣华纪念馆,等等。再如"寻迹名人致敬之旅",从天津出发,途经北京、保定,可参观周恩来邓颖超纪念馆、李大钊烈士陵园、宋庆龄故居,等等。三地若能适时在区域内开通一些"红色专列",给经典线路"提提速",势必会吸引更多民众前去"打卡",为传承、发扬革命精神再添把火。

"探寻红色印记,激发奋进力量","红色专列"是文化线、旅游线,也是经济线、民生线。一条条开往革命老区的列车,既可以延长红色旅游产业链,也能放大绿色旅游、乡村旅游产业效应,让更多特色农产品走出去,这对巩固脱贫攻坚成果以及加强乡村振兴建设大有裨益。以西柏坡为例,西柏坡高速公路等陆续通车,给当地带来了大量游客。当地群众办民宿、搞特产、开发红色周边产品,扎扎实实走上了致富路。轮音锵锵行山河,一路峥嵘一路歌。三地协同发力,用好"红色旅游+铁路"模式,红色故事一定能越讲越响、越传越远。

**资料来源** 根据《北京日报》相关文章整理

思考:结合新的时代背景,谈谈为什么说"红色专列"是文化线、旅游线,也是经济线、民生线?

# 第一节 红色旅游的概念、特征及发展历程

## 一、红色旅游的概念

### (一)红色旅游概念的界定

红色旅游到底是什么?理解这个基本问题,对促进红色旅游发展具有重要意义。"红色旅游"一词可以追溯到 2000 年,江西最早把"红色"与"旅游"两个词结合在一起,并推出南昌至井冈山、瑞金等地三条"红色之旅"省内旅游专线。2002 年,李宗尧提出红色旅游是以游览革命老区、革命遗迹为主,同时接受爱国主义教育的旅游方式[①],从而引起学者的广泛关注。同年,高舜礼认为红色旅游与有组织的革命传统教育活动密不可分,它由此孕育衍化而成,受其推动而加速发展;同时红色旅游是精神文明和物质文明的集中体现,是以观光旅游为主体的旅游活动,依托的是特殊的文物古迹类旅游

---

① 李宗尧.论"红色旅游"功能的多样性——兼谈蒙阴县野店镇旅游业的综合开发[J].山东省农业管理干部学院学报,2002,18(4).

资源[①]。

2004年11月,中共中央政治局常委李长春在河北考察工作时发表重要讲话,第一次对"红色旅游"内涵作出科学界定,而在同年12月,中共中央办公厅、国务院办公厅在《2004—2010年全国红色旅游发展规划纲要》(以下简称《纲要》)中正式将红色旅游的概念定义为:以中国共产党领导人民在革命和建设时期建树丰功伟绩所形成的纪念地、标志物为载体,以其所承载的革命历史、革命事迹和革命精神为内涵,组织接待旅游者开展缅怀学习、参观游览的主题性旅游活动[②]。之后,也有部分学者对红色旅游的概念进行了不同界定,如王素英、王富得(2005),雷召海(2005),夏庆丰、李少游(2008),刘海洋(2009)等,详见表10-1。

表10-1 学者们对红色旅游概念的不同界定

| 作者 | 时间 | 概 念 界 定 |
| --- | --- | --- |
| 李宗尧 | 2002年 | 红色旅游是以游览革命老区、革命遗迹为主,同时接受爱国主义教育的旅游方式 |
| 高舜礼 | 2002年 | 红色旅游与有组织的革命传统教育活动密不可分,它由此孕育衍化而成,受其推动而加速发展;同时红色旅游是精神文明和物质文明的集中体现,是以观光旅游为主体的旅游活动,依托的是特殊的文物古迹类旅游资源 |
| 王素英 王富德 | 2005年 | 红色旅游指以革命纪念地(物)及其所承载的革命精神为主题旅游吸引物,以旅游目的地良好的综合旅游资源为烘衬的旅游产品,组织接待旅游者进行参观游览、学习革命历史知识、接受革命传统教育和参加振奋精神、放松身心、增加阅历的旅游活动 |
| 雷召海 | 2005年 | 红色旅游是指把从中国共产党成立至新中国成立这28年历史阶段,包括红军长征、抗日战争、解放战争时期革命纪念地、纪念馆、纪念物及其所承载的革命精神作为旅游资源开发和利用,组织接待旅游者参观游览,学习革命历史知识、接受革命传统教育和参加振奋精神、放松身心、增加阅历的旅游活动 |
| 夏庆丰 李少游 | 2008年 | 新型红色旅游,就是以呈现"色如渥丹,灿若明霞"景象的红砂丹霞地貌自然山水旅游资源为载体,以传统经典红色革命文化旅游资源所承载的革命历史、事迹和精神为内涵,形成以自然红色旅游景区和文化红色旅游景区为双核心的"红红联手"的区域旅游新品牌 |
| 刘海洋 | 2009年 | 红色旅游是集参观、体验、学习和教育为一体,具有经济、社会和文化三大主题功能的专项旅游活动 |

《纲要》颁布之后,虽有学者对红色旅游的概念进行了进一步研究,但大部分学者都比较认可《纲要》的官方定义。根据这一界定,中国的红色旅游是一个特指概念[③]:一是

---

① 高舜礼.发展红色旅游的思考[N].中国旅游报,2002-08-02.
② 中共中央办公厅,国务院办公厅.2004—2010年全国红色旅游发展规划纲要[Z].2004.
③ 徐仁立,刘建平.关于红色旅游含义和特点的再认识[J].武夷学院学报,2011,30(1).

特定载体,指以中国共产党领导人民在革命和战争时期建树丰功伟绩所形成的纪念地、标志物;二是特定内涵,指中国共产党领导人民在新民主主义革命和战争时期建树丰功伟绩的革命历史、革命事迹和革命精神;三是特定目的,指思想政治教育、发展经济、传播先进文化等目的;四是特定形式,指主题性文化旅游和专项旅游活动;五是特定群体,指全国人民,特别是党政干部、青少年学生及国际友人;六是特定的革命和战争,指无产阶级通过中国共产党领导的新民主主义革命和战争;七是特定的时间段,指 1921 年中国共产党成立至 1949 年新中国建立;八是特定的地理空间,指中国大陆 12 个重点旅游区、30 个精品线路和 100 多个经典景区(点)。

2012 年 10 月,中共中央党史研究室副主任、教授曲青山在国家发改委培训中心培训班授课时指出:"在全国红色旅游第二个规划纲要中,对红色旅游的外延又做了拓展,范围又加上了自 1840 年鸦片战争以来的革命遗址遗迹和新中国成立后社会主义革命和建设及改革开放新时期以来的纪念地。因此,红色旅游的范围就大大扩展了,时间至今已 170 多年,内容是以承载了中国人民争取民族独立、人民解放、实现国家富强、人民富裕的革命历史、革命事迹、革命精神的纪念地、标志物为基础开发的旅游产品,进行的旅游活动,都是红色旅游的内容①。"《2016—2020 年全国红色旅游发展规划纲要》指明,发展红色旅游是加强爱国主义和革命传统教育、培育和践行社会主义核心价值观、促进社会主义精神文明建设的重大举措。《关于促进旅游业改革发展的若干意见》国发〔2014〕31 号文件对红色旅游做了进一步定义,即"大力发展红色旅游,加强革命传统教育,大力弘扬以爱国主义为核心的民族精神和以改革创新为核心的时代精神,积极培育和践行社会主义核心价值观。"

综上,红色旅游的概念与内涵不断丰富和完善,学术界对这一概念的认识也逐渐达成共识。因此,本书也采用 2004 年 12 月颁布的《2004—2010 年全国红色旅游发展纲要》中首次提出的"红色旅游"的概念。红色旅游主要是指以中国共产党领导人民在革命和战争时期建树丰功伟绩所形成的纪念地、标志物为载体,以其所承载的革命历史、革命事迹和革命精神为内涵,组织接待游客开展缅怀学习、参观游览的主题性旅游活动。

### (二)红色旅游概念界定的几大关系

红色旅游的产生伴随着许多问题的思考,由此造成实践中许多概念含混不清。因此,界定红色旅游含义必须搞清楚 5 个关系②。

#### 1. 红色旅游与历史文化旅游的关系

从红色旅游的渊源看,红色旅游和历史文化旅游有联系又有区别。红色旅游作为文化旅游的一个分支,整合了博物馆、修学考察、怀旧、节庆、艺术欣赏,甚至民俗等文化旅游产品,同时又是以现代革命历史文化为其主要内容。

#### 2. 红色旅游与爱国主义教育的关系

从红色旅游的功能看,红色旅游具有爱国主义教育功能。但是具有爱国主义教育

---

① 曲青山.关于发展红色旅游的战略思考[J].党史文苑,2012(20).
② 徐仁立,刘建平.关于红色旅游含义和特点的再认识[J].武夷学院学报,2011,30(1).

功能的旅游资源不都是属于红色旅游的范畴。中国近代旧民主主义革命时期的文化遗产及国外的爱国主义教育旅游产品就是例证。不论是国内还是国外，历史文化教育旅游都包含顺应历史潮流的爱国主义和民族精神内容。在世界各国的旅游活动中，以"弘扬爱国精神、培育民族精神"为主题的旅游产品占很大一部分比例，几乎所有的国家都会利用纪念碑、展览馆等作为向国人进行爱国主义教育的基地，但是不能说是红色旅游。

而从政治教育意义上看，爱国主义教育是基本功能，而社会主义、共产主义教育是最高形式，是优秀传统文化的传承和升华，是爱国主义与国际主义的结合。所以只能是无产阶级通过共产党领导的革命和战争的历史文化旅游才是红色旅游，不能说具有爱国主义和民族精神教育功能的历史文化旅游都是红色旅游。显然二者不能混为一谈。

3. 红色旅游与中国革命和建设的关系

从红色旅游的时限界定看，目前为中国共产党领导人民进行新民主主义革命和战争的时期。实际上，红色旅游不仅包括革命和战争年代历史遗迹的旅游，它还可以扩展到包括社会主义革命和建设及改革开放时期的历史事迹和精神内容的旅游，并随时代发展逐步增加新的内容。

4. 中国红色旅游与马克思主义传播、国际共产主义运动关系

从红色旅游地域性或者范围看，中国革命是在马克思主义指导下取得胜利的。马克思主义传播具有世界性，国际共产主义运动曾经遍及世界许多地方，而且打破了国家界限，有许多革命历史遗存，理应视为红色旅游的组成部分。

5. 红色旅游与市场经济的关系

从红色旅游运作机制看，旅游是一种经济活动和经济形式。尽管参观红色遗迹、红色文化教育活动早已存在，但是只有在市场经济条件下，红色旅游才真正成为一种经济活动，具有发展经济的功能。因此，红色旅游应有狭义与广义之分。狭义的红色旅游，主要是指以共产党领导人民在新民主主义革命时期建树丰功伟绩所形成的纪念地、标志物为载体，以其所承载的革命历史、革命事迹和革命精神为内涵，组织接待旅游者开展缅怀学习、参观游览的主题性旅游活动。这是中国目前一项专题性无产阶级革命历史文化旅游，有特定的时限、范围和内容；而广义的红色旅游是泛指以共产党领导的社会主义性质的革命及建设时期建树丰功伟绩所形成的纪念地、标志物为载体，以其所承载的革命历史、革命事迹和革命精神为内涵，组织接待旅游者开展缅怀学习、参观游览的主题性旅游活动。广义的红色旅游不仅包括中国新民主主义革命时期红色旅游资源，还包括逐步扩展的社会主义革命以及改革开放时期的红色旅游资源，包括红色文化在国外的旅游资源与国际共产主义运动红色旅游资源。

红色旅游除了具有教育功能以外，还具有经济功能。数据显示，2019年全国红色旅游出游达到7亿人次，占全国国内出游总人次的11.16%。旅游收入达到4804.70亿元，占同期国内旅游总收入的8.39%。

## 二、红色旅游的特征

### (一)红色旅游的一般特征

红色旅游是红色文化与旅游的有机结合。红色文化是内涵，旅游是形式。作为旅

游活动的一种类型,红色旅游具有旅游活动的一般特征,即审美性、异地性、暂时性、综合性。这些特征是所有旅游活动共有的基本特征。离开这些特征,红色旅游就不能称其为旅游。

1. 审美性

旅游是一种高级的精神享受,是在物质生活条件获得基本满足后出现的一种追享欲求。红色旅游活动本身是一种集自然美、艺术美、社会美、生活美、创造美、服务美于一体,可以满足人们多种多样的审美情趣的审美社会实践和生动、具体、形象的审美教育活动。

2. 异地性

旅游是人们出于观光游览、休闲放松、求知学习等目的,离开惯常环境到异地开展的一系列精神文化活动,是一种特殊的生活方式。对红色旅游而言,人们出于"求新、求知、求乐"的心理动机,借助红色旅游实现空间变化,达到开阔视野、增长知识、愉悦身心的目的。

3. 暂时性

旅游是非定居者的旅行和暂时居住而引起的现象和关系的总和,即旅游是旅游者在异地的短暂活动,是一种不同于常住地活动的形式。红色旅游在时间上也具有暂时性,即人们前往红色旅游景点只是进行短期停留的访问、参观、游览、教育和消费活动。

4. 综合性

现代旅游活动是一种综合性的社会经济活动,其要满足旅游者物质和精神等多方面的需求,从而要求旅游产品的内涵也必须是丰富多样的。红色旅游是有广泛、深刻影响的综合性社会现象。由此而产生旅游者、旅游企业、目的地政府和目的地居民四者之间错综复杂的关系。

(二)红色旅游的根本特征

红色旅游是一项党的事业,红色是核心,旅游是载体。发展红色旅游是凝聚党心民心,繁荣红色文化,促进老区致富的伟大工程。因此,从根本上来讲,红色旅游具有自身独有的特点,即政治教育目的的直接性、内容与形式的时代性、经济政策的倾斜性、旅游资源的整合性等①。

1. 政治教育目的的直接性

这是红色旅游的本质内涵所决定的,是红色旅游的灵魂和最终目的,是红色旅游赖以存在的根本。旅游者通过红色旅游这一途径,学习革命历史,了解革命事迹,领会革命精神,建设先进文化,其目的就是直接服务于当代社会主义现代化建设事业。通过启迪思想、陶冶情操、净化心灵、提高觉悟,特别是党员干部的思想政治觉悟和道德水准及贯彻执行党的各项路线、方针和政策的自觉性,这是其他旅游类型所不具备的。也正因为政治教育目的的具有直接性,所以红色旅游形式上的娱乐性、参与性服从于内容上的严肃性。而学习性是一般旅游活动尤其是文化旅游所共有的。其他文化旅游形式也有思

---

① 徐仁立,刘建平.关于红色旅游含义和特点的再认识[J].武夷学院学报,2011,30(1).

想教育性,但是没有红色旅游直接。这就决定了发展红色旅游必须坚持社会效益优先的原则。

2. 内容与形式的时代性

与一般的历史文化旅游相比,红色旅游作为现代革命历史文化旅游,与现代政治有直接关联性;而且直接服务于当代思想教育工作、文化建设工作和革命老区扶贫工作;红色旅游活动的节庆日周期性甚至活动内容还要受到时代风云,特别是当代政治形势的影响。这也决定了红色旅游内容与形式的严肃性与敏感性。

3. 经济政策的倾斜性

旅游作为一种经济活动,都有发展经济的功能,同样受经济规律支配。而红色旅游资源分布的特点,决定了发展红色旅游不是一般的促进区域经济发展,而主要是促进革命老区这一特殊区域经济发展,是带有明显政治色彩和国家战略性质的扶贫活动,从而具有经济政策上的倾斜性。

4. 旅游资源的整合性

与一般旅游资源不同,红色旅游资源分布上的零散性和地域性,决定了发展红色旅游必须实行相关自然与人文旅游资源的整合,实行不同行政区域的旅游合作,延长红色旅游的产品链。红色旅游资源具有的可融性、延展性,有利于增强红色旅游的吸引力,有利于实现红色旅游资源的相对完整性,也有利于更好发挥红色旅游发展经济的功能。

## 三、红色旅游的发展历程

红色旅游的形成和发展与我国爱国主义、思想政治和革命传统教育活动密不可分。从整体上来看,红色旅游的发展可以分为初步萌芽阶段、逐步探索阶段、全面市场化阶段[①]。

### (一)初步萌芽阶段(20世纪50年代初—20世纪70年代末)

新中国成立后,党中央为了巩固中国共产党的执政地位,以及积极恢复和发展社会主义文化、经济、民主建设,在全国范围内有组织、有纪律地开展深化爱国主义和革命传统教育活动,并鼓励人们去革命遗址、纪念地学习革命先烈的先进事迹和传奇历史,感受和体验我党在土地革命时期、抗日战争和解放战争时期领导人民不畏艰险、不怕牺牲和艰苦奋斗的卓越精神。因此,大部分革命圣地、纪念地和革命遗址等红色旅游资源被作为爱国主义教育、革命传统教育及思想政治教育阵地,得到了有计划的开发与建设。1951年文化部(今文化和旅游部)和内务部联合要求修建革命事迹纪念馆以保护革命文物。1961年3月,国务院公布了第一批全国重点文物保护单位,其中有33处革命纪念地和遗址,标志着对红色旅游资源的保护进入正式发展时期,具有里程碑意义。这一阶段红色旅游发展的整体特征是:旅游活动以政治接待为主;旅游组织形式大部分是公费旅行;计划经济环境下,在革命纪念地进行的瞻仰、参观和学习等系列活动是不计投入和产出的政治接待任务,缺少现代旅游活动的主要元素。

---

① 刘海洋,明镜.红色旅游:概念、发展历程及开发模式[J].湖南商学院学报,2010,17(1).

## (二)逐步探索阶段(20世纪80年代初—20世纪90年代末)

党的十一届三中全会的胜利召开,标志着中国进入社会主义现代化建设新时期,"一个中心,两个基本点"的提出给国内旅游业注入了新的活力,随后,中国旅行游览事业管理总局更名为中国国家旅游局(今文化和旅游部),并在各省、市和自治区设立相应的旅游管理部门,同时设立了八个驻外旅游办事机构,象征着中国旅游业开始向市场化运作转变。1983年,中国加入世界旅游组织,并逐步加入世界旅游发展的潮流。1986年,国务院将旅游业纳入国民经济和社会发展计划,从而确立了旅游业的产业地位;同时,国家决定在计划安排的旅游基本建设中划出部分资金用于促进延安、韶山、井冈山等一些革命纪念地的旅游基础设施建设。1997年6月,中央宣传部公布了第一批百个全国爱国主义教育示范基地,表明革命老区的旅游发展逐渐从事业接待、政治接待型向市场经营型转变。

红色旅游在新形势、新环境下开始正常发展,这一阶段主要特点是:政府加大对革命遗址、纪念地等红色旅游资源的保护力度;红色旅游经营和管理开始从计划管理体制向市场化经济管理体制转变;旅游形式多样化,各种纪念活动的开展提升了红色旅游的影响,如新中国成立50周年、抗日战争胜利50周年和红军长征胜利60周年等;红色旅游受到中央和地方政府的关注;参观革命纪念地的国外游客越来越多,红色旅游开始迈向国际化;红色旅游目的地实现了社会、经济和文化的综合效益;提出和讨论了红色旅游的概念,红色旅游开始进入学术研究领域。

## (三)全面市场化阶段(21世纪初至今)

21世纪初,红色旅游成为中国共产党在新时期巩固执政地位,加强国民爱国主义、革命传统教育和思想政治教育的有效方式。2001年,国内部分革命纪念地成立了区域性红色协作组织。2002年,浙江嘉兴召开了红色旅游产品推介会、红色旅游论坛,从而把红色旅游纳入旅游发展的范畴。2004年中央提出"积极发展红色旅游";同时,郑州召开了全国旅游工作会议,由红色旅游资源大省江西领头,北京、河北、广东、陕西、上海、福建六省市参与共同签署了《郑州宣言》,旨在通过区域协作推动红色旅游整体发展。同年11月,李长春在河北考察时第一次对红色旅游的意义作出全面、深刻和权威的阐述,并提出了红色旅游的"三大工程",即"政治工程""经济工程"和"文化工程"。同年12月,根据《2004—2010年全国红色旅游发展规划纲要》精神,决定在2010之前打造12个全国"重点红色旅游区"、30条"红色旅游精品线路"和100个"红色旅游经典景区"。2005年,国家旅游局(今文化和旅游部)确定当年为"红色旅游年",各地纷纷推出不同红色主题旅游产品,如湖南韶山的"中国红色之旅——百万共产党员韶山行"和四川广安的"小平故里行",标志着红色旅游进入全面发展阶段。

这一阶段红色旅游的主要特点是:红色旅游发展进入全面市场化阶段。人们对红色旅游的认识日益加深,并把红色旅游作为深化自身爱国主义和思想政治教育的主要方式之一;红色旅游的市场范围越来越广,国外客源迅速增加;红色旅游景区管理实行产权和经营权相分离,并采用现代企业管理制度;红色旅游区域合作增强,从简单的单体景区合作发展到规模庞大的跨区域联省合作;在开发红色旅游时注重把红色文化与当地特色文化有机结合;红色旅游产品类型多样化,开始整合其他类型的旅游产品;红色旅游的理论研究水平显著提高;红色旅游已发展成为可持续性旅游方式。

## 第二节 红色旅游的需求和意义

### 一、红色旅游的需求

需求决定发展。物质生活的改善促使人们对精神文化生活的追求越来越高,从而推动了红色旅游产品需求的不断旺盛。

(一)旅游者的红色旅游需求

旅游者是旅游活动的主体,旅游者的需求是旅游市场发展的根本动力。一般来说,旅游者需求的产生受诸多因素的影响,例如:客观方面的收入水平、闲暇时间、社会及家庭等因素;主观方面的探新求异、舒缓身心和娱乐休闲等多种需要。现代社会,人们学习、工作和生活的节奏加快,竞争加剧,在闲暇之际通过旅游、休闲、度假、疗养来调节身心、愉悦精神已成为人们不可或缺的生活方式。由于红色旅游具有一定的特殊性,红色旅游需求的激发和产生,不仅与游客的个人因素有关,与社会经济、政治及文化状态也有着十分密切的联系。根据对市场的调查及相关材料的分析,现阶段红色旅游需求主要体现在以下三个方面[①]。

1. 以观光、度假为主要目标的休闲生态需求

在经济飞速发展的现代社会,旅游已经成为人们日常生活的重要内容。在众多的旅游产品中,红色旅游属于比较特殊的一类文物古迹旅游,它具有一定政治色彩,但又有一般休闲旅游的普适性,一经推出便引起了市场的广泛关注。目前我国已经建成了300个"红色旅游经典景区",这些景区多数分布在环境优美、生态完好的偏僻地区,那里优美的自然风光及朴实的风土人情可以充分满足游客回归自然的需求;还有一些集中在北京、上海、重庆、桂林等中心旅游城市,对游客具有较大的吸引力。为了满足旅游者的这种需要,许多旅行社将参观革命圣地和游览常规景区、景点组合起来,连线销售。例如"韶山—长沙—张家界"的连线旅游产品设计,井冈山与九江、庐山等生态旅游线路的组合,都是"红绿结合"的典型模式,已在红色旅游发展实践中取得了良好的效果。

2. 以体验、教育为主要目标的文化生态需求

我国的红色文化蕴含着中华民族特有的精神价值、思维方式,是中华儿女勇敢智慧的结晶,是民族崛起的意志和灵魂,具有强大的生命力和创造力,已成为我国国家、民族及国民精神文化生活的一部分,具有极高的文化价值和象征意义。随着历史的延续,红

---

① 王晖. 中国红色旅游生态化转型升级研究[D]. 湖南:湖南农业大学,2013.

色文化通过不断的积淀和发展,其价值还会不断增加,在新的时代发挥更多的作用。近年来,"红色旅游"在我国蓬勃兴起,将中国人对红颜色的偏爱与红色文化中的"奉献"和"奋斗"等美好的象征意义相结合,红色文化成为一种时尚的精神追求。越来越多的旅游者参与红色旅游,希望通过"吃红军饭、走红军路、读红军书"等途径,获得独特的精神文化体验,使自己或下一代吸收成长和教育的正面能量。另外,对一代伟人的崇敬之心、对英雄烈士的敬仰之情等因素也是激发人们参与红色旅游的内在动力。目前,许多中老年旅游者都是通过红色旅游的方式来寄托和表达自己对历史伟人和革命先辈们敬仰与缅怀。

3. 以启发、激励为主要目标的政治生态需求

红色文化是中国近现代革命运动和社会主义建设时期形成的特色文化,反映了时代特点和群众面貌,也有很强的政治、经济、文化色彩。在建设中国特色社会主义的进程中,红色文化的传承体现了革命文化和革命传统的延续和发展,构成了我国先进文化的重要部分。

红色旅游开辟了中国社会主义新文化建设和发展的特色道路。通过展出红军时期的标语、领袖人物的故居、革命战争的遗址、英雄烈士的遗物等红色文化资源,可以普及中国革命的奋斗历史,使人们领略到原汁原味的文化形态,对无数革命先烈的崇高理想和光荣事迹产生心灵的震撼,唤醒民众的民族自豪感和凝聚力。因此,红色旅游也是一项稳固国家政治、弘扬民族精神的文化工程和政治工程,在国家政府及社会各界的倡导支持下发展势头必然迅猛。

许多事业单位每逢党的重大活动就要去一趟附近的红色旅游景点,开展党员宣誓和党员先进性教育活动,等等;企业也希望把红色文化的政治精髓和精神营养汲取过来作为企业文化的建设方向,激励员工获得一种更有激情、更加健康、积极向上的工作态度,以取得更好的工作业绩。

(二)红色旅游地居民的发展需求[①]

1. 经济致富的需求

在革命战争年代,基于对中国革命形势和特点的分析,中国共产党领导的革命武装根据地多选择在地处偏远、交通不便、行政管辖交错的山区或丘陵地带,在艰苦卓绝的革命过程中遗留下来众多遗址遗迹,传承下来的精神财富,成为发展红色旅游的宝贵资源。由于地理位置的封闭性,这些区域较少受到近现代工业的污染,保存了优良的生态环境和独具特色的民俗文化资源,成为红色旅游开发的资源富集区。作为旅游市场的一个重要分支,红色旅游为地方经济发展提供了一个良好的突破口,具有投资少、见效快等特点,有利于将资源优势转化为经济优势。同时,通过市场化运作,可以带动关联产业发展,加快推进整个地区经济社会的协调发展,帮助人民快速脱贫致富。

2. 文化传承的需求

文化是在传承中不断发展和延续的。从生态学视角来看,文化传承的内涵就是文

---

① 王晖. 中国红色旅游生态化转型升级研究[D]. 湖南:湖南农业大学,2013.

化主体在特定的环境条件下通过一定的方式实现其能量获取与传递,并通过不断地开拓与创新,调整并适应其发展环境的生态过程。红色老区的人民对本地的光荣历史、红色精神有着由衷的荣誉感,例如韶山精神、井冈山精神、长征精神、延安精神、西柏坡精神等所体现出来的艰苦朴素、吃苦耐劳、奋发向上、自强不息、奋斗不止等核心思想不仅在革命战争年代是获取胜利的精神武器,也是和平时期建设社会主义各项事业的动力支持和精神保障,是构建社会主义和谐文化的重要内容。期望这种精神能够在新的社会时期不断发扬光大,永恒传承,是广大群众心理上的需求。

红色文化对国家文化建设与软实力提升也有着非凡的调控能力,不仅是加强公民思想道德建设的重要依据,也是培养良好社会风气、端正党风的主要资源。当前,由于文化观念和价值观念的偏差,人与自然、社会和自我之间的关系容易出现失衡的危机,这也是我国社会主义生态文明及和谐社会建设中面临的重要问题。作为"文化"与"旅游"的有机结合,以旅游的形式传承文化,红色旅游为国家文明建设和优秀文化传承提供了一个良好的平台。

3. 宜居环境的需求

旅游业是一项综合效益较强的朝阳产业,能联动众多产业的发展,对经济、文化、社会和环境有着相当重要的影响。过去,人们普遍认为旅游业作为第三产业相对于工业、农业等其他产业,污染比较小,对环境的破坏也小,适当发展还能大大改善生态环境,因此旅游业曾一度被誉为"无烟工业"。但旅游开发其实是一个系统繁杂的综合工程,涉及因素广,不当开发更容易导致旅游地自然生态和文化生态的失衡。

随着近几年红色旅游的蓬勃发展,许多经典红色景区客流量大幅度增长,产生了更多的生活废水、废气和垃圾,如果排污、净化配套设施建设跟不上,就会加重环境的负担,引起环境污染;还有许多红色景区现在仍然隶属民政、文物单位,日常管理比较松懈,旅游开发力度不足,一些景区公厕、垃圾箱等公共配套设施严重不足,设施档次不高,也给环境卫生带来了压力;另外,随着当地居民生活水平和生活质量的提高,也会产生更多的生活废水和垃圾增加环境的负担。因此,红色旅游不仅体现"经济优化"效应,还体现"环境优化"效应,实现生态可持续发展①。

## 二、红色旅游的重要意义

红色旅游是我国特有的红色文化事业与旅游业创新融合的结果,对新时代统筹推进"五位一体"总体布局、坚定"四个自信"具有重要意义。具体地,红色旅游的意义主要包括六个方面。

### (一)发展红色旅游有利于执政党的执政能力建设

中国共产党自诞生之日起,就重视自身的思想教育和实践活动,并随着社会的不断进步,而不断改善和发展思想政治教育工作的内容。无论是在革命时期还是在改革开放时期,中国共产党都始终高度重视思想政治教育,用不断发展的马克思主义成

---

① 王晖.中国红色旅游生态化转型升级研究[D].湖南:湖南农业大学,2013.

果来武装广大党员干部和群众,真正把思想政治工作当作党的生命线。马克思主义基本原理同中国具体实际相结合的过程也是思想政治教育内容不断丰富和充实的过程,在这个过程中,中国共产党确立了系统的有中国特色的思想政治教育理论、方针、内容和原则,并形成了党的优良传统。这些优良传统有的以文字形式保存下来,有的则以纪念馆、博物馆等物质形式保存下来,红色精神就是以纪念馆和博物馆等形式保存下来的优良传统①。作为党员接受党性再教育的重要手段,红色旅游是党员保持党性、提高修养的重要渠道。党员的党性修养关系到党的建设、国家的前途、人民的命运,通过红色旅游的洗礼,全体党员树立坚强的革命意志、保持旺盛的革命斗志,不断加强先锋模范作用②。

### (二)发展红色旅游有利于加强和改进新时期爱国主义教育

中国已进入全面建成小康社会、加快推进社会主义现代化的新的发展阶段。面对新形势新任务,爱国主义教育方式迫切需要改进和创新。红色旅游,以其承载的老一辈无产阶级革命家的精神内涵和历史事实,引导人们深入其中去体验生活、汲取精神,接受思想政治教育优良传统的熏陶,对提高人们的思想道德素养,树立奋斗目标,增强社会主义价值观念认同,坚守行为准则,坚定社会主义理想信念等有指导促进的作用,从而达到政治导向的效果③。

积极发展红色旅游,寓思想道德教育于参观游览之中,将革命历史、革命传统和革命精神通过旅游传输给广大人民群众,有利于传播先进文化,提高人们的思想道德素质,增强爱国主义教育效果,给人们以心灵的震撼、精神的激励和思想的启迪,从而更加满怀信心地投入建设中国特色社会主义事业。

### (三)发展红色旅游有利于带动革命老区经济社会协调发展

革命老区大多地处偏远地区,远离大中城市和交通干线,经济基础薄弱,发展水平普遍不高。帮助老区人民尽快脱贫致富,是各级党委和政府的重要任务。发展红色旅游,是带动老区人民脱贫致富的有效举措,能够将历史、文化和资源优势转化为经济优势,推动经济结构调整,培育特色产业,促进生态建设和环境保护,带动商贸服务、交通电信、城乡建设等相关行业的发展,扩大就业,增加收入,为革命老区经济社会发展注入新的生机活力。

红色旅游景区所在的革命老区受自然之馈赠,多有秀丽的山水风景,如沂蒙革命老区的漫山果园、皖南革命山区的遍野茶林,使得"红游"之外更有绿景可观。同时,多民族长期交融下产生的独具地域特色的民俗风情更具吸引力,如客家风情浓郁的湘西,黄土风情豪迈的延安。红色旅游不再固守单一的发展模式,而是与其他旅游资源不断进行整合,成为促进老区经济发展的重要动力之一。红色旅游不仅在精神上造福于广大的游客,更是在实际物质上帮助老区人民摆脱经济发展困境,提高人民生活水平,为老

---

① 陈健.红色旅游思想政治教育功能的创新研究[D].湖北:华中师范大学,2016.
② 方琛琛.中国红色旅游景区的品牌传播研究[D].山东:山东大学,2014.
③ 陈健.红色旅游思想政治教育功能的创新研究[D].湖北:华中师范大学,2016.

区经济文化的发展添加新的动力①。

### (四)发展红色旅游有利于保护和利用革命历史文化遗产

党的十六大提出大力扶持对重要文化遗产的保护工作,扶持老少边穷地区和中西部地区的文化发展,其重要目的就是建设和巩固社会主义思想文化阵地。革命历史文化遗产是中华民族宝贵的精神财富。遍布全国各地,特别是革命老区的纪念馆、革命遗址、烈士陵园等爱国主义教育基地,是社会主义思想文化的重要阵地。通过发展红色旅游,将革命先烈遗物、老区遗址进行保护和修缮,把这些革命历史文化遗产保护好、管理好、利用好,对于建设和巩固社会主义思想文化阵地、大力发展先进文化、支持健康有益文化、努力改造落后文化、坚决抵制腐朽文化,具有重要而深远的意义。同时,景区发展得来的收益又可以用于革命老区的保护,使革命老区保持活力。

### (五)发展红色旅游有利于文化整合与传播

红色旅游与旅游区当地历史文化脉络整合,可以形成红色文化与区域文化、民族文化的历史传统资源的融合,展现历史文化发展的传承性和地域文化的独特性。红色旅游产品是中国革命进程的体现,其前赴后继、奋斗不止的精神也是中华传统精神的延续,深深打上了地域文化的烙印,丰富了红色旅游的文化内涵。在国际旅游市场上,外国人带着不同的眼光来欣赏和了解中国革命的历史和文化,是一种特殊的旅游享受,红色旅游通过其特有的方式在世界范围内为中国文化的传播起到特殊的作用②。

### (六)发展红色旅游有利于培育发展旅游业新的增长点

随着中国人均收入水平的不断提高,居民的旅游消费支出逐年增长,对旅游内容和产品提出了新的要求,迫切需要旅游业进一步调整和完善产品结构,更好地满足人们多样化、多层次、多形式的精神文化需求。红色旅游的出现顺应了这种要求,不仅吸引了大量国内游客,也吸引了许多外国旅游者。如中共一大会址自1952年建成开放到2012年,已累计接待了1000多万参观者,其中包括来自世界100多个国家和地区的12万国际友人和海外游客。全国每年出行人口中,每4人中就有至少1人选择红色景点。《全国红色旅游发展规划纲要》实施以来,全国各地结合当地特色,确定各自的具体主题,组织开发红色旅游产品,将红色旅游资源与其他自然和人文旅游资源的开发有机结合,努力开发对游客更具吸引力的红色、绿色加古色的旅游精品线路。红色旅游作为中国特色旅游业的重要组成部分,对于满足旅游需求、促进旅游业发展、增强旅游业发展后劲、开拓更广阔的旅游消费市场,具有积极作用。红色旅游这种传承文明、振奋精神、增加阅历的旅游形式,正在旅游市场持续升温,逐步成为文旅融合的新焦点。

---

① 方琛琛.中国红色旅游景区的品牌传播研究[D].山东:山东大学,2014.
② 孙莹.中国红色旅游的教育功能研究[D].陕西:长安大学,2007.

# 第三节 红色旅游的类型和案例

## 一、红色旅游的类型

### (一)按红色旅游资源的类型来划分

1. 战争和重大事件发生地游

从中国共产党诞生到新中国成立前,中国共产党领导人民进行了第二次国内革命战争、抗日战争、解放战争,经历了许多重大的历史事件,留下了大量的战争遗址和重大事件的活动旧址,如湖南浏阳市的秋收起义文家市会师旧址、江西永新县三湾改编旧址、山西灵丘县平型关大捷遗址等。这些旧址展现了革命年代催人奋进的种种场景。因此,这一类型的红色旅游活动具有革命传统教育、爱国主义教育、科考修学等重要意义。

2. 重要会议会址游

在革命战争年代,尤其处于历史转折关头时,中国共产党围绕着建党、建军和反抗外敌入侵、民族解放,召开了多次会议,留下了许多重要的会议会址,如上海中共一大会址、贵州遵义会议会址、陕西延安市洛川县洛川会议纪念馆、福建上杭县古田会议旧址等。这些会议会址蕴含着丰富的政治智慧和崇高的思想境界,通过参观游览,广大旅游者与各种红色历史文物近距离接触,聆听着解说员对历史的追忆和讲述。用革命文化传播和滋养社会主义核心价值观,有助于旅游者,尤其是年轻一代建立正确的世界观、人生观、价值观。

3. 重要机构的办公地旧址游

在革命斗争中,中国共产党人在革命老区、红色根据地设立了办公机构,依靠简单的办公设施为中国革命而奋斗,如江西南昌市的八一起义指挥部旧址、江西赣州瑞金市中华苏维埃共和国临时中央政府大礼堂旧址、广西桂林市八路军驻桂林办事处旧址等。这些办公地旧址往往按照原先的布局摆放好桌椅、办公设备用品等,体现了当时的革命者们艰苦朴素的优良作风;会议室内简约、庄重的整体布局凝聚着高洁之气,诉说着这群仁人志士的伟大理想。旅游者通过参观游览,对初心和使命有了更深刻的体悟;对中国共产党的过去、现在和未来有了更深刻的理解和思考,也更加明确了自身的目标和责任担当。

4. 名人故居或纪念堂游

名人故居是革命年代杰出人物曾经生活和工作过的住所,而历史纪念建筑是为著名历史事件而保留的建筑,如湖北武汉市武昌区毛泽东旧居及中央农民运动讲习所旧址纪念馆、四川广安市邓小平故居和纪念馆、湖南长沙市宁乡市花明楼刘少奇故居和纪念馆等。旅游者通过参观游览,能够深刻地感受这些名人坚定的理想信念,以及为理想信念做出的不懈努力。

5.革命烈士陵园游

革命烈士陵园是为纪念烈士、名人或在历史上做出卓越贡献的人物而建造的园林式建筑或纪念地,如井冈山革命烈士陵园、上饶集中营革命烈士陵园、上海龙华革命烈士陵园等。通过参观革命烈士陵园,能够激发旅游者对中国革命历史的认同感,增强爱国主义情怀,树立正确的世界观、人生观和价值观。

6.各类纪念馆游

纪念馆是为纪念有卓越贡献的人或重大历史事件而建立的纪念地,用声、光、电、图、实物等来再现历史事件,如江苏徐州淮海战役纪念馆、南昌八一起义纪念馆、侵华日军南京大屠杀遇难同胞纪念馆等。旅游者既可以观光赏景,也可以了解革命历史,学习革命斗争精神,培育新的时代精神。

(二)按红色旅游产品的类型来划分

1.地带性红色旅游

旅游目的地由旅游吸引物及其周边社区组成,而多个旅游目的地组成目的地地带,地带性红色旅游产品由多个相对独立的红色旅游目的地组成,在空间上呈面状分布。中国革命多发生在两省交界地带或三省乃至四省交界地带,相应的红色旅游资源往往呈面状分布。例如淮海战役,是解放战争时期中国人民解放军华东、中原野战军在以徐州为中心,东起海州、西迄商丘、北起临城(今枣庄市薛城)、南达淮河的广大地区发动的第二个战略性进攻战役,因此淮海战役红色旅游产品由该区域多个旅游目的地组成,也可以看作地带性旅游产品,它跨山东、江苏、河南、安徽四个省级行政区。

2.线形红色旅游

线形红色旅游是根据革命事件的空间发展轨迹而形成的红色旅游产品,或者根据某种内在的关联性组织而成的红色旅游产品,其在空间上呈线状分布。例如"重走红军长征路"旅游产品就是根据红军走过的二万五千里长征路线,把沿途红色旅游目的地串联起来形成的,该线形红色旅游产品重要的节点包括瑞金、遵义、大渡河、延安等。"共和国寻根之旅"红色旅游产品则以共和国创建初期发生过重大事件的若干旅游目的地连线而成,包括井冈山、瑞金、古田等关键节点。

3.场地性红色旅游

场地性红色旅游产品指单一旅游目的地或单一旅游景区、景点。场地性旅游一般不跨行政区,空间上呈点状分布。例如朱毛红军会师地、狼牙山、西柏坡等都是场地性红色旅游产品。革命历史博物馆、英雄人物或著名事件的纪念馆、纪念碑、烈士陵园、国防园等具有特定主题的旅游产品也属于场地性旅游产品。

综上,红色旅游的类型划分如表10-2所示。

表10-2 红色旅游的类型划分

| 划分依据 | 基本类型 | 举例 |
|---|---|---|
| 按红色旅游资源的类型来划分 | 战争和重大事件发生地游 | 湖南浏阳市的秋收起义文家市会师旧址、江西永新县三湾改编旧址、山西灵丘县平型关大捷遗址 |

续表

| 划分依据 | 基本类型 | 举 例 |
| --- | --- | --- |
| 按红色旅游资源的类型来划分 | 重要会议会址游 | 上海中共一大会址、贵州遵义会议会址、陕西延安市洛川县洛川会议纪念馆、福建上杭县古田会议旧址 |
| | 重要机构的办公地旧址游 | 江西南昌市的八一起义指挥部旧址、江西赣州瑞金市中华苏维埃共和国临时中央政府大礼堂旧址、广西桂林市八路军驻桂林办事处旧址 |
| | 名人故居或纪念堂游 | 湖北武汉市武昌区毛泽东旧居及中央农民运动讲习所旧址纪念馆、四川广安市邓小平故居和纪念馆、湖南长沙市宁乡市花明楼刘少奇故居及纪念馆 |
| | 革命烈士陵园游 | 井冈山革命烈士陵园、上饶集中营革命烈士陵园、上海龙华革命烈士陵园 |
| | 各类纪念馆游 | 江苏徐州淮海战役纪念馆、南昌八一起义纪念馆、侵华日军南京大屠杀遇难同胞纪念馆 |
| 按红色旅游产品的类型来划分 | 地带性红色旅游 | 淮海战役红色旅游产品 |
| | 线形红色旅游 | "重走红军长征路"红色旅游产品、"共和国寻根之旅"红色旅游产品 |
| | 场地性红色旅游 | 朱毛红军会师地、狼牙山、西柏坡、革命历史博物馆、英雄人物或著名事件的纪念馆、纪念碑、烈士陵园、国防园等具有特定主题的旅游产品 |

## 二、红色旅游案例

发展红色旅游,是党中央、国务院做出的一项重大决策部署。为把红色资源利用好、把红色传统发扬好、把红色基因传承好,发挥红色旅游理想信念教育的重要功能和在打赢脱贫攻坚战中的积极作用,国家发展和改革委员会社会发展司会同文化和旅游部资源开发司,组织开展了全国红色旅游发展典型案例征集活动。经各地推荐申报、专家评审等环节,2020 年 10 月 12 日,国家发展和改革委员会公布了最终遴选出的 60 个典型案例,具体名单如表 10-3 所示。

表 10-3 全国红色旅游发展典型案例入选名单

| 序号 | 地区 | 案 例 名 称 |
| --- | --- | --- |
| 1 | 北京市 | 李大钊烈士陵园红色旅游发展典型案例 |
| 2 | | 马栏村红色旅游发展典型案例 |
| 3 | 天津市 | 周恩来邓颖超纪念馆红色旅游发展典型案例 |
| 4 | | 平津战役纪念馆红色旅游发展典型案例 |

续表

| 序号 | 地区 | 案 例 名 称 |
|---|---|---|
| 5 | 河北省 | 平山县西柏坡红色旅游发展典型案例 |
| 6 | | 涉县一二九师红色旅游发展典型案例 |
| 7 | | 雄安新区白洋淀红色旅游发展典型案例 |
| 8 | 山西省 | 朔州右玉红色旅游发展典型案例 |
| 9 | | 大同市平型关景区红色旅游发展典型案例 |
| 10 | 内蒙古自治区 | 打响红色旅游品牌 推进红色旅游高质量发展——鄂托克前旗红色旅游发展典型案例 |
| 11 | 辽宁省 | 肩负起新时代弘扬雷锋精神的光荣使命——雷锋纪念馆红色旅游发展典型案例 |
| 12 | | 聚力融合 创新发展 共建沈阳抗战联线——"九·一八"历史博物馆红色旅游发展典型案例 |
| 13 | | 依托红色资源 创建经典品牌——抗美援朝纪念馆红色旅游发展典型案例 |
| 14 | 吉林省 | 讲好红色故事 用活红色资源 打造乡村红色旅游发展新模式——汪清县红日村红色旅游发展典型案例 |
| 15 | | 多措并举创新赋能 谱写红色旅游新篇章——长春市东北沦陷史陈列馆红色旅游发展典型案例 |
| 16 | 黑龙江省 | 大庆铁人王进喜纪念馆红色旅游发展典型案例 |
| 17 | | 东北烈士纪念馆红色旅游发展典型案例 |
| 18 | 上海市 | 宋庆龄陵园红色旅游发展典型案例 |
| 19 | 江苏省 | 大力弘扬雨花英烈精神 推动红色文旅创新发展——南京雨花台烈士陵园红色旅游发展典型案例 |
| 20 | | 红色旅游推动旅游业创新发展——江苏省常熟市沙家浜景区红色旅游发展典型案例 |
| 21 | 浙江省 | 南湖旅游区红色旅游发展典型案例 |
| 22 | | 弘扬鲁迅文化 打造精神家园——绍兴鲁迅故里景区研学游红色旅游发展典型案例 |
| 23 | 安徽省 | 坚持保护利用并重 助力老区脱贫攻坚——金寨县红色旅游发展典型案例 |
| 24 | | 小岗村红色旅游发展典型案例 |
| 25 | 福建省 | 福建省寿宁县下党乡红色旅游发展典型案例 |
| 26 | | 福建省上杭县古田旅游区红色旅游发展典型案例 |
| 27 | 江西省 | 红色力量在这里迸发——井冈山推动红色教育培训高质量发展的生动实践 |

续表

| 序号 | 地区 | 案 例 名 称 |
|---|---|---|
| 28 | 江西省 | 新时代下"红色旅游+"的新路径探索——江西于都打造中央红军长征出发地红色旅游发展典型案例 |
| 29 | | 以人为本 让红色教育活起来——南昌八一起义纪念馆研学教育红色旅游发展典型案例 |
| 30 | 山东省 | 山东省沂南县红色旅游发展典型案例 |
| 31 | | 山东省威海市刘公岛爱国主义教育基地红色旅游发展典型案例 |
| 32 | | 山东省聊城市孔繁森同志纪念馆红色旅游发展典型案例 |
| 33 | 河南省 | 红色旅游在老区扬帆起航——信阳市红色旅游发展典型案例 |
| 34 | | 仁山智水唱新歌 "红""绿"交辉兴产业——安阳林州市红旗渠风景区红色旅游发展典型案例 |
| 35 | 湖北省 | 三章点化红色旅游效应——陈潭秋故里红色旅游发展典型案例 |
| 36 | 湖南省 | 红色引领 融合创新 实现红色旅游跨越发展——湘潭市韶山红色旅游发展典型案例 |
| 37 | | "半条被子"映初心 红色沙洲换新颜——沙洲红色旅游景区红色旅游发展典型案例 |
| 38 | | 唱响爱国主义教育最强音 打造红色文化旅游新引擎——刘少奇同志纪念馆红色旅游发展典型案例 |
| 39 | 广东省 | 依托爱国主义教育资源 唱响红色文化主旋律——鸦片战争博物馆红色旅游发展典型案例 |
| 40 | | 为旅游添加红色 为信仰增加力量——中共三大会址纪念馆红色旅游发展典型案例 |
| 41 | 广西壮族自治区 | 红色旅游促振兴 老区脱贫显成效——百色市红色旅游发展典型案例 |
| 42 | | "红带绿"文旅产业战略初见成效——广西田东红色旅游发展典型案例 |
| 43 | 海南省 | 繁华街里的红色名片——中共琼崖第一次代表大会旧址红色旅游发展典型案例 |
| 44 | | 红魂守初心 农文旅教融合促发展——母瑞山红色旅游发展典型案例 |
| 45 | 重庆市 | 实施"五大工程" 推动文化和旅游创新发展——重庆红岩红色旅游发展典型案例 |
| 46 | 四川省 | 四川省梓潼县"两弹城"红色旅游发展典型案例 |
| 47 | | 四川省广安市邓小平故里旅游区红色旅游发展典型案例 |
| 48 | 贵州省 | 贵州省赤水市红色旅游发展典型案例 |
| 49 | | 贵州省黎平县红色旅游发展典型案例 |
| 50 | 云南省 | "旅游+"模式 让绿水青山变成金山银山——善洲林场红色旅游发展典型案例 |

续表

| 序号 | 地区 | 案 例 名 称 |
|---|---|---|
| 51 | 云南省 | 书写文旅融合新篇章　构建民族共有精神家园——麻栗坡英雄老山圣地景区红色旅游发展典型案例 |
| 52 | 西藏自治区 | 深挖红色历史　用活红色资源　为干部群众润心铸魂——西藏自治区波密县红色旅游发展典型案例 |
| 53 | 陕西省 | 延安南泥湾红色旅游发展典型案例 |
| 54 | 甘肃省 | 张掖市高台县红色旅游发展典型案例 |
| 55 | 青海省 | 金银滩上的一抹"红"——青海省海北州海晏县西海镇红色旅游发展典型案例 |
| 56 | 宁夏回族自治区 | 将台堡红军长征会师纪念园红色旅游发展典型案例 |
| 57 | 新疆维吾尔自治区 | 创新创意引领红色　旅游规模集聚发展——克拉玛依一号井红色旅游发展典型案例 |
| 58 | | 挖掘精神内涵　打造红色旅游品牌——于田县库尔班·吐鲁木纪念馆红色旅游发展典型案例 |
| 59 | 新疆生产建设兵团 | 边境风景线　传奇一八五——第十师一八五团红色旅游发展典型案例 |
| 60 | | 第八师石河子市红色旅游发展典型案例 |

资料来源：央广网。

现节选上述部分案例进行具体介绍。

（一）"半条被子"映初心　红色沙洲换新颜——湖南省沙洲红色旅游景区红色旅游发展典型案例①

2016年10月21日，习近平总书记在纪念红军长征胜利80周年大会上，饱含深情地讲述了发生在湖南省汝城县沙洲村的"半条被子"故事。随后，汝城县充分挖掘沙洲村及周边村庄的红色旧址，经过一年左右时间，建成了享誉全国的沙洲红色旅游景区。近年来，沙洲村围绕利用好红色资源、发扬好红色传统、传承好红色基因三篇文章，通过政府主导、社会参与，逐步把沙洲红色旅游景区打造成为一张集党性教育与红色旅游为一体的靓丽名片，发展成为理想信念教育的新胜地、脱贫攻坚的新样板、产业融合发展的新典范。

讲好红色故事，传承"半条被子"精神。沙洲红色旅游景区依托"半条被子的温暖"专题陈列馆、"半条被子"故事发生地旧址、红军长征在汝城旧址及沙洲田园综合体等为载体，建设了"半条被子"党性教育基地。通过开展专题教学、访谈教学、现场教学、体验教学、情景教学、社会实践、学员研讨等特色教学，更好地传承和弘扬了"半条被子"精神

---

① 国家发展和改革委员会."半条被子"映初心　红色沙洲换新颜——湖南省沙洲红色旅游发展典型案例[EB/OL].(2021-6-11)[2021-6-11]. http://www.ndrc.gov.cn/fzggw/jgsj/sjdt/202106/t20210611_1283109_ext.html.

中的红色基因。

农旅融合,助力脱贫攻坚。近年来,沙洲红色旅游产业发展坚持政农旅结合、产销融合,注重市场化运营、可持续发展,走出了一条产业兴旺"高效益"、生活富裕"高水平"的新路子。

一是积极探索"旅游+开发"。引进湖南零级有机生态农业、深圳市我在旅行国际旅行社等企业,做大做强旅游市场,鼓励村民通过种植、制作、销售特色水果、农副产品及发展民宿、农家乐等方式实现增收致富。红色旅游的发展,带火了景区服务业,沙洲村民开办农家乐8家、旅游产品商店12家;带旺了特色水果产业,推动文明瑶族乡新发展特色水果12700余亩(约846.7万平方米),黄金奈李享誉全国,湘粤赣三省水果销售商和游客慕名而来,连续举办多届水果节,2020年奈李节当天现场和网络销售突破200多万斤,销售额1500多万元。

二是积极探索"党建+扶贫"。沙洲红色旅游景区覆盖沙洲、五一、韩田等多个村,村党组织牵头成立沙洲田园综合体农民专业合作社,采取委托经营、提供就业、入股分红等模式,每年为每户贫困户提供扶持资金1000元;引导40余名贫困劳动力到景区项目园区务工,月平均工资达2000元以上;53户村民通过土地流转入股,户均年增收3000余元。

红色为基,全域融合联动。沙洲红色景区持续火爆,助推汝城县旅游产业持续升温,成为大湘东红色旅游新的引爆点。

一是开展农旅复合开发。景区以打造红色文旅项目为目标,完成了田园休闲农业与乡村旅游项目开发建设,整合红色文化、绿色生态、古色乡风、特色水果等"多彩"资源,形成了以沙洲核心景区、田园综合体为主,四季果园采摘区、生态垂钓休闲区、田园生活体验区、红色传统教育区以及生态农业景观观光带等"四区一带"为辅的发展格局。

二是开展商旅融合发展。沙洲红色景区设置农产品专柜,并规划建设商业一条街,设有特色农产品专售商铺摊位32个,原来没销路的农副产品成了抢手货,窗口效应实现最大化。精心策划红色教育、休闲观光、水果采摘、农事体验的精品路线,不出户就能实现商品交易。在新东村50亩(约3.3万平方米)葡萄种植基地里,景区游客上门采摘就销售了65%以上的产品。在市场的带动和刺激下,仅2019年下半年,景区周边新增饭庄、民宿13家,历经2年多时间的发展,旅游商贸已成燎原之势。

三是县域旅游势头强劲。加强与全县热门景点和重走长征路旅游路线对接,与热水温泉、九龙江国家森林公园、理学古镇、金山古村、白云仙航空基地等景点强强联合,合力打造汝城县红色旅游精品路线,实现优势互补,资源共享,开启了汝城全域旅游新动能。先后承办了湖南丰收节分会场、全省产业扶贫现场会现场点、重走长征路徒步等重大节会活动,形成了沙洲景区助推县域旅游提质升级、全域旅游促进沙洲景区做强做优的生动局面。

专家点评:沙洲红色旅游景区以"半条被子"故事展现出的伟大革命精神为核心,充分利用好红色旅游资源,发扬好红色传统,传承好红色基因,开发出"党校+专家+后人""长征故事+理论教育"等多种教学模式,增强了党性教育的感染力和生命力,同时积极探索"旅游+开发",推动汝城旅游产业,带动老百姓脱贫致富,有效促进了县域旅游提质升级。

(二)推动红色旅游创新发展——沙家浜景区红色旅游发展典型案例①

沙家浜景区是国家历史文化名城、中国优秀旅游城市——常熟市的一颗璀璨明珠，集丰厚的人文资源和秀美的自然景观于一身，既是全国红色旅游经典景区，又是国家湿地公园。景区结合自身特点，创新发展红色和绿色相融合，红色和文化相交融，红色和民俗相结合，在旅游市场树立了"风起芦苇荡，心动沙家浜"的旅游品牌。景区先后被授予全国爱国主义教育示范基地、全国红色旅游经典景区、国家国防教育示范基地、国家5A级旅游景区、国家湿地公园、全国科普教育基地等荣誉称号，并于2015年入选国务院"国家级抗战纪念设施、遗址名录"。近年来，景区积极开展红色旅游和爱国主义主题教育活动，每年游客稳步增加。2019年接待游客212.77万人次，自营收入超过1.15亿元。沙家浜景区作为全国红色旅游精品线路的重要节点和红色旅游经典景区之一，立足红色基调不变，把握红色脉搏不放，全面延伸红色产业链，全力打造红色精品线。通过做亮旅游品牌，做强发展载体，做优旅游产品，引领了红色旅游发展新标杆，提升产业带动新模式，放大品牌竞争新效应，走出了沙家浜特色红色旅游发展之路。

创新活动形式，深化红色教育。红色是沙家浜的灵魂所在，自2004年中央号召开展红色旅游以来，沙家浜深入贯彻落实上级关于发展红色旅游的指示精神，以传承革命历史、弘扬红色文化为己任，常态化举办各类纪念活动，引导人们厚植爱国之情、砥砺强国之志、实践报国之行。为青年人注入红色基因，景区暑期实践活动纷呈。随着红色培训在全国各地如火如荼地开展，景区依托苏南东路抗日根据地暨阳澄湖地区的抗战斗争历史资源和生态湿地资源，于2016年成立了沙家浜培训中心，将"坚定不移的理想信念、坚韧不拔的奋斗精神、坚不可摧的鱼水深情、坚贞不渝的清廉品质"沙家浜精神和时代内涵相结合，致力于打造党性现场教育基地、党员思想传播基地。景区设计开发的"沙家浜精神的理论内涵与当代价值""革命人生的三次选择"等精品党课，成为省干部教育名师名课推荐课程。

整合红绿资源，开拓创新发展。红色教育是沙家浜的特色品牌，绿色是沙家浜的独特优势，沙家浜的红色文化根植于绿色生态，采取红绿结合的旅游发展思路。近年来，为了适应游客不断增长的需求，逐步由观光型向观光+体验型转变，景区开拓创新，积极探索爱国主义现场教育新模式，深挖红色文化，整合红绿资源，把红绿资源转化成具有实用性、操作性强的体验课程，寓教于乐，寓教于游。2017年初，景区聘请了知名环境教育团队来沙家浜，通过深入盘点沙家浜湿地公园内现有资源，培育宣教团队，研发课程，历时8个月，开发了具有沙家浜特色的研学实践项目——"沙家浜红绿新学堂"。

丰富景区业态，打造全域典范。为了让游客现场观赏革命年代沙家浜军民智斗敌伪的故事，直观地感受那一代人的精神风貌，景区打造了《智斗胡司令》和《芦荡烽火》两场大型实景演出，通过运用现代高科技特效手段，重现当年革命战争的场景。加快培育

---

① 国家发展和改革委员会. 推动红色旅游创新发展——沙家浜景区红色旅游发展典型案例[EB/OL]. [2020-10-12]. https://www.thepaper.cn/newsDetail_forward_9532382.

景区旅游特色民宿,目前景区建成江南芦花湾和久住逸庐两家高品质民宿,江南芦花湾入选苏州市精品民宿。2020年5月,沙家浜大型文旅综合项目正式开工,该项目以"一镇一浜,二田三市"为规划重点,围绕沙家浜旅游度假区及唐市镇板块联片开放,重点打造集红色主题教育、绿色生态旅游、体验式观光农业、时光主题街区、特色餐饮民宿、沉浸式商业等业态于一体的综合生态文旅区,将呈现魅力乡村典范的"经典沙家浜"全域旅游项目。

创新发展规划,深化文旅融合。80多年前,新四军在锦绣江南的鱼米之乡演绎了一曲军民鱼水情深、英勇抗战的动人故事,芦荡火种"沙家浜"使常熟名扬天下。2017年以来,沙家浜累计接待红色旅游游客2504.56万人次,其中,入境游客2.5万人次,红色旅游综合收入11.83亿元。目前,沙家浜景区内外已形成住宿、餐饮、零售等商业店铺300多家,间接带动本地农民从事三产1.3万人,农民年均收益增长15%以上。

当前,沙家浜景区正由观光型景区向观光体验、休闲度假型旅游地过渡,以红色旅游闻名全国的沙家浜促进了旅游高质量发展,推动了文旅深度融合,形成全域旅游新格局。

专家点评:寓教于乐,生动和丰富的体验过程,把历史图片和仿真环境、实物展示与动态互动体验相结合,构建互动体验式的新模式。以传统教育为主题的"红色教育游"、以观光休闲为内容"绿色生态游"、以品尝水产为特色的"金色美食游"、以古镇文化为亮点的"影视文化游"——沙家浜"四色游"成为景区的亮点和热点。

### (三)红色力量在这里迸发——井冈山红色旅游发展典型案例①

1927年10月,毛泽东、朱德、陈毅、彭德怀、滕代远等老一辈无产阶级革命家率领中国工农红军来到井冈山,创建以宁冈县(今井冈山市)为中心的中国第一个农村革命根据地,开辟了"以农村包围城市、武装夺取政权"的具有中国特色的革命道路,从此鲜为人知的井冈山被载入中国革命历史的光荣史册,被誉为"中国革命的摇篮"和"中华人民共和国的奠基石"。

随着红色旅游兴起,井冈山依托深厚而独特的红色资源,创造性地推出了集体验式、参与式、互动式为一体的红色教育培训"井冈模式",开创了干部教育培训、爱国主义和革命传统教育培训的"井冈路径",让这里的红,红得更加耀眼,红得充满力量。井冈山红色教育培训以井冈山精神为主线,围绕"走一段红军小路,听一堂传统教育课,向革命先烈献一束花,吃一顿红军套餐,看一场红色歌舞,学唱一首红军歌谣"等"六个一"培训活动,形成了"现场教学、体验教学、情景教学、访谈教学、红歌教学、专题教学"等六大教学模式。

全域发展,让民生更有"厚度"。井冈山的荷花乡大仓村,是当年毛泽东同志与袁文才第一次会面的地方。如今,走进大仓,穷乡面貌已换新颜。梅塘荷廊、小桥流水、山石相映的景观美不胜收,大仓会见纪念馆、大仓讲习所等变成生动教材……大仓将红色教

---

① 国家发展和改革委员会.红色力量在这里迸发——井冈山红色旅游发展典型案例[EB/OL].(2020-10-12)[2020-10-12].https://www.thepaper.cn/newsDetail_forward_9532386.

育培训、乡村旅游、美丽乡村建设完美结合,走出了一条脱贫致富、乡村振兴的新路子。随着井冈山在全国率先脱贫,全国各地奋战在脱贫攻坚战役一线的党员干部纷至沓来。一堂堂深入基层的实践课堂正在井冈山的新农村进行,这是井冈山精神在中国特色社会主义新时期的时代脉动。

近年来,井冈山结合美丽乡村建设和脱贫攻坚巩固提升工作,完善贫困村落的基础设施,不断延伸红色教育培训精品线路,让散落各地的红色资源活起来,开发建设了神山、坝上、大陇、大仓、长塘等红色教育培训现场教学点,实现红色培训教学点全域分布。通过培训机构与贫困村的全覆盖结对帮扶,实行积分奖励,让城乡连起来,让村民口袋鼓起来。在"红军的一天"红色培训体验项目中,神山、坝上等村镇的村民作为培训学员"自做红军餐"的接待户,户均年增收可达2.3万余元。在红色教育培训的辐射带动下,游客在山逗留时间由过去平均1.5天延长至4—5天,拉长了旅游产业链,提升了人均消费水平,开创了井冈山红色旅游"旺季更旺、淡季不淡"的良好局面,旅游综合效益明显提高,实现了从"景点游"到"全域游"的转变。

2019年井冈山成功获评首批"国家全域旅游示范区"。同时,加强红色教育培训与旅游、工业、农业等业态高度融合,壮大礼品瓷、美食、工艺品以及茶叶、黄桃等富民产业,促进总部经济、电商经济、会展经济、休闲经济等新型经济业态发展,实现了从单一旅游经济到立体经济的转变。

井冈山红色教育培训将继续奋勇向前,锐意改革,汇聚起强大的红色力量,努力把井冈山打造成宣传井冈山精神、加强理想信念教育的"天下第一山",全力实现"红色最红、绿色最绿、脱贫最好",在全面小康的征程中实现高质量跨越发展。

专家点评:依托丰厚独特的红色资源,推出集体验式、参与式、互动式为一体的红色教育培训"井冈模式",通过"六个一"活动、六大教学模式、微党课、情景剧、环绕式AR、"红军的一天"体验等方式,让厚重的红色文化活起来,增强了学员代入感。同时对常驻井冈山的众多培训机构实行"统一机构管理、统一教学内容、统一师资管理、统一标准标识"的严格管理制度,紧扣准入、监管、退出三个环节,形成了规范化、精细化、标准化和可复制、可推广、可持续的红色培训管理模式。

(四)以人为本,让红色教育活起来——南昌八一起义纪念馆研学教育红色旅游发展典型案例[①]

南昌八一起义纪念馆是为纪念南昌起义而设立的专题纪念馆。1956年成立,1959年正式对外开放,1961年被国务院公布为全国首批重点文物保护单位(所辖五处革命旧址——总指挥部旧址、贺龙指挥部旧址、叶挺指挥部旧址、朱德军官教育团旧址和朱德旧居)。2008年1月,南昌八一起义纪念馆率先向全社会免费开放,并提出"免费不免票,服务不打折"的理念,年均接待量保持在200万余人次。建馆以来,共计接待海内外游客共计3000余万人次,其中未成年人1000余万人次,实现了"以史育人、以物感人、以景诱人"的目标。同时先后获得了"全国文明单位""国家一级博物馆""国家AAAA级旅游景区""全国红色旅游工作先进集体""中国十大经典红色景区(点)",全

---

① 南昌八一起义纪念馆官网. http://www.81-china.com/.

国首批"爱国主义教育示范基地"和"国防教育示范基地"等一系列荣誉。南昌八一起义纪念馆紧紧围绕纪念馆收藏、陈列、教育三大职能,充分发挥红色革命景区的资源优势,积极开展爱国主义教育和革命传统教育,致力于成为培育和践行社会主义核心价值观的重要阵地。

以展览为主体,丰富文物表现形式。2007年改扩建工程全面竣工后,陈展内容主要有:新馆大楼南昌起义、人民军队光辉历程以及旧址复原陈列等。2014年再次进行基本陈列提升,新增了第八单元《强军之梦》,主要展示十八大以来习近平对国防和军队建设的重要论述和成果等内容,并对各处旧址相应进行了陈展更新。同时每年定期引进推出了3—4个主题鲜明的临展,如为纪念抗日战争胜利70周年,引进《不屈的抗争——中国东北十四年抗战史实展》《伟大贡献——中国与世界反法西斯战争》主题展览。为配合党的群众路线教育实践活动,引进了《为民务实清廉——党风楷模周恩来》展览。

以创新为动力,自主研发文创产品。为了扩大纪念馆社会效益,实现精神文明传播最大化,纪念馆挖掘、整合和盘活纪念馆红色文化资源,先后出版《八一记忆——文物背后的故事》《南昌起义》《人民军队的摇篮》《军旗升起的地方》《南昌起义深镜头》《猎猎军旗》等几十种书籍、画册;设计绘制陶瓷类快客杯、纪念币、水晶类产品、军旅复古怀表、DIY武器拼图、PVC材质钥匙扣和行李牌等六大类35件图纸小样。引进纪念币自动售卖机,设计金币和银币各两款,以纪念馆文化元素为原型,配合宣传短片凸显"八一"精神,得到游客普遍好评。

以互联网思维为契机,建设数字化纪念馆。该馆打造App自助平台,以卡通导游、中英文配音自助导览的形式,展示本馆最新动态信息、文物精品、展览内容、主题活动等,生动形象地呈现革命历史文化资源;引进电子触摸留言台,观众可以通过自主拍照、触摸手写留言的方式写下参观感受。同时,该馆尝试传统画册的升级,在书籍静态化的基础上,结合有声读物,搜集、整理解说词、背景音乐,全力打造视听相结合的点读画册,使游客在阅读的同时身临其境,更好的感受"八一"文化。

南昌八一起义纪念馆蕴藏着丰富的历史文化和红色文化资源,是开展爱国主义和革命传统教育,培养社会主义核心价值观的重要资源。以此为依托,南昌八一起义纪念馆将不断开拓创新,充分发掘现有红色文化资源,打造红色旅游经典景区,为全省"红色、绿色、古色"旅游全面发展添砖加瓦,为新时期、新阶段的全国红色旅游事业繁荣发展贡献力量。

(五)"红带绿"文旅产业战略初见成效——广西田东红色旅游发展典型案例①

田东是百色起义的策源地和右江苏维埃政府所在地,1929年邓小平、张云逸等老一辈无产阶级革命家领导和发动了威震南疆的百色起义,建立了广西第一个红色革命政权——右江苏维埃政府,具有很高的知名度和影响力,在全国备受关注。田东被评为

---

① 班绍明. 全国"红色旅游发展典型案例"揭晓,田东一案例上榜[EB/OL]. (2020-10-12)[2020-10-20]. http://www.gxtd.gov.cn/xxgk/shyw/t6732299.shtml.

"西部百强县",是中国唯一的农村金融改革试点县、广西唯一的全国农村改革实验区。右江工农民主政府旧址于 2005 年被中宣部确定为全国爱国主义教育示范基地,是中央确定的国家 12 个红色旅游重点景区之一。

近年来,田东县按照"芒乡红城四基地"的战略定位,全面推进旅游强县战略,以"红色文化"旅游带动自然景观与农业观光结合的"绿色生态"旅游、古人类文明与宋清历史文化结合的"古色文化"为依托的"红、绿、古"三色旅游资源,突出田东"芒乡红城",打造旅游"四基地",即打造全国革命传统教育基地、全国现代农业休闲观光基地、古人类科普教育基地、地质奇观体验探险基地,推动了整个县文化旅游业的发展。

田东县红色旅游资源十分丰富,地理条件也十分优越,水陆空交通十分发达,全国各地游客络绎不绝。为进一步充分挖掘旅游业的潜力,近年来,田东县不断加强对革命遗址、红色旅游景点的修复保护和开发利用,实施了革命博物馆改扩建、革命烈士陵园改造、那恒码头、小平战道修复、邓小平真良旧居、那叽战地医疗站、龙篓堡战斗工事旧址、兵工厂重建等,建成一批红色纪念设施,修复了一些濒临损毁的重要革命遗址。同时,将红色旅游发展和新农村建设相结合,引导红色旅游景点周边的农户加入旅游产业开发行列。此外,该县还把建设党员干部革命传统教育基地作为全县的一件大事来抓,精心打造形成以"右江工农民主政府旧址"为核心区,辐射到平马镇和思林镇片区为广西党员干部革命传统教育基地,并积极利用"七一"党的生日、"百色起义纪念日""右江苏维埃政府成立日"等重大纪念日搞好宣传,为红色旅游健康发展营造良好的氛围。

### 本章思考题

1. 什么是红色旅游?界定红色旅游的概念要注意哪些问题?
2. 与其他旅游相比,红色旅游具有哪些特征?
3. 我国红色旅游经历了哪些发展历程?每个阶段具有哪些特征?
4. 结合实际,谈谈红色旅游具有哪些重要作用。
5. 红色旅游有哪些类型?以某一类型为例,谈谈如何开发红色旅游。

案例分析

#### 发展红色旅游 传承红色记忆 遵义红色旅游在行动

遵义是革命老区,中国工农红军长征途中最关键的会议、最重大的转折都诞生于这片红色的土地。2016 年,伴随着第十一届贵州旅游产业发展大会在仁怀市举办的东风,这场来自黔北大地的红色旅游风暴刮得更加猛烈。

早在 2014 年,遵义市以开发苟坝会议会址红色旅游为契机打造了花茂村,把田园风光、红色文化、陶艺文化与新农村建设和产业发展有机结合,极大地改变了农村面貌,不仅吸引村民回乡就业创业,同时有力推动了遵义红色旅游的发展进程。贴近遵义的"心脏"——遵义会议会址,全面升级的遵义会议纪念馆里人来人往,一件件锈迹斑斑的文物和一张张珍贵的照片都在向来自四面八方的客人诉说着那段炽烈的红色传奇。

近年来,遵义共斥资20多亿元开发13个红色旅游项目,打造了"四区一城三镇两村"红色旅游精品景区(点)("四区"即打造遵义会议会址旅游区、娄山关战斗旅游区、四渡赤水旅游区、突破乌江旅游区;"一城"即把遵义老城打造成中国红色旅游休闲城;"三镇"即土城镇、茅台镇、丙安镇;"两村"即苟坝村、刀靶村),同时保护开发了遵义会议纪念馆、红花岗红军烈士陵园、娄山关战斗遗址、四渡赤水纪念地、红一军团纪念馆、乌江景区、苟坝会议旧址等一批红色资源。同时,根据省委对遵义"坚持红色传承,推动绿色发展,打造西部内陆开放新高地"的重要决策部署,遵义市积极开展红色旅游跨区域发展合作,形成遵义市中心城区—仁怀市—习水县—赤水市—泸州市以遵义会议、四渡赤水为主题的红色旅游经典旅游线,重庆—广安—遵义—贵阳以各个革命历史时期的重要纪念地为组合的跨区域红色旅游经典旅游线。重点利用川黔渝毗邻地区丰富的红色文化、历史人文遗址、丹霞地貌奇观和秀美的山水自然风光等旅游资源优势,建立旅游合作机制、推动深层合作,建设精品线路、打造旅游精品,加强旅游联合宣传。遵义与韶山、井冈山、延安、西柏坡一起并称为中国革命五大革命纪念地。以"遵义会议"和"四渡赤水"为代表的红色长征文化影响深远,是贵州旅游业发展的重要组成部分。

此外,遵义市充分依托各类平台,加大红色旅游市场营销力度。例如,配合中央电视台成功拍摄遵义红色之旅专题片,策划制作《红色经典,锦绣遵义》旅游形象广告片在重庆、贵州电视台播出,在北京、上海、广州、武汉、西安等通航地举办"直飞遵义·醉美之旅"旅游宣传营销活动等。并通过旅游局局长讲红色旅游、党史专家(学者)讲红色文化、优秀红色旅游景区讲解员红色旅游宣讲、万名游客红色旅游景区行活动等,进一步提升了遵义红色旅游的知名度和影响力。

在遵义会议会址重温入党誓词、在四渡赤水纪念馆唱红歌、身着红军服参观娄山关景区……如今,游客走进遵义,不再是千篇一律、平平淡淡地参观旅游景区,而是通过各种红色旅游体验,点燃了心中的激情。在遵义会议会址,每天前来参观的游客都络绎不绝,特别是在景区小广场上,不少游客都会在党旗前驻足,党员们则会高举握拳的右手,再次坚定地说出入党誓词。坐落在习水土城古镇的四渡赤水纪念馆是爱国主义教育基地,散发着浓郁的红色文化气息。游客走进展厅,首先会和四渡赤水纪念馆表演队合唱《没有共产党就没有新中国》《四渡赤水出奇兵》两首慷慨激昂的红歌,然后在解说员的带领下进行参观,深入了解四渡赤水战役。

**资料来源** 根据网络相关资料整理

**案例思考题:**

(1)总结遵义红色旅游发展的突出特点。

(2)遵义红色旅游发展的主要路径有哪些?

## 本章思政总结

红色旅游是党中央、国务院从战略层面推进的一项整治工程、文化工程、富民工程和民心工程。红色景区是中国人的精神高地,红色旅游是重要的教育课堂,承载着赓续革命传统、激扬时代精神、增强文化自信、塑造社会主义核心价值观的使命,影响着一代又一代人。

发展红色旅游,一定要始终牢记习近平总书记"红色基因就是要传承"的指示要求,认真落实习近平总书记"切实把革命文物保护好、管理好、运用好,发挥好革命文物在党史学习教育、革命传统教育、爱国主义教育等方面的重要作用"的指示精神,深入挖掘、整理好革命历史文物,加大纪念地建设保护力度,形成传承保护红色资源的特色,在弘扬红色文化、传承革命精神方面积极探索,营造保护革命文物的浓厚氛围,共同让红色基因绽放时代光芒。

"发展红色旅游要把准方向,核心是进行红色教育、传承红色基因,让干部群众来到这里能接受红色精神洗礼。"习近平主席的这一重要论述,深刻阐述了红色旅游不只是一般意义上的游山玩水、休闲娱乐,更是一种心灵之旅、思想之旅、精神之旅,底色是红色,核心是精神,具有特定的政治意义和文化蕴意。

# 第十一章 房车自驾游

**学习目标**

1. 了解房车自驾游的概念；
2. 理解房车自驾游的特征；
3. 掌握我国房车自驾游发展存在的困境；
4. 理解和把握我国房车营地的发展趋势。

**思政元素**

1. 介绍房车自驾游的时候，融入习近平总书记的"两山"理论，引导学生从现在做起、从身边小事做起，保护环境，热爱自然。
2. 从房车自驾游发展的历史介绍中，展现出我国高新制造业的艰苦奋斗、锐意创新精神，激发学生的家国情怀。

**章前引例**

据统计，2019年我国国内房车总销量为63510辆，其中包含自行式房车、拖挂式房车、商务房车、帐篷房车、营地房车、移动木屋等房车类型。在房车总销量中，国内市场销量为38790辆，出口销量24720辆（主要是帐篷房车）。当然，我们最关心的还是主流房车（自行式房车、拖挂房车）的销售数据。根据统计，2019年，自行式房车总销量为10839辆，总产量为11209辆，综合上牌的数量为9795辆。从品牌来看，排在前几位的是郑州宇通、上汽大通、江苏卫航、湖北合力、河南新飞、河北揽众、山东巨威、东方汽车等。

在2019年，登记上牌的旅居车达到12761辆，其中自行式房车为9795辆，拖挂式房车为2966辆，而在2018年登记上牌的旅居车有7521辆，同比2019年的上牌数量增加了69.67%。截至2019年年底，国内房车保有量已经达到了139248辆，比2018年的保有量增长38.62%，显示出强劲的增长趋势。

房车市场经过这几年的快速发展，已经进入我国更多的城市，不过从地理空间布局来看，主要消费群体还是集中在华东、华北、华中等地区。另外，西南的四川、华南的广东等地消费群体增长势头猛进,相信接下来会有不俗的表现。

综合分析所有上牌车型,发现用户选择最多的是自行式B型房车,其次是自行式C型房车。由于拖挂房车在国内上牌及上路政策的不明朗,购买的消费者更少一些,不过与前几年数据相比,拖挂房车的消费数量已经明显增加。

根据国家工业和信息化部数据统计,在2019年共有145家企业申请了397款新车型的旅居车公告。其实,全国现在远不止这145家房车生产企业,还有一大半属于没有资质的厂家,借公告生产销售房车。因为我国国内的房车发展属于初级阶段,存在这样的情况也实属正常。在这145家房车生产企业中,江苏省、山东省、湖北省、上海都拥有超过10家的房车生产企业,属于全国房车生产比较集中的几个大省(市)。

2019年国内自行式房车主要使用的国产底盘品牌中,依维柯牌凭借4050辆占据绝对优势,大通牌以2366辆紧随其后,其他底盘品牌的数量较少,都还处于1000辆以下。除了国内这10个知名的底盘品牌外,进口依维柯牌、奔驰牌、道奇牌、曼牌等也在少部分使用,总体数量在386辆左右。

在我国房车市场中,房车的进出口规模都是相对较小的。进口受限于国家相关政策,要求国内销售的进口房车必须通过国家3C认证,而完善这个手续需要消耗大量的人力物力及漫长的时间周期,需要消耗大量的成本。而国内房车的发展才刚刚起步,出口品牌及数量并不多,在2019年的总出口量为24720辆。其中,山东省荣成市的房车出口量占全国房车出口量的85%以上,并在2017年被中国汽车工业协会授予"中国房车产业出口基地",在2019年被商务部命名为"国家外贸转型升级基地(房车)"。

在我国出口的房车车型中,以出口澳洲市场的帐篷拖挂房车为主,以硬顶拖挂房车和出口日本、韩国的自行式房车上装为辅。配套的房车生产企业已经在山东省荣成市形成完整的产业链,包括五金加工、房车门窗、房车家电等配套产业链条。

综上所述,2019年国内房车总销量、总上牌量、新车型增量较2018年都呈明显的上升趋势,这也印证了现在普遍看好国内的房车市场前景。截至2019年年底,国内的房车保有量大约14万,而全球的房车保有量已经达到2000万—2400万,可见我国的房车市场还处于初期阶段。不过,相信随着经济的发展,人民生活水平的提高,以及我国各种鼓励政策的进一步推行,再加上我国房车企业、房车从业者的不断创新努力,国内将会慢慢迎来更加蓬勃向上的房车市场。2020年虽然受疫情及国际贸易的双重影响,但房车市场依旧呈现积极的发展势头,给了房车从业者们信心。

**资料来源** 《2019中国房车产业蓝皮书》

**思考**:为什么我国房车市场如此火爆?我国国产房车企业和品牌如何?疫情对房车市场会有哪些影响?

## 第一节　房车自驾游的概念、特征及发展现状

根据马斯洛的人类需求层次学说,伴随着目前我国经济的快速发展和人民生活品位的提高,走马观花式的观光旅游已经过时,人们在旅游的同时更多在追求精神的诉求。越来越多的"先富"人群和大城市里的工薪层,都渴望走出"笼子"到郊外和自然环境美好的地方,这是人们渴望拥抱自然的一种集体无意识的追求。因此,学者们普遍认为,21世纪将是中国休闲经济时代。

鉴于我国双休日和"黄金周"等休假制度机制的建立,私人汽车房车保有量的增加,我国高速公路系统的日益发达,自驾游、房车露营等休闲产业迎来了难得的发展契机。虽然我国在这方面起步晚,但房车自驾市场依然彰显着巨大发展潜力。在我国,自驾游是最主要的旅游方式;房车,不只是交通和住宿工具;房车营地,更是度假地的新升级。

### 一、房车自驾游的概念

自驾游,从字面意思来说,就是旅游者自己驾驶汽车出游,而不是通过旅行社组织的出游方式。2006年,在首届中国自驾游高峰论坛上,与会者给自驾游界定了概念:自驾游是有组织、有计划,以自驾车为主要交通手段的旅游形式。自驾游的兴起,符合年轻一代的心理,他们不愿意受拘束,追求人格的独立和心性的自由,而自驾游恰恰填补了这种需求。

房车自驾游是自驾游市场的一种特殊出游方式,展现了一种以房车为特定载体的新型旅游方式。房车自驾游的核心价值点在于,将旅游和生活完全结合起来,"车子外面是世界,车子里面是自家",行在路上、乐在其中。房车自驾游更可被视为一种时尚的生活方式。

房车又称"汽车上的家",英语简称为RV。房车内有舒适的卧室、干净的卫生间、宽敞的客厅、整洁的厨房。还配有空调、彩电、VCD、冰箱、微波炉、煤气灶、沐浴器、双人床及沙发可供4—6人住宿,还有多套供电系统,行驶和住宿时都能全天供应电力。在国外,有专门的旅行房车驻扎区域,配以天然气、自来水、电等设施,房车一到指定停放区域,接上水、电、天然气就可以像在家一样方便。

自驾车旅游者外出旅游主要追求一种自由化、个性化的旅游空间,观光与休闲度假是自驾车旅游的主要动机,其他动机还包括商务旅游、探亲访友、美食娱乐和探险摄影,等等。房车旅游作为一种能够自由调节旅游步伐、随时随地体验各地风土人情的另一种独特的新型旅游模式,也逐渐被年轻人接受。

房车是流动的家,窗外是流动的风景,这是对房车自驾游的生动描写。

房车与自驾车最大的区别就是舒适性和较强的社交属性。房车内空间大,生活设施齐全,方便进行家庭活动。因为可以提供休息、住宿,方便在景区看日出日落,在夜晚烧烤聚会,因此,特别适合亲朋好友一起出游。此外,自驾车不易体验到的户外出游感

觉,房车很容易做到。

## 二、房车自驾游的特征

房车自驾游其本身具有自由化与个性化、灵活性与舒适性及选择性与季节性等内在特点。房车自驾游与传统参团游的区别主要体现在以下四个方面。

### (一)自主性

房车自驾游旅游者通常不需要由旅行社安排旅游行程,在旅游目的地的选择、到达与停留时间及食宿安排上都有很大的自主性,这非常契合当下年轻人的旅游需求。

### (二)短期性

中国的双休日与两大黄金周的假日制度使房车自驾车旅游受到相当的制约。区域性的自驾车旅游只能是短期的,即以 2—3 天为主。不过,一旦年休假制度开始普遍实施,这种特性也会出现改变,长达 2—3 周的自驾车旅游,如暑期家庭旅游活动也会流行起来。

### (三)小团体性

房车自驾游主要还是以家庭出游为主,即便是三五好友相约而行,也是小团体行为,与大型旅行团大为不同。这样,在旅行过程中,既能保证成员之间良好的互动交流,也有较大的自主性。

### (四)多样性

车有多种,人有百态。房车自驾车旅游者的消费习惯会随其收入、教育程度、年龄、地域性、旅游目的等因素的不同而有所不同。表现在旅游消费中,可能是时间、费用、品质与特殊要求等变量的多重组合,这也与团体旅游有显著的不同。

## 三、房车自驾游发展现状

### (一)国外房车自驾游发展现状

旅行房车在美国、欧洲已经是人们休闲旅游甚至生活中的一部分,主要用于旅行、打猎、钓鱼等休闲活动。使用人群以退休人群为主,他们的时间、积蓄都比较充裕。个人购买的多,美国的家庭房车拥有率为 9%—10%,美国的个人购买量多于租赁。欧洲的趋势是年轻人开始买房车。欧美房车的数字还在增加。

### (二)国内房车自驾游发展现状

房车自驾旅游在我国还属于比较新的概念,在当前我国传统旅游产品过度竞争的情况下,房车旅游作为一种被国外经验证明前景广阔的旅游产品,引起了各方的注意。随着我国经济社会的发展,人民生活水平的不断提高,房车自驾游越来越受到关注,成为一种流行的旅游方式。

房车自驾旅游是一项新型旅游消费活动,决定房车旅游市场结构的因素很多。受政府政策行为、区域经济的发展、房车的产业结构、国民消费理念和消费欲望及消费能力、个人消费意向等因素影响,汽车旅游市场结构可以分为基础市场、中档市场和高端市场三个层次。传统的组团式的乘坐旅行车、大篷车的观光旅游活动是基础市场的主要产品。随着人们消费水平的提高和消费理念的更新,目前这类产品在旅游市场逐渐淡化。如今在我国汽车旅游领域发展最快、最成熟的当属以自驾车旅行为主的中档市场。而我国的房车旅游正属于这中档市场中最令人瞩目的部分,房车旅游也是我国自驾车旅游由发展到成熟的必然环节。

目前,我国旅游业飞速发展,旅游产品同质化严重,竞争激烈,差异性小,创新性不强。想要占有很大的市场份额,必须创新,寻找差异化,满足消费者个性需求。大力开发、拓展新的旅游方式,抓住潜在消费者。

经测算,驾驶房车旅游比驾驶轿车旅游节省50%的费用,比坐飞机旅游节省75%的费用。房车让人们在没有压力的情况下纵情山水,自由度假。但这种旅游方式在消费人群中并未得到清晰的认识,因此要做好相关宣传,抓住其独特性,满足消费者需求,扩大其市场占有率。

## 第二节 房车自驾游的发展机遇与困境

### 一、我国发展房车自驾游的机遇

#### (一)国民经济持续稳定健康的发展

在党中央、国务院的正确领导下,我国国民经济保持持续、稳定、中高速增长,即使遭受了2020年新冠肺炎疫情的严重影响,经过艰苦努力,我们率先实现复工复产,经济恢复好于预期,2020年国内生产总值比上年增长2.3%,我国居民的生活总体上已进入小康水平。2020年,全年国内生产总值1015986亿元,首次突破100万亿大关,国民经济的平稳增长、社会的进步与人民生活质量的提高,为我国房车旅游市场的发展提供了良好的外部环境。

#### (二)居民收入的增长和闲暇时间的不断增加

我国居民收入的稳定增长,经济条件的改善,消费观念和消费结构的转变,带薪休假制度的全面实施,为我国居民的自驾出游提供了更为灵活的闲暇时间,成为露营地旅游业发展的推动力。

国家统计局公布的数据显示,2020年,全年全国居民人均可支配收入达到32189元,比上年实际增长2.1%。随着双休日、"黄金周"制度的实施,我国法定假日每年达到114天,同时,带薪休假制度的推行,为我国房车旅游市场的发展提供了经济和时间保障。

### (三)国家扶持政策密集出台

2016年,《政府工作报告》中指出:"落实带薪休假制度,加快旅游交通、景区景点、自驾车营地等设施建设,规范旅游市场秩序,迎接正在兴起的大众旅游时代。"自这一发展战略被明确以来,国家相继出台了相应的扶持政策,特别是文化和旅游部、公安部、交通运输部等六部门联合发布的《关于加快推进2016年自驾车房车营地建设的通知》、文化和旅游部联合十部委发布的《关于促进自驾车旅居车旅游发展的若干意见》、国家体育总局联合七部委发布的关于《汽车自驾运动营地发展规划》等多项鼓励政策文件的先后出台进一步刺激房车(旅居车)行业的发展,为我国房车旅游市场的发展提供了政策保障。

### (四)中国高速公路的建设规模世界第一

房车自驾游的发展,离不开高速公路等基础设施建设的支撑。随着我国高速公路网的建设,道路交通和基础设施的不断改善为我国房车露营旅游的发展提供了便利条件,为露营地市场开辟了绿色通道。截至2019年年底,我国公路里程达到501.3万千米,其中高速公路15万千米,规模位居世界第一;2020年,我国基本建成安全、便捷、高效、绿色的现代综合交通运输体系,建立健全交通运输与旅游融合发展的运行机制。

### (五)新能源汽车市场发展为房车自驾市场爆发提供新机遇

随着低碳经济的持续推行,新能源汽车的发展已成为必要。传统汽油车排放大量的一氧化碳、二氧化碳,是造成全球气候变暖的重要原因,而我国的传统汽油车销量遥遥领先于世界各国,因此助力产业升级势在必行。中国新能源汽车产业发展逐渐走向成熟,截至2021年,全国新能源汽车保有量达784万辆,比2020年增加292万辆,充电基础设施累计数量已达到187万台。在新发展理念背景下,新能源汽车市场的壮大,显著促进和影响了我国房车自驾游市场的绿色发展,目前,部分房车营地场地及充电桩可用于房车停靠及用电,非常有利于中国房车租赁市场的发展。

### (六)自驾游市场稳步扩大

据估计,到2022年,中国的旅游消费人次将会突破100亿人次,在这100亿人次旅游消费里面,预测自驾的消费人群可能超过80亿。路程网、房车行公布的数据显示,2012—2019年,我国房车保有量飞速增长,2018年已经达到79000辆,2019年突破10万辆,年复合增长率高达38%。因此,我国房车自驾游市场也将持续升温。

### (七)满足旅游者对公共卫生安全的心理需求

2020年爆发的新冠肺炎疫情,对国际和我国房车自驾旅游造成了严重的冲击和影响。疫情的爆发,引发旅游者对旅游过程中的公共卫生安全更加关注。为避免在旅游交通、住宿、餐饮过程中存在的人与人交互的公共卫生安全隐患,房车自驾游的市场需求将会增加。小团体的、比较私密的房车自驾游正好契合了旅游者对公共卫生安全的需求,在后疫情时代将会得到很好发展。

## 二、我国房车自驾游的发展困境

### (一)房车保有量不足

由于房车保有量严重不足,我国房车产业未形成一定规模的产业链,同时存在着停车困难、高速公路的限行等问题,难以有力推动房车租赁市场和露营旅游市场健康发展,严重阻碍了我国房车文化的普及和推广。

### (二)行业配套基础设备及政策不完善

目前,我国房车配套基础设施还不够完善,国内的房车度假营地也刚刚起步,导致房车营地供不应求,营地内便利店、厕所数量少、停车难,也是房车自驾旅游行业无法回避的问题。由于缺乏统一的规划,导致电力系统匮乏,不能为房车设备提供持续、稳定的电力供应。从我国的现状来看,制约房车旅游发展的因素主要有驾驶资格、牌照、道路状况、汽车排放、车辆保险、停放条件、公共设施、租车费用等问题。

### (三)民众对房车露营旅游认知不足

房车自驾出游,除了房车还需要有露营地作为场地和基础支撑,方便房车沿途补给水、电、燃气和食材。目前我国露营地已有近千家,但也存在很多问题,比如大众知晓率低,北方露营地经营周期短等。很多时候,房车自驾游还需要自己解决沿途停靠和补给的问题,房车露营地难以充分利用。截至2018年,中国有一定规模、能正常运营的房车露营地仅有200余家,造成95%的房车露营地亏损。

### (四)房车租赁企业规模较小

国家大力支持全域旅游,房车租赁企业借此机会快速发展。但是市场上房车租赁企业规模小,房车数量有限,服务赶不上市场发展速度,特别是节假日供不应求。此外,还存在消费者无法实现异地还车等问题。

## 第三节 房车露营地

房车露营地是指在交通发达、风景优美之地开设的,专门为房车自驾车爱好者提供自助或半自助服务的休闲度假区。房车露营地提供的主要服务包括住宿、露营、餐饮、娱乐、拓展、汽车保养与维护等,是满足现代人休闲时尚需求的旅游新产品,也是房车自驾游必不可少的一个产品环节。

房车露营地一般由营位区、管理区、休闲区和配套区等内容构成。营位区主要包括非旅居车营位、旅居车营位、木屋区、帐篷区等。管理区主要有信息中心、接待室、值班室、餐厅、医务室等。休闲区主要有综合广场、探险、漂流、垂钓等休闲体验等。配套区主要包括盥洗间、开水房、洗衣间、加油、维修、加水等。

房车营地在分布上明显具有指向客源地或分布在交通便利地区的倾向。例如城市周边区域，大多数游客在行程单边距离 300 千米以内。或者游客所在地靠近风景名胜区时，旅游者会选择自驾前往风景名胜区。最重要的是，交通条件较好的地区，公路状况是游客考虑的重要因素。

房车露营作为一种健康、时尚、无污染的绿色休闲方式，顺应了人类骨子里的休闲情结。对于彰显人类的活力、促进人们的友好相处、开阔人们的心胸都有很大的帮助。房车自驾游营地作为一种露营主题的旅游模式，在发达国家甚为流行。近几年，我国的房车露营地市场也逐渐火热起来。

房车露营地不只是简单的住宿业态在房车旅游市场的升级和替换产品，应该是整个自驾游、自由行客群的基础配套设施。房车露营地这个市场本身不大，但是房车露营地形成的以营地为基础的休闲产业却是一个非常广阔的市场，房车露营地市场必然会成为未来我国房车自驾游一个非常重要的呈现方式。当前我国整体房车自驾游市场还不完善，处于初级阶段。数据显示，美国有 2.5 万个营地，而中国目前成型的房车露营地只有 500 个左右，因此国内房车游景区或营地保有量还很有限。

## 一、国外房车露营地的发展

追溯房车历史，它的雏形在汽车发明前就有了，即吉卜赛人的大篷车。第一次世界大战末，美国人把帐篷、床、厨房设备等加到了家用轿车上。据统计，欧洲目前拥有 6000 多个标准的房车露营地，每年的夏季都处于爆满的状态，各种文体活动也吸引了成千上万的爱好者以露营方式参与。德国是欧洲房车露营发展最快的国家，房车露营已成为德国的一项重要的支柱经济业态。据统计，德国有 1300 万人在房车里度假，房车和露营每年总收入为 100 亿欧元，其中 39 亿欧元为停靠地花费，31 亿欧元为路途花费，30 亿欧元为车辆和装备。美国 1/3 的旅游住宿设施、1/3 的旅游时间、1/3 的旅游土地是以露营形式存在的，有 9%—10% 的家庭拥有房车，使用天数每年在 50 天以上，共有 800 万美国人常年住在房车上。目前在欧洲已有 50000 个露营地，在日本有 1000 个露营地，美国露营地超过 20000 个。露营地的发展也为相关国家带来了巨大的经济效益，促进了其房车自驾旅游市场的发展，有力推动了国民幸福指数的提高。

## 二、我国房车露营地的发展

中国房车起步较晚，直到 2001 年，中国首辆拥有自主知识产权的自行式房车终于下线，此后中国房车行业产业在摸索中不断前进。虽然只有短短二十余年的发展历程，但是迅速发展的房车旅游已经获得国内中产阶级的青睐，房车旅游产业发展也初具规模，北京、海南等地多建有房车小镇，国内房车露营地主要集中在环渤海经济圈、长江三角洲经济圈、珠江三角洲经济圈和两条精品旅游线上。但总体而言，我国房车营地的发展与主要房车大国仍然有较大的差距。

截至 2019 年年底，我国房车保有量约 108000 辆，比 2018 年同比增长 36.7%。由此可见房车市场整体向好,但是也意味着未来房车市场竞争将越来越激烈,同时又将刺激房车产业向高质量发展,可以说是有利有弊。截至 2019 年年底,我国露营地总量为 1778 个(不含港澳台),其中包括 1565 个已建营地、213 个在建营地,其中以华东、华北地区的营地最多,全国营位数约 56000 个。虽然房车营地的数量有所增长,但是受政策影响,许多房车营地关闭了,而 2020 年由于受疫情影响,人们将增长对休闲旅游的需求,或许未来房车营地的前景会更好。

根据《关于促进自驾车旅居车旅游发展的若干意见》(旅发〔2016〕148 号)(以下简称《意见》),自驾车旅居车(房车)旅游是发展速度快、消费潜力大的领域。为了促进我国自驾车旅居车旅游持续健康发展,增加新供给,释放新需求,发挥其引领旅游消费和投资的积极作用。我国房车建设应当推进政策创新,加强规划建设,优化空间布局,提升服务功能;发挥自驾车旅居车旅游的带动作用,使之成为引领旅游供给侧结构性改革,推动我国旅游产业向中高端迈进的重要载体。为此,《意见》要求到 2020 年,我国将重点建成一批公共服务完善的自驾车旅居车旅游目的地,推出一批精品自驾车旅居车旅游线路,培育一批自驾游和营地连锁品牌企业,增强旅居车产品与使用管理技术保障能力;形成网络化的营地服务体系和完整的自驾车旅居车旅游产业链条,建成各类自驾车旅居车营地 2000 个。宏观上,优化相关政策环境,壮大产业规模,大幅提升发展质量和综合效益,初步构建起我国自驾车旅居车旅游产业体系。

## 三、房车露营地盈利模式

房车露营地盈利模式非常清晰,主要包括以下几种:①出租营地营位,通过出租营位实现营地的基本收益,包括房车营位、露营营位、自驾车营位的出租。②出租空闲场地,空余场地可出租用于会展业务、承接会议或者举办个性婚礼等。③房车酒店客房收入,自行式房车、拖挂式房车客房及配套酒店经营收入。④车辆的租赁、销售和零配件租售,将营地发展为品牌车辆的分销商,并提供户外车辆、房车租赁,收取租金或者单独租售汽车零配件。⑤收费性的休闲、游乐项目收入,在水上、林间、草地建收费性游乐设施,形成娱乐区和运动休闲区,如篝火晚会等节目。⑥其他类型盈利模式,出租广告牌、办理户外知识讲堂、各类社会派对活动等。

## 四、我国房车露营地发展中的问题与反思

### (一)我国房车露营地发展中存在的问题

房车营地是未来的流行趋势,这一点毋庸置疑,随着我国社会经济的发展,旅游产业持续升温,房车自驾游越来越成为重要的旅游方式,因此,房车露营地市场也逐渐火爆。但是市场的快速发展,我国房车露营地近些年的发展也暴露出较多问题,具体表现在以下几方面:

1. 房车露营地选址先天不足

房车露营地应该是人们亲近自然,与自然亲密接触的场所,所以房车露营地选址一定要注意,周围要有很好的生态环境。一般都会远离现有城市建成区,甚至远离人口聚

集的村镇。现阶段,我国部分露房车露营地距离旅游景区较远,游客在景区游览结束后需要较长时间才能到达露营地,过远的距离可能会降低游客的参观游览欲望。

2. 房车露营地缺乏配套的设施项目

我国房车露营地的建设尚处于起步和探索阶段,由于前期认识不足,规划不合理等建设问题,很多营地其实还只能起到停车场的作用,配套设施和相应服务还没有跟上,安全保障能力也有欠缺,对营地的功能定位也还没有从观光转到休闲娱乐上来,因此还远不能发挥房车露营地强大的辐射带动作用。现阶段,我国大部分自驾游房车露营地的配套基础设施都处于建设完善过程中。

3. 房车露营地缺乏专业性的营地规划和营地标准

部分露营地的规划者、建设者与运营商的目标存在一些差异,导致规划建设不专业,尚未实现良好的经济效益、社会效益与生态效益的统一。目前,我国房车露营地数量有限,缺乏相应的规划建设标准,并没有对现有的汽车营地硬件软件进行分等定级,不利于房车自驾旅游者的选择。同时,汽车营地的宣传推广、汽车营地的信息化也存在很多不足,不利于自驾车旅游者搜索、选择和预订。

4. 房车露营地缺乏游客体验项目

部分房车露营地是以完成"指标""任务"式的心态建设的。追求投资规模和高档大气,却忽视了露营旅游者的体验需求。营位、道路设计不合理,娱乐休闲活动项目、高峰期游客公共安全应急预案、服务人员专业培训的缺乏等,都会给客户带来不良的体验。房车露营地能留住旅游者是营地发展壮大的关键因素,让游客真正亲自参与体验活动、感受营地的乐趣是留住游客的最佳选择和途径。因此,房车露营地要有一些必要的休闲娱乐项目,满足各类人群的需求,这样的房车露营地才有可能实现盈利。

5. 房车露营地建设缺乏生态保护理念

部分房车露营地在建设时,会大面积硬化路面,迫于经营和收回成本的压力,甚至会违规建设酒店、固定结构木屋等建筑,这些行为对土地的破坏是永久的、不可恢复的。人类与大自然应该实现和谐共生,房车露营地的流行体现的是人们亲近自然、逃离城市的思想。因此,在投资建设一个房车露营地时,企业应积极承担社会责任,尽可能少地破坏和污染环境、植被、生态等,只有生态型、环境友好型的房车露营地才是可持续的。

(二)问题反思

1. 规划先行,实时衔接

房车露营地是房车自驾旅游服务中重要的一环,房车露营地的规划建设必须要有专业、实力雄厚的公司对房车露营地进行一个总体规划,并和专业的运营公司不断进行衔接、商洽,力求规划设计出让运营商、游客都满意的自驾游房车露营地。

2. 政府为主,企业为辅

中国房车露营地需要靠政府部门的大力支持才能长期发展,资金、用地、审核上都需要政府主导,企业进行投资运营才能确保自驾游房车露营地的正常运营和盈利。

特别是,关于房车露营地建设的标准和等级,需要政府和行业组织来确定、颁布、执行。2019 年,文化和旅游部颁布了《自驾车旅居车营地质量等级划分》(LB/T 078—2019),中国旅游车船协会颁布《自驾车旅居车营地质量等级划分认定细则》,规范了我国房车露营地的发展。

#### 3. 业态并举,智慧运营

房车露营地度假旅游本身是属于高消费型产品,游客滞留时间长,而且房车露营地是餐饮、住宿、购物、娱乐等综合性消费的场所。所以房车露营地周边一定要有多种业态,把房车露营地建设成集露营、景观、休闲、娱乐于一体的休闲场所,并配有独特的主题,彰显个性,尽可能满足游客休闲娱乐方面的需求。在房车露营地产业链里面,还有木屋、租赁、亲子游、教育、餐饮、衍生品等多个环节和元素可做文章。此外,为了解决房车露营地成为停车场这一问题,可以采取智慧化措施,如IC卡门锁,一辆车只能占一个营地。

#### 4. 房车自驾游为主,销售为辅

房车露营地经营者要有一种观念,不能以自驾车销售为主。因为中国传统观念的制约,对房子具有浓厚的感情,房子给人以安全感,所以不会所有人都买房车,营地经营者应该以自驾游为主来揽客源,配合房车展示、房车升级改装、房车体验、房车线路推荐等,就像是房产界的4S店。房车销售和露营本身并不是目的,只是给民众户外旅行提供一个渠道。

#### 5. 生态优先,合理布局

保护原有生态环境为原则,并与自然环境相融合、配套;合理确定露营地建设规模和等级;合理布局、体现特点;建筑因地制宜;确保环境舒适、安全;全面考虑不同游客的需求。

#### 6. 细分市场,人文关怀

自驾游房车露营地根据其所在的地区、服务对象、管理方式等条件,合理确定露营地建设规模和等级,以满足各种类别的露营者对露营地设施的各种需求,内部的配套设施要根据不同游客的需求,人性化地制定,可以适当区分中档和高档设施。营地要针对客人的需求,大力推进多元化运营,用养生、休闲、娱乐活动等特色来招揽和留住客人,以微信、微博等现代媒体互动推介,每天推出房车的资讯和营地动态,吸引眼球。

## 五、房车露营地流行趋势

### (一)自驾游淡季,营地变多业务接待场地

房车露营地一般拥有大面积空闲之地,在开展房车露营地活动之余,可将场地出租用于会展业务,收取租金并招揽游客来此消费。如房车营地举办房车展销会、户外营地办理户外用品展览会等,或出租会议场地承接企事业单位的会议及个人婚礼等。但房车露营地必须注意环境问题,尤其对于展览业务的接待,更需要考虑场地容量问题。

### (二)自驾游房车营地结合旅游地产进行开发

房车露营地在发展过程中,应同时注意地产的开发。营地与主题公园类似,都具有聚揽人气的作用,能够提高该地区知名度,使一个鲜为人知的区域为人们所熟知,从而带动原本低廉的地产增值。因此可对旅游地产进行开发,如木屋别墅、野奢饭店等,作为营地的配套品出售,从而加速资金回流。

### (三)自驾游房车营地发展成为房车界的4S店

房车露营地是房车制造、展示、定制、体验、销售、养护最好的平台,因此可将营地发展为房车俱乐部,各房车拥有者定期或不定期地会聚于此交流沟通,从而形成房车界的4S店。另外,不同于4S店,营地还可以租赁房车,由于中国传统农耕文明的根深蒂固,国人的"家"观念比较浓厚,房车还无法在普通人家中普及,有能力、有意愿购买房车的家庭毕竟有限,更为广阔的房车交易市场应该通过租赁房车的形式实现。

### (四)多业态并举,成为旅游爱好者的集散地

为吸引除房车自驾旅游者以外的游客来营地,露营地除了应做到环境良好、风景优美之外,还必须开发大量的游乐项目来丰富营地活动,只有这样,才能留住游客,让游客体会到露营地的快乐和独特魅力。根据房车露营地周边丰富的旅游资源,可开发多种游乐项目,水上、林间、草地等皆可建收费性游乐设施,形成娱乐区和运动休闲区。例如,动物喂养、射击运动、篝火晚会、户外烧烤、露天影院等,这些游乐项目可以让游客亲自参与其中,感受体验式旅游的乐趣,同时也能为营地带来丰厚的经济收益。

### (五)智慧化解说、服务、消费系统

自驾游房车露营地的智慧化体现在导视与解说系统、IC卡服务系统、消费系统等方面。因为房车用户中智能手机普及程度很高,房车用户对科技的依赖较强,智慧化的运营能得到用户的支持,也能增加其满意度。从宏观角度看,房车露营地用户能够轻松通过网站、App、地图手册,轻松获得房车营地的区位和信息;从中观角度看,用户在路上,能够根据道路交通解说和指示系统,前往房车营地;从微观角度看,进入房车露营地后,用户容易停车,容易找到自己的房车或露营地位置,营地内Wi-Fi和营地App能帮助用户快速、及时了解营地内和周边即将举办的活动,并将房车露营地App当成了解周边和目的地的窗口,从而增加房车营地的潜在收益。

### (六)房车露营地走向标准化、连锁化和集团化

露营旅游在西方之所以能蓬勃发展,与一些优秀的房车露营地成立连锁机构密不可分。西方的一些房车露营地连锁机构除了实现如"异地还车"等基本管理功能外,还在整合宣传渠道、构建露营文化、制定统一的标准等方面起到巨大作用。它们有组织地针对不同地域、不同地貌、不同文脉,制定差异化的主题标准,有利于避免同质化和无序竞争,对于稳定产业机制和健全的市场环境发挥着重要作用。一方面,未来具有中国特色和中国基因的房车连锁集团或本土旅游集团的房车业务模块,在中国房车露营地发展中将发挥极大的作用。这些企业了解用户和市场的需求,并且清楚国外房车露营地的优劣,能根据我国用户的需求和市场发展,结合本土实情对房车露营地进行创新,从而促进房车旅游市场的快速发展。另一方面,综合型的房车露营地必然是未来的发展主流。因此,我们在欣慰于汽车营地流行的同时,也应当对其进行冷思考,在露营地建设初期就转变发展思路,避免陷入房车露营地发展的困局。

## 六、房车露营地的类型及案例

### (一) 依托现有休闲场所配套建设

目前,我国的休闲山庄、农家乐、休闲景区比比皆是,如果能够在这些休闲度假场所配套建设房车水电桩,其实就是很好的房车营地。其主要优点有以下几个方面。首先,投入成本较低,因为是依托已有的景点,除了水电桩和场地租金之外,不需要其他的特殊投资。其次,能够共享卫生间、餐饮、娱乐等设施,满足房车自驾旅游者的餐饮、娱乐消费需求,实现与主体景区的共同发展。

**案例:成都天际线房车露营地**

天际线房车露营地位于成都市锦江区琉新路301号,位于成都市锦江区三圣乡旅游区域内,营地配套包括开放式餐厅、足球场、篮球场、大草坪、淋浴间、公共卫生间、露营区、烧烤区、房车区数十个房车标准营位、排污口、自来水、电源等。

会员性质的房车露营区域,每一家每一户都是不同的风格,植物的搭配、房车的样式各异,听听鸟鸣,晒晒太阳很惬意的周末。悠然自得的郊外生活让住在快节奏城市的人们羡慕,不禁想起陶渊明的诗句"方宅十余亩,草屋八九间。榆柳荫后檐,桃李罗堂前。暧暧远人村,依依墟里烟。"在这里倾听自然,融入自然,做几天山野农夫,不知不觉间就放空了心灵,找回了宁静。

### (二) 实现连锁化和互联网化经营

房车营地也应当像便捷酒店一样实现连锁化经营,如果国内能有数家连锁房车露营地企业,旅游者只需要选择一家成为会员,就可以在全国各地的连锁营地驻车,而会费也会进一步提高客户黏性。这种模式在欧美十分成熟,能够有效降低房车营地的平均驻车成本。所谓的互联网化,即由专业的OTA平台对现有的房车营地信息进行整合,上线评价机制,通过互联网手段消除行业信息不对称的问题,倒逼房车营地管理者从粗放式经营向精细化经营转变,实现口碑为王。

**案例:山东潍坊白浪河露营地**

山东潍坊白浪河露营地的规划建设充分运用了互联网思维,将打造国内首个集线上预定—移动支付—智能导航—营地自助入住办理—智能自助房车于一体的一站式智能型五星级营地。

山东潍坊白浪河露营地是星河公司倾力打造的标杆营地,是国内第四个按照国家标准委发布的休闲露营地系列国家标准打造的露营地,是山东省内首个国标营地,先后荣获"2015—2016房车家族最喜爱房车露营地""鹿鹰奖年度最佳设计创新奖""露营天下鹿鹰推荐营地""2016—2017房车家族最受欢迎露营地"等业内殊荣。营地占地面积约154亩,含房车、木屋、集装箱、玻璃房等各类营位共107套,可满足200人住宿和300人的餐饮服务。

该房车露营地主要为家庭式自驾游群体及团队游客提供独特的房车住宿体验,设有家庭亲子、田园风光、艺术等主题房车,露营地在满足游客住宿体验的基础上,将提供商务宴请、户外烧烤、茶座、咖啡、酒吧等美食服务,并有多种多样、新鲜好玩的参与性活动,如儿童游乐、活动拓展、篝火晚会、戏曲表演,以及亲近自然、享受自然的亲子、交友活动,还有研学教育活动及花卉苗木知识科普等露营生活方式,体验采摘果蔬、参观种植培育基地等,同时可提供婚纱摄影等户外摄影活动。

### (三)多元收费模式适应不同客群

当前房车自驾旅游者主要包括以下几种:候鸟过冬人群、休闲度假人群、深度体验人群,其房车旅行的目的地、使用时间都有很大的区别,因此单一的收费模式并不能够很好地适配所有车友。比如现在很多自驾旅游者的房车经过了深度改装,并不需要水电的支撑,房车营地完全可以把停车收费和水电收费分成两个部分,停车按天收费,定价较低;水电按量收费,单价相对较高,这样既能够满足不同自驾旅游者对营地的需求,又能够让不需要水电服务的车友节约资金。针对候鸟过冬的人群,由于在一个营地长期居住,完全可以提供包月收费。针对深度体验人群,连锁式的营地完全可以提供会员服务,收取一定的会费,给会员较大的折扣。针对休闲度假人群,则可以进行捆绑营销,例如使用营地的休闲娱乐设施就免费提供车位和水电等,这样能够让营地的各项业务都能够均衡发展,提高入住率,最终提高营业额。

**案例:杭州西溪蜗牛房车营地**

杭州西溪蜗牛房车营地总面积达 10000 多平方米,共有房车生活体验区、空中帐篷区、大型帐篷活动区、房车销售展示区、休闲木平台、水上活动区、儿童娱乐区和接待区等 8 个区域,还有自助餐厅(厨房)、公共洗手间(浴房)和小卖部等生活配套设施,仿佛一个铺满草坪的生态公园,是城市里难觅的一个世外桃源。营地是进口大型拖挂房车和庭院的完美结合,房内均配有独立淋浴间、24 小时热水、洗漱用品、无线 Wi-Fi 等。此外,营地还配设餐厅、停车场等,可同时容纳 30 多辆房车。根据旅游者的不同需求,采取了不同的收费模式。

杭州西溪蜗牛房车营地位于西溪湿地洪园,依托湿地优美的生态环境和自然风光,成为杭州城市里的首个房车营地。西溪湿地为房车营地提供的资源,除清新的空气和良好的自然环境之外,还有丰富的旅游资源,西溪印象城作为生活配套设施,又恰到好处地完善了营地所能提供的衣食住行服务。

杭州西溪蜗牛房车营地已建立了完善的服务体系和配套的娱乐设施,并定期和不定期地举办草坪婚礼、篝火晚会、亲子活动和宣传片的拍摄,精心营造休闲氛围,利用丰富多彩地旅游项目满足各个层次游客的需求,使产品由单一向多元转化,使游客全身心地投入房车体验。

**本章思考题**

1. 如何理解房车自驾游的概念?
2. 房车自驾游有哪些特征?
3. 我国房车自驾游发展的困境有哪些?
4. 我国房车营地发展存在哪些问题?如何应对?
5. 如何平衡和协调房车自驾游和环境保护之间的关系?

### 案例分析

**凭借私密性与安全性，房车自驾成为旅游业的新焦点**

房车游日益受青睐

受疫情影响，今年国内旅游市场不够景气，但房车游订单同比大幅增长。业内人士表示，行业目前还存在短板，房车营地的完善是房车游推广的基础。

白天，在大自然中徜徉，看小桥流水；夜晚，在河边露营，听虫鸣蛙声……2020年8月初，借着参加"京津冀晋房车巡游暨文化旅游精准扶贫活动"机会，山西省房车协会副会长陈建设开启了新冠肺炎疫情以来第一次房车自驾游。"看日出，观晚霞，听森林涛声，看潮起潮落"，回忆起这次出游，陈建设意犹未尽。

受疫情影响，2020年国内旅游市场不够景气，但据某线上旅游服务平台数据显示，2020年7月以来，房车游订单同比增长超过120%，是极少能大幅超过去年的旅游细分行业之一。多家汽车租赁平台也表示，近两个月来，房车租赁订单大幅增长。作为一种新兴的自驾游业态，房车出游凭借其私密性、安全性，成为疫情下旅游行业的新焦点。

享受与自然独处

"在内蒙古乌兰布统的五彩山上，傍晚时分下起了大雨，等到晚上十点左右雨停之后，天空出现了一轮红月，非常漂亮。"金辉是一名网络信息安全员，也是天津房车露营协会的会员。因为不愿意被住宿环境束缚，金辉喜欢开着房车和家人出游。去年秋天在内蒙古的一次房车旅行让他记忆颇深。

"我们把车停在阿尔山乌苏浪子湖边，早晨推开窗户，就能看见白鹭在觅食，湖面泛起点点雾气，偶尔有小鱼跳出水面。"让金辉印象最深刻的，就是沿途美不胜收的风景。在他看来，房车游最大的优势就是在保证安全的前提下，找一个喜欢的地方停下来，早晨醒来时大自然的美景就映入眼帘。"我很享受那份安静和与自然独处的感受。"金辉说。

新疆戈壁地区的高速公路、俄罗斯贝加尔湖畔……在陈建设的记忆中，房车自驾游途中不仅有美景，还有一群朴实好客的陌生人。行车途中遇到有人家结婚过寿的，陈建设都要停车观看并送上祝福。当地素不相识的人带他品尝美食、参观景点，大家因此结缘，成为朋友。

"可以在心仪之地小住几日，也可以在一个地方打卡即离，不受约束，不必赶点。"陈建设认为，这是房车游的独有优势。

出游途中，将房车停在哪里，是车主首先要考虑的问题。虽然有不少人和金辉一样，更倾向于找个风景优美的地方停下，但记者采访得知，现阶段房车自驾游仍以停靠在专门的露营地居多。有业内人士表示，房车露营地涉及车辆停放和旅途补给，营地的完善是房车旅游推广的基础。

"从自然环境上看，成熟的房车露营地周边要具备湖海江河、草原林地、人文历史、古都、古村落等景观。从配套设施上看，营地还要具备交通便利、移动网络信号全覆盖等条件。同时,消防安保、照明卫生、水电供给、厕所洗浴、废弃物处理等必须达到国标和行标要求。"山西省房车协会会长董瑞江向记者介绍道。

房车营地服务能力尚不足

"有资料显示,截至2019年年底,全国自驾游出行比例达到64%,其中房车自驾也占有一定比例。"董瑞江说。而房车自驾游作为一种新兴出游方式,也显现出了一些问题。

北京第二外国语学院中国文化和旅游产业研究院高级研究员王兴斌表示,我国境内的房车旅游还处于初期阶段,"目前,我国房车露营地服务及产品供给不足的情况依然存在,并在一定程度上制约着房车旅游的发展。"

据不完全统计,截至2019年年底,中国境内房车露营地总量为1778个,其中包括1565个已建营地、213个在建营地,华东、华北地区的营地最多。

董瑞江认为,以山西省为例,目前还存在房车露营地数量不足、分布不平衡、收费高等问题。

"国内的房车露营地收费普遍比较高,一辆进入营地的房车,消耗的主要是水电,动辄一晚上五六百元的费用并不合理,且管理水平也跟不上。"金辉说。

记者在某线上旅行服务平台上看到,一款北京古北水镇3天2晚房车自驾游产品价格为2499元,其中不包括房车在使用过程中产生的过路费、燃油费等,餐饮和部分景点门票也由游客自费。

董瑞江指出,部分国道省道的路段不通畅,3.5米的限高也在很大程度上影响了房车通行。此外,还有个别房车使用者存在乱扔垃圾、随处排放生活污水等不文明行为。

扩大影响力

"疫情使文旅行业遭受重创,随着情况好转,人们憋了大半年的出游激情迸发出来。租房车出游就是积极适应当前疫情防控常态化,有序推动文旅业复苏的最佳方式。"在董瑞江看来,房车游避免了公共交通和宾馆住宿,减少了与陌生人的接触,降低了感染风险。

王兴斌认为,从长远来看,国内的自驾车营地不一定非要追求规模有多大,但功能要齐全且具备特色,这样才能和景区、小镇形成联动效应。

记者了解到,为进一步扩大房车露营的影响力和知名度,山西房车协会连续多年承办中国(山西)国际房车露营博览会、中国自驾游房车露营大会等活动,促进了该省房车游、自驾游、露营市场的发展。

此外,在当前全国大力开展扶贫工作的背景下,山西房车协会将扶贫工作与房车出游相结合。例如,在"京津冀晋房车巡游暨文化旅游精准扶贫活动"中,专门制定了环境好、有特色的扶贫搬迁移民新村游览线路,房车游客们可根据需要购买当地农副产品,为村民增收。

"随着交通沿线基础设施和服务设施逐步完善,房车设计和价格日趋合理,未来选择房车出游的人会越来越多。"金辉憧憬着退休以后,能约上三五好友,开着房车去一个环境好的地方,尽情享受大自然的美景,"大家一起游玩,在途中彼此照料,是一种别样的晚年生活。"

**资料来源** 根据光明网相关文章整理

**案例思考题：**

(1) 相比其他旅游方式，房车自驾游有哪些优势？

(2) 房车自驾游的方式更适合哪类人群？

(3) 疫情对房车自驾游产生了哪些影响？

(4) 我国房车自驾游还需在哪些地方进行改进？

> **本章思政总结**
>
> 1. 习近平总书记曾在讲话中提到："一个流动的中国，充满了繁荣发展的活力。我们都在努力奔跑，我们都是追梦人。"青年一代有理想、有本领、有担当，国家就有前途，民族就有希望。房车自驾游一定程度上代表着自由温暖、有活力，能够使旅游者体验到"行游合一"，在游中体会人生、勇敢追梦。
>
> 2. 阐述习近平总书记的"既要绿水青山又要金山银山"理念内涵，把守住发展和环保两条底线作为总纲，强调时刻绷紧生态环境保护这根弦，分析可持续发展理念对于推动新时代生态文明建设，引领"美丽中国"发展的重要意义，把价值观培育和塑造"基因式"地融入课程，将"美丽中国"建设、习近平关于生态环境保护的"两山论"理论精神内核及爱国情怀传递给学生。

# 第十二章
# 邮 轮 旅 游

**学习目标**

1. 理解邮轮旅游的概念、特征；
2. 掌握邮轮旅游的发展历程及每个阶段的主要特征；
3. 掌握邮轮旅游的需求和意义；
4. 理解邮轮旅游的类型和典型案例。

**思政元素**

邮轮旅游是将作为海上目的地的邮轮与岸上旅游目的地相结合的海陆复合型旅游方式，是国际旅游业的高端业态，已经成为我国旅游业发展的重要组成部分，成为壮大海洋旅游经济、拓展蓝色发展空间、促进消费升级的重要抓手，是对接"一带一路"倡议、深化改革开放、增强旅游外交和实施海洋经济强国战略的重要助力，对于服务"一带一路"倡议、建设海洋强国具有重要意义。邮轮旅游是我国旅游业中增长最快的部分之一，随着国内消费加快升级，旅游消费方式从观光游向观光、休闲、度假并重转变，对高品质旅游产品的需求日益增大。由于邮轮产业强大的经济拉动能力和产业集聚吸附能力，邮轮旅游逐渐成为沿海地区经济增长的新动力。国务院办公厅印发《关于进一步激发文化和旅游消费潜力的意见》，提出"支持邮轮游艇旅游等新业态发展"。文化和旅游部等十部门联合印发《关于促进我国邮轮经济发展的若干意见》，提出"推动我国邮轮产业链迈向全球价值链中高端，促进我国邮轮经济升级发展"。为引领邮轮旅游高质量发展，文化和旅游部批准上海设立"中国邮轮旅游发展示范区"，要求打造邮轮经济高质量发展全国样板。"十四五"期间，在文旅深度融合的大背景下，亟须探讨我国邮轮旅游高质量发展机制和模式，加强邮轮旅游文旅融合，不断激发文化和旅游消费潜力，优化邮轮出入境客源结构，不断提升邮轮旅游产业贡献度及其对经济增长的带动作用，推动邮轮旅游高质量发展。

近年来，在党中央坚强领导下，中国外交以习近平外交思想为指引，攻坚克难，开拓进取，取得了历史成就，开创了崭新局面。我国积极构建全球伙伴关系网络，建立全方位、多层次、立体化的外交布局，形成遍布全球的"朋友圈"。邮轮游艇游不仅可以满足人们日益增长的美好生活需要，并且从旅游业的角度促进国家之间"和平外交"的实现。

## 章前引例

### 击楫奋进 摘"珠"之旅开启新征程

2020年11月10日,中国首制大型邮轮在中国船舶集团有限公司旗下外高桥造船有限公司迎来了坞内连续搭载总装里程碑节点,标志着中国首制大型邮轮实现了从详细设计、生产设计到实船总装搭载的重大跨越。随着这一里程碑节点的顺利开始,继液化天然气(LNG)船、国产航母之后,中国船舶工业向摘取"皇冠上最后一颗明珠"又迈出了坚实的一大步,标志着我国大型邮轮建造取得重大阶段性突破,对贯彻习近平总书记重要指示精神、落实国家战略、满足人民美好生活需要具有重要的意义。

大型邮轮是"移动的海上城市",是高度国际化的产业,邮轮旅游是人们对美好生活向往的重要实现形式,建造大型邮轮是一个国家船舶工业综合实力的重要象征。作为设计建造难度最大的船型之一,大型邮轮是我国目前唯一没有攻克的高技术、高附加值船舶产品,进入门槛极高,是名副其实的巨系统工程。作为建设本土邮轮生态体系的核心,为了满足人民群众对美好生活的向往,建造大型邮轮,不仅已经成为中国船舶工业发展趋势的必然选择,也是我国船舶工业大力推进供给侧结构性改革、实现转型升级和高质量发展的重要举措和必然要求。

众所周知,建造大型邮轮需要具备强大的项目管理能力、建造能力、创新能力和完善的供应链体系。近年来,随着我国船舶工业整体发展水平的不断提高,我国船舶工业已经有能力、有条件、有信心建造大型邮轮。在国家的支持下,在中国船舶工业产业链上下游的共同努力下,中国船舶集团紧密围绕党中央重大决策部署,举全集团之力,严密组织筹划,严谨协调施策,创新思路,采取产融结合、国际化合作的模式,一步一个台阶,全力推进这项国际化的巨系统工程,循序渐进走出了一条具有中国特色的大型邮轮建造之路。在此过程中,习近平总书记两次见证国产大型邮轮项目推进过程中的重大签约,十分关心工程进展,这对我国船舶工业扎实有效推进国产大型邮轮重大专项工程是极大的鼓舞和鞭策。从首届中国国际进口博览会签订2+4艘13.5万总吨Vista级大型邮轮建造合同,到2019年10月首制大型邮轮开工建造,再到实现坞内连续搭载,我国邮轮研制不断实现新的里程碑节点。当前,我国大型邮轮建造已经进入新的阶段,这对企业的项目管理能力、科技创新能力、体系建造能力、安全质量体系和供应链保障能力提出了更高的要求。尤其是2020年以来,全球新冠肺炎疫情的爆发给大型邮轮建造进度、供应链等带来了巨大的冲击,中国船舶集团与合作伙伴一道,努力克服困难,积极开展船厂适应性改造、工程总体设计、物资采购及供应链建设、生产总体进度、安全质量等工作,如期实现了坞内连续搭载关键节点,为邮轮项目推进奠定了基础。下一步,要持续加强科技创新和关键核心技术攻关,强化供应链体系建设和管理,努力实现邮轮设计建造自主可控,全力以赴推动邮轮工程顺利实施,按时、安全、优质地完成我国首艘大型邮轮建造。

尽管受新冠肺炎疫情等因素影响,全球邮轮旅游和邮轮产业发展面临一些困难,但是,正如习近平总书记在第三届中国国际进口博览会上指出的那样,"从历史上看,不管遇到什么风险、什么灾难、什么逆流,人类社会总是要前进的,而且一定能够继续前进"。中国首制大型邮轮的各项挑战才刚刚开始,前行的道路上依然充满险阻。站在新的起点,我们要主动作为、击楫奋进,发挥优势、协同配合,全力摘取造船皇冠上这一耀眼明珠,推动我国船舶工业加快向全球船舶工业产业链、价值链中高端跃升,早日将人民群众对美好生活的向往实现。

**资料来源** 根据《中国船舶报》相关文章整理

## 第一节　邮轮旅游的概念、特征及发展历程

### 一、邮轮旅游的概念

邮轮始于19世纪的欧洲,原指海洋上的定线、定期航行的大型客运轮船。"邮"字,本身就有交通的含义,在经济还不发达的过去,跨洋邮件、货物的传递都是由这种大型快速客轮运载的,因此得名邮轮。随着科学技术的发展,一部分邮轮的运载功能被其他交通工具所取代,邮轮逐渐演变成一种集吃、住、行、游、购、娱为一体的旅游产业,就像"流动的旅游度假村"。

邮轮目前不论在理论界还是实务界,都没有一个比较权威的定义。从邮轮产业的角度去定义邮轮本身,是目前理论界较为共识的选择。虽然邮轮产业目前的定义同样不统一,但是其内涵和外延相对来说已经比较成型。目前相对公允的定义是:以邮轮为中心进行辐射,主要由邮轮制造业、邮轮运输业、邮轮旅游业、邮轮服务业等上下游产业形成的特定的产业集群。2016年,上海旅游局发布的行业规范《上海市邮轮旅游经营规范》中第2条将"邮轮旅游"这一概念定义为"以海上船舶为旅游目的地和通工具,为游客提供海上游览、住宿、交通、餐饮、娱乐或到岸观光等多种服务的出境旅游方式"。《上海市邮轮旅游经营规范》在官方文件中首次明确邮轮旅游是以海上船舶为旅游目的地的旅游方式,实现了邮轮从交通运输工具到旅游目的地的属性升华。

谢忱从邮轮产业的视角出发,对邮轮进行定义。他认为最狭义的邮轮定义是指能够承载一定数量的游客并为之提供配套的生活和休闲娱乐服务设施的船舶。广义的邮轮定义包括提供生活服务设施并以旅游为目的运营的客运船舶。将邮轮旅游定义为以邮轮为中心,途经一个或多个经停港,以海上巡游和经停港所在地的岸上旅游为主要形式,以邮轮本身和岸上景点所提供的生活、休闲、娱乐服务为内容的旅游活动。

Yang(2015)认为邮轮旅游是一种以轮船为载体,为游客提供海上观光、休闲娱乐及岸上购物和游览等一系列活动,属于高品质、现代化、享受型休闲旅游。笔者认为邮轮旅游是指以大型豪华邮轮为载体,集交通运输、住宿餐饮、购物、娱乐、文化活动,以及观光游览等为一体的休闲度假旅游。

## 二、邮轮旅游的特征

邮轮旅游具备以下三个特征。

### (一) 旅行的休闲性

旅游和海上游客运输的有机结合,是邮轮旅游区别于一般海上游客运输的重要特点。邮轮的旅游线路呈现闭环化的趋势,即从某一特定母港出发,经过一圈巡游,路过若干挂靠港后,再度回到启程的母港,这种"从起点到起点"的航线设计已经与"从 A 点到 B 点"的海上游客运输业完全不同。与传统从事海上游客长距离运输的普通客船不同,邮轮自诞生开始就以注重游客船上体验、打造舒适海上航行为卖点。由于邮轮旅游需动用的资源复杂且运营成本较高,其提供给游客舒适的体验与服务,导致邮轮旅游相较于其他旅游产品而言更像奢侈品,其运营成本高于传统海上游客运输,船票平均价格也高于一般的客船船票。邮轮在每个挂靠港停泊的时间通常不会超过 24 小时,大部分时间在海面航行,邮轮游客在整个航程中的大部分时间均在船上度过,按照船上时间表的指引自由地安排行程,与陆地上的信息交流被客观通信条件限制在相对较低的水平,因此,游客在船上享受着休闲的"慢生活",这种慢节奏的休闲体验构成了邮轮旅游活动的主要内容。邮轮公司设计丰富的邮轮旅游产品和船上活动,以及岸上旅游路线,能满足多样化的邮轮旅游群体的邮轮旅游需求。

### (二) 风险的复杂性

由于邮轮航线主要以长距离国际航线为主,邮轮在海上巡游,无时无刻不与恶劣天气、船舶机械故障、意外事故等海事风险为伴。正因为人类永远不可能彻底征服大自然,而至多是顺应自然规律与之和谐相处,这种海事冒险活动的属性也永远不可能随着科技的发展而彻底消除。同时,邮轮在若干挂靠港作短暂停留,停靠港国籍和所涉国际公私法的不断变化成为常态。且船上具有种类丰富的生活和娱乐设施,使得邮轮业所涵盖的主体和业务的复杂度远远高于传统海上游客运输业。一艘大型邮轮能够遇到的各类风险并不逊于一个独立的岛国。邮轮起航前的行前说明会与邮轮开航时所有游客必须参加的安全演习都是邮轮必不可少的惯例,邮轮上也随处可见各类安全警示标语与紧急情况应对规则。邮轮船长与其他船舶的船长一样,在航行安全与海洋环境保护方面具有独立的决断权,邮轮其他在船人员必须完全服从,船公司也无权干预。这些基于海事传统的繁复而严格的仪式与规则,确保了邮轮旅行的安全性和有序性,保证邮轮游客能够安心面对航程中可能到来的种种意外风险。

### (三) 文化的多元性

邮轮产业最大的特点之一就是所涉及的主体和服务的多样化。一艘邮轮上仅承载的工作人员就包括甲板(驾驶)、客房、餐饮、娱乐、安保及提供其他固定或临时性服务的人员,这些人员来自不同的国家,其文化背景和思维习惯也各不相同。游客也来自不同的国籍与生活背景,复杂程度取决于客源地的特点。国际邮轮体量越大,邮轮母港的国际化程度越高,船上的游客国籍越复杂,同一艘船上招待来自几十个不同国家和地区的乘客已经成为一种常态,且呈现出多元文化主体的互动模式。航海活动本身就带有非常明显的国际化倾向,航海所面临的大量潜在风险也使个体之间更倾向于采取交流与合作的方式来增强心理的安全感。

## 三、邮轮旅游的发展历程

### (一)全球邮轮旅游的发展历程

全球邮轮旅游的发展大致可以划分为4个时期:

1. 越洋客运时期

在飞行航空器发明之前,人类横越大洋的旅行大多以船舶为主力,此时期就是海上定期运输客船的鼎盛时期。直到第二次世界大战之后的20世纪50年代,喷射客机发明并投入商业运营,引发一波航空运输的革命性发展,越洋客船遂失去其海上运输的功能。随着欧洲半岛东方轮船公司(Peninsular & Oriental Steam Navigation Company)于1822年建立,邮轮开始进入人们的视线。起初,公司名为半岛轮船公司(Peninsular Steam Navigation Company),开辟了第一条从英国出发至伊比利亚半岛(Iberian Peninsula)的航线。1837年,公司签订了第一份合约,开辟了海上邮件运送业务。1840年,邮件运送业务扩大至通过直布罗陀海峡和马耳他进入埃及港口亚历山大。同年,其被皇家宪章公司(Royal Charter)收购,合并成为P&O。1844年,P&O第一次引入"载人邮轮"概念,组织了从英国到西班牙、葡萄牙再到马来西亚和中国的航行,成为邮轮客运的一个标志性事件,这也是邮轮历史上的里程碑。之后,公司渐渐将航线扩大至亚历山大和君士坦丁堡。1846年,世界上第一家旅行社的创始人——英国人托马斯·库克组织了350人的团队,包租了一艘邮轮到苏格兰旅游,成为世界上公认的首次邮轮商业旅游活动,被视为邮轮开始作为旅游载体的标志。

19世纪后半叶是邮轮旅行的快速发展期,邮轮也变得更加奢华。第一艘钢结构表面的邮轮是在1880年建造的"SSRavenna"。1889年建造的"SS Valetta"是第一艘使用电子灯泡的邮轮。

2. 邮轮蓬勃发展时期

20世纪初,欧美客轮业者顺应潮流,改变船舶吨位、船舱空间及加装各式休闲娱乐设施,配合欧洲南部爱琴海周边、西亚及埃及等古文明遗迹景点,开拓地中海邮轮旅游航线。

1)1900—1910年

1901年冬,真正意义上的具有旅游功能的邮轮出现,"维多利亚·路易斯公主"(Prinzessin Victoria Luise)号邮轮以避寒的方式在地中海地区航行。这无疑开创了邮轮航运史上一个新的时代,这之后的100年成为世界远洋邮轮发展的黄金岁月。1912年,最豪华的远洋邮轮"泰坦尼克"号开始处女航。1909年3月31日,"泰坦尼克"号开始在北爱尔兰的最大城市贝尔法斯特的哈兰德·沃尔夫造船厂建造,该船为美国嘉年华邮轮集团的前身白星邮轮拥有。船体于1911年5月31日下水。"泰坦尼克"号全长约269.06米,宽28.19米,吃水线到甲板的高度为18.4米,注册吨位46328吨(净重21831吨),排水量达到了当时规模空前的66000吨。船上有891名船员,可以运载

2200名乘客,被誉为"永不沉没的轮船"。1912年4月10日,在英国南安普敦港的海洋码头,"永不沉没"的泰坦尼克号启程驶往目的地美国纽约。当时世界上最大的邮轮开始了它的第一次,也是唯一的一次航行。

2）1920—1930年

1912年,冠达邮轮引进"Laconia"和"Franconia"两艘客货两用轮船加入邮轮市场。"Laconia"号于1922年率先开启环航世界的壮举,自此,海上邮轮航线逐步扩及大西洋两岸海域、中美洲加勒比海,最后向北延伸至阿拉斯加、波罗的海,南至亚太地区及南太平洋等海域。

3）1940—1970年

第二次世界大战(1939—1945)之后,为了预防邮轮旅行的"老龄化"趋势,各家邮轮公司逐步退出天数较短、价位较低的航线,并装设各种新颖先进的休闲娱乐设施,吸引更多的中产阶级年轻人加入邮轮旅行的行列。

4）1980—1990年

20世纪80年代《爱之船》电视剧及90年代《泰坦尼克号》灾难电影的风靡引发人们对于邮轮冒险和探索未知世界的好奇之心,为邮轮旅游起到推波助澜的宣传效果。20世纪90年代,世界邮轮市场持续成长,更加速了邮轮产业的持续发展。

3. 奢华邮轮时期

20世纪90年代中期是航空旅游的兴盛时期,为增强竞争力,邮轮公司遂兴起邮轮假期的概念。1996年,"嘉年华命运"号邮轮横空出世,以10万余吨净重称霸当时的邮轮业。邮轮假期在20世纪80年代渐趋蓬勃,不少邮轮公司加入并投资建造设施更豪华、节目更丰富、排水量更大的邮轮的行列,使邮轮变成一座豪华的海上度假村。邮轮被称为"无目的地的目的地"和"海上流动度假村",毫无疑问地成为当今世界旅游休闲产业不可或缺的一部分。奢华邮轮除了设有餐厅、酒吧、咖啡厅、游艺室、电影院外,还设有舞厅、游泳池和健身馆等游憩设施,开启邮轮产业以各式奢华游乐设施竞争的时代。

4. 超级巨轮时期

邮轮旅游产品趋于成熟和细分化,邮轮作为旅游目的地的观念开始深入人心。如今,世界邮轮产业仍处于高度垄断和市场集中的阶段。目前世界上三大邮轮公司为嘉年华邮轮(Carnival Cruises)、皇家加勒比游轮(Royal Caribbean Cruises)和以亚太地区为根据地兼主力市场的丽星邮轮(Star Cruises)。各家邮轮船队新造加入营运的船舶数字增长惊人,几乎每年各家邮轮船队都会有一艘破最高吨位记录的邮轮面世。例如,"海洋和悦"号出自海洋绿洲系列,同"海洋绿洲"号和"海洋魅丽"号一样,有着18层客用甲板,但是和悦号能提供的假期体验则远超绿洲号和魅丽号,227000吨的排水量再次让皇家加勒比刷新世界最大邮轮的纪录。长达361米,竖起来比324米的埃菲尔铁塔还高,宽达66.4米,比一架63.7米的波音777-200型客机还长。

（二）中国国家政策扶持邮轮旅游发展

国家层面的邮轮经济发展政策创新是中国邮轮产业发展最坚实的保障基础,体现了国家层面对邮轮经济发展的重视,它明确了邮轮产业发展的目标,设计推进邮轮自主设计建造、本土邮轮品牌发展、邮轮产品创新、邮轮港口建设、邮轮安全管理、相关配套产业发展及邮轮人才支撑等方面工作(见表12-1)。

表12-1 国家颁布的主要相关政策

| 颁布时间 | 颁布单位 | 文件名称 | 政策内容 |
| --- | --- | --- | --- |
| 2014.8 | 国务院 | 《国务院关于促进旅游业改革发展的若干意见》 | 继续支持邮轮游艇等旅游装备制造国产化,积极发展邮轮游艇旅游。规划引导沿江沿海公共旅游码头建设,增开国际、国内邮轮航线 |
| 2015.8 | 国务院 | 《国务院办公厅关于进一步促进旅游投资和消费的若干意见》 | 推进邮轮旅游产业发展。支持建立国内大型邮轮研发、设计、建造和自主配套体系,鼓励有条件的国内造船企业研发制造大中型邮轮。到2020年全国建成10个邮轮始发港 |
| 2016.12 | 国务院 | 《国务院关于印发"十三五"旅游业发展规划的通知》 | 鼓励多元资本进入邮轮旅游产业,加强与外资邮轮企业合作,支持本土邮轮企业发展 |
| 2015.10 | 国家旅游局(今文化和旅游部)、工信部等六部委 | 《关于促进旅游装备制造业发展的实施意见》 | 经过5—10年的发展,基本掌握大中型邮轮设计、建造、修理技术,培育形成大型邮轮总装制造企业和一批专业化的邮轮配套及内装公司,逐步开拓国际主流邮轮建造市场。进一步优化邮轮母港和邮轮码头建设布局,完善相关配套设施,方便游客出入境 |
| 2017.3 | 国家旅游局(今文化和旅游部)、交通运输部等六部委 | 《关于促进交通运输与旅游融合发展的若干意见》 | 支持发展邮轮、游艇等水上旅游产品。鼓励支持航运企业根据市场需求拓展国际国内邮轮航线,打造邮轮港口至城市一体化旅游线路 |
| 2018.9 | 文化和旅游部、交通运输部、发展改革委等十部委 | 《关于促进我国邮轮经济发展的若干意见》 | 重点发展邮轮旅游市场,丰富邮轮旅游产品;加强港城融合,拓展邮轮港口服务功能,积极打造生态友好的邮轮旅游发展试验区;逐步扩大外国旅游团乘坐邮轮入境15天免签政策实施范围;重点完善邮轮运输旅游服务标准,提升游客服务质量水平;鼓励校企等多方合作,共同培养专业化、国际化人才 |
| 2019.4 | 交通运输部 | 《关于推进海南三亚等邮轮港口海上游航线试点的意见》 | 推动五星红旗邮轮发展;先期在海南三亚、海口邮轮港开展中资方便旗邮轮无目的地航线试点 |

国家旅游局(今文化和旅游部)重视邮轮旅游经济的发展,先后批复设立6个"中国邮轮旅游发展实验区"。国家旅游局(今文化和旅游部)要求,实验区要以推进完善邮轮产业政策体系、促进母港建设管理能力、提升邮轮产业服务质量、培育本土邮轮服务质量、扩大邮轮经济产出水平等为主要内容,在重点领域加强研究,探索试验,并与其他邮轮城市积极配合,为全国邮轮旅游发展不断积累经验。中国邮轮游发展实验区情况如表12-2所示。

表12-2 中国邮轮旅游发展实验区情况一览表

| 名称 | 设立时间 | 发展情况 |
| --- | --- | --- |
| 上海邮轮旅游发展实验区 | 2012.9 | 2015年已成为全球第八大邮轮母港,邮轮旅游成为上海市建设世界旅游城市的重要内容及促进现代服务业发展的重要载体 |
| 天津邮轮旅游发展实验区 | 2013.4 | 大力发展邮轮旅游,建设国内规模最大的国际邮轮母港;2016年天津港邮轮母港航线接待量首次突破100艘次大关,彰显出天津邮轮经济发展的强劲动能 |
| 深圳邮轮旅游发展实验区 | 2016.5 | 以邮轮母港建设为核心,全力打造集旅游运营、餐饮购物、免税贸易、酒店文娱、港口地产、金融服务等于一体的邮轮产业链 |
| 青岛邮轮旅游发展实验区 | 2016.5 | 计划培育一批专业化的邮轮业务人才与企业,积极开发设计一批具有吸引力的邮轮旅游产品与线路,强化区域市场培育,积极组织国内外营销推广 |
| 福州邮轮旅游发展实验区 | 2017.7 | 将以邮轮母港建设为依托,延伸邮轮全产业链为重点,以旅游休闲和港航服务两大产业为支柱,借助"邮轮+"助力"海上福州"旅游发展及城市综合服务能力提升 |
| 大连邮轮旅游发展实验区 | 2017.8 | 积极培育和组建本土邮轮运营企业,形成以邮轮中心为主导的"邮轮中心—旅游—城市"产业集群和集成一体化发展的现代服务业生态集群 |

## 第二节 邮轮旅游的需求和意义

### 一、邮轮旅游的需求

#### (一)全球邮轮市场潜力巨大

旅游业已被确立为"幸福产业",成为惠民生的重要领域和改善民生的重要内容。邮轮旅游作为休闲度假高端旅游业态,是中国旅游业的新兴业态,是满足人民日益增长的美好生活需要的幸福产业。随着人民群众休闲度假的需求快速增长,消费结构持续加速升级,人们的消费购买能力和消费意识进一步提升,对更好质量的生活和旅游方式的要求越来越高，人们的生活质量和生活水平不断提高。邮轮旅游成为人们追求美好生活的新选择，邮轮消费成为经济增长的新亮点，邮轮市场成为扩大开放、深化国际合作的前沿窗口。近年来，全球邮轮市场规模稳步增长，邮轮业界对邮轮市场的发展前景充满信心，2019年全球邮轮游客数量达到3000万人次。据国际邮轮协会（CLIA）预测，按照正常发展，2025年将达到3760万人次，具有良好发展前景和市场潜力，但市场规模增长受到新冠肺炎疫情的影响。随着全球邮轮市场的不断扩大，邮轮运营船队规模将进一步增加。到2027年，全球最大邮轮运营商嘉年华集团将拥有122艘邮轮，邮轮床位数将达到31.94万个；皇家加勒比游轮集团将拥有60艘邮轮，床位总数将达到16.84万个；MSC地中海邮轮集团邮轮数量将达到24艘，床位数将达到8.96万个，成为全球第三大邮轮运营商；诺唯真游轮集团将拥有32艘邮轮，床位总数将达到7.29万个；云顶邮轮集团邮轮总数将达到15艘，床位总数将达到2.67万个（《邮轮绿皮书：中国邮轮产业发展报告（2020）》）。

### （二）中国成为全球增长最快的邮轮客源地

全球邮轮航线集中在加勒比海、地中海、西北欧、阿拉斯加、东南亚及日本海域。其中，欧洲及北美地区仍是邮轮航线最集中的地区，占到全球总航线的70%以上。邮轮旅游重心向亚太地区转移，中国成为全球增长最快的邮轮客源地。

近年来，随着人们生活水平的提高和消费需求升级，邮轮旅游需求规模迅速扩大，邮轮产业得到快速发展。以中国为代表的亚太地区邮轮市场需求激增，正在推动以大型豪华邮轮为代表的邮轮产业进入一个"黄金时期"。

邮轮旅游是中国旅游业中增长最快的部分之一，是对接"一带一路"倡议、深化改革开放、增强旅游外交和实施海洋强国战略的重要助力。中国邮轮旅游逐步由高速度增长阶段转向高质量、高品位发展阶段。依据接待出入境游客量数据，中国十大邮轮港口为上海吴淞口国际邮轮港、天津国际邮轮母港、广州港国际邮轮母港、深圳招商蛇口邮轮母港、厦门国际邮轮中心、青岛邮轮母港、大连国际邮轮中心、海口秀英港、上海港国际客运中心、三亚凤凰岛国际邮轮港等。截至2018年，上海依托良好的区位优势和客源市场，在邮轮市场中占据主导地位，占全国沿海邮轮游客量的60%左右，游客规模位居亚洲第一、全球第四。

### （三）全球邮轮运营受到疫情的严重影响

受新冠肺炎疫情影响，2020年全球邮轮市场规模出现显著下滑。全球范围内部分邮轮港口因担心新冠病毒会对当地造成影响而拒绝邮轮停靠。随着新冠肺炎疫情的全球蔓延，公主邮轮"钻石公主"号、"至尊公主"号、"红宝石公主"号、"珊瑚公主"号，荷美邮轮"赞丹"号，银海邮轮"银影"号、"探险"号，歌诗达邮轮"维多利亚"号、"至臻"号，澳大利亚极光探险邮轮"格雷格·莫蒂默"号等均出现确诊病例。

新冠肺炎疫情重创邮轮经济，中国邮轮市场首当其冲，2020年1月29日起航次全部暂时取消。2020年，随着新冠肺炎疫情在全球的不断蔓延，亚太、北美、欧洲等三大邮轮市场先后停摆，邮轮疫情成为社会舆论关注的焦点，这次全球停航是200年来邮轮行业在和平时期的首次全线停航。嘉年华邮轮集团、皇家加勒比游轮、诺唯真游轮等全球前三大邮轮公司股价下跌近80％，市值蒸发超过500亿美元，邮轮港也暂时失去了邮轮靠泊服务收入，意大利芬坎蒂尼集团、云顶香港旗下的德国MV Werften造船集团的三家邮轮建造船厂也暂时停工。联合国世界旅游组织（UNWTO）发布的《世界旅游晴雨表》指出，亚太地区受疫情冲击最大，国际游客数量同比下降35％，减少3300万人次。因此，此次疫情给全球邮轮产业发展带来巨大的经济损失，是邮轮产业发展史上影响时间最长、涉及面最广、损失最惨重的一次危机，对邮轮产业未来的发展影响也较为深远。受到疫情的影响，各大邮轮公司收入受到巨大影响，多家邮轮公司面临严峻的资金压力，通过发行股票和公司债券的方式筹集资金。这次疫情将会推动邮轮公共卫生安全风险管控体系发生深刻变革，推动邮轮港口出入境卫生检疫设施设备全面升级，推动各大邮轮研发建造厂、邮轮运营公司全面提升应对公共卫生突发事件的能力。

受疫情影响，各大邮轮公司相继停航并推出相应的退票和改签政策，允许游客退票或改签成后续航班。瑞银集团（UBS）的研究报告显示，在取消2020年邮轮行程的消费者中，有高达76％的消费者同意邮轮公司以可抵用2021年行程的代金券进行退款，而选择现金退款的比例仅为24％。2020年4月20日，美国全国广播公司商业频道CNBC报道，在线邮轮市场网站CruiseCompete表示，过去45天内，出行日期在2021年的邮轮预订量比2019年同期增长了40％，其中11％的预订量来自被迫取消2020年出行计划的游客。2020年5月11日，美国金融博客网站ZeroHedge报道，经美国邮轮预订公司CruisePlanners统计，在嘉年华邮轮集团宣布拟8月起恢复部分航线后，邮轮预订量在3天内增加6倍。嘉年华邮轮表示其预订量与上年同期相比，增长了200％，这在一定程度上表明游客依然对邮轮旅游抱有热情，疫情结束后全球邮轮旅游需求有望出现大幅度增长。

中国是全球最大的邮轮新兴市场和全球第二大邮轮客源国，经历了十年的黄金增长期和两年的市场调整期，正处于迈向高质量发展的关键时期。中国疫情防控措施得到全球高度认可，邮轮行业实现"零输入、零输出、零感染"，得到了国际邮轮业界的广泛赞誉。中国成功防控新冠肺炎疫情不仅为全世界抗击疫情树立了标杆，也让全球邮轮界看到了邮轮业重振的希望，并对中国邮轮市场的发展前景充满信心。新冠肺炎疫情给邮轮经济发展带来了冲击，未来邮轮旅游业会更加关注健康和安全。

全球邮轮业界普遍认为，疫情影响只是阶段性的。虽然新冠肺炎疫情导致全球邮轮市场暂时停摆，但依然没有改变全球邮轮市场长期向好的趋势。近年来，全球邮轮市场增长率呈波动式变化，市场规模保持6％—8％的增速，世界邮轮旅游市场游客量稳健增长。虽然受到新冠肺炎疫情的严重影响，但邮轮旅游依然具有较大的需求，亚太地区成为全球第三大邮轮区域市场，发展潜力巨大，具有较大的增长空间。

## 二、邮轮旅游的意义

### （一）发展邮轮旅游有利于区域经济增长

国际邮轮协会数据显示，2018年美国邮轮市场规模达到1300万人次，邮轮产业对美国经济贡献超过527亿美元，邮轮乘客和邮轮公司船员在美国的岸上消费达到创纪录的239.6亿美元，邮轮业为美国经济创造了42.17万个工作岗位，支付超过231.5亿美元的薪金。据英国联合港口公司（Associated British Ports）估计，每艘邮轮停靠港口都将拉动英国经济增长约200万英镑。

进入20世纪90年代以后，现代邮轮产业进入了快速发展的黄金期。邮轮产业的产值将直接进入当地经济的总产值，在数值上等于接受邮轮消费的其他产业的收益。对政府财政收入的直接贡献包括税金、关税、各种许可费及游客直接支付的其他税款（如机场建设费、国际游客通过费等）。对社会的贡献大致分为两部分：一部分是船舶本身的消费，如邮轮建造维修费用、日常经营费用、油料添加费用、码头泊位使用费、进出港引航费用、船上消费品采购费用、淡水添加费用等；另一部分是游客及船员的消费，包括饮食（餐馆酒吧、快餐店）、区域内交通（公共汽车、出租车、轮渡）、观光游览、娱乐（剧院、迪斯科舞厅）、景点参观（博物馆、主题公园、动物园）、购物等。通常邮轮公司每年要购买价值超过6亿美元的食品和饮料。一艘大型邮轮一周的航行大约要消耗掉5000箱葡萄酒和香槟。在一艘设备齐全的船上，体育馆和健身疗养中心每年的消耗大约为50万美元。在正常情况下，一艘大型邮轮需携带价值达300万美元的零部件。

邮轮产业的间接贡献是指邮轮产业通过其相关产业对当地经济的贡献，即对该地区产生第二轮消费之后的经济影响。它具体表现在两方面：一是获取邮轮、游客消费的公司和机构还会接受其他各类供应商和第三产业的服务；二是这些相关产业为了满足邮轮产业的要求还需要雇用一定数量的人员，从而产生更多的就业岗位。这些间接影响不断地向上和向下传递。因此，经济领域里几乎每一个行业都会不同程度地受到邮轮游客最初消费的影响。

### （二）发展邮轮旅游有利于社会文化的交流与进步

1. 促进国际关系的改善

邮轮旅游作为民间外交的一种方式，是不同国家或地区、不同民族、不同宗教信仰、不同年龄和性别、不同阶层和职业的人们之间面对面的交往，具有广泛性和直接性。

通过邮轮旅游，人们可以愉悦身心、焕发精神、陶冶情操、增长知识，满足身心、猎奇、求知、求健、求美的需求，因而是人与人之间友好往来较理想的沟通方式。发展邮轮旅游对旅游客源国和接待国的友好交往有着积极促进作用，能加强彼此了解，改善国际关系，增进友好交往。国际游客与接待国人民交往，切身感受异国他乡的魅力，而接待国人民通过热情周到的服务和真诚待人的美德，给游客留下了美好而难忘的印象。这不仅可增进双方的友谊，缩小可能产生的矛盾和差距，而且能提高本国或本地在国际事务中的作用和地位。

2. 推进文化交流，推动文明发展

邮轮旅游有利于不同文化的交流，尤其是对旅游目的地一方的对外文化交流能起到促进作用。在旅游越来越大众化的今天，不同地区文化交流必然会推动人类文明的发展。通过发展邮轮旅游，游客可接触旅游目的地国家或地区的居民、旅游从业者、其他旅游群体或个体，可了解异地他乡的山川地貌、风土人情、生产方式、生活习俗、建设成就、文物古迹、民族传统道德法律等。发展邮轮旅游，将发达国家或地区邮轮旅游比较先进的管理经验、科学技术和文化知识传播给不发达国家或地区，推动人类文明进步。

3. 促进民族文化的保护和发展

邮轮旅游是弘扬民族文化、建设富有民族特色的精神文明的有效途径。旅游景观中积淀着丰富的民族文化，大量的文物古迹直接展示出特定的历史文化。各种古建筑的结构形式、建造工艺、图案雕饰等都反映着具有民族特色的文化内涵。有关景物的诗文和神话传说等旅游文化承载着民族的性格、心理、精神和伦理道德等。随着邮轮旅游业的发展，游客对不同地区文化中的风俗习惯、民间艺术和历史遗迹有着浓厚的兴趣，旅游经营与管理者对一切既具有文化价值又具有旅游价值的事物进行拯救、恢复和开发。传统的民间艺术如音乐、舞蹈、戏曲等又重新得到重视和发掘，长期濒临毁灭的历史建筑重新得到保护和修缮。拯救文化遗产的工作得到了联合国教科文组织的支持。正是这些拯救活动给当地居民的民族文化遗产提供了一定的生存空间，并且随着邮轮旅游的发展而得到新生，并且成为其他旅游接待国或地区所没有的独特的文化资源。邮轮旅游不仅受到游客的欢迎，而且使当地人民对自己的文化增添了新的自豪感。

### （三）发展邮轮旅游有利于环境保护

#### 1. 历史建筑和古迹遗址得到修缮和保护

旅游资源是旅游业的物质基础和得以发展的条件，更是吸引旅游者的首要资源条件。因此，邮轮旅游资源开发必然涉及对各类自然资源及历史建筑和古迹遗址的开发和保护，力求将最有价值的景观资源呈现在游客面前。随着旅游业竞争的加剧及各国对旅游业的重视，各国政府将积极增加资金投入，这些都将有利于使历史建筑和古迹遗址得到修缮和保护。

#### 2. 休闲和娱乐场所及相关设施的数量得以增加

旅游是高层次的消费。随着人们生活水平的提高，旅游的人数越来越多，并且游客在邮轮旅游的非基本消费方面的支出也越来越多。因此，为了满足这种旅游需求，邮轮公司打造多样化的休闲和娱乐场所及相关设施。

#### 3. 道路、交通运输服务等旅游基础设施得到改善

旅游的基本特征之一是存在空间位移，而要实现空间位移只能依赖交通。旅游交通是旅游活动的必要条件，是旅游业生存和发展的前提之一。所以，随着邮轮旅游活动的开展，道路、交通运输服务等旅游基础设施将逐步得到改善。

#### 4. 旅游目的地的环境卫生得到重视和维护

邮轮旅游的发展使旅游目的地意识到环境对于旅游发展的重要性，从而通过控制空气污染、水污染、噪声污染、垃圾倾倒及随意摆摊设点行为，提升环境卫生的质量。

## 第三节　邮轮旅游的类型和案例

### 一、邮轮旅游的类型

邮轮的等级评定与酒店星级不同，业界尚无正式统一的标准。国际邮轮协会（CLIA）提出现代邮轮的5种类型，即奢华型、高级型、现代型、专业型和经济型。

### (一)奢华型邮轮

奢华型邮轮通常采用"六星级"标榜其顶级的娱乐设施与服务水准。奢华型邮轮所容纳的游客相对较少,但其住宿空间和公共空间均经过精心设计,有宽敞且带有阳台的顶级套房或双层公寓,并且多半为游客提供管家服务,因此产品的价格昂贵。意大利银海邮轮公司的"银影"号邮轮是奢华邮轮的典型代表。其奢华不仅仅在于开阔雅致的"全套房"住宿房间,更在于无微不至的私人定制化服务。

### (二)高级型邮轮

高级型邮轮通常是指为游客提供超出平均水准的美食、设施与服务的豪华邮轮。此类邮轮空间比率相对较高,有很多带有阳台的外侧客房,通过提供各种各样的娱乐活动,吸引儿童、年轻人、老年人等各个年龄段的顾客。高级型邮轮为游客提供相对高端的服务,游客有很多机会在正式晚宴上盛装打扮。

### (三)现代型邮轮

现代型邮轮为游客提供更多新型的选择与服务,邮轮规模从中型到巨型不等,相当于移动的度假胜地,比如皇家加勒比游轮公司的"海洋量子"号、"海洋绿洲"号等邮轮。这些邮轮上通常有滑冰场、高尔夫练习场、攀岩墙、冲浪、水滑道等多样化的娱乐设施,能给游客留下深刻的印象。现代型邮轮的总体氛围相对比较轻松。

### (四)专业型邮轮

专业型邮轮为游客提供独特的邮轮旅游产品,它专注于某一特定的邮轮旅游目的地。这类邮轮公司在文化诠释、探索、考察等领域有着丰富的经验,部分邮轮航线遍及南极、北极等人迹罕至的地方,其目标市场是面向有经验的邮轮旅行者。

### (五)经济型邮轮

经济型邮轮通常指经过翻新的,运营时间相对较长的邮轮。这类邮轮采用自助式等形式,雇用的员工较少。由于邮轮的设计比较经典,定价比较经济,对于那些邮轮旅游经历相对比较缺乏的人来说具有吸引力。

## 二、邮轮旅游的案例

### (一)中国邮轮市场经营创新范例

1. 歌诗达邮轮发布 2018 全新年度主题

歌诗达邮轮确定 2018 年度主题为"在海上,遇见好时光",并发布全新品牌微电影,认为家庭出游将成为歌诗达邮轮在中国的重要业务拓展方向。摒弃明星推广方式,歌诗达以真实消费者的经历,描绘了一场令人期待的海上好时光,在另一个完全不同的温馨空间,与亲友、爱人心与心连接。

### 2. 丽星邮轮携手哆啦A梦开启海上"寻宝"假期

恰逢哆啦A梦大电影《哆啦A梦：大雄的金银岛》暑期热映，丽星邮轮携手哆啦A梦重磅推出海上"寻宝"假期，自2018年6月至11月，品牌旗下"处女星"号、"宝瓶星"号及"双子星"号将倾情呈献一系列哆啦A梦特别礼遇，哆啦A梦迷们可穿过海上"任意门"进入神秘卡通世界，发掘包括哆啦A梦限量航海礼盒、限定客房、主题餐点、主题课堂及经典场景拍照互动区。

### 3. 深圳邮轮母港实现境外游客行李直挂邮轮等多项业务创新

2018年7月23日，深圳邮轮母港首次实现了境外行李直挂邮轮批量处理、境外MICE客户物料报关等国际物资中转业务的创新。蛇口邮轮母港充分发挥水上客运航线及运作优势，通过35辆旅行大巴的有序接驳和"渡轮＋邮轮"的便捷转运，打造了水路与陆路相结合的交通接驳模式，大大提升了境外游客前往深圳蛇口乘坐邮轮的便利性。游客从中国香港港澳码头乘坐高速客船直达蛇口邮轮母港，携带行李直挂邮轮，部分外籍游客直接在蛇口邮轮母港办理落地签证。

### 4. 地中海邮轮将成为全球首个全船队覆盖支付宝服务的国际邮轮品牌

MSC地中海邮轮与蚂蚁金融服务集团旗下的支付宝共同宣布达成战略合作，将在地中海邮轮旗下的所有邮轮引入"支付宝"收付款服务。该战略合作标志着地中海邮轮将成为全球首个全船队覆盖支付宝服务的国际邮轮品牌，旗下的共14艘顶级现代化邮轮将增加支付宝作为全新的船上支付方式。届时，地中海邮轮的宾客在全球所有航线搭乘其任一邮轮旅行时，都能够使用支付宝结算船上购物、餐饮娱乐活动等船上消费。宾客在地中海邮轮上使用支付宝进行支付时无须连接互联网，并能享受更为优惠的结算汇率。

### 5. 中免集团成功获得歌诗达"大西洋"号邮轮免税经营权

2018年7月，在激烈的国际竞争中，中免集团成功获得歌诗达邮轮"大西洋"号邮轮的免税经营权，并与歌诗达邮轮签署合作备忘录，与其母公司嘉年华集团就未来全面合作初步达成了一致。这标志着中免集团首次在国际知名邮轮上自主经营免税品，打破了邮轮市场国际垄断局面，进一步提升了中国免税业的全球影响力，开启了邮轮免税业务新篇章。

## （二）中国本土邮轮公司

### 1. 天海邮轮

上海大昂天海邮轮旅游有限公司（SkySea Holding International Ltd）成立于2013年12月，是由携程旅行网联合磐石资本等著名投资机构，共同组建的中国第一家本土豪华邮轮公司。天海邮轮公司的首艘邮轮购买的是皇家加勒比邮轮公司的"精致世纪"号，该邮轮在2013年全球邮轮指南Berlitz评分中，位居中国营运邮轮首位。2014年11月，美国皇家加勒比邮轮有限公司入股天海邮轮公司。2018年3月20日，携程旅行网和皇家加勒比邮轮公司宣布双方于2018年秋天关闭天海邮轮合资公司。

### 2. 渤海邮轮

渤海邮轮有限公司成立于2014年2月，是渤海轮渡集团股份有限公司在中国香港投资成立的邮轮公司，并于2014年5月在山东烟台市芝罘区成立渤海邮轮管理有限公司，注册资本5000万元。旗下"中华泰山"号邮轮2.5万总吨，载客1000人。2014年开航以来，"中华泰山"号邮轮以国内各邮轮港口为始发港，航线涉及多个国家和地区。

2017年开辟了海口、三亚至越南下龙湾、岘港、菲律宾、马来西亚等邮轮新航线,在海南具备成熟的运营经验。渤海邮轮2018年在海南成立了邮轮管理公司,提前布局海南政策高地带来的发展机遇和有利条件。开辟了三亚至菲律宾马尼拉、长滩,三亚至越南岘港、芽庄、胡志明,大连至日本福冈、舞鹤、境港,威海至日本福冈、佐世保,天津至日本福冈、佐世保、长崎航线;规划未来开辟中国、朝鲜、韩国三角航线。邮轮航线进一步丰富。

3. 钻石邮轮

钻石邮轮国际有限公司(Diamond Cruise International Co.,Ltd),注册地为巴哈马,成立于2015年7月,是由太湖国旅联合投资机构共同组建的一家境外国际豪华邮轮公司。该公司购买了一艘二手邮轮Celestyal Odyssey,由位于德国汉堡的Blohm+Voss造船厂在2001年建造,排水量24318吨,载客量836人,改名为"辉煌"号。

4. 海南海峡航运股份有限公司

海南海峡航运股份有限公司成立于2002年12月6日,由海南港航控股有限公司、深圳市盐田港股份有限公司、中海(海南)海盛船务股份有限公司、中国海口外轮代理有限公司、自然人邢雯璐共5位股东发起设立。经过多年的努力,资产规模不断扩大,公司经营业绩稳步增长,内部控制、内部治理不断完善,2009年12月16日公司股票在深圳证券交易所挂牌上市。海南港航控股有限公司是公司控股股东。海峡航运股份有限公司是首家获得西沙航线运营许可的企业,拥有18艘客滚船,2013年4月开通西沙航线,目前旗下"长乐公主"号运营西沙航线,吨位1.4万吨,船长129米,船宽22.5米,载客量537人,收客人数350人。

5. 三沙南海梦之旅邮轮有限公司

三沙南海梦之旅邮轮有限公司成立于2016年5月20日,注册资本金5亿元人民币,由中国旅游集团公司、中国远洋海运集团有限公司、中国交通建设股份有限公司共同出资设立,旗下"南海之梦"号邮轮目前运营三亚—西沙(永乐群岛)航线。"南海之梦"号吨位为24572吨,船长为169.5米,船宽为25.2米,航速为18.5节,最大吃水为6.1米,最大载客量为721人。

**本章思考题**

1. 什么是邮轮旅游?
2. 邮轮旅游有哪些特征和类型?
3. 邮轮旅游经历了哪些发展历程?每个阶段具有哪些特征?
4. 结合相关案例,谈谈如何开发邮轮旅游线路。

案例分析

### "十四五"期间上海邮轮产业发展思路研究

上海作为中国首个邮轮旅游发展实验区,在港口运营、市场培育、产业发展、政策创新及合作平台等方面大力推进20余项工作举措,在先行先试、探索经验上取得丰硕成果。上海抓住国际邮轮产业东移的先机，依托优越的地理位置，推动国际邮轮港建设发展，上海吴淞口国际邮轮港是全国客流量最大的邮轮母港，是全国15家邮轮港中唯一实现盈利的邮轮港，获"上海品牌"认证，成为全国首家国际邮轮港游客服务认证单位，上海港国际客运中心成为中国最为重要的访问港之一。近年来，上海聚焦邮轮全产业链发展，打响"上海服务""上海制造"品牌，积极引领邮轮产业向价值链高端发展。2019年9月30日，文化和旅游部正式批复同意在上海设立中国邮轮旅游发展示范区，要求"充分发挥中国邮轮旅游发展示范区的优势，推动邮轮产业政策创新，引领中国邮轮经济高质量发展，增强服务国家战略发展能力，打造邮轮经济高质量发展的全国样板，为各地提供可复制可推广的经验"。

一、"十四五"期间上海邮轮产业发展战略设计

（一）上海邮轮产业战略定位

《上海市城市总体规划（2017—2035年）》明确提出"将上海建设成为世界著名旅游城市、世界一流的旅游目的地城市"。2018年8月，上海市政府出台《关于促进上海旅游高品质发展加快建成世界著名旅游城市的若干意见》，明确提出"全力建成世界一流的邮轮旅游城市"。2018年10月，上海市人民政府办公厅出台《关于促进本市邮轮经济深化发展的若干意见》，提出"到2022年，跻身世界邮轮港口第一方阵，初步形成引领长三角一体化发展的邮轮经济产业链；到2035年，邮轮产业占全市生产总值的比重显著提升，成为亚太邮轮企业总部基地和具有全球影响力的邮轮经济中心之一"。根据中国邮轮旅游发展示范区建设要求，建设"邮轮经济高质量发展的全国样板"。上海宝山提出"建成与世界著名旅游城市和国际航运中心相适应、具有全球资源配置能力和全球影响力的国际邮轮之城，打造千亿级邮轮产业链"。

（二）上海邮轮产业战略目标

"十四五"期间，经过五年努力，上海的发展目标是初步建成具有国际影响力的世界一流邮轮母港，年出入境游客人数、年靠泊邮轮艘次实现新跨越，邮轮成为让人民群众放心和满意的高质量邮轮产品，邮轮经济产业链重点环节取得突破，亚太邮轮企业总部基地初具规模，邮轮修造配套集群初具规模，建成覆盖亚洲市场的邮轮船供物资分拨中心，建设具有国际竞争力的邮轮产业新高地，邮轮经济产值能级显著提升，对相关产业的带动能力取得明显成效，建成最具全球影响力的邮轮旅游发展示范区，成为上海建设世界著名旅游城市和国际航运中心的核心板块，成为引领经济高质量发展的新标杆。

（三）上海邮轮产业战略主线："六个高"

聚焦邮轮运营高水平，对标最高标准、最好水平，奋力跻身世界前三邮轮母港；聚焦邮轮服务高标准，打造一流的国际邮轮游客服务体验；聚焦邮轮安全高要求，形成完备的公共安全事件应对策略和标准体系；聚焦邮轮旅游高品质，引领邮轮旅游创新发展，建成世界一流的邮轮旅游城市；聚焦邮轮产业高产出，集聚高端价值链，建成具有全球影响力的邮轮经济中心；聚焦邮轮经济高质量，着力打造全球邮轮经济发展新标杆。

二、上海邮轮产业战略实施重要举措

（一）推动国产大型邮轮设计建造，打造国际邮轮科研创新中心

建立完善的本土邮轮建造生态体系是推动上海邮轮经济高质量发展的重要基

础。上海作为我国重要的科研创新中心,拥有大量的科研和教育机构,具备较为完善的大型公共科研基础设施和较为扎实的科技人力资源基础,对国内外优秀人才具有较强的吸引力,上海建设国际邮轮科研创新中心具有良好的基础。落实长三角一体化国家战略,发挥长三角江浙皖的高校、科研院所、企业等在船舶设计制造及配套方面的优势,加强产学研用合作和平台共用,推动开展邮轮制造重大研发项目联合技术攻关,加强对邮轮设计制造、邮轮卫生防疫核心技术的攻关,共建世界级邮轮制造配套产业集群,建设邮轮制造协同创新示范基地。推进邮轮科创中心重要功能区建设,引导创新资源和创新服务向邮轮科技企业集聚,引导各类市场主体参与邮轮研发、设计及制造服务,与国内外船舶制造科研院所、企业等联合开展邮轮设计制造技术攻关和成果转化,掌握国际领先核心技术,强化自主设计研发能力,打造国际邮轮科研创新中心。

(二)推动国内外邮轮配套产业集聚,打造邮轮先进制造业中心

邮轮制造是现代工业和现代化城市建设综合化与集约化的巨大系统工程,是反映一个国家综合国力、综合工业和综合科技水平的显著标志,也是上海代表国家参与全球船舶建造业最高水平竞争的新抓手。作为我国重要的船舶制造基地,上海应发挥在推进国产大型邮轮建造方面的政策和资金优势,加快推进邮轮的本土建造,通过全方位的产业导入和升级,引入更加完善的邮轮产业供应链系统,打造集生产装配功能、软件支持功能、辅助配套功能于一体的豪华邮轮配套产业生态圈,加快掌握邮轮建造自主知识产权。上海国际邮轮产业园是国内首个以邮轮经济为特色的产业园,要聚焦豪华邮轮建造的研发、设计、定标、检验、检测、培训等环节,加速邮轮配套产业链的国产化,完善邮轮建造供应链平台,引进、落地一批邮轮建造配套项目,将上海国际邮轮产业园打造成为国产豪华邮轮配套产业的主要集聚区、国家邮轮配套核心技术研究和产业化服务基地,建立国产大型邮轮建造中国本土供应配套体系。同时,争取早日建成邮轮监管区和邮轮综合保税区,实现以服务邮轮经济为主要特色的海关监管制度集成创新,为邮轮建造提供有力的政策支持。

(三)推动国内外邮轮核心企业落户,助力邮轮企业总部经济中心

相比于国外邮轮成熟地区,上海邮轮产业要素集聚不强,而高水平的邮轮经济发展需要推动全球各类相关企业的集聚,形成产业集群,进而构筑完善的邮轮全产业链体系。邮轮企业是邮轮经济中的市场主体,主要包含国内外邮轮运营企业及其他相关企业,其中邮轮企业为邮轮市场提供不同层次的邮轮,从事邮轮经营管理、邮轮产品设计开发、邮轮文化推广等多方面的工作,具有高度国际化、全球性的特点。邮轮总部经济是增强邮轮产业集聚度和提升邮轮经济贡献的重要方面,要建立若干邮轮服务经济总部集聚发展高地,结合具有国际一流水准的邮轮城建设,加强邮轮优势项目引进和集聚,加快建设一批各具特色、功能互补的邮轮服务经济园区和产业发展载体,推动邮轮各园区品牌化、特色化发展,建立具有国际影响力的邮轮企业总部基地。我国的邮轮市场主体主要来源于国外,邮轮企业与各沿海区域市场进行合作,与地方政府、旅行社等共同推动区域邮轮市场的开发。加强邮轮产业招商引资,做好筑巢引凤工作,积极向国家部委争取出台支持中国邮轮品牌发展专项政策,对本土企业以购置、租赁、制造等方式组建本土邮轮船队予以低息贴息和各项税费优惠政策支持,推

动中船集团、招商局集团、中远海运集团等央企邮轮业务落户上海,在上海建立国际邮轮运营中心,提升本土邮轮龙头企业总部集聚度。

(四)增强邮轮服务业发展能级,打造国际邮轮服务贸易中心

邮轮服务贸易是邮轮经济的重要组成部分,是促进经济高质量发展的新动能。邮轮旅游的经济贡献度逐年增加,逐步成为推进沿海城市经济增长的新动力。邮轮服务贸易是以邮轮旅游为核心衍生的服务贸易业态,主要包括邮轮旅游服务、邮轮港口服务、邮轮研发设计技术服务、邮轮免税商业服务、邮轮船供、邮轮管理咨询服务、邮轮融资租赁服务、邮轮会展服务、邮轮保险服务、邮轮餐饮住宿服务、邮轮维修服务、邮轮文化娱乐服务、邮轮信息技术等。邮轮物资供应、维修制造、融资租赁、跨境电商等相关业务蓬勃发展,带动关联产业发展壮大,推动上海邮轮服务贸易发展。应加快上海市邮轮服务贸易示范区发展,吸引全球排名前列的邮轮专业服务机构在示范区开办和拓展业务,推进国内外邮轮相关协会组织、科研院所、检测认证平台、交易服务机构等功能性平台集聚,提升综合配套服务能力,提高专业服务产值,打造国际邮轮服务贸易示范基地。搭建邮轮船供物资采购配送平台,健全国际货柜转运制度,提升国际邮轮公司本地物资及商品的采购比例,加快建成覆盖亚洲市场的邮轮船供物资分拨中心。

(五)加快建设世界一流邮轮港,打造世界邮轮运营管理中心

上海拥有亚洲最大的邮轮母港,是亚洲重要的邮轮运营管理中心,要对标世界一流邮轮母港,打造具有全球影响力的母港运营高地。上海邮轮港要不断提高靠泊能力和服务能力,推动口岸通关模式创新,不断优化游客通关流程,提升邮轮口岸通关效率,创造现代化宜人的邮轮港口环境,并建立健全邮轮应急管理体系,形成国际一流的邮轮运营服务能力。完善的交通体系是邮轮港能级提升的重要保障,对标国际一流港口,加快构建以邮轮港为中心的立体旅游交通体系,合理配置公共交通资源,实现邮轮港区与机场、高速公路、市区主干道、市区轨道交通、铁路枢纽及市区主要旅游景区之间快速的交通连接,完善邮轮港周边路网,加快公共交通及换乘枢纽建设,提供"安全、高效、环保、舒适、便捷"的邮轮旅游交通服务,形成高效的对外衔接与集散条件。建立完善的邮轮港综合交通体系。加强与长江等内河及沿海游轮市场的衔接,形成层级丰富、特色鲜明的邮轮航线体系。对接"一带一路"倡议和长三角一体化国家战略,加强与周边国家和国内邮轮港口的联动,建立亚洲邮轮港口城市联盟,努力将邮轮港建成服务全国、面向世界的沿海内外联动开放新高地。

(六)建设国际邮轮旅游消费胜地,打造国际邮轮旅游消费中心

邮轮旅游消费是邮轮经济贡献提升的重要方面,应推动邮轮旅游消费多元化、高端化、国际化,加快推动邮轮旅游消费体制机制与国际接轨,打造业态丰富、品牌集聚、环境舒适、特色鲜明、生态良好的国际邮轮旅游消费胜地。积极承接进博会溢出效应,推动邮轮港口配置常年展示、交易、服务等功能。大力发展邮轮免税购物,做大做强邮轮口岸出境和进境免税店,优化免税产品品类,更好满足游客消费需求。推动设立针对邮轮游客的保税品展示交易平台,建立邮轮旅游跨境商品交易中心,建设集体验商店、邮轮会展、特色书店、幸福婚庆等多种业态的消费集聚地,发展夜间经济,形成以新供给引领新消费的新发展格局。打造上海国际邮轮旅游消费中心,并建设

成为具有全球影响力的邮轮旅游消费目的地、世界知名的邮轮旅游消费中心和世界邮轮消费经济发展高地。

(七)推动邮轮绿色发展模式创新,打造国际邮轮低碳生态示范中心

绿色发展是未来邮轮发展的重要方向,应认真贯彻落实绿色发展理念,更加注重生态环境保护,推动绿色港口建设,积极倡导绿色邮轮旅游。完善港口岸电供应系统,加强岸电使用的制度建设,加大对邮轮港口建设岸电设备及邮轮使用岸电的补贴力度。建立邮轮排污检测机制,鼓励运营新型节能环保型邮轮,提倡邮轮先进技术设备的使用,取样监测邮轮污染物的排放,提高邮轮燃料利用率,组织监测机构及人员随船进行排污情况监督,降低有害气体排放。加强对邮轮港口工程建设的环境监测与管理,建立科学可行的固体废弃物和污水处理方案,设定有硬性标准和要求,严格进行环境影响评价与环境审计,确保达到生态环境保护的要求。与周边邮轮港口合作签署地区性邮轮经济生态环境保护协议。提升邮轮废弃物处置保障能力,配备充足的船上废物储存处理设施,促进邮轮保障维护、原材料供应、资源回收利用等方面的先进技术使用,推动邮轮港口实现可持续、高效、绿色、健康发展。系统提升邮轮港口卫生管理水平,积极创建"国际卫生港"。对邮轮游客进行绿色邮轮概念的普及,增强邮轮海洋生态环境保护意识,倡导文明邮轮旅游。对标国际先进绿色港口,研究建立绿色生态港口评价指标体系。

(八)推动邮轮文化与上海文化融合,打造国际邮轮文化体验中心

立足新时代新需求,以新供给引领新消费,扩大高端化、品质化、个性化服务产品供给,提高邮轮服务质量,培育塑造和打响邮轮文化品牌,将邮轮文化打造成为一种深入人心的休闲理念、优先选择的新生活方式。瞄准国际标准,突出上海特色,推动邮轮文化与上海文化融合互动,将邮轮文化与上海红色文化品牌、海派文化品牌、江南文化品牌建设有机结合,在全国率先建成邮轮公共文化服务体系。有效提升邮轮节事国际影响力,建立具有国际影响力的邮轮合作平台,充分发挥亚太邮轮大会、进博会国际邮轮服务贸易论坛等平台的引领作用,进一步扩大邮轮配套、邮轮修造等邮轮专业论坛的影响力。举办上海邮轮文化旅游节、长三角邮轮婚庆高峰论坛、上海邮轮游艇旅游节等特色品牌文化活动。通过举办各类论坛、文化展示、非遗传承等活动,大力促进邮轮文化消费,鼓励文创产品上邮轮、文化节目上邮轮、地方名特产上邮轮、世界非遗文化相互交流等,积极倡导邮轮"宜游、宜购、宜乐"的生活新方式,率先建成邮轮公共文化服务体系,不断优化邮轮文化产业布局,打造位居国际邮轮同类节展活动前列的重大节展品牌。结合上海滨江旅游资源,加快建设邮轮全域旅游示范区,推动邮轮港帆船赛、推动帆船、游艇项目开发,打造更多的生活岸线、生态岸线、景观岸线,建成国际邮轮旅游体验中心。

(九)大力拓展邮轮行业金融功能,打造国际邮轮金融服务中心

邮轮产业属于高度资本密集型经济,完善的金融服务体系对邮轮产业的发展具有较为重要的作用。邮轮产业的金融需求主要包括投融资需求、保险需求、便利交易需求,在邮轮港口基础设施建设、邮轮商务楼宇兴建、邮轮设计研发制造、邮轮配套基地建设及中资企业购置国外邮轮等方面均需要有强大的金融支持。在邮轮产业投资方面,上海吴淞口国际邮轮港建设共计花费20余亿元,我国签署的2艘国产大型邮

轮合同总价15.40亿美元。邮轮产业链的延伸发展,需要大量银行贷款、各种各样的投资、产业基金、PE等方面的支持,还要引进境外投资者,这些都需要金融的支持。与国外邮轮成熟区域相比,我国邮轮产业链上企业的融资模式更倾向于商业银行借款、政府补贴等传统类型,在新兴金融服务方面发展不足,成为影响我国邮轮产业发展的瓶颈之一。借鉴国际经验,推进政策性金融和市场性金融协同,实施多元化融资,鼓励融资租赁,推进外汇兑换便利化和风险管理,成为我国金融服务体系更好服务邮轮产业发展的重要路径。通过政府邮轮产业基金、风险投资、中外合资等增强邮轮制造业的自主研发、制造能力,充分发挥消费金融、互联网金融、自贸区离岸金融的作用,建成国际邮轮金融服务中心。

(十)强化邮轮海事服务功能提升,打造国际邮轮海事服务中心

国际邮轮公司海事中心在人员培训、技术采购、医疗服务、监测船舶安全、危险防控及人员安全,以及支持邮轮船上及岸上的沟通,并通过先进技术实时支持风险管控、优化航线设计等方面发挥着重要的作用。嘉年华集团拥有汉堡海事中心,另外,位于荷兰阿姆斯特丹附近阿尔梅勒的阿里森海事中心是全球最大、最先进的海员培训中心,为嘉年华集团旗下10个邮轮品牌共计6500多名船员提供世界一流的海事模拟训练服务。上海作为亚洲最大的邮轮运营中心,应强化上海国际邮轮海事服务功能提升,为全球邮轮及中国本土邮轮提供邮轮船员安全培训、邮轮驾驶员技能培训、邮轮海事模拟训练等服务,打造立足上海、服务全球邮轮运营的国际邮轮海事服务中心。

**资料来源**　《邮轮绿皮书:中国邮轮产业发展报告(2020)》

**案例思考题:**

试结合案例,分析"十四五"期间上海如何发展邮轮产业。

> **本章思政总结**
> 
> 随着大众旅游的出现,邮轮旅游已成为大众休闲的一种方式,它体现了一种生活态度。随着我国经济水平的提高与休闲时间的增加,邮轮旅游消费逐渐兴起,同时也得到了政府的认可和支持,成为一种旅游新业态。从产业发展来看,邮轮产业链是以邮轮作为主要载体,以休闲、观光、游玩等为具体内容,由船舶制造、交通运输、游览观光、后勤保障、餐饮购物、港口服务和银行保险等行业构成完整的产业链条。邮轮产业发展成熟国家的成功经验表明,邮轮产业对整个国家的经济发展有着巨大的推动作用。
> 
> 发展邮轮游艇游有助于国家开展和平外交,通过深思新时代旅游业对外交的作用,帮助学生形成正确的国际观和国家观,树立为国家奋斗终身的伟大理想。

# 参考文献
References

[1] Mueller H, Kaufmann E L. Wellness Tourism: Market Analysis of a Special Health Tourism Segment and Implications for the Hotel Industry[J]. Journal of Vocation Marketing, 2001(1).

[2] Yang J. Review and Prospect of Cruise Tourism Research[J]. Word Regional Studies, 2015, 24(1).

[3] 奥利弗.霍姆斯. 普通法[M]. 冉昊、姚中秋,译. 北京:中国政法大学出版社,2005.

[4] 陈俊安. 我国房车休闲旅游业发展与展望[J]. 学术交流,2012(9).

[5] 陈雪钧. 价值链视角下的中国旅游企业集团成长模式研究[M]. 北京:中国旅游出版社,2016.

[6] 储德平,郑耀星,董厚保. 海南国际旅游岛发展房车旅游的对策探析[J]. 资源开发与市场,2013(8).

[7] 邓爱民,等. 全域旅游理论·方法·实践[M]. 北京:中国旅游出版社,2016.

[8] 邓爱民. 高质量发展背景下乡村旅游扶贫的路径选择与政策协同[M]. 北京:中国财政经济出版社,2020.

[9] 付坤伟,谢树月. 浅论山东省房车旅游市场的开发[J]. 中国商贸,2011(26).

[10] 高林安,李蓓,刘继生,梅林. 欧美国家露营旅游发展及其对中国的启示[J]. 人文地理,2011(5).

[11] 耿佃梅. 游客感知视角下的乡村休闲旅游发展路径研究[J]. 四川民族学院学报,2021(1).

[12] 焦玲玲,章锦河. 我国露营旅游发展与安全问题分析[J]. 经济问题探索,2009(4).

[13] 赖琳. 攀西地区康养旅游竞合研究[D]. 成都:四川师范大学,2018.

[14] 赖启航,孔凯. 健康养生视角下盐边县康养旅游开发初探[J]. 攀枝花学院学报,2015(4):5.

[15] 赖玉钗. 房车何以成为"优质生活"的表征?——房车广告之符号学分析[J]. 西南民族大学学报(人文社科版),2007(2).

[16] 李闯. 滨海旅游城市休闲旅游发展战略研究[J]. 黑龙江科学,2019(17).

[17] 李凤,汪德根,刘昌雪,孙枫.中国自驾车房车营地空间分布特征及其驱动机制[J].资源科学,2017(2).

[18] 李凤,汪德根.基于游客网络点评的房车营地发展影响因素和机理——以苏州太湖房车露营公园为例[J].地理与地理信息科学,2019(2).

[19] 李莉,陈雪钧.中国康养旅游产业的发展历程、演进规律及经验启示[J].社会科学家,2020(5).

[20] 李莉,陈雪钧.旅游养老产业的构成体系与发展动力机制研究[J].经济研究导刊,2018(15).

[21] 李琳琳.元阳梯田遗产区乡村旅游扶贫研究[D].云南财经大学,2020.

[22] 李媛媛.资源型城市转型下度假旅游发展战略与对策[J].旅游纵览(下半月),2019(20).

[23] 廖军华,何平.关于我国房车旅游发展的几点思考[J].特区经济,2009(9).

[24] 刘晓君,何诗莹,钟智兰.乡村振兴视域下乡村休闲度假旅游文献综述[J].旅游纵览,2020(12).

[25] 刘钰娴.基于休闲度假的乡村旅游转型升级研究[J].全国流通经济,2020(32).

[26] 孟凡行,苏东海,方李莉,安丽哲.生态博物馆建设与民族文化发展——以梭戛生态博物馆为中心的讨论[J].原生态民族文化学刊,2017(4).

[27] 钱学礼.我国房车旅游发展存在的问题及开发对策[J].商场现代化,2006(27).

[28] 冉燕.休闲度假旅游概述[J].旅游纵览,2021(3).

[29] 尚国峰.社区参与视角下的生态博物馆[D].西南大学,2017.

[30] 史蒂芬·佩吉.现代旅游管理导论[M].刘劼莉,译.北京:电子工业出版社,2004.

[31] 谭玉梅.中国汽车露营发展的方向及策略研究——以美国汽车露营发展为参照[J].新视野,2014(3).

[32] 滕向丽.县域发展休闲度假旅游存在的问题及路径选择——以蓬莱市为例[J].中共济南市委党校学报,2019(6).

[33] 汪泓.邮轮绿皮书:中国邮轮产业发展报告[M].北京:社会科学文献出版社,2020.

[34] 王琳.生态游憩视角下的房车营地规划设计——以浙江桐乡良种场房车庄园为例[J].装饰,2018(6).

[35] 王赵.国际旅游岛:海南要开好康养游这个"方子"[J].今日海南,2009(12).

[36] 魏翔,王绍喜.房车旅游在中国大陆的发展及其战略相互性分析[J].旅游学刊,2005(5).

[37] 文化和旅游部.当代旅游学[M].北京:中国旅游出版社,2018.

[38] 谢忱.我国邮轮旅游中的法律关系研究[D].大连:大连海事大学,2020.

[39] 熊素玲,周其厚.论中国旅游业发展及其特征[J].旅游纵览,2014(3).

[40] 徐虹,王彩彩.包容性发展视域下乡村旅游脱贫致富机制研究——陕西省袁家村的案例启示[J].经济问题探索,2019(6).

[41] 袁志超,程晨阳.微度假旅游发展趋势研究——以河北省为例[J].中国市场,2020(35).

[42] 张倩.美丽乡村建设视域下的农村休闲旅游规划研究[J].农业经济,2020(5).
[43] 赵士仁.我国职工疗养事业的现状和深化改革的总体思路[J].中国疗养医学,1996(2).
[44] 赵忠奇.中原山水休闲旅游产品转型升级对策研究[J].中国市场,2020(5).
[45] 国家旅游局.国家康养旅游示范基地标准:LB/T051—2006[S].北京:国家旅游局,2016.
[46] 周小凤,张朝枝.元阳哈尼梯田遗产化与旅游化的关系演变与互动机制[J].人文地理,2019(3).
[47] 朱虹.江西发展康养旅游的意义和路径[N].中国旅游报,2020-05-26(7).
[48] 朱中原,王蓉,胡静,李亚娟.江西省乡村休闲旅游地类型划分与空间格局研究[J].长江流域资源与环境,2020(4).

# 教学支持说明

为了改善教学效果,提高教材的使用效率,满足高校授课教师的教学需求,本套教材备有与纸质教材配套的教学课件(PPT 电子教案)和拓展资源(案例库、习题库、视频等)。

为保证本教学课件及相关教学资料仅为教材使用者所得,我们将向使用本套教材的高校授课教师免费赠送教学课件或者相关教学资料,烦请授课教师通过电话、邮件或加入旅游专家俱乐部 QQ 群等方式与我们联系,获取"教学课件资源申请表"文档并认真准确填写后反馈给我们,我们的联系方式如下:

地址:湖北省武汉市东湖新技术开发区华工科技园华工园六路

邮编:430223

电话:027-81321911

传真:027-81321917

E-mail:lyzjjlb@163.com

旅游专家俱乐部 QQ 群号:306110199

旅游专家俱乐部 QQ 群二维码:

群名称:旅游专家俱乐部
群　号:306110199

# 教学资源申请表

填表时间：_____年___月___日

1. 以下内容请教师按实际情况填写，★为必填项。
2. 学生根据个人情况如实填写，可以酌情调整相关内容提交。

| ★姓名 | | ★性别 | □男 □女 | 出生年月 | | ★职务 | |
|---|---|---|---|---|---|---|---|
| | | | | | | ★职称 | □教授 □副教授 □讲师 □助教 |

| ★学校 | | ★院/系 | |
|---|---|---|---|
| ★教研室 | | ★专业 | |
| ★办公电话 | | 家庭电话 | | ★移动电话 | |
| ★E-mail | | ★QQ号/微信号 | |
| ★联系地址 | | ★邮编 | |

| ★现在主授课程情况 | 学生人数 | 教材所属出版社 | 教材满意度 |
|---|---|---|---|
| 课程一 | | | □满意 □一般 □不满意 |
| 课程二 | | | □满意 □一般 □不满意 |
| 课程三 | | | □满意 □一般 □不满意 |
| 其 他 | | | □满意 □一般 □不满意 |

| 教 材 出 版 信 息 | | | | | | |
|---|---|---|---|---|---|---|
| 方向一 | | □准备写 | □写作中 | □已成稿 | □已出版待修订 | □有讲义 |
| 方向二 | | □准备写 | □写作中 | □已成稿 | □已出版待修订 | □有讲义 |
| 方向三 | | □准备写 | □写作中 | □已成稿 | □已出版待修订 | □有讲义 |

请教师认真填写下列表格内容，提供申请教材配套课件的相关信息，我社根据每位教师/学生填表信息的完整性、授课情况与申请课件的相关性，以及教材使用的情况赠送教材的配套课件及相关教学资源。

| ISBN（书号） | 书名 | 作者 | 申请课件简要说明 | 学生人数（如选作教材） |
|---|---|---|---|---|
| | | | □教学 □参考 | |
| | | | □教学 □参考 | |

★您对与课件配套的纸质教材的意见和建议有哪些，希望我们提供哪些配套教学资源：